21 世纪高职高专能力本位型系列规划教材·财政金融系列

国际金融实务

主　编　付玉丹　袁淑清

副主编　栗启晶　黄亦薇

北京大学出版社
PEKING UNIVERSITY PRESS

内 容 简 介

本书共分 9 章内容，主要包括外汇与汇率、外汇市场和外汇交易、外汇风险及其管理、国际收支、国际储备、国际结算、国际金融市场、国际货币体系和国际金融组织。本书内容注意理论性与引导性相结合，每章设置“知识目标”、“能力目标”、“引例”等栏目，章后设置“本章小结”和“职业能力训练”栏目。

本书可作为高职高专院校财经类专业教材，也可作为经济、管理、国际贸易和电子商务类专业基础课教材，同时对于从事金融相关行业的在职人士也是一本有价值的实用读物。

图书在版编目(CIP)数据

国际金融实务/付玉丹，袁淑清主编. —北京：北京大学出版社，2013.1

(21 世纪高职高专能力本位型系列规划教材·财政金融系列)

ISBN 978-7-301-21813-6

Ⅰ. ①国…　Ⅱ. ①付…②袁…　Ⅲ. ①国际金融—高等职业教育—教材　Ⅳ. ①F831

中国版本图书馆 CIP 数据核字(2012)第 304412 号

书　　名：国际金融实务

著作责任者：付玉丹　袁淑清　主编

策 划 编 辑：李　辉

责 任 编 辑：李娉婷

标 准 书 号：ISBN 978-7-301-21813-6/F·3450

出 版 发 行：北京大学出版社

地　　址：北京市海淀区成府路 205 号　100871

网　　址：http://www.pup.cn　新浪官方微博：@北京大学出版社

电 子 信 箱：pup_6@163.com

电　　话：邮购部 62752015　发行部 62750672　编辑部 62750667　出版部 62754962

印　刷　者：**北京鑫海金澳胶印有限公司**

经　销　者：新华书店

787 毫米×1092 毫米　16 开本　18.75 印张　432 千字

2013 年 1 月第 1 版　**2016 年 7 月第 3 次印刷**

定　　价：36.00 元

前　言

自从加入世界贸易组织后，我国的金融机构，包括商业银行、保险公司和证券公司都面临着国外大型金融机构的巨大挑战。这就加大了对金融人才的需求，尤其是加大了对高层次金融人才的需求，它给予了金融专业强大的发展动力。“国际金融学”是金融学研究领域的一个重要分支，已经成为各高校的基础专业课程或素质教育课程，国际金融相关教材也日益受人重视。

本书具有很强的系统性和可操作性，突出高职高专教育特色，力图做到语言简练、结构清晰，既突出国际金融理论内容的完整性和准确性，又注重培养学生的分析能力和应用能力，以满足市场对实用型人才的需求，培养掌握必备的国际金融基础理论知识，了解现代国际金融业务，熟悉国家有关金融的方针政策、金融法规及金融国际惯例，具有一定的学科基础知识、创新精神和较好的业务操作能力，能胜任银行等金融机构和金融企业相关实务操作的应用性国际金融专业人才。

本书内容融入了国际金融的前瞻性、时事性的信息，以保持内容新颖性。每章都通过“知识拓展”、“小资料”、“特别提示”等方式对相关知识点进行补充，每章后有“小结”和“职业能力训练”。职业能力训练包括填空题、选择题、判断题、简答题、计算题和案例分析题等题型，帮助学生记忆知识点。

本书在国际金融基本概念和基本理论的基础上，以大量的案例和时事帮助学生理解、分析和掌握知识点，培养学生的学习兴趣和实训能力，并采用启发式教学、互动式教学、多媒体教学、案例式教学、模拟实验教学等多种教学手段，培养和提高学生的创新能力、分析能力、实践能力及解决问题的能力，以适应国际经贸业务发展对高校人才培养的客观需要。

本书由付玉丹(鸡西大学)、袁淑清(常州纺织服装职业技术学院)担任主编，由栗启晶(鸡西大学)、黄亦薇(常州纺织服装职业技术学院)担任副主编。具体分工如下：第 1—第 3 章由付玉丹编写；第 4、第 5 章由袁淑清编写；第 6、第 7 章由黄亦薇编写；第 8、第 9 章由栗启晶编写。付玉丹负责全书体系框架的拟定，付玉丹和袁淑清负责全书统稿和审稿工作。

在编写本书的过程中，编者借鉴和参阅了国内外专家学者的大量研究成果、著作及在线资料，并得到了中山职业技术学院王文霞教授和中国银行王露璐的真诚帮助，在此一并表示感谢！

由于编者水平有限，编写时间紧张，书中疏漏和不足之处在所难免，恳请专家学者和广大读者批评指正。

编　者

2012 年 10 月

目　录

第 1 章　外汇与汇率

知识目标

- 了解外汇、汇率的基本概念，理解汇率决定的基础和影响汇率变动的因素，了解两种不同汇率制度的内容，掌握我国人民币汇率制度的特点。

能力目标

- 能够灵活地掌握直接标价法与间接标价法之间的转换，可以利用基本汇率进行汇率的套算，能够结合实际分析汇率的变动对经济的影响。

引例

人民币升值对百姓生活的影响

人民币升值后，从短期看，老百姓口袋里的钱将更值钱，出国旅游、购买进口奢侈品等都会更加便宜。首先，直接影响到部分产品消费行为。人民币更值钱了，引出的结论是境外物品价格会更便宜，人们会以更低的价格享受到进口的汽车、高档服装、化妆品等。一旦价格传导到位，很多人会将先前处于等待消费状态的预期消费行为变为现实。其次，影响到出国旅游市场。由于人民币可以换到更多的外汇，国人出国旅游的热情更高，在境外消费更加积极，也有更多人购买奢侈品。再次，影响到出国留学市场。很多家长选择将孩子送到国外读书，但高昂的学费和生活费一直是很多家庭最头疼的事，现在门槛降低，更多的父母可以为孩子实现出国留学梦了。

如果从国家或者经济层面考虑的话，人民币升值以后，给国家宏观调控带来不确定性，甚至给就业带来困难，个人收入很有可能会减少。人民币升值后，到中国直接投资的成本就会加大，外商就会减少在华投资，新的投资企业可能会停滞，已有的企业规模也可能会缩小，这当然会影响到人们的就业。同时，由于升值的原因，国外游客就会减少来华旅游和消费，这也会对我国的服务业、旅游业等造成冲击，进而影响到这部分的就业人群。人民币升值，也会使进口商品大量涌进国内市场，使国内的部分市场份额被国外企业占领。这两个方面都会导致一个结果，就是国内部分企业需要重新调整，很多人可能会因此失业。有研究表明，汇率升值10%，全国就业人员数量将减少381.2万人。

人民币升值对部分行业的影响:

(1) 传统的出口优势型行业会受到直接冲击，包括纺织服装、家电、机械等产品。人民币升值带来的成本上升会使得这些行业的利润率有所下降。

(2) 投资品行业也会受到一定的资金追捧，主要包括具有土地价值的房地产、园区开发等行业，具有资源价值的煤炭、有色金属等行业。境外资金有可能通过投资这些行业中的公司所拥有的土地或房产来获得升值收益，从而加大资金对这些投资品行业的吸引力，从而引发价格的上涨。

(3) 原材料或部件进口型行业也会有所受益，主要包括造纸(纸浆进口)、钢铁(铁矿石进口)、汽车(部分重要零部件进口)、石化(原油进口)、化纤及塑料(原料进口)、航空(航空器材进口)、服装(高档面料进口)等行业。由于这些行业每年均需要进口相关的原材料及部件，因此人民币升值将使得这些行业的成本有一定程度的下降。例如，中国造纸行业中的纸浆成本占70%，而纸浆中的38%是进口的，因此人民币升值将使得造纸行业的成本有较为明显的下降，从而明显提升造纸行业的盈利水平。

(4) 进口产品替代的行业将也会受到一定的不利影响，包括汽车、工程机械、钢铁、家电等。这些行业的产品和国外进口产品竞争较为激烈，而人民币升值以后会导致国外进口产品以人民币报价下降，从而使得本土产品的竞争力有一定的下降，并进而影响到这些行业的盈利水平。

(5) 外贸服务业行业可能会间接受损。由于人民币升值可能对我国外贸，特别是出口带来一定的不利影响，因此将可能对港口、机场和航运行业带来一定的不利影响，但由于升值刺激进口可能也会有一定幅度的增加，因此其影响幅度相对较小。

(资料来源：http://forex.cngold.org/rmbsz/c1226099.html.)

【思考】一国货币的汇率波动都会给一国的经济带来很大的影响，这些影响表现在哪些方面？怎样影响？是有利的还是不利的？

随着世界经济贸易的发展，国与国之间的经济、政治、文化、科技等层面的往来越来越频繁，国际金融的服务范围也越来越广泛，一国货币就要不可避免地同其他国家的货币发生联系，应该兑换何种币种、怎样兑换、兑换的标准是什么、能否正确地掌握和运用外汇和汇率理论也成为了国际往来能否成功的关键，这就需要掌握国际金融的理论基础——外汇和汇率。

1.1　外　　汇

1.1.1　外汇的概念

在国际金融领域，外汇是一个最基本的概念，因为它已成为各国从事国际经济活动及其他事务不可缺少的媒介和工具。外国货币不能视为外汇，日常生活中，人们普遍认为“外汇就是花花绿绿的外国钞票”，虽然外汇从形态上可以用外币来表示，但外汇的内涵要丰富得多。要准确地把握外汇的内涵，应从两个方面来理解，将外汇分为动态外汇和静态外汇。

1. 动态外汇

动态外汇指将一种货币兑换成另一种货币，用以清偿国际间债权债务的专门性经营活动或行为，即国际汇兑(foreign exchange)。

汇兑的主要方式有电汇、信汇和票汇等，人们通过汇兑活动，实现资金的国际转移。这种以国际汇兑作为考查对象的外汇的含义，是外汇概念的渊源。随着世界经济的发展、国际经济活动的日益活跃，国际汇兑也逐渐由一个动态概念演变为静态概念，成为一种国际性的支付手段或资产。

小资料

从历史上看，外汇最早是指国际汇兑，它强调的是“汇”、“兑”的过程或行为。“汇”指资金的移动，“兑”指通过金融机构进行的货币的兑换。“汇”与“兑”就是把一国的货币兑换成另一国货币，然后以一定的方式(如汇款或托收等)，借助于各种信用流通工具，主要对国际间的债权债务关系进行非现金结算的专门性经营活动。

2. 静态外汇

静态外汇是以外币表示的，用于清偿国际间的债权债务关系的支付手段。它强调的是国际汇兑过程中所使用的支付手段或工具。静态的外汇又有狭义和广义之分。

1) 狭义的外汇

狭义的外汇是以外国货币表示的用于国际结算的支付手段，它是外汇的重要组成部分。按照这一定义，以外币表示的有价证券由于不能直接用于国际间的支付，故不属于外汇；同样，外国的钞票也不能算作外汇，只有携带回发行国存在银行账户上，才能称作外汇。具体来看，外汇主要是指以外币表示的银行存款、汇票、支票等。

例如，我国某机械进出口公司向美国出口商买进一批机器，双方约定用美元支付。我国进出口公司没有美元，就要用与美元等值的人民币，按人民币同美元的兑换比例，向中国银行购买美元。中国银行也可以根据我国进出口公司的要求开出由国外的银行担当付款行的汇票，然后，将汇票汇往美国交美国出口商兑换。这样，因买卖机器而形成的债权债务关系就解除了。

上例中通过货币兑换和汇款来清偿国际债权、债务的业务活动，就称为国际汇兑；而在国际汇兑活动中使用的信用工具或支付手段，如例中的美元汇票和中国银行在国外银行开立的美元存款账户，就称为外汇。

2) 广义的外汇

随着国际经济交往的日益发展，外国货币不能满足国际清偿力不断发展的需求，就出现了广义的外汇。广义的外汇泛指一切以外国货币表示的国外资产，一般指各国外汇管理法规所称的外汇。

知识拓展

《中华人民共和国外汇管理条例》第三条规定，外汇是指下列以外币表示的可以用作国际清偿的支付手段和资产：

(1) 外国货币(包括纸币、铸币等)。

(2) 外币支付凭证(包括汇票、本票、支票、存款凭证、邮政储蓄凭证等)。

(3) 外币有价证券(包括国际股票、政府债券、大额可转让存款单等)。

(4) 特别提款权(special drawing rights，又称纸黄金，只能在账面上使用，国际货币基金组织按会员国每年所交费用分配，目的是补充国际储备的不足)。

(5) 其他外汇资产(包括租金、地契、股息、利息、债息、红利等)。

国际间商品贸易、借贷活动和国外投资，以及各国间发生的政治、经济、军事、科学技术等方面的往来，都会引起债权债务关系，而外汇作为国际间经济交往的债权债务转移的工具，自然起着非常重要的作用，不仅便利了国际结算，促进了国际贸易的发展，调剂了国际间资金的余缺，实现了国际购买力的转移，增加了国际储备，而且也是一国对外金融实力的体现。

1.1.2 外汇的特征

1. 外币性

外汇必须以外国货币来表示，这是外汇的基本特点。任何本币及以本币表示的资产不能视为外汇。例如，美国的进口商用美元购买德国的商品，用的是以本币表示的支付手段。这种支付手段，对美国境内的美国人来说，不是外汇，而对于德国出口商来说则是外汇。

2. 可兑性

一种外币要成为外汇必须能自由兑换成其他形式的资产或支付手段，这是外汇的另一基本特征。如果一种货币不能自由兑换，就不可能将一国的购买力转换为另一国的购买力，也就无法偿付对外债务，不具备作为国际支付手段的条件，因而该种货币及以其表示的其他资产不能算作外汇。

例如，我国人民币对于其他国家来说是外币，但由于人民币现在还不能自由兑换成其他国家货币，所以人民币不是外汇。鉴于我国是以“一国两制”方式收回香港、澳门的主权，在香港、澳门回归后，对于我国内地来说，港币和澳门元应视同外汇；另外，对于欧元区国家来说，欧元是本币。而美国、日本、英国、瑞士、加拿大和澳大利亚等国家名义上没有了外汇管制，这些国家的货币可以自由兑换。

小资料

2011 年 5 月 10 日，中国银行发布可以自由兑换成人民币的外汇有以下几种：英镑、港币、美元、瑞士法郎、新加坡元、瑞典克朗、丹麦克朗、挪威克朗、日元、加拿大元、澳大利亚元、欧元、澳门元、菲律宾比索、泰铢、新西兰元、韩国元、卢布等。

3. 普遍接受性

普遍接受性是指这种外币在国际经济往来中被各国普遍接受和使用。一种货币及以这种货币表示的各种票据与有价证券，能否成为国际支付手段，并不取决于该货币价值的大小，而是以其国际承认并被普遍接受为前提。如果一种货币及以这种货币表示的各种票据与有价证券不能被普遍接受，那么它就无法实现国际支付的责任，也就不能成为外汇。

4. 可偿性

可偿性是指这种外币资产是可以保证得到偿付的。空头支票、拒付的汇票等均不能视为外汇，即使是以某种流通性很强的外币(如美元、英镑等)计价，也不能视为外汇。

各国对外汇的范围有着不同的理解，并且这一概念本身也在不断发展中。

知识拓展

我国在支付结算中常用的几种货币名称及货币符号如下：

人民币(CNY)、美元(USD)、日元(JPY)、欧元(EUR)、英镑(GBP)、瑞士法郎(CHF)、加拿大元(CAD)、澳大利亚元(AUD)、港币(HKD)、瑞典克朗(SEK)、法国法郎(FRF)、德国马克(DEM)。

1.1.3　外汇的分类

外汇按照不同的标准可以分为许多不同的类别。按照国际货币基金组织(International Monetary Fund，IMF)对外汇的解释，外汇是货币行政当局(中央银行、货币机构、外汇平准基金组织和财政部)保有的银行存款、财政部库券、长短期政府债券等在国际收支逆差时可以使用的债权。

1. 按照货币可自由兑换的程度划分

外汇按照货币可自由兑换的程度的不同，分为自由外汇(convertible foreign exchange)和记账外汇(clearing foreign exchange)。

1) 自由外汇

这类货币是指无须货币发行国有关机构批准，可以自由兑换其他国家货币的外汇或随时向第三者办理支付的外国货币、支付凭证和有价证券，主要集中在发达国家或地区，如美元、日元、英镑、欧元、港币、加拿大元、澳大利亚元、新加坡元、瑞士法郎等。这些货币发行国基本上都取消了外汇管制，货币可以自由兑换或向第三者办理支付。而支付凭证和有价证券之所以作为自由外汇，是因为它在国际外汇市场上同样具有价值，能够自由转让与兑换。当今世界上，在外汇交易上有 50 多个国家或地区的货币被认为是可自由兑换货币，但在国际结算中，只有 10 多种常用的币种作为自由兑换的货币。

2) 记账外汇

记账外汇又称双边外汇、协定外汇、结算外汇，是指不经有关国家管理当局批准不能自由兑换成其他货币，也不能支付给第三国的外汇。这类外汇是根据两国政府贸易协定进行国际结算时用作计价单位的货币，可以是交易任一方的货币，也可以是第三方货币。无论用何种货币，它仅作为经济交易活动中的计算单位，只能用于冲销两国间的债权债务，在一定时期进行冲抵，所余下的差额则由双方协商处理，不能转给第三国使用，更不能自由兑换成其他货币。目前已经很少使用这种记账方式了。

小资料

我国在 20 世纪五六十年代同苏联、东欧等国家进行贸易时曾使用过记账外汇。20 世纪 50 年代，中国和苏联关系密切，进行贸易往来时，不是每笔交易进行结算，而是采取记账的方式。两国政府在支付协定中规定，在交易中双方银行的账户上以瑞士法郎为记账外汇，并不实际支付瑞士法郎，只是以其作为计价单位的货币记载双方贸易额。其收支差额在一定时期进行冲抵，其余额或转入次年或用双方可接受的货币清偿或以实物来轧平。

2. 按照外汇的来源和用途划分

外汇按照来源和用途的不同可以分为贸易外汇(trade foreign exchange)和非贸易外汇(non-trade foreign exchange)两种类型，见表 1-1。

表 1-1 外汇按照来源和用途分类

类型	特 点	表现形式
贸易外汇	是对外贸易商品进出口及其从属费用所收付的外汇。一个国家的商品输出可以赚取外汇，商品输入则支付外汇。这种由商品输出入而引起的外汇收支，就是贸易外汇收支	收汇付汇款及其样品费、宣传广告费、推销费、运输费、保险费等
非贸易外汇	是进出口贸易以外收入或支出的外汇	侨汇、旅游、港口、航空、铁路、海运、海关、保险、银行、对外工程承包等方面的收入与支出的外汇，以及捐赠与援助外汇等

贸易外汇收入是一个国家最主要的外汇来源，贸易外汇支出则是外汇的主要用途。随着国际经济贸易和其他事务往来的发展，非贸易外汇对某些国家已日显重要，它也是一国外汇收支的重要组成部分。

3. 按照外汇买卖交割时间划分

外汇按照买卖交割时间的不同，分为即期外汇(spot foreign exchang)和远期外汇(forward foreign exchange)两种，见表 1-2。

表 1-2　外汇按照买卖交割时间分类

类型	特　点
即期外汇	在外汇买卖成交后即日收付或在两个营业日内办理交割，因此又称现汇或外汇现货
远期外汇	买卖双方先按商定的汇价签订合同，规定买卖外汇的数额、期限等，预约在未来某一天办理实际交割，又称期汇

1.2　汇　　率

1.2.1　汇率的概念

汇率(exchange rate)又称汇价，指一国货币(标准货币)以另一国货币(标价货币)表示的价格，或两国货币间的比价。银行每天将汇价的变动情况用挂牌方式公布，又称外汇牌价。

由于世界各国货币的名称不同，币值不一，因此一国货币对其他国家的货币要规定一个兑换率，这就产生了汇率问题。有了货币的兑换率，一种货币才能顺利地兑换成另一种货币，从而实现国际间的货币收支及债权债务的清偿。货币兑换如同商品买卖，只是这里把外汇作为一种特殊的商品来买进或卖出。这种买卖外汇的价格即汇率，或称汇价、外汇行市。它是一国货币对外价值的体现，是外汇买卖的价格，要受供求关系的影响，因此外汇的汇率并不是一成不变的，在不同因素的影响下上下波动。

1.2.2　汇率的标价方法

确定两种不同货币之间的比价，先要确定用哪个国家的货币作为标准。是以外国货币表示本国货币的价格，还是以本国货币表示外国货币的价格，这就涉及汇率的标价方法问题。汇率是变化的，外汇价格的升降则看其标价而定其所指。目前，在国际上标价方法有直接标价法(direct quotation)、间接标价法(indirect quotation)和美元标价法(US dollar quotation)。

1. 直接标价法

直接标价法是以一定单位(1 或 100)的外币为标准折算成若干单位本币来表示的汇率标价法。也就是说，用一定单位外国货币值多少本国货币的方式来表示外币价格的高低。表现形式如下：

$$1\text{ 或 }100\text{ 外币}=N\text{ 本币}$$

例如，2010 年 2 月 10 日，中国银行外汇牌价为 USD1＝CNY6.826 9，表示购买 1 美元需要用 6.826 9 元人民币。

这里的外国货币好似“商品”，称为基准货币或单位货币；而本国货币作为购买商品的货币，称为报价货币或标价货币；两者对比后的价格则表示银行买卖一定单位的外币应付多少本币。由于这种标价法是以外币为基准来计算购买一定单位的外币应付出的本币数额，因此又称为应付标价法。目前，世界上绝大多数国家都采用这种标价方法，我国也采用直接标价法。

直接标价法有两个特点：

(1) 外币的数量固定不变，折合本币的数量则随着外币币值和本币币值的变化而变化。

(2) 汇率的涨跌，都以本币数额的变化而表示。如果一定单位的外币折算成本币的数额比原来多，则说明外汇汇率上升，本币汇率下跌；相反，如果一定单位的外国货币折算成本币的数额比原来少，则说明外汇汇率下跌，本币汇率上升。

【例 1-1】 2010 年 11 月 19 日，中国银行外汇牌价为 CHF1＝CNY6.655 7；2010 年 11 月 23 日，中国银行外汇牌价为 CHF1＝CNY6.708 8，汇率的变化对换汇有怎样的影响？

解析： 在 11 月 19 日，需要 6.655 7 元人民币换取 1 瑞士法郎，而在 11 月 23 日，要想换取 1 瑞士法郎则需要 6.708 8 元人民币，显然 11 月 23 日兑换瑞士法郎的价格高了，也就是瑞士法郎折合为人民币的数额越多，说明作为外币的瑞士法郎升值了，而作为本币的人民币贬值了；反之亦然。

特别提示

在这种方式下，外汇汇率的涨落与本币标价额的增减趋势是一致的，更准确地说，本币标价额的增减“直接”地表现了外汇汇率的涨跌，故称直接标价法。

2. 间接标价法

间接标价法是以一定单位(1 或 100)的本币为标准折算成若干单位外国货币的汇率标价方法。也就是说，用一定单位本国货币值多少外国货币的方式来表示外币价格的高低。表现形式如下：

$$1\text{ 或 }100\text{ 本币}=N\text{ 外币}$$

例如，伦敦银行英镑兑换美元的外汇牌价为 GBP1＝USD1.602 8，表示银行卖出 1 英镑应收 1.602 8 美元。

汇率的涨跌是通过本币汇率的涨跌间接地反映出来的。本币好似“商品”，作为单位货币；外币好似“货币”，作为计价货币；两者对比后的汇率表示银行买卖一定单位的本币应收多少外汇。用外币来表示本币“商品”的价格。

由于该方法以本币为基准来计算支付一定单位的本币应收入的外币数，故又称为应收标价法。英国是最早实行间接标价法的国家，当时世界上只有英国实行间接标价法。但随着第二次世界大战(以下简称二战)后美元霸权地位的确定与广泛使用，美元逐渐成为了国际结算和国际储备的主要货币，美国便于 1978 年 9 月 1 日开始，以美元为标准公布美元与其他货币之间的汇价美元对其他国家货币都由直接标价法改为间接标价法。二战后澳大利亚、新西兰等少数几个国家也开始采用间接标价法。

间接标价法有两个特点：

(1) 本币的数量固定不变，折合成外币的数额则随着本币和外币币值的变动而变动。

(2) 汇率的涨跌都以相对的外币数额的变化来表示。如果一定单位的本币折成外币的数量比原来多，则说明本币汇率上升，外汇汇率下跌；相反，如果一定单位的本币折成外币的数量比原来少，则说明本币汇率下跌，外汇汇率上升。

【例 1-2】 假设某年 3 月 7 日，纽约外汇市场价格为 USD1＝JPY82.373；3 月 9 日，纽约外汇市场价格为 USD1＝JPY82.875，汇率的变化对换汇有怎样的影响？

解析： 在 3 月 7 日，需要 82.373 日元换取 1 美元，而在 3 月 9 日，要想换取 1 美元则需要 82.875 日元，显然 3 月 9 日兑换美元的价格高了，也就是美元折合为日元的数额越多，说明作为外币的日元贬值了，而作为本币的美元升值了；反之亦然。

这时，外汇汇率的涨落不是一目了然的，而是通过本币汇率的涨落“间接”地表现出来的，故称为间接标价法。

汇率的两种不同标价只是表示方法上的不同，并无实质的差别。直接标价法所表示的外汇汇率涨落与变数币(本币)数额的多少成正比；间接标价法所表示的外汇汇率涨落与变数币(外币)数额的多少成反比；两者在表示汇率涨落的含义时是相反的。因此，在使用外汇汇率上涨或下跌的概念时，必须说明采用何种标价法，以免误解。但外汇汇率涨落的基本含义是很明确的，即外汇汇率上涨表示外币升值，本币贬值；反之亦然。直接标价法与间接标价法的转换，用倒数法。

3. 美元标价法

美元标价法是以一定单位(1 或 100)的美元为标准折算成若干其他货币的汇率表示方法。从 20 世纪 50 年代开始，世界主要外汇市场开始采用美元标价法。表现形式如下：

$$1\text{ 或 }100\text{ 美元}=N\text{ 其他货币}$$

在美元标价法下，若本币数额上涨，说明美元升值、汇率上涨，而本币相对美元贬值、汇率下跌。反之亦然。有时一笔交易所涉及的两种货币没有一种属于本币，难以用以上两种方法比较。二战后，为便于国际银行间交易，采用了美元标价法报价，以有关国家的货币直接针对美元来报送价格。其特点是美元的单位(一般是 1 美元)始终不变，美元与其他货币的比值是通过其他货币量的变化体现出来的。各大银行外汇牌价只标明美元对其他主要货币的汇价，其他各主要货币之间的汇价就通过各自与美元的汇率套算出来。

【例 1-3】 某年 4 月 4 日，USD1＝JPY83.440，USD1＝HKD7.778 6，则港币兑换日元的价格是多少？

解析：

$$\begin{aligned}\text{HKD1}&=\text{JPY83.440/7.778 6}\\&=\text{JPY10.727}\end{aligned}$$

该标价法主要是随着国际金融市场之间外汇交易量的猛增，为了便于国际间进行交易，而在银行之间报价时采用的一种汇率表示法。目前各大国际金融中心已普遍使用。

1.2.3 汇率的种类

汇率在不同的场合下具有不同的表现形式，可以从不同的角度将其划分为不同的种类，主要有以下 5 种方式的划分。

1. 按银行买卖外汇价格划分

汇率根据银行买卖外汇的价格不同分为买入汇率(buying rate)、卖出汇率(selling rate)、中间汇率(middle rate)和现钞汇率(foreign banknotes rate)。

由于外汇的买卖均集中在商业银行等金融机构，它们的目的是为了追求利润，方法是贱买贵卖，赚取买卖差价，因此外汇的买入或卖出都是相对银行而言的。

1) 买入汇率

买入汇率也称买入价，是指银行向同业或客户买入外汇时所使用的汇率。因为其客户主要是出口商，所以买入汇率常称为出口汇率(export rate)。买入价的判断分两种情况：采用直接标价法时，外币折合本币较少的那个汇率即为买入价；采用间接标价法时，本币折合外币较多的那个汇率即为买入价。

2) 卖出汇率

卖出汇率又称卖出价，是指银行向同业或客户卖出外汇时所使用的汇率。由于客户多为进口商，故卖出汇率常被称为进口汇率(import rate)。卖出价的判断也分为两种情况：在直接标价法下，外币折合本币较多的那个汇率即为卖出价；在间接标价法下，本币折合外币数额较少的那个汇率即为卖出价。

【例 1-4】 (1) 中国银行：USD100＝CNY662(买入价)/665(卖出价)。

(2) 伦敦外汇市场：GBP1＝USD1.601 8(卖出价)/1.603 8(买入价)。

解析：(1) 此式表示若银行买入 100 美元，要支付结汇者 662 元人民币；若银行卖出 100 美元，收到购汇者 665 元人民币。

(2) 此式表示若伦敦银行买入 100 美元，要支付结汇者 62.352 英镑(100/1.603 8)；银行卖出 100 美元，收到购汇者 62.430 英镑(100/1.601 8)。

特别提示

区分是买入价还是卖出价的关键：一是首先确定市场，以便判断是何种标价方法；二是买与卖均要站在银行的角度，买卖的主体是银行；三是买卖的标的是外汇，买卖的是哪种货币，该货币即为外汇；四是实行贱买贵卖的原则。

3) 中间汇率

中间汇率又称中间价，是买入汇率与卖出汇率的平均汇率，即

$$中间价=(买入价+卖出价)/2$$

买入、卖出都是从银行买卖外汇的角度来看的，两者之间有差价，该差价是银行买卖外汇的收益。银行同业之间买卖外汇时使用的买入汇率和卖出汇率，也称同业买卖汇率(interbank rate)，它实际上也是外汇市场买卖价(market rate)，但银行同业买卖汇率的差价一般比银行同客户的买卖差价小。

中间价一般只供比较参考之用，用于分析外汇市场的汇率走势、电台等媒体的新闻报道。人民币汇率中间价是即期银行间外汇交易市场和银行挂牌汇价的最重要参考指标。

小资料

2005 年 7 月 21 日人民币汇率形成机制改革实施后，中国人民银行于每个工作日闭市后公布当日银行间外汇市场美元等交易货币对人民币汇率的收盘价，作为下一个工作日该货币对人民币交易的中间价格。

4) 现钞汇率

现钞汇率又称钞价，即银行买卖外币现钞的价格。一般来说，外国现钞不能在本国流通，只有将外钞兑换成本币，才能够购买本国的商品和劳务。把外币现钞换成本币，就出现了买卖外币现钞的兑换率。现钞汇率又分为现钞买入价和现钞卖出价。

现钞汇率不等于外汇汇率，现钞卖出价一般等同于外汇的卖出价，但现钞买入价则低于外汇的买入价。这是因为外国现钞存放在本国银行没有意义，需要送到外国银行生息，运到各发行国去，才能充当流通或支付手段。因为外币现钞不能在其发行国以外流通，银行买入外币现钞后，一般要积累到一定数额后才能将其运送并存入外国银行调拨使用，这就涉及运

输费、保管费、包装费、保险费、利息损失等，且要承担一定风险，所以银行在买入现钞时要考虑这些成本。而当银行购入现汇以后，通过航邮划账，可很快地存入外国银行，开始生息和随时调拨使用。因此，银行在收兑外币现钞时的汇率(即买价)，要稍低于外汇汇率，而卖出外币现钞时的汇率(即卖价)，则等于外汇汇率。2012 年 6 月 26 日，北京时间上午 9 时 25 分 26 秒中国银行外汇牌价见表 1-3。

表 1-3　中国银行外汇牌价(2012 年 6 月 26 日)

货币名称	现汇买入价	现钞买入价	现汇/现钞卖出价	中国银行折算价
英镑	987.4	956.92	995.34	984.57
港币	81.84	81.19	82.16	81.46
美元	635.06	629.97	637.6	632.11
瑞士法郎	660.92	640.51	666.22	663.57
新加坡元	495.36	480.06	499.34	497.35
瑞典克朗	89.86	87.08	90.58	90.22
丹麦克朗	106.77	103.48	107.63	107.2
挪威克朗	105.71	102.45	106.56	106.14
日元	7.953 6	7.708 2	8.009 5	7.939 5
加拿大元	616.61	597.58	621.56	614.71
澳大利亚元	635.84	616.21	640.95	633.53
欧元	793.72	769.22	800.1	791.12
澳门元	79.51	78.84	79.81	79.66

2. 按制定汇率的方法划分

汇率根据制定方法不同分为基本汇率(basic rate)和套算汇率(cross rate)。

1) 基本汇率

基本汇率又称基准汇率，是指一国货币对国际上某一关键货币(key currency)的比价。关键货币是指在本国的国际收支中用的最多、在外汇储备(foreign exchange reserve)中比重最大，可以自由兑换，为各国所普遍接受的某一外国货币。

与本国货币有关的外国货币往往有许多种，但不可能使本币与每种货币都单独确定一个汇率，所以往往选择某一种主要的货币即关键货币作为本国汇率的制定标准，由此确定的汇率是本币与其他各种货币之间汇率套算的基础，因此称为基础汇率。选择的关键货币往往是国际贸易、国际结算和国际储备中的主要货币，并且与本国的国际收支活动关系最为密切。二战后美元在国际贸易与金融领域占据了主要地位，因此许多国家都将本币对美元的汇率定为基础汇率。

2) 套算汇率

套算汇率又称交叉汇率，是通过两种不同货币与关键货币的汇率间接地套算出两种不同货币之间的汇率。各国在制定基本汇率后，对其他国家的货币汇率需要通过基本汇率，参照国际金融市场上关键货币与该国货币的汇率套算出来。

【例 1-5】 某一时期，已知两个基本汇率：USD1＝CNY6.826 9，GBP1＝USD1.546 5，则英镑兑换人民币的汇率是多少？

解析：　　GBP1＝CNY1.546 5×6.826 9＝CNY10.558

若基本汇率中包含两个价格，即外汇的买入价和卖出价，则可以通过以下两种方法进行套算。

(1) 交叉相除法。当两个基本汇率中的单位货币为同一币种时，套算汇率时采取交叉相除法。

【例 1-6】 已知基本汇率为 USD1＝JPY91.530/91.930，USD1＝HKD7.766 1/7.770 1，则可以采用交叉相除法套算出港币兑换日元的汇率价格。

解析：

HKD1＝JPY(91.53/7.770 1)/(91.93/7.766 1)

HKD1＝JPY11.780/11.837

(2) 同边相乘法。当两个基本汇率中的单位货币为不同币种时，套算汇率时采取同边相乘法。

【例 1-7】 已知基本汇率为 USD1＝JPY91.530/91.930，GBP1＝USD1.544 6/1.548 6，则可以采用同边相乘法套算出英镑兑换日元的汇率价格。

解析：

GBP1＝JPY(91.53×1.544 6)/(91.93×1.548 6)

GBP1＝JPY141.38/142.36

3. 按外汇买卖交割时间划分

汇率按照外汇买卖交割的时间不同，分为即期汇率(spot rate)和远期汇率(forward rate)。交割是指买卖双方钱货两清的行为。

1) 即期汇率

即期汇率又称现汇汇率，是指外汇买卖成交后，在当日或两个营业日内进行外汇交割采用的汇率。从表面看，即期汇率似乎没有多大危险，但因汇率瞬间变化无穷，加上各国清算制度和外汇操作技术的差异，一般要在当天内或一天后才知道是否已经支付，且各国金融市场之间又受时差的影响，也会经历短暂性的汇率波动风险。即期汇率是外汇市场上使用最多的汇率，交易通过电话、电报、电传等方式进行。在实务中，即期汇率也是确定远期汇率的基础。

2) 远期汇率

远期汇率是指买卖双方签订合同，约定在将来某一时期内(最常见的以 30～90 天为期)进行外汇交割的汇率，又称期汇汇率。远期期限一般为 1 个月到 1 年的时间。到了交割日期，由协议双方按预先规定的汇率、币别、金额进行钱货两清，不受汇率变动的影响。远期汇率是远期价格，但需要注意的是远期汇率≠未来的即期汇率。

由于这种汇率和即期汇率一样，都受交货时货币供求因素的影响，一般都朝着同一方向变动。当然，变动幅度不完全一致，由于外汇购买者对外汇资金需求的时间不同和为了避免外汇汇率变动风险而进行的具体操作方式不同，远期汇率可能等于即期汇率，可能高于即期汇率，也可能低于即期汇率。如果远期汇率高于或低于即期汇率，那么在远期汇率与即期汇率之间就有一个差额，这就是远期差价(forward margin)。远期汇率和即期汇率之间的关系见表 1-4。

表 1-4　远期汇率和即期汇率之间的关系

情形	远期差价
远期汇率＝即期汇率	平价或平水(at par)
≠	隔水

续表

情形	远期差价
＞	升水(premium)
＜	贴水(discount)

远期汇率可以直接报出，也可以间接报出。所谓间接报出是指利用报出的即期汇率价格和远期差价，间接算出远期汇率的价格。汇率通常由 5 位有效数字组成，右起第一个数位的一个数称为一个汇价点(point)，代表 0.000 1(即万分之一)，升贴水的差价也是用点表示，如 100 点＝0.010 0。不同的标价法下，计算远期汇率的方法也是不同的，见表 1-5。

表 1-5　远期汇率的计算方法

标价方法	远期汇率的计算
直接标价法	远期汇率＝即期汇率＋升水点
	远期汇率＝即期汇率－贴水点
间接标价法	远期汇率＝即期汇率－升水点
	远期汇率＝即期汇率＋贴水点

特别提示

直接标价法下判断升贴水的方法：当买入汇率的差价点数大于卖出汇率的差价点数，或差价点大数在前小数在后，则为贴水；反之则为升水。

间接标价法下判断升贴水的方法：当买入汇率的差价点数小于卖出汇率的差价点数，或差价点大数在前小数在后，则为升水；反之则为贴水。

【例 1-8】　以间接报出方式为例，计算远期汇率。

(1) 直接标价法下：假定某日巴黎外汇市场中，美元兑法国法郎，即期汇率为 6.324 0/6.327 0，6 个月远期差价为 120/80，12 个月远期差价为 10/170。请计算美元兑换法国法郎 6 个月和 12 个月的远期汇率。

(2) 间接标价法下：假定某日伦敦外汇市场中，英镑兑美元，即期汇率为 1.586 4/1.587 4，3 个月远期差价为 40/30，6 个月远期差价为 25/60。请计算英镑兑换美元 3 个月和 6 个月的远期汇率。

解析：(1) 根据判断方法得出，美元兑法国法郎 6 个月的远期差价为贴水，12 个月的差价为升水。

6 个月远期汇率为

USD1＝FRF(6.324 0－0.012 0)/(6.327 0－0.008 0)

USD1＝FRF6.312 0/6.319 0

可见，远期汇率＜即期汇率，是贴水。

12 个月远期汇率为

USD1＝FRF(6.324 0＋0.001 0)/(6.327 0＋0.017 0)

USD1＝FRF6.325 0/6.344 0

可见，远期汇率＞即期汇率，是升水。

(2) 根据判断方法得出，英镑兑美元 3 个月的远期差价为升水，6 个月的差价为贴水。

3 个月远期汇率为

$$GBP1=USD(1.586\,4-0.004\,0)/(1.587\,4-0.003\,0)$$
$$GBP1=USD1.582\,4/1.584\,4$$

可见，远期汇率>即期汇率，是升水。

6 个月远期汇率为

$$GBP1=USD(1.586\,4+0.002\,5)/(1.587\,4+0.006\,0)$$
$$GBP1=USD1.588\,9/1.593\,4$$

可见，远期汇率<即期汇率，是贴水。

【例 1-9】 某日伦敦外汇市场：GBP1＝USD1.606 8/76，1 个月贴水为 90/93，1 个月远期汇率是多少？

解析： 1 个月远期汇率为

$$GBP1=USD(1.606\,8+0.009\,0)/(1.607\,6+0.009\,3)$$
$$=USD1.615\,8/1.616\,9$$

【例 1-10】 某日瑞士外汇市场：USD1＝CHF1.344 2/62，3 个月贴水为 200/100，3 个月远期汇率是多少？

解析： 3 个月远期汇率为

$$USD1=CHF(1.344\,2-0.020\,0)/(1.346\,2-0.010\,0)$$
$$=CHF1.324\,2/1.336\,2$$

总结：无论是在直接标价法下或在间接标价法下，升贴水的含义是完全一致的；通过升贴水计算远期汇率的计算方法在两种标价法下是恰好相反的；只要买入汇率的差额点数小于卖出汇率的差额点数，那么这对数字为升水，反之为贴水，这种判断方法是不分标价方法的；就两种货币而言，甲货币对乙货币的远期有升水，也就意味着乙货币对甲货币的远期有贴水。

4. 按汇款方式划分

汇率按汇款方式不同，分为电汇汇率(telegraphic transfer rate，T/T rate)、信汇汇率(mail transfer rate，M/T rate)和票汇汇率(demand draft rate，D/D rate)。

1) 电汇汇率

电汇汇率是指经营外汇业务的银行以电信方式买卖外汇时所使用的汇率。例如，银行在卖出外汇后，以电传或传真等方式委托其国外分支机构或代理人付款给收款人所使用的汇率，就是一种电汇汇率。由于电汇付款时间短，最长不超过两个营业日，银行无法占用客户的资金头寸，而且国际间的电传等费用也较高，因此电汇汇率高于一般汇率。电汇汇率是计算匡定其他汇率的基础。在外汇市场上，采用电汇汇率，主要是为了避免外汇汇率波动所带来的风险。在外贸企业、投资公司的合同中，一般都使用这种收支时间最快的电汇方式；在银行同业之间，买卖外汇或资金也常用电汇划拨。即使在国际支付中，各国也都采用电汇了结债权债务。

2) 信汇汇率

信汇汇率是指银行以航空信函方式通知收付款时采用的汇率。例如，银行开具付款委托书，以信函方式通过邮局寄给付款地银行，由其转付给收款人所使用的一种汇率，就是信汇汇率。邮寄信函到达国外往往需要较长时间，大约一个航空邮程的时间，银行在这一时间内可以利用这一部分资金，并且信汇成本比电汇低，因此信汇汇率要比电汇汇率低。

3) 票汇汇率

票汇汇率是指银行在买卖外汇汇票时使用的汇率。其过程是银行在卖出外汇时，开立一张由其国外分支机构或代理行付款的汇票交给汇款人，由汇款人本人自带或寄往国外取款。票汇汇率根据买卖汇票时间的不同，又分为即期票汇汇率和远期票汇汇率。即期票汇汇率是银行买卖即期外汇汇票的汇率，由于即期票汇付款时间较电汇迟，因此即期票汇汇率较电汇汇率低，基本上与信汇汇率相同；远期票汇汇率是银行买卖远期票汇的汇率，一般以即期票汇汇率为基础，扣除远期付款贴现利息后得出，汇票期限越长，汇率越低。

5. 按外汇管制程度划分

汇率按照外汇管制松紧程度的不同，可分为官方汇率(official rate)和市场汇率(market rate)。

1) 官方汇率

官方汇率是由国家机构(财政部、中央银行或外汇管理当局)公布的汇率，一切外汇交易都必须以这一汇率为准。例如，我国国家外汇管理局公布的外汇牌价，就属于官方汇率。在外汇管制严格的国家，一切外汇收入必须按官方汇率结售给银行，所需外汇必须向国家指定银行申请购买。官方汇率虽然保证了汇率的稳定，但汇率缺乏弹性。

从世界范围看，官方汇率可分为单一汇率和复汇率。单一汇率，是一个国家只存在一种官方公布的汇率。西方发达国家往往采用单一汇率。国际货币基金组织要求会员国只能实行单一汇率制。复汇率是指一国政府对本币规定两种或两种以上的对外汇率。在发展中国家和部分发达国家，实行复汇率是为了奖出限入，控制资本流出或流入，以达到改善国际收支的目的。复汇率作为外贸和外汇管制的特殊形式，其种类归纳起来有两种形式。

(1) 双重汇率(dual exchange rates)，即对本币与另一国货币的兑换同时规定两种不同的汇率。各国对此有不同的具体做法，有的国家以官方汇率为标准，作为贸易汇率(commercial rate)，辅以汇率较低的非贸易项目出口的牌价，作为金融汇率(financial rate)。这种双重汇率，具有把固定汇率和浮动汇率融为一体的性质。世界上有许多国家在其汇率制度发展进程中曾实施过双重汇率制，既包括法国、意大利、比利时等发达国家，也包括墨西哥、阿根廷等发展中国家。

(2) 多种汇率，即一国货币规定有两种以上的汇率，每一种汇率适用于某类商品或某些交易。多种汇率是西方国家外汇管制的一种特殊形式，是根据经济发展，以及国际收支不同情况而制定的，一般是以进口和出口，贸易和非贸易，出口商品是否有竞争力，出口商品的品种等规定不同的汇率，以维护和推动本国对外贸易的发展。例如，西班牙曾一度实行一种汇率适用于一种商品，使汇率多达几十种，且高低相差数十倍。

2) 市场汇率

市场汇率是由外汇市场供求关系决定的汇率。其特点是汇率随行就市，随外汇供求变化而波动。在不实行外汇管制或管制较松的国家，由于外汇市场开放，外汇自由买卖，因此市场汇率相对于官方汇率来说是这些国家的实际汇率，而官方汇率往往只起着中心汇率的作用，甚至有时只是形式而已。当然市场汇率并不是都不受限制的。为了使市场汇率不致脱离官方汇率太远，货币当局一般都会运用各种手段直接或间接地介入外汇市场，调节市场汇率。

1.3 汇率的决定与变动

1.3.1 汇率的决定基础

1. 金本位制度下汇率的决定

金本位制度泛指以黄金为一般等价物的货币制度，包括金币本位制度(gold specie standard)、金块本位制度(gold billion standard)和金汇兑本位制度(gold exchange standard)。金币本位制度盛行于19世纪中期～20世纪初期，属于完全的金本位制度。后两种金本位制度出现于由金币流通向纸币流通过渡和二战后对黄金与货币兑换实行限制的时期，而且时间较短，属于不完全的金本位制度。通常，金本位制度主要是指金币本位制度。

1) 金本位制度下汇率的决定基础

在金币本位制度下，各国都以法律形式规定每一金铸币单位所包含的黄金重量与成色，即法定含金量(gold content)。两国货币的价值量之比就直接而简单地表现为其含金量之比，称为铸币平价(mint parity)或法定平价(par of exchange)。铸币平价是决定两国货币之间汇率的价值基础。

以西方国家经济危机前的两个实行金本位制度的国家英国和美国为例，1英镑含纯金7.322 4克，1美元含纯金1.504 656克，根据含金量之比，英镑与美元的铸币平价是

$$7.322\,4/1.504\,656=4.8665$$

即1英镑的含金量是1美元含金量的4.866 5倍，或1英镑可兑换4.866 5美元。

2) 金本位制度下汇率的波动

铸币平价与外汇市场上的实际汇率是不相同的。铸币平价是法定的，一般不会轻易变动，而实际汇率受外汇市场供求影响，经常上下波动。当外汇供不应求时，实际汇率就会超过铸币平价；当外汇供过于求时，实际汇率就会低于铸币平价。正如商品的价格围绕价值不断变化一样，实际汇率也围绕铸币平价不断涨落。但在典型的金币本位制度下，由于黄金可以不受限制地输入输出，无论外汇供求的力量多么强大，实际汇率的涨落都是有限度的，即被限制在黄金的输出点和输入点之间。

黄金输出点和输入点统称黄金输送点，是指金币本位制度下汇率涨落引起黄金输出和输入国境的界限。它由铸币平价和运送黄金费用(包装费、运费、保险费、运送期的利息等)两部分构成。铸币平价是比较稳定的，运送费用是影响黄金输送点的主要因素。以直接标价法表示，黄金输出点等于铸币平价加运送黄金费用，黄金输入点等于铸币平价减运送黄金费用。

在金币本位制度下，国际结算的方式既可以选择用外汇结算，也可以选择运送黄金的方式偿付。由于外汇可自由兑换，黄金可自由输出入，如果汇率高于黄金输出点，就没有人购买，外汇需求减少，汇率下降；如果汇率低于黄金输入点，运回国内的是黄金，外汇市场上外汇供应减少，汇率又会上升。由于黄金输出入点这个机制的存在，汇率就可能在两个黄金输送点之间，围绕着货币自身的含金量上下波动，但波动的幅度是很有限的。

例如，在美国和英国之间运送价值为1英镑黄金的运费为0.03美元，英镑与美元的铸币平价为4.866 5美元，那么对美国厂商来说，黄金输送点如下：

$$黄金输出点=4.866\,5+0.03=4.896\,5(美元)$$

$$黄金输入点=4.866\,5-0.03=4.836\,5(美元)$$

所以在外汇市场上，当外汇汇率高于黄金输出点时，即兑换 1 英镑的成本大于输出黄金结算的单位成本 4.896 5 美元时，美国债务者就愿意用购买黄金，再把它送到国外的办法来偿付英国债务，而不是用本币(美元)去购买外汇(英镑)来偿付。只要汇率高于黄金输出点，就会出现输出黄金的情况。相反，如果美国出口商获得一笔外汇，需要调回国内，如果外汇汇率低于黄金输入点，即 1 英镑的出口收入低于输入黄金结算的单位成本 4.836 5 美元时，出口商就宁肯用所持有的外汇购买黄金运回国内，而不通过货币兑换带本币回国。

综上所述，在金币本位制度下，汇率波动的规则是汇率围绕铸币平价，受外汇市场供求状况的影响，在黄金输出点与输入点之间上下波动。其波动的界限是黄金输送点，最高不超过黄金输出点(即铸币平价加运费)，最低不低于黄金输入点(即铸币平价减运费)。

2. 布雷顿森林体系下汇率的决定

在经历了第一次世界大战(以下简称一战)的破坏和 1929—1933 年资本主义经济危机的冲击后，金本位制度宣告崩溃，各国开始普遍实行纸币流通制度。二战后，1944 年 7 月，在美国新罕布什尔州的布雷顿森林城召开了有 44 个国家参加的联合国货币金融会议，通过了《布雷顿森林协定》，建立了布雷顿森林体系。

1) 布雷顿森林体系下汇率的决定基础

在布雷顿森林体系下，各国政府用法令规定纸币的金平价，即将两国纸币的法定含金量之比称为黄金平价。黄金平价是决定汇率的基础。

美国政府规定美元的含金量，其他国家货币也规定含金量，两种单位纸币的含金量对比，即黄金平价决定各国货币与美元的汇率。例如，美国政府规定 1 美元纸币等于 0.888 671 克黄金的美元法定含金量，同时期 1 英镑纸币所代表的含金量为 3.581 34 克纯金，因此英镑与美元的黄金平价为

$$1\text{ 英镑}=3.581\,34/0.888\,671=4.03\text{ 美元}$$

2) 布雷顿森林体系下汇率的波动

在布雷顿森林制度下，汇率波动的界限受到国际货币基金组织的控制，即规定不同货币之间汇率的波动幅度不得超过黄金平价上下的 1%。黄金平价一经确定不得随意变动，汇率只能在规定的幅度内波动，如果某些国家的货币汇率波动超过了上述规定的范围，各国货币当局就有义务进行干预，由此影响外汇供求，保持汇率的相对稳定。后来根据国际汇率制度发展的需要，于 1971 年 12 月以后，将市场汇率波动幅度的范围扩大至黄金平价上下的 2.25%。

例如，在英镑与美元的黄金平价为 1 英镑＝4.03 美元、波动范围为±1%的情况下，汇率的上下限分别为

$$\text{上限：GBP1}=\text{USD}(4.03+0.040\,3)=\text{USD}4.070\,3$$

$$\text{下限：GBP1}=\text{USD}(4.03-0.040\,3)=\text{USD}3.989\,7$$

也就是说，1 英镑兑换美元最高不能超过 4.070 3 美元，最低不能低于 3.989 7 美元，否则有关国家货币当局应进行干预以维持汇率的稳定。

3. 现行国际货币体系下汇率的决定

现行国际货币制度是 1972 年以后，许多国家放弃布雷顿森林体系下的钉住美元、在协议规定的幅度内进行波动的汇率制度后逐渐建立起来的，又称为牙买加体系。

1) 现行国际货币体系下汇率的决定基础

在牙买加体系下，各国货币基本上与黄金脱钩，即在法律上不再规定货币的含金量，汇

率由各国纸币所代表的实际价值量来衡量或决定。汇率的决定基础是购买力平价，即两种货币购买力之比。

问题是，各国纸币所代表的实际价值是很难确定的，因而增加了在该货币汇率制下汇率决定的复杂性。在金本位制度和布雷顿森林体系下，单位纸币所代表的价值量取决于它所代表的那部分黄金“本身所具有的价值量”。而黄金与其他任何商品一样，必须通过别的商品来表现自己的价值。由于黄金是作为货币商品的，因此它具有特殊的价值表现形式，即金的价值表现为一个无限的商品系列。这样，由于纸币代表一定的金量，一定的金量又表现在一系列商品上，因此纸币所代表的价值实际上就表现在一系列的商品上。从这里可得出这样一个结论，即单位纸币所代表的价值总表现为一定量的商品，称为纸币的购买力平价，而它实际上是商品价格的倒数。在这种情况下，只要比较两国货币的购买力平价，就能得出两国纸币相互间交换的比率。这样，又可以得出另一个结论：在浮动汇率制度下，两国货币汇率决定的基础是购买力平价。

特别提示

这里还必须注意的是，以购买力平价来确定汇率必须具备这样一个条件，那就是两国同种商品的价值量必须相等。然而在现实当中，各国之间在生产条件、劳动强度和劳动生产率等方面一般都会存在较大的差别，再加上历史的或社会经济制度等方面的原因，这种价值量又是很难相同的。因此，直接比较两国纸币的购买力所得出的两国货币的比价，也不一定十分完美。

2) 现行国际货币体系下汇率的波动

牙买加体系以实行浮动汇率制度为核心，因此汇率的波动是经常的、频繁的，汇率的涨落几乎不受限制。直至1985年以后，国际社会才基于汇率太大太多的波动对经济造成的不良影响而建立起了联合干预机制，在认为需要的时候，对某种过于动荡的货币汇率予以干预。

1.3.2 影响汇率变动的因素

影响汇率变动的因素是多方面的，有经济因素、政策因素、政治因素及其他因素等。这些因素之间既相互联系又相互制约，随着国际经济、政治形势的变化，这些因素所处的地位可以相互转化，且相同因素在不同的国家或地区、不同的时间所起的作用也各不相同。而引起汇率变动的直接原因是外汇供求的变化。

一般地说，市场汇率是以汇率决定为基础上下波动，外汇市场的供求关系决定汇率波动的整个过程。具体来说有以下几方面因素：国际收支(balance of payment，BOP)状况、通货膨胀、利率水平、经济增长率、财政与货币政策、汇率政策、政府干预、政治因素、心理预期因素和外汇投机者恶性炒作等。

1. 经济因素

1) 国际收支状况

国际收支的顺逆差都会引起外汇的需求和供给，进而影响汇率的波动。国际收支中的经常性的收付和资本的输出、输入是影响汇率的最直接且最重要的一个因素。当一国出现国际收支逆差时，说明本国外汇收入小于外汇支出，对外汇的需求大于外汇的供给，外汇汇率上涨，本币对外贬值。反之，当一国出现国际收支顺差时，说明本国外汇收入大于外汇支出，外汇的供给大于外汇的需求，外汇汇率下跌，本币对外升值：

收＞支→顺差→外汇供应↑→外币↓本币↑

收＜支→逆差→外汇需求↑→外币↑本币↓

经常项目对汇率变化的影响存在时滞，即不会在短时间内表现出来，而主要在中、长期发生作用。资本项目对汇率变动的影响则是短期性的，因为资本项目的变化直接反映资本的流出、流入的变化，进而使本、外币的供求关系发生变化。

特别提示

国际收支状况并非一定会影响汇率，要看国际收支顺差或逆差的性质是短期还是长期的，是临时性的还是持久性的。

例如，美国在 1870—1970 年处于贸易顺差状态，因此美元持续坚挺。1970 年以后贸易连续逆差，美元于 1971 年、1973 年出现两次大贬值。

2) 通货膨胀

在纸币流通制度下，如果一国的货币发行过多，流通中的货币量超过了实际需要量，就会导致通货膨胀。通货膨胀率的高低是影响汇率变化的基础。通货膨胀意味着物价持续升高，物价高，货币对内贬值(货币的对内价值是由国内物价水平来反映的)，而货币对内贬值又不可避免地引起新一轮的货币对外贬值，它体现为外汇汇率的上涨，因为一国货币的对内价值决定其对外价值。

当一国的通货膨胀率高，则物价上涨快，该国货币汇率就下降；反之，当一国的通货膨胀率低，则物价上涨慢，该国货币汇率就会不断上升。一般来说，通货膨胀对汇率变动的影响往往是首先通过恶化国际收支来实现的，即通货膨胀率越高，物价上涨越快，出口商品成本增加，本国商品竞争下降，使国际收支出现逆差，进而降低了本币的汇率：

通胀率↑→物价↑→出口↓进口↑→逆差→外汇供应↓→外币↑本币↓

3) 利率水平

利率是借贷资本的使用价格，它与各种金融资产的价格、成本和利润密切相关。一国利率水平的高低反映借贷资本的供求状况，其变动会引起金融资产的流入和流出。

一般来说，在资本安全性与流动性不变时，利率的高低会使国际间短期资本发生流动，进而影响汇率。其影响表现在两个方面：一是一国利率水平相对提高，会吸引外国资本流入该国，从而增加对该国货币的需求，该国货币汇率就趋于上浮。反之，一国利率水平相对降低，会直接引起国内短期资本流出该国，从而减少对该国货币的需求，该国货币汇率就趋于下浮。当然这里的利率高低是相对的，而不是绝对的，即一国利率水平升降必须造成与其他国家的利率升降的差距，才会对汇率的变动产生影响。二是一国利率水平提高将遏制国内投资和消费，使物价平稳或降低，这样就会出现本币汇率上升；反之，一国利率水平降低会刺激国内投资和消费，进而使物价上涨、本币贬值，导致本币汇率下跌。美国于 1981 年开始推行高利率政策，5 月 5 日美国联邦储备系统(以下简称美联储)将再贴现率从 10%提高至 20.5%，大量外国资本涌入，1981—1985 年春季，美元十分坚挺。

从长期看，西方金融学家经过长期研究认为，利率对远期汇率的影响是，两种货币在外汇市场上的远期汇率的变化是由两种货币在货币市场上的利息率的高低决定的，利息率较高的货币的远期汇率为贴水，利息率较低的货币的远期汇率为升水。同样需要考虑的是一国利率与另一国利率之间存在差异，如果一国利率上升，其他国家利率也同幅度地上升，则汇率一般就不受影响：

利率↑→消费需求↓→物价↓→出口↑进口↓→顺差→外币↓本币↑

→资本流入→外汇供应↑→外币↓本币↑

4) 经济增长率

一国经济增长率的高低是决定该国汇率水平的根本因素。一国短期经济增长率的上升会使整个国家的社会需求增加，不仅可以提供更多的社会就业机会，而且还使国民收入增加，个人需求增加，从而增加对国外商品的需求，进口增加，外汇需求上升，外汇汇率上涨，本币汇率下降。而一国经济增长率的长期上升，可以提高该国的生产力和降低生产成本，从而提升本国产品的对外国际竞争力，出口增加，外汇供给加大，还会吸引国外投资者为追逐高利润回报而将国外资金注入本国，同样可以增加外汇供给。因此，从短期看经济增长率的提高不利于本国货币在外汇市场的价格，但从长期看经济增长率的提高却有利于本国货币的升值。

2. 政策因素

1) 财政与货币政策

财政、货币政策的实施对汇率变化的影响虽然较为间接，但却非常重要。一般来说，扩张的财政、货币政策造成的巨额财政收支逆差和通货膨胀，使本国货币对外贬值；紧缩的财政、货币政策会减少财政支出，稳定通货，使本国货币对外升值。但这种影响从时间上看是相对短暂的。财政、货币政策对汇率长期的影响，则要看这些政策对一国经济实力和长期国际收支状况的影响如何。如果扩张政策能最终增强本国经济实力，促使国际收支顺差，那么本币对外币的价值必然会提高；如果紧缩的财政、货币政策导致本国经济停滞不前，国际收支逆差扩大，那么本币的对外价值必然逐渐削弱。

2) 汇率政策

各国汇率政策和对外汇市场的干预在一定程度上影响汇率的波动。自 1973 年以来，各国对外汇市场汇率的波动在表面上不加干预，任其自由涨落，但实际上政府采取汇率政策的目的一般是为了稳定本币汇率，避免本国货币的剧烈波动加大国际贸易和国际金融活动中的风险，抑制外汇投机行为，或为了使本国汇率维持在有利于本国经济发展或有助于实现政府的某项战略目标的水平上。在国际金融市场上，有时国家金融界领导的一句话就可能引起汇率波动。

例如，1998 年 10 月 6 日，日本大藏大臣宫泽喜一表示："日本政府将不会容忍日本过度疲软，正在考虑一些改善日元的特别政策。"这句话暗示了日本政府不会漠视日元继续下跌。尽管这句话并无实际内容，却诱发了国际外汇市场一场"大地震"。第二天，汇率由 1 美元兑 130.70 日元下跌到 1 美元兑 118.80 日元，第三天跌到 1 美元兑换 111.40 日元，创 1998 年美元兑日元最低点，3 日跌幅为 17.3%。可见，一国汇率政策对汇率的影响很大。

3) 政府干预

政府干预市场是影响市场供求关系和汇率水平的重要因素。干预汇率的直接形式是通过中央银行在外汇市场上买卖外汇，改变外汇供求关系，从而影响外汇汇率。

在开放的市场经济条件下，中央银行介入外汇市场直接进行货币买卖，对汇率的影响是最直接的，其效果也是极明显的。当一国货币汇率下跌有可能导致汇率危机时，该国中央银行就可进场卖出外汇买入本币，促使本币汇率保持稳定或上升；反之，一国货币汇率上升以致不利于经济发展时，该国中央银行就进场卖出本币买入外汇，促使本币汇率稳定或下降。当然，中央银行进场干预有一个前提，即它必须有足够的外汇储备和较好的操作技术。概括如下：

当本币↑，可利用外汇平准基金，抛本币收外币→本币↓。

当本币↓，可利用外汇平准基金，抛外币收本币→本币↑。

例如，1985 年以后，出现了多国中央银行联手干预外汇市场的情况：1994 年 4 月西方 15 国联手干预阻止美元下滑，1995 年年初国际社会联手援助墨西哥，1998 年 7 月 17 日美日联手干预日元。

政府干预汇率在短期内对市场的心理预期和汇率的影响是巨大的，但不能从根本上改变汇率的长期变动趋势。

3. 其他因素

1) 政治、军事等突发事件

国际上突发的重大政治事件，如一国发生政变或战争，官员生病、曝出丑闻或下台，以及工人罢工等，该国的货币就会呈现不稳定而下跌，局势动荡永远都是打击该国货币的重要原因。

例如，1991 年 8 月，苏联总统戈尔巴乔夫被扣押在克里米亚后，德国马克对美元的汇率急剧下降，在几天之内由 1 美元兑换 1.717 0 德国马克下跌到 1 美元兑换 1.860 0 德国马克，这时因为德国在苏联有大量的投资，若苏联政变，会对德国的投资发生影响；北大西洋公约组织(以下简称北约)轰炸原南斯拉夫联盟共和国时期，科索沃局势日益恶化，难民人数也大幅度增加，使得投资者认为欧元区经济发展将受到影响．欧元对美元汇率从 1999 年 1 月 4 日 EUR/USD＝1.178 9 跌到 4 月 30 日 EUR/USD＝1.055 0，跌幅近 11%；2001 年“9・11”事件也使美元汇率大幅下降。

2) 心理预期因素

在影响外汇汇率走势的各种因素中，最难以把握的就是心理因素，它是影响汇率短期走势的重要因素。当人们预期某种货币将要贬值时，就会大量抛售这种货币，导致该货币汇率下跌。影响外汇市场交易者心理预期变化的因素很多，主要有一国的经济增长率、国际收支、利率、财政政策及政治局势等。

按照阿夫达里昂的汇兑心理学，一国货币之所以有人购买，是因为它有价值，而其价值大小就是人们对其边际效用所作的主观评价。主观评价与心理预期实际上是同一个问题。当人们认为持有某种货币不但可以满足消费需要，还可以进行投资或投机获取高收益时，就会在市场上买入该货币，该货币需求上升，汇率上浮；反之，卖出该货币，该货币汇率下降。心理预期对货币汇率的影响极大，甚至已成为外汇市场汇率变动的一个关键因素，只要人们对某种货币的心理预期发生变化，转瞬之间就可能会诱发大规模的资金运动。

知识拓展

汇兑心理说是法国学者阿夫达里昂于 1927 年提出的。他认为，人们之所以需要外币，是为了满足某种欲望，如支付、投资、投机等。这种主观欲望是使外国货币具有价值的基础。人们依据自己的主观欲望来判断外币价值的高低。根据边际效用理论，外汇供应增加，单位外币的边际效用就递减，外汇汇率就下降。在这种主观判断下外汇供求相等时所达到的汇率，就是外汇市场上的实际汇率。

汇兑心理说后来被演变成心理预期说，即外汇市场上人们的心理预期会对汇率的决定产生重大影响。汇兑心理说和心理预期说虽引进了唯心论的成分，有片面之处，但是，它们在说明客观事实对主观判断产生影响、主观判断反过来又影响客观事实这一点上，有其正确的一面。汇兑心理说和心理预期说在解释外汇投机、资金逃避、国际储备下降及外债累积对未来汇率的影响时，尤其值得重视。1993 年上半年我国人民币在外汇调剂市场上大幅度下降，就同人们的复关预期、开放人民币自由兑换预期，以及通货膨胀预期有关。但是应当指出，汇兑心理说和心理预期说讲的都是对短期汇率的影响。应该说，它们是影响汇率变动的因素，而不是汇率，尤其不是长期汇率的决定基础。

(资料来源：http://baike.baidu.com/view/1074331.htm.)

3) 外汇投机者恶性炒作

市场投机者是外汇市场不可缺少的组成部分，投机者以逐利为主的投机行为，必然影响到汇率的稳定。尤其在当今外汇市场上，充斥着以万亿美元计的“游资”(hot money)，其对外汇市场的影响不言而喻。通常外汇市场投机包括两部分，一是稳定性投机，二是非稳定性投机，它们对汇率的影响程度是不一样的。稳定性投机所诱发的短期资金流动与货币转换有利于缩小市场汇率波动的幅度，而非稳定性投机所诱发短期资金流动必然会扩大市场汇率的波动幅度。

例如，1997 年 7 月，泰国爆发货币危机。国际金融投机大鳄索罗斯早有察觉，他发现泰国经济泡沫及短期债务很重，1997 年 6 月下旬他就预言，泰铢将可能贬值 20%甚至更多。全世界的投机家认为，这是索罗斯向他们发出的号召令：“卖掉泰铢，卖掉泰国股票！”泰国政府于当年 7 月 2 日只得放开泰铢同美元挂钩的汇率，一下子由 1 美元兑换 25 泰铢贬值到 1 美元兑换 40 泰铢。虽然导致泰国危机有多种原因，但外汇投机者的恶性炒作起到了推波助澜的作用。

总之，影响汇率变动的因素既多样又复杂，除了上述因素之外，还有自然灾害、经济结构、经济周期、外贸政策及外汇管制等多种因素。在影响汇率的各种因素之间，存在着相互关联、相互制约，乃至相互抵消的关系，形成了一个复杂的影响外汇市场汇率波动的系统，因此，不能用单纯一种因素来说明汇率的全部变动。此外，影响汇率的各个因素，在不同国家、不同时期也各不相同，要综合比较分析。

1.3.3 汇率变动对一国经济的影响

汇率的变动受到众多因素的影响，同样也会对经济产生更大的作用，影响着国内经济和对外经济的发展，尤其是在当今世界经济一体化的进程中，这种作用将更为突出。

1. 对国内经济的影响

1) 物价

汇率变动对国内经济的直接影响集中表现在对物价的影响上。本国货币汇率贬值会给一国通货膨胀带来压力，引起物价上涨。具体表现在 3 个方面。

(1) 从进口来看，贬值导致进口商品价格上升，若进口的多是原材料、中间产品，且这些商品弹性小，必然导致进口成本的提高，由此引发成本推进型通货膨胀。例如，主要依靠进口食品、原料为主的英国，其本币汇率的变动会立即对消费品及原料的国内价格产生影响。

在英镑对外汇率下跌的情况下，英国必需的原料和食品的进口不能减少，国内以英镑表示的食品与原料的价格必然高涨，从而推动英国国内消费物价水平的提高、通货膨胀的加剧。

(2) 从出口看，本国货币汇率贬值会刺激出口，在出口商品供应数量不能相应增长的情况下，则在短期内会加剧国内市场的供求矛盾，甚至会引起出口商品的国内价格的高涨，由此也会影响其他相关产品的物价上涨。

(3) 从货币发行量看，如果贬值增加了出口，改善了贸易收支，通常也会导致该国外汇储备的增加，中央银行也必须同时投放相同价值的本币，在没有有效的对冲操作的条件下，必然会增大该国通货膨胀压力。因此，如上所述，一国要想使贬值发生正效应，必须采取相应的货币政策予以搭配：

本币↓→进口成本↑→进口商品国内价格↑
→出口商品↑→商品国内市场供应↓→出口商品国内价格↑
→其他商品价格↑
→进口↓出口↑→商品供应↓→价格↑

2) 国民收入与就业

首先，本国货币汇率贬值一般会增加出口行业的利润，由此会促进资金等生产要素从非出口厂商和部门转向出口厂商和部门，推动出口行业的发展，同时也会“牵引”其他相关行业趋于繁荣，增加就业；其次，本国货币汇率贬值会使一部分需求由进口商品转向国内产品，进口替代行业也因此获得发展的机会，就业机会也会进一步被创造出来；再次，本国货币汇率贬值能够吸引更多的外国投资，改变投资结构，同样会提供更多的就业机会。可见，贬值一般情况下会影响产业结构及投资结构，同时有利于提高就业水平。不过贬值能否产生这种就业效应，还必须具备一个条件，即工资基本不变或变动幅度要小于汇率变动的幅度。如果工资随汇率下跌而同比例上升，那么就会抵消贬值所产生的改善贸易收支、增加就业机会的效应。

如果贬值对进出口贸易、长期资本流动、产业结构及就业等方面都能产生预期的影响，那么对国民收入的影响也是明显的，即会导致国民收入的增加。但货币贬值对国民收入的积极影响，也有一个条件，即只有在贬值能够改善国际收支状况的情况下才能产生，否则可能会使贸易条件恶化，反而无法改善国际收支，增加国民收入：

本币↓→进口↓出口↑→外汇收入顺差→就业↑国民收入↑

3) 国内利率水平

汇率变动对国内利率水平的影响表现在两个方面：

(1) 从货币供应量看，本国货币汇率贬值会扩大货币供应量，促使利率水平下降。因为贬值会鼓励出口，增加外汇收入，增加本币投放；同时会限制进口，外汇支出减少，货币回笼也会减少。

(2) 从现金的需求看，本国货币汇率贬值会使居民手持现金的实际价值下降，因此需要增加现金持有额才能维持原先的实际需要水平，导致全社会储蓄水平下降；同时，也会促使居民把某些金融资产转换成现金，导致金融资产价格的下降，这样，国内利率水平又会趋于上升。因此，汇率下跌究竟是提高还是降低一国的利率，要视各国的具体情况而定。但一般来说，汇率下跌随之而来的总是利率上升。

2. 对国外经济的影响

1) 对外贸易

一国货币对外贬值，从原理上看会产生扩大出口、限制进口的作用。因为贬值尽管不影响进出口商品本身的价值，但却会改变它们在国际贸易中的相对价格，进而提高或削弱它们在国际市场上的竞争力。具体来说，本国货币汇率贬值对贸易的影响表现在两个方面：

(1) 本国货币对外贬值，意味着外汇汇率的提高，即以外币表示的出口商品价格降低了。国内商品价格的降低，提高了其在国际市场的竞争力，进而有利于扩大出口。纸币对外贬值愈多，出口商在国外市场销售商品收入的外汇换取的本币也就愈多。而且当国内物价上涨落后于纸币对外贬值或外汇汇率上涨的程度时，出口商按国内价格在国内购买商品，再输往国外销售会获得汇率上的另一层收益。甚至由于利润丰厚，出口商还可在不影响其原有利润的情况下，以低于世界市场的价格对外倾销，击败竞争对手，占领国际销售市场。

(2) 货币对外贬值，外汇汇率上涨，也表示以本币表示的进口商品价格提高了，起着抑制进口的作用。可见，一国在通货膨胀严重、贸易收支出现巨大逆差时，通过货币的贬值“抑入扬出”，是或多或少能改进贸易收支状况的。

【例 1-11】 假定某日纽约市场美元对日元汇率由 USD1＝JPY130 下跌到 USD1＝JPY100，假定原来一件价格为 10 美元的美国商品出口日本，在日本市场上售价为 1 300 日元，而美元汇率下跌后价格为 1 000 日元。此时，美国商人可采取什么应对方法？

解析：美国商人可采取如下 3 种方法。

(1) 仍按原来的价格 1 300 日元在日本市场上出售，按下跌后的汇率计算，每件商品可多得 3 美元[(1 300－1 000)/100]，提高了利润。

(2) 适当降低价格，使其维持在 1 300～1 000 日元，这既可以提高利润又有利于扩大商品出口。

(3) 将价格下降到 1 000 日元，不仅可以加强价格竞争，而且也会促进更多的商品出口。

2) 非贸易收支

在其他条件不变的情况下，一国货币贬值将使以该国货币表示的外币价格上涨，而国内物价水平未变，外国货币购买力就相对增强，该国的商品、劳务、交通和旅游等费用就变得相对便宜，这就增加了对外国游客的吸引力，促进该国旅游和其他收入的增加。而且，贬值使国外的旅游和其他劳务开支对该国居民来说相对提高，进而抑制了该国的对外劳务支出。不过，贬值对该国的单方面转移可能产生不利影响。以外国侨民赡家汇款收入为例，贬值后，一单位的外币所能换到的本国货币数量增加，对侨民来说，以本币表示的一定数量的赡家费用就只需少于贬值前的外币来支付，从而本国的外币侨汇数量下降。当然，贬值对非贸易收支的影响同样也存在供求弹性的制约和“时滞”问题。

小资料

2011 年 4 月以来，人民币对美元中间价汇率已接连突破 6.55、6.54、6.53、6.52、6.51 几个整数关口，升值步伐明显加快。截至 2012 年 12 月 20 日，人民币对美元汇率中间价报为 6.287 7。

人民币连破数关加速升值，再度刷新汇改以来人民币兑美元的新纪录，也正在成为市民关注的一个话题。然而几家欢喜几家忧，当人们欢愉着可以出境旅游疯狂“扫货”时，出口企业头顶却密布着浓厚的“阴云”。不过，从近期股市热点板块来看，人民币升值受益股却正当时，成为弱市中最受资金追捧的热点。

“iPad2 上市了，组团去香港扫货去。”去年才从英国留学回昆明工作的刘小姐这几天在网上看到了 iPad2 中国香港官网的报价后，就萌生起了“五一”去香港购物的念头。的确，随着人民币的持续升值，现如今去香港买高端电子产品，显然更划算了。

到国外旅游当然也更省钱。银联云南分公司提醒，节日期间出境游时，在能刷银联卡的韩国、泰国及我国港澳地区等出游地使用银联卡刷卡消费，中间只需经过一次货币兑换过程，汇率折算最精准，因此也最省钱。某旅行社资深领队宋小姐表示，境外现金主要用来支付交通、小吃等费用。所以出国之前，无须大额度购汇，根据旅游计划、参加自费项目等情况适当购汇即可。否则，没有使用完的现金再购回人民币，买进卖出这一过程会造成损失。

(资料来源：http://www.yn.xinhuanet.com/newscenter/2011-04/30/conten_22657153.htm.)

3) 资本流动

汇率变化不仅受资本流动的影响，而且也是影响资本流动的直接因素。汇率变化对资本流动的影响一方面表现在货币升贬值后带来的资本流出或流入增加，另一方面也表现在汇率预期变化即汇率将升未升或将跌未跌对资本流动的影响。其作用表现在：本币对外贬值后，一单位外币折合更多的本币，会促使外国资本流入增加，国内资本流出减少；但是，本币对外价值将贬未贬时，也就是外汇汇价将升未升时，会引起本国资本外逃。本币对外升值后，一单位外币折合更少的本币，外国资本流入减少，资本流出增加；但是本币将升未升时，也就是外汇汇价将跌未跌时，会引起外国资本流入。因汇率变化带来的资本流出入变化可以通过资本投资，也可以通过旅游、商品采购等方式进行。这些变化最终体现在国际收支的不同项目上，其中主要是资本项目差额的变化上。

汇率变化对于资本流动既有流向方面的又有流量方面的影响，影响程度有多大，或者说资本流动对于汇率变化的敏感性如何则还要受其他因素的制约，其中最主要的因素是一国政府的资本管制。资本管制严的国家，汇率变动对资本流动影响较小，资本管制松的国家，汇率变动对资本流动影响较大。除此之外，资本投资的安全性也是一个重要因素，如果一国货币贬值使资本流入有利可图，但同时该国投资安全性差，那么资本流入也不会成为现实。

4) 国际储备

汇率变动直接影响一国储备项目中的外汇储备，外汇储备是一国国际储备的主要内容，由本国对外贸易及结算中的主要货币组成。在二战后布雷顿森林体系下，美元是各国外汇储备的主要币种，20 世纪 70 年代以后，各国外汇储备逐渐走向多元化，由美元、日元、英镑、德国马克等西方主要货币组成，无论是以单一的币种为储备还是以多元化的币种为储备，储备货币汇率变化都会直接影响到一国外汇储备的价值：

$$\text{本币}\downarrow\rightarrow\text{进口}\downarrow\text{出口}\uparrow\rightarrow\text{顺差}\rightarrow\text{储备量}\uparrow$$

在以美元为主要储备货币时期，外汇储备的稳定性和价值高低完全在于美元汇率的变化。美元升值，一国外汇储备相应升值；美元贬值，一国外汇储备也相应贬值。20 世纪 70 年代初期，美元在国际市场上的一再贬值曾给许多国家尤其是发展中国家的外汇储备造成了不同程度的损失。

在多元化外汇储备时期，汇率变化的影响较为复杂，对此，需要从多方面进行分析。由于储备货币的多元化，汇率变化对外汇储备的影响也多样化了。有时外汇市场汇率波动较大，但因储备货币中升贬值货币的力量均等，外汇储备就不会受到影响；有时虽然多种货币汇率下跌，但占比重较大的储备货币汇率上升，外汇储备总价值也能保持稳定或略有上升。

国际储备多元化加之汇率变化的复杂化，使国际储备管理的难度加大，各国货币当局因而都随时注意外汇市场行情的变化，相应地进行储备货币的调整，以避免汇率波动给外汇储备造成损失。

小资料

美元作为我国外汇储备资产的主要构成货币之一，如果大幅贬值是否会使我国外汇储备遭受重大损失？

国家外汇管理局表示，对这个问题要全面分析。首先，要综合考虑外汇储备的货币构成，以及各种货币对人民币汇率的走势。外汇储备资产由多个币种构成。即使美元贬值，但欧元等其他货币可能升值，一定程度上会相互抵消。

其次，我国外汇储备资产只有在兑换为人民币时才发生实际损益。除非发生战争或危机等特殊情况，否则中国人民银行不可能把外汇储备资产大规模转换为人民币形态。

再次，我国外汇储备资产的价值取决于实际购买力。外汇储备主要用于对外支付，因此外汇储备是否发生损失要看它的实际购买力是否下降。近些年来，美国 CPI(consumer price index，消费者价格指数)总体较低，我国外汇储备资产收益率能够保持储备实际购买力稳定增加。

最后，人民币升值造成的外汇储备账面损失远远小于金融资产的账面盈余。截至 2010 年 3 月，我国外汇储备余额为 2.42 万亿美元。同期，我国银行业金融机构资产总额约 84.3 万亿元人民币。按 2010 年 3 月末汇率折算，约相当于 12.3 万亿美元，是我国外汇储备资产的 5.1 倍。这意味着当人民币升值时，人民币资产的账面收益大体相当于外汇储备资产账面损失的 5.1 倍。

(资料来源：http:news.163.com/10/0707/07/6AVL8LTS000146BD.html.)

1.4 汇 率 制 度

汇率制度(exchange rate system)又称汇率安排，是指各国对于确定、维持、调整和管理汇率的原则、方法和机构所进行的系统安排和规定。按照汇率波动的程度不同，可以把汇率制度分为固定汇率制度(fixed exchange rate system)和浮动汇率制度(floating exchange rate system)两种类型。从国际货币制度的发展历史看，1816—1973 年，世界上主要的国家采取的是固定汇率制度；1973 年以后，则主要是采用浮动汇率制度。

1.4.1 固定汇率制度

固定汇率制度是指两国货币的比价基本固定，以两国货币本身的含金量或法定含金量作为决定基础，其波动的界限规定在一定幅度之内的一种汇率制度。固定汇率制度的特点是该汇率在规定幅度内相对固定，具有相对稳定性，但不能理解为固定在某一时点不变。而是本国货币与其他国家货币之间维持一个固定比率，汇率波动只能限制在一定范围内，通过某种自动的汇率调节机制或中央银行的市场干预来保证汇率的稳定。固定汇率制发展过程如图 1.1 所示。

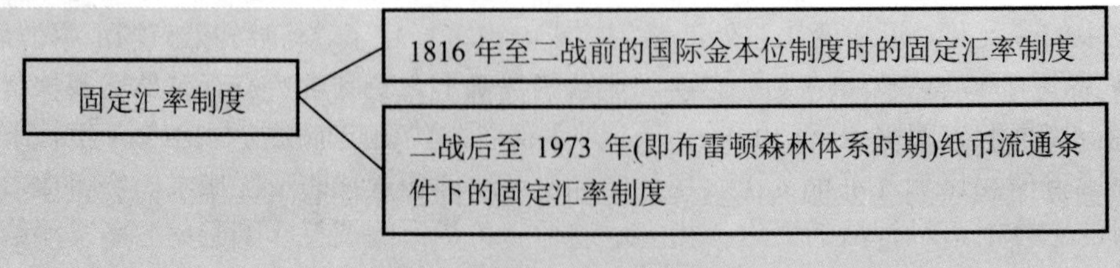

图 1.1 固定汇率制度发展过程

1. 金本位制度下的固定汇率制度(1880—1931 年)

金本位制度是以一定量的黄金为本位货币的一种汇率制度。本位货币是指货币的主要材质或指一国货币制度的基础货币。金本位制度的特点：一是黄金充当国际货币；二是汇率围绕金平价波动。每个国家都将其货币与黄金挂钩，两种货币的含金量对比叫作金平价。在金本位制度下，金平价是决定两种货币汇率的基础。

知识拓展

在金本位制度下，黄金具有货币的全部职能：价值尺度、流通手段、贮藏手段、世界货币，特别可以作为支付手段进行国际结算。当时，黄金可以自由铸造、自由兑换和自由进出口。金本位制度下，各国都规定每一金铸币单位包含的黄金重量与成色，即含金量。两国货币间的比价要用它们各自包含的含金量多寡来折算。

金本位制度下的固定汇率制度是比较典型的固定汇率制度，在这种汇率制度下，各国外汇汇率相对稳定，有利于核算国际贸易成本，有利于促进国际间的商品和货币流通，有利于发展经济。在 1929—1933 年的世界性经济危机冲击下，国际金本位制度于 1936 年宣告彻底崩溃，至此，以金本位制度为基础的固定汇率制度也随之消亡。

2. 金汇兑本位制度下的固定汇率制度(1944—1973 年)

金本位制度崩溃后，各国普遍实行了纸币流通制度。1945 年下半年至 1973 年年初为纸币制度下的固定汇率制度时期。1944 年 7 月，通过了《布雷顿森林协定》，建立了布雷顿森林体系。

知识拓展

《布雷顿森林协定》的简要内容如下。第一，建立一个永久性的国际金融机构，即国际货币基金组织。第二，实行黄金—美元本位制，即以黄金为基础并以美元为主要的国际储备。金汇兑本位制度的内容包括美国将美元钉住黄金，其他国家将本国的货币钉住美元。在这一协议下，黄金价格固定在每盎司 35 美元，美国承诺以这一价格用美元兑换黄金。其他国家承诺以一个官方固定的汇率将其货币兑换为美元。将其汇率钉住美元的国家有责任使市场汇率保持在“黄金平价”±1%的范围内。第三，国际货币基金组织通过向会员国提供资金融通，帮助他们调整国际收支不平衡。第四，废除外汇管制。第五，争取实现国际收支的对称性调节。

纸币流通条件下，固定汇率制度的特点如下。第一，美元与黄金直接挂钩。通过这个挂钩规定，使美元享有与黄金等同的特殊地位，即 1 盎司黄金＝35 美元。第二，其他国家货币与美元挂钩。即其他国家货币与美元建立固定的比价，美国政府规定美元的含金量，其他国家货币也规定含金量，两种含金量的对比即货币平价决定各国货币与美元的汇率。

知识拓展

国际货币基金组织规定其会员国均须确认和有义务维持美国政府规定的 35 美元等于 1 盎司黄金的官价。而美国政府承担的义务则是准许外国政府或中央银行按黄金官价用美元向美国兑换黄金。美国已于1934年废弃金本位制度，美元不能在国内兑换黄金。二战结束后，美元与黄金的直接挂钩并不意味着美国恢复了战前的金本位制度。因为美国并没有恢复在国内自由兑换黄金，另外，外国的居民和企业也不能用美元向美国兑换黄金。根据《国际货币基金协定》的规定，会员国必须建立本国货币的平价，用黄金或美元来表示；市场汇率波动的幅度固定在货币平价上下1%以内，各国政府有义务进行干预，使汇率保持稳定。通过这种双挂钩制度使美元处于中心地位。黄金平价确定后，各国货币与美元挂钩也就有了基础。

20世纪50年代初，美国发动侵朝战争，美元开始贬值。20世纪60年代，美国又发动了越南战争，国际收支危机进一步恶化。美元的国际地位越来越弱，黄金每盎司由35美元提升为38美元。由于美元不断贬值，各国货币都与美元脱钩，这就意味着其他各国的货币随美元贬值而贬值。于是，纸币流通条件下的固定汇率制在20世纪70年代崩溃。

3. 固定汇率制度的作用

1) 为国际贸易和投资提供了较为稳定的环境

在固定汇率制度下，汇率波动的风险降低，便于进出口成本核算，以及国际投资项目的利润评估，从而有利于对外贸易的发展，对某些西方国家的对外经济扩张与资本输出有一定的促进作用。但是，在外汇市场动荡时期，固定汇率制度也易于招致国际游资的冲击，引起国际外汇制度的动荡与混乱。当一国国际收支恶化，国际游资突然从该国转移，换取外国货币时，该国为了维持汇率的界限，不得不拿出黄金、外汇储备在市场上供应，从而引起黄金的大量流失和外汇储备的急剧缩减。如果黄金、外汇储备急剧流失后仍不能平抑汇价，该国最后有可能采取法定贬值的措施。一国的法定贬值又会引起与其经济关系密切的国家同时采取贬值措施，从而导致整个汇率制度与货币的极度混乱与动荡。经过一定时期以后，外汇市场与各国的货币制度才能恢复相对平静。在未恢复相对平静以前的一段时间内，进出口贸易商对接单订货常抱观望态度，从而使国际贸易的交往在某种程度上出现中止停顿的现象。

2) 使一国很难执行独立的国内经济政策

主要体现在两个方面：一是一国货币政策很难奏效。为紧缩投资、治理通货膨胀而采取紧缩的货币政策，提高利息率，但却因此吸引了外资的流入，从而达不到紧缩投资的目的。相反，为刺激投资而降低利率，却又造成资金的外流。二是为维持固定汇率，一国往往以牺牲国内经济目标为代价。例如，一国国内通货膨胀严重，该国为治理通货膨胀，实行紧缩的货币政策和财政政策，提高贴现率，增加税收等。但由于本国利率的提高，势必引起资本流入，造成资本项目顺差；由于增加税收，势必造成总需求减少，进口减少，出口增加，造成贸易收入顺差。这就使得本币汇率上涨，不利于固定汇率的维持。因此，该国政府为维持固定汇率，不能不放弃为实现国内经济目标所需采取的国内经济政策。另一方面，如果本国通货膨胀严重，而另一固定汇率成员的货币却在贬值，为维持固定汇率，本国也必须投入本国货币，买入该国货币，从而增加本国货币供给，进一步恶化本国的通货膨胀。

3) 使一国国内经济暴露在国际经济动荡之中

由于一国有维持固定汇率的义务，因此当其他国家的经济出现各种问题而导致汇率波动时，该国就需进行干预，从而也受到相应的影响。例如，外国出现通货膨胀而导致其汇率下降，本国为维持固定汇率而抛出本币购买该贬值外币，从而增加本国货币供给，诱发了本国的通货膨胀。

1.4.2 浮动汇率制度

浮动汇率制度是指各国政府对汇率不加以固定，不规定波动上下限，根据供求而上下波动，政府货币当局不承担维持市场汇率波动义务的汇率制度。浮动汇率是指各国货币之间的汇率波动不受限制，而主要根据市场供求关系自由涨落的汇率。本国货币与其他国家货币之间的汇率不由官方制定，而由外汇市场供求关系决定，可自由浮动，官方在汇率出现过度波动时才出面干预市场，当外币供过于求，就意味着外币贬值，相对来说本币升值，呈现外币汇率下浮；反之，外币供不应求，则意味着外币升值和相对的本币贬值，呈现外币汇率上浮。这是布雷顿森林体系解体后西方国家普遍实行的汇率制度。

1. 浮动汇率制度的种类

由于各国具体情况的不同，选择汇率浮动的方式也会有所不同，因此浮动汇率制度又可以进一步分为自由浮动汇率制度(freely floating exchange rate system)、管理浮动汇率制度(managed floating exchange rate system)、单独浮动汇率制度(single floating exchange rate system)、联合浮动汇率制度(joint floating exchange rate system)、钉住汇率制度(pegged exchange rate system)等，见表 1-6。

表 1-6 浮动汇率制度的种类

标准	类型	定义	备注
按政府是否干预汇率划分	自由浮动汇率制度	在政府不加干预的情况下，完全随外汇市场的供求变化而自由波动的汇率制度，又称清洁浮动汇率制度	美国也曾一度主张实行自由浮动汇率制，对汇率上下波动不采取干预措施。然而，纯粹的自由浮动汇率制度基本上是不存在的
	管理浮动汇率制度	在这种浮动汇率制度下，一国政府没有义务对汇率的波动进行干预，但并不等于不干预，而是各国政府为了本国的经济利益，直接或间接地对外汇市场进行干预的汇率制度，因此又称肮脏浮动汇率制度	政府干预的目的主要是为了不让本国货币汇率变动幅度过大，或者让本国货币汇率朝着对本国有利的方向浮动，使汇率稳定在一定的水平上
按汇率浮动方式不同划分	单独浮动汇率制度	一国货币的币值不与任何外国货币发生固定联系，其汇率根据外汇市场的供求变化单独浮动，而不与其他国家的货币联合浮动的汇率制度	实行单独浮动汇率制度的国家有美国、加拿大、瑞士和日本等
	联合浮动汇率制度	若干国家组成货币集团，集团成员之间规定货币的比价和限制波动幅度实行固定汇率，各集团成员国有义务共同维持彼此间汇率的稳定，而对集团外国家的货币则实行同升或同降的联合浮动汇率制度。它是介于固定汇率和浮动汇率之间的一种混合汇率	1973 年 3 月，欧洲经济共同体的联邦德国、法国、比利时、荷兰、卢森堡和丹麦等 6 个成员国曾规定，成员国货币之间实行固定汇率，并规定浮动的界限为货币平价±1.125%，对共同体外国家的货币实行联合浮动，保持对该种货币汇率波动幅度大体一致
按汇率浮动方式不同划分	钉住汇率制度	一国将货币钉在某国单一货币或一篮子货币上，本国货币汇率与钉住对象“挂钩”，随钉住的货币汇率的波动而同向波动的汇率制度	实行这种汇率制度的国家，必须通过在外汇市场上买卖所“钉住”国货币或其他钉住货币单位的办法来维持本国货币与所“钉住”国货币之间的固定比价，本国货币同其他国家货币的汇率则根据这种固定比价来套算

注：钉住汇率制度包括钉住单一货币浮动汇率制度和钉住一篮子货币浮动汇率制度。有些国家由于历史、地理等诸方面的原因，其对外贸易、金融往来主要集中于某一工业发达国家，或主要使用某一种货币。为使这种贸易、金融关系得到稳步发展，避免受到相互间货币汇率频繁变化的不利影响，这些国家通常将本国货币“钉住”该工业发达国家的货币，或“钉住”加权货币篮子，甚至“钉住”特别提款权等复合货币。目前，大多数发展中国家实行钉住汇率制度，但在一定时期按需要由官方浮动。

小资料

我国香港在20世纪30年代放弃银本位制度后，长期与英镑汇率挂钩。1972年6月，英国政府决定让英镑自由浮动。其后，港币一度与美元挂钩，自1972年6月开始，发钞银行可以港币购买负债证明书。1974年11月，由于美元弱势，港币改为自由浮动。虽然浮动汇率制度实施后的最初两年运作很顺利，但自1977年开始，货币及信贷过度增长，导致贸易逆差扩大，通货膨胀高企，港币汇率持续下降，加上投机炒卖的活动出现了少有的抢购商品风潮，令港币贬值的情况进一步恶化。港英政府遂在1983年10月15日公布稳定港币的新汇率政策，即按7.8港币兑1美元的固定汇率与美元挂钩的联系汇率制度。在这个制度下，货币基础的流量和存量必须有充足的外汇储备支持，透过严谨和稳健的货币发行局制度得以实施。香港并没有真正意义上的货币发行局，纸币大部分由3家发钞银行即汇丰银行、渣打银行、中国银行(香港)发行。法例规定发钞银行发钞时，需按7.80港币兑1美元的汇率向金管局提交等值美元，并记入外汇基金的账目，以购买负债证明书，作为所发钞纸币的支持。相反，回收港币纸币时，金管局会赎回负债证明书，银行则自外汇基金收回等值美元。由政府经金管局发行的纸币和硬币，则由代理银行负责储存及向公众分发，金管局与代理银行之间的交易也是按7.80港币兑1美元的汇率以美元结算。在货币发行局制度下，资金流入或流出会令利率而非汇率出现调整。若银行向货币发行当局出售与本地货币挂钩的外币(以香港而言，指美元)，以换取本地货币(即资金流入)，基础货币便会增加，若银行向货币发行当局购入外币(即资金流出)，基础货币就会收缩。基础货币扩张或收缩，会令本地利率下降或上升，会自动抵消原来资金流入或流出的影响，而汇率一直保持不变。这是一个完全自动的机制。为了减少利率过度波动，金管局会通过贴现窗提供流动资金。

2. 浮动汇率制度的作用

1) 浮动汇率制度的有利影响

(1) 有助于发挥汇率对国际收支的自动调节作用。当一国发生国际收支逆差时，外汇市场上就会出现外汇供不应求的状况，在浮动汇率条件下，汇率就会迅速作出反应，通过外汇汇率的上浮，可刺激外汇供应，抑制外汇需求，使国际收支趋于平衡。此外，对外经济管理也变得简便易行、灵活主动。可见，浮动汇率制度可避免货币当局不恰当地行政干预或拖延实行调节措施，以及由此形成的汇率高估或低估，以至于国际收支状况迟迟得不到改善。

(2) 防止国际游资的冲击，减少国际储备需求。在浮动汇率制度下，由于软货币(即可能发生贬值的货币)的汇率会及时下跌，硬货币(即可能出现升值的货币)的汇率及时上升，从而可化解国际游资的冲击。而且，货币当局没有必须进行外汇干预的义务，因而不必保留过多的国际储备。

(3) 内外均衡易于协调。在浮动汇率制度下，国际收支可由汇率来调节，从而实现对外均衡，国内均衡则可依赖财政货币政策，内外均衡就不至于发生冲突。此外，外汇汇率的急剧下跌使外汇持有人处于不利的汇兑地位，因而可抑制外汇的流入；而在外汇大量流出之际，外汇汇率会相应上升，抑制资金流出。显然，浮动汇率可避免资本流动对政策效能的不利影响。

2) 浮动汇率制度的不利影响

(1) 不利于国际贸易和投资的发展。汇率的经常波动及其水平难以预测，使国际贸易和投资的成本、收益不易准确核算，原先有利可图的交易会因为汇率的变动而蒙受亏损，因此，人们不愿意缔结长期贸易和投资契约。进出口商不仅要考虑进出口货价，而且要注意避免汇率风险。由于要考虑到汇率的变动趋势，报价往往也不稳定，还容易引起借故延期付款或要求减价、取消合同订货等现象。这种状况显然阻碍了国际贸易和投资的发展。

(2) 助长了国际金融市场上的投机活动。汇率波动的频率和幅度的加大却为日常的外汇投机活动提供了机会。随着世界经济的发展和财富的迅速增长，国际投机资金的数额也日趋庞大。这种巨额资金在国际外汇市场上的冲击，无疑加剧了国际金融局势的动荡。

(3) 可能引发竞相贬值。在浮动汇率制度下，一国往往可通过调低本币汇率的方法来改善国际收支，但这会使其他国家的国际收支处于不利地位。因此，其他国家也会竞相调低本币汇率，引发周而复始的竞相贬值现象。结果，各国的国际收支状况与以前相同，国际经济关系却会趋于紧张，国际金融局势也会因这种竞相贬值而剧烈动荡。

(4) 诱发通货膨胀。由于国际收支可完全依赖汇率的自由浮动而得到调节，货币当局就会偏好采取扩张性政策来刺激国内的经济增长，而不必顾忌其对国际收支的不利影响。本币汇率的下浮固然有助于改善国际收支，但经汇率折算的进口商品的价格却会上扬，由此又带动国内价格水平的上涨，而在价格刚性的作用下，货币汇率上浮的国家的价格水平并不下跌。上述这些因素，都会诱发整个世界的通货膨胀。

1.4.3　人民币汇率制度

新中国成立以来至改革开放前，在传统的计划经济体制下，人民币汇率由国家实行严格的管理和控制。根据不同时期的经济发展需要，改革开放前我国的汇率体制经历了新中国成立初期的单一浮动汇率制度(1949—1952年)、五六十年代的单一固定汇率制度(1953—1972年)和布雷顿森林体系后以“一篮子货币”计算的单一浮动汇率制度(1973—1980年)。

1994年1月1日，人民币官方汇率与外汇调剂价格正式并轨，我国开始实行以市场供求为基础的、单一的、有管理的浮动汇率制。企业和个人按规定向银行买卖外汇，银行进入银行间外汇市场进行交易，形成市场汇率。中央银行设定一定的汇率浮动范围，并通过调控市场保持人民币汇率稳定。

2005年7月21日，党中央、国务院出台了完善人民币汇率形成机制改革。改革的内容是，人民币汇率不再钉住单一美元，而是按照我国对外经济发展的实际情况，选择若干种主要货币，赋予相应的权重，组成一个货币篮子，同时参考“一篮子货币”计算人民币多边汇率指数的变化，实行以市场供求为基础、参考“一篮子货币”进行调节、有管理的浮动汇率制度。根据对汇率合理均衡水平的测算，人民币对美元即日升值2%，即1美元兑8.11元人民币。

小资料

人民币对美元中间价汇总图如图 1.2 所示，人民币国际化大事记见表 1-7。

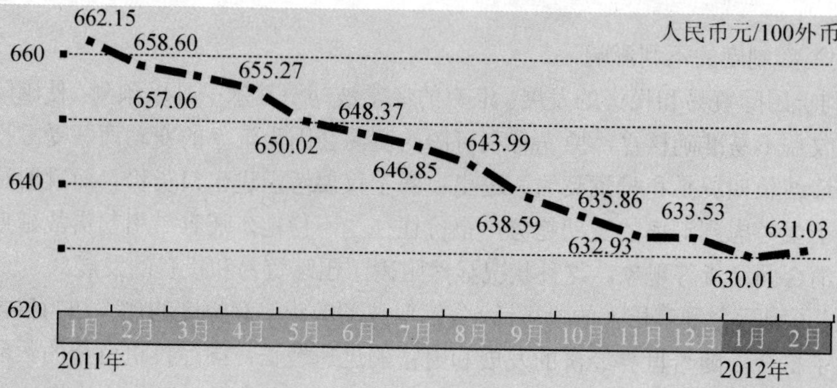

图 1.2　人民币对美元中间价汇总

表 1-7　人民币国际化大事记

日期	事　件
2005 年 7 月 21 日	中国将历时 10 年的与美元挂钩的制度改为参考一篮子货币进行调节、有管理的浮动汇率制度，人民币一夜之间升值 2.1%，汇率为 1 美元兑 8.11 元人民币
2007 年 6 月	国家开发银行在香港发行人民币债券，这是境内金融机构在香港发行的第一只人民币债券
2009 年 7 月	六部门发布跨境贸易人民币结算试点管理办法，我国跨境贸易人民币结算试点正式启动
2010 年 7 月 19 日	中国人民银行与香港金融管理局同意扩大人民币在香港的结算范围，离岸人民币交易开始启动
2011 年 1 月 13 日	中国开始试点项目，允许境内公司使用人民币在境外投资
2012 年 4 月 14 日	中央银行决定自 4 月 16 日起，银行间即期外汇市场人民币兑美元交易价浮动幅度由 5‰扩大至 1%

(资料来源：欧阳洁．浮动幅度扩大有助人民币国际化[N]．人民日报，2012-4-15(2).)

本 章 小 结

要准确地把握外汇的内涵，应从动态和静态两个方面来理解。外汇有外币性、可兑性、普遍接受性和可偿性等特征。依据不同的标准可以将外汇分为许多不同的种类，以此深入理解外汇的含义。目前，在国际上标价方法有直接标价法、间接标价法和美元标价法。

在不同的制度下，汇率决定的基础也不相同。铸币平价、黄金平价及购买力平价是在不同制度下汇率决定的基础。影响汇率变动的因素是多方面的，有经济、政策、政治及其他因素等，这些因素之间既相互联系又相互制约。同样，汇率的变动也会对经济产生更大的作用。

汇率制度有固定汇率制度和浮动汇率制度两种类型。人民币汇率制度的发展历程经历了向市场经济转轨初期和社会主义市场经济时期两个阶段。经历了两次汇率改革后，从 2005 年

7 月 21 日起，我国实行以市场供求为基础、参考“一篮子货币”进行调节、有管理的浮动汇率制度。

职业能力训练

一、填空题

1．要准确地把握外汇的内涵，应从两个方面来理解，将外汇分为(　　　　)和(　　　　)。

2．汇率是指两国货币间的比价，又称(　　　　)。

3．在国际上主要的标价方法有(　　　　)、(　　　　)和(　　　　)。

4．汇率根据制定的方法不同分为(　　　　)和(　　　　)。

5．间接标价法是以一定单位的(　　　　)为标准，折算成若干单位(　　　　)的汇率标价方法。

6．在金币本位制度下，(　　　　)是决定两国货币之间汇率的价值基础。

7．在布雷顿森林体系下，(　　　　)是决定汇率的基础。

8．按照汇率波动的程度不同，可以把汇率制度分为(　　　　)和(　　　　)两种类型。

二、不定项选择题

1．影响汇率变动的政策因素是(　　)。

A．利率　　B．政府干预

C．心理预期　　D．通货膨胀

2．外汇的特征有(　　)。

A．外币性　　B．稳定性

C．可偿性　　D．自由兑换性

3．目前我国实行的人民币汇率制度是(　　)。

A．有管理的浮动汇率制度　　B．固定汇率制度

C．单独浮动汇率制度　　D．联合浮动汇率制度

4．汇率按银行外汇买卖角度来划分可分为(　　)。

A．买入汇率　　B．卖出汇率

C．中间汇率　　D．现钞汇率

5．广义外汇的表现形式有(　　)。

A．外国货币　　B．外币支付凭证

C．外币有价证券　　D．特别提款权

6．汇率按汇款方式的不同，分为(　　)。

A．电汇汇率　　B．现钞汇率

C．信汇汇率　　D．票汇汇率

7．影响汇率变动的经济因素有(　　)。

A．通货膨胀　　B．心理预期

C．经济增长率　　D．国际收支

8．浮动汇率制度按一国汇率波动是否同他国配合可分为(　　)。

A．自由浮动汇率制度　　B．钉住汇率制度

C．联合浮动汇率制度　　　　D．单独浮动汇率制度

9．一家日本银行在外汇市场上报出的即期汇率为 USD1＝JPY121.40/60，HKD1＝JPY15.60/70，若其客户想要卖出美元，买入港币，则应该遵循的价格为(　　)。

A．USD1＝ HKD7.782 0　　　　B．USD1＝ HKD7.732 5

C．USD1＝ HKD7.794 9　　　　D．USD1＝ HKD7.745 2

三、判断题

1．外汇是外币，外币不一定是外汇。　　(　　)

2．记账外汇可以对第三国进行支付。　　(　　)

3．广义的外汇泛指一切以外币表示的金融资产。　　(　　)

4．直接标价法又称应收标价法。　　(　　)

5．在间接标价法下，本币折合外币较多的那个汇率即为卖出价。　　(　　)

6．本币对外贬值后，会促使外国资本流入增加，国内资本流出减少。　　(　　)

四、简答题

1．影响汇率变动的因素有哪些？

2．汇率的变动对一国经济有哪些方面的影响？

3．为什么银行买入现汇比买入现钞的价格高？

五、计算题(以下汇率为教学参考用汇率)

1．某日英国银行给出的汇率报价是即期汇率 GBP1＝USD1.532 5/35，1 个月远期差价为升水 75/73；2 个月远期差价为升水 135/132；3 个月远期差价为升水 203/200。请计算：

(1) 银行买入即期美元的价格是多少？

(2) 客户卖出 1 个月远期美元的价格是多少？

(3) 银行卖出 2 个月远期美元的价格是多少？

(4) 客户卖出 3 个月远期美元的价格是多少？

2. 已知某日某外汇市场上汇率报价为 USD1＝JPY77.546/77.946，EUR1＝USD1.273 5/90，试计算欧元与日元的交叉汇率。

3．某公司欲在美国投资，它得到的银行报价为 USD1＝SEK6.755 0/6.760 0，则该公司投资 1 000 万瑞典克朗可兑多少美元？

4．加拿大某公司欲向英国出口商支付 200 万英镑，它得到的银行报价为 GBP1＝CAD1.686 0/75，该公司需用多少加拿大元来买这笔英镑？

5．一家美国公司要在英国投资，需要购入 450 万英镑，而目前外汇市场上英镑对美元即期汇率的报价为 GBP1＝USD1.612 0/40，则该公司在这笔外汇交易中需支付多少美元？

6．某年年初，一位美国投资者在我国香港进行了为期 1 年的 10 万美元的投资。如果汇率为 7.25 港币兑 1 美元，那么这笔投资值多少港币？假若在美国和香港的投资收益率为 10%，年底当投资者打算把港币换成美元时，汇率为 7.40 港币兑换 1 美元。汇率的这种变化，使投资者的收益增加了还是减少了？假如汇率变化为 7.00 港币兑换 1 美元，那么结果又会怎样？

7．目前市场上英镑对澳大利亚元的即期汇率为 GBP1＝AUD1.484 4/1.188 9，3 个月远期差额为 15/35，则 3 个月期的远期英镑买入价和卖出价分别是多少？澳大利亚元在远期市场上是升水还是贴水？

8．若外汇市场的汇率是 GBP1＝USD1.557 0/80，AUD1＝USD0.936 5/75，求单位英镑换取澳大利亚元的汇价。

9．某企业出口某种商品，在国际市场上很受欢迎，1 月人民币报价为 30 000 元，汇率为 USD1＝CNY6.332 5；10 月该企业拟提高国际市场售价，于是报出人民币 32 000 元，此时汇率为 USD1＝CNY6.932 5。此底价是否合理？若不合理，报价应该多少？

10．英镑含金量为 1 英镑 7.32 克黄金，法国法郎含金量为 1 法郎 0.29 克黄金，假设 1 克黄金在英法之间的运费为 0.005 2 法郎，则英镑对法郎汇率的上下限各是多少？若市场上英镑对法郎的汇率为 GBP1＝FRF25，从法国进口商品的英国进口商会采取何种方式支付货款？

11．已知某日伦敦外汇市场即期汇率为 GBP/HKD＝12.162/85，3 个月远期差价为 400/500，香港外贸公司出口单价为 10 000 港币，现外商要求改为英镑报价。若即期付款，香港该公司应报价多少英镑？若 3 个月远期付款，该公司应报价多少英镑？

12．基本汇率为 USD1＝JPY86.450/86.865，①USD1＝CAD1.045 5/65；②GBP1＝USD1.555 0/70；③USD1＝SEK7.155 0/60。试套算出加拿大元兑换日元、英镑兑换日元、瑞典克朗兑换日元的价格。

六、案例分析题

人民币升值对抑制通胀有多大贡献

在当前输入型通胀和国内物价上涨的压力下，人民币升值被寄予了更多的抑制通胀的希望。不少官员和学术界人士都在强调人民币升值可以抑制通胀，但是人民币升值对抑制通胀的贡献究竟有多大？

数据显示，进入 2011 年 4 月以后，人民币升值幅度明显加快。2 月，人民币对美元升值 0.21%；3 月，升值幅度达 0.29%；而 4 月，仅前 20 天的升值幅度就达 0.41%。可见这与 3 月 CPI 攀高到 5.4%，并且创 32 个月来新高存在一定的关联。

我国此前也出现过利用汇率工具对冲通胀的情况。在国际金融危机爆发前，人民币汇率在 2007 年前后就曾走出了较大幅度的升值线路，而那段时间，恰是国内通胀压力抬头、国际大宗商品价格高企的时期。中国人民银行副行长易纲认为，如果不是人民币升值，2005—2008 年，中国物价的上涨还要严重得多。至少，这时候人民币升值 20%，对于输入型通胀起到了一定的压制作用。

相关数据表明，本币升值对于对冲输入型通胀有一定的作用。澳新银行所做的研究显示，人民币对美元 10%的升值会导致 PPI(producer price index，生产者物价指数)在中期内下降 3.2%，非食品 CPI 在中期内下降 0.64%。由此可见，人民币升值对于 PPI 的抑制作用要大于对于 CPI 的抑制作用。

因此，在通胀预期增强而利率上升空间有限的情况下，作为加息的替代手段，人民币对美元汇率升值是合时宜的。但是通过人民币升值所带来的货币供给的减少幅度究竟有多大呢？

首先，人民币升值有利于减少国内的货币供应量，从而控制通胀。众所周知，通胀是货币供应量的反映，大量的贸易顺差是中国货币供应量较高的重要原因，人民币升值可以抑制出口，减少贸易顺差，另外还有助于减小央行资产负债表的规模，减少货币投放量，缓解流动性过剩的局面。

从人民币升值有助于减小央行资产负债表的规模来看，由于基础货币(M_0)的供给由央行资产负债表上的“国内资产”和“国外资产”项目决定，如果人民币兑美元升值，那么按人民币计值的央行国外资产就将缩水，货币供给也将因此而减少。

据澳新银行估算，如果人民币升值 5%，央行的“国外资产”以人民币计算，将出现约 9 918 亿元的下降，“国外资产”下降后，M_0也相应地下降。按照目前我国的广义货币 M_2与 M_0之间的货币乘数，我国的 M_2也将出现 4.7 万亿元的下降，约占到目前我国全部广义货币存量的 6.4%。

其次，人民币升值将在一定程度上缓解输入型通胀压力。由于一国汇率走升对进口产品价格上涨将起到明显的对冲作用，因此汇率升值对于减缓输入型通胀往往具有一定的正向作用。目前，由于受美国较为宽松的货币政策及欧债危机的影响，国际大宗商品价格不断上涨，导致我国输入型通胀压力不断增大。倘若人民币适当升值，将会降低进口成本，从而在一定程度上有利于缓解国内输入性通胀压力。不过，值得注意的是，只要海外大宗商品价格上升的幅度超过人民币升值的幅度，升值的降价效应就微乎其微。

(资料来源：包兴安，人民币升值对抑通胀贡献度有多大[N]. 证券日报，2011-4-29(A_2).)

【案例思考】人民币升值对抑制通胀有多大的作用？结合实际，谈谈一国货币的汇率波动都会给一国的经济带来哪些影响，是有利的还是不利的。

第2章 外汇市场和外汇交易

知识目标

- 认知外汇市场的基本概念及类型，掌握外汇市场的构成、交易规则及程序，了解世界主要的几大外汇市场；理解即期、远期、期货、期权等各种外汇交易方式。

能力目标

- 掌握不同外汇交易的基本操作技能；结合市场的实际情况，能够灵活地选择较为有利的外汇交易方式；利用各国外汇市场中存在的汇差、利差，进行套汇和套利操作。

引 例

国际贸易计价货币的选择

2008年年底，中国宏大国际贸易公司从美国进口了一批产品，每单位平均价格为500美元，双方约定半年后付款。既可以用人民币，也可以用美元来结算。当时，中方公司谈判代表同美国公司谈判代表商定用美元计价结算，此时美元与人民币的汇价是1美元兑换6.8元人民币。按此汇率标准，中方每单位货物需支付3 400元人民币(500×6.8)。半年后货到中国，中方公司如约支付，履行合同。而这时美元下浮，人民币对美元的实际汇率相对上升，为1美元兑换6.5元人民币。则该批货物每单位到时需付3 250元人民币(500×6.5)。如此一来，每单位货物节省150元人民币。如果中方代表在签约时选择以人民币计价的话，则要按照每单位3 400元人民币支付。

【思考】在市场汇率不断变化的情况下，选择何种货币来作为计价货币对进口商(或出口商)更为有利？上述案例中，如果对方要求用人民币来支付，或是半年后美元升值，又该如何利用外汇市场的外汇交易工具来避险？本章将介绍外汇市场和各种外汇交易。

2.1 外汇市场

2.1.1 外汇市场的概念

外汇市场是国际金融市场的重要组成部分。简单来说，就是买卖外汇的场所。在这个市场上，人们可以兑换自己所需的外汇，一是本币与外币之间的交易，即需要外汇者用本币购买外汇，持有外汇的人卖出外汇换回本币；二是用一种外国货币兑换另一种外国货币之间的交易，如日本居民用英镑购买欧元，或卖欧元买美元。

外汇市场主要有两种形态：一种是在证券交易所的建筑物内或交易大厅内，外汇市场是一个固定有形的市场；二是外汇的交易、兑换可以通过连接银行及其他经营外汇业务机构的电话、网络等通信工具来进行，外汇市场又是一个无形的市场。因此外汇市场的概念可以归纳为从事货币交换和外汇买卖的组织系统、场所或网络。2010年，全球外汇市场日交易额飙升至4万亿美元，在国际金融领域中占有至关重要的地位。

2.1.2 外汇市场的分类

按不同的划分方法，外汇市场可以划分为以下3类。

1. 按外汇买卖的范围或数量划分

按外汇买卖的范围或数量划分，外汇市场可以分为外汇批发市场和外汇零售市场。

外汇批发市场是指发生在银行同业间的外汇买卖的场所。

外汇零售市场是银行与个人、公司等一般客户之间的外汇交易市场。

在外汇交易中批发市场的交易量占交易总额的95%，而零售市场的外汇交易量只占交易总额的5%左右。

2. 按外汇交易有无固定的交易场所划分

按外汇交易有无固定的交易场所划分，外汇市场可以分为有形外汇市场和无形外汇市场，见表 2-1。

表 2-1 外汇市场按照外汇交易有无固定的交易场所划分

类型	概念及特点	代表国家或城市
有形外汇市场	外汇交易在固定的场所和营业时间内进行的外汇市场。这些外汇交易所有固定的营业日和开盘收盘时间，外汇交易的参加者于每个营业日规定的营业时间集中在交易所进行交易	法国、德国、荷兰和意大利等
无形外汇市场	没有固定的交易场所和固定营业时间，交易主要通过电话、电传、网络、交易机等完成外汇交易的市场。目前，绝大多数的外汇交易都是通过这种无形的外汇市场进行的。由于通信的发展及全球外汇市场按世界时区相互衔接，因而一天 24 小时内可连续不断地进行外汇交易	纽约、伦敦、瑞士等

3. 按空间范围划分

按空间范围划分，外汇市场可以分为国内外汇市场和国际外汇市场，见表 2-2。

表 2-2 外汇市场按照空间范围划分

类型	概念及特点
国内外汇市场	由某一国家或地区的外汇银行、经纪人和客户等组成，规模较小，交易货币也只限于少数几种货币
国际外汇市场	由居民、非居民参与外汇交易的市场，一般位于世界金融中心，交易货币种类繁多，交易额巨大，如伦敦、纽约、中国香港、东京等

2.1.3 外汇市场的构成

外汇市场的构成主要是分析外汇市场的参与者。具体而言，外汇市场的参与者由外汇银行、外汇经纪人、中央银行和一般客户构成。

1. 外汇银行

外汇银行是外汇市场的中心，充当外汇买卖、资金调拨及资金融通的媒介。通常由专营或兼营外汇业务的本国商业银行、外国银行在本国的分支机构，以及兼营外汇业务的其他金融机构组成。外汇银行是外汇市场上最重要的参与者，不仅是外汇供求的主要中介人，而且也自行对客户买卖外汇。其业务有外汇批发业务和外汇零售业务。

2. 外汇经纪人

外汇经纪人是指在外汇银行之间、银行与客户之间接洽外汇交易的汇兑商人。在外汇市场上，中介于外汇银行之间或中介于外汇银行与顾客之间，为交易双方接洽外汇交易而收取佣金的中间商。外汇经纪人必须经所在国家或地区有关金融当局批准才能取得经营业务资格，按照惯例不得与私人进行交易，不得以自己的名义买卖外汇，不得从中谋取价差，代客户买卖属代理性质。

知识拓展

外汇经纪人拥有比较完备的信息网络和广泛的业务关系，与各个外汇银行和各个顾客保持密切的联系，能准确地掌握外汇市场的供求信息，使外汇交易各方在适当的价位上找到适当的交易对象，提高外汇交易的效率。同时，一些大银行通过经纪人进行交易，还可以隐蔽自己的身份，争取比较有利的交易条件。据统计，通过经纪人完成的交易占总外汇交易的40%以上。例如，花旗银行需要大量的加拿大元，通过外汇经纪人完成这笔交易有两个好处，一是外汇经纪人的信息量可能比花旗银行多，很快就能找到需要的外汇；二是通过外汇经纪人出面便于洽谈价格。

3. 中央银行

各国的中央银行作为本国货币的供给者和货币政策的制定、执行者，也是外汇市场的重要参与者。在保证本国汇率稳定或调整到符合本国宏观经济政策或国际协议的需要水平上，中央银行起到了非常重要的作用。中央银行进行外汇买卖并非为了牟利，其主要目的有两个：一是干预外汇市场，以期把本国货币的汇率稳定在一个有利于本国经济发展的水平上；二是通过在外汇市场上抛补调整本国外汇储备的构成，以减少和避免储备货币下跌所造成的损失。

4. 一般客户

一般客户主要指那些出于交易、保值或投机需要而参与外汇买卖的个人或公司，包括进出口商、国际投资者、国际投机者、留学生、国际旅游者、侨居者、提供或接受外汇捐赠者等。他们是外汇的最初供给者和最终需求者，但是他们之间并不直接进行外汇买卖，而是通过外汇银行等中介机构进行外汇交易。

2.1.4 世界主要外汇市场简介

外汇市场作为国际金融市场的重要组成部分，分布在世界各地外汇国际金融中心。目前，世界上大约有30多个国际外汇市场，其中最重要的有伦敦、纽约、欧洲大陆外汇交易市场、新加坡、中国香港等，它们各具特色，并分别位于不同的国家和地区。

1. 伦敦外汇市场

伦敦外汇市场(London foreign exchange market)是建立最早的世界性的市场，是久负盛名的国际外汇市场，它历史悠久，交易量大，拥有先进的现代化电子通信网络，是全球最大的外汇市场之一。尽管二战后，英镑作为国际储备与国际贸易支付手段的地位被美元所代替，而且从20世纪40年代起英国就开始实行严格的外汇管制，但由于伦敦银行界在外汇交易中的丰富经验和完备的机构，它仍保持着世界性外汇市场的中心地位。现在，由英国中央银行——英格兰银行指定的“外汇指定银行”约有300家，此外，还有十几家外汇经纪公司专门充当外汇交易的中介人。英格兰银行时刻关注着整个市场的动向，并利用“外汇平衡账户”随时进行市场干预，以稳定汇率，维持市场秩序。

伦敦外汇市场作为一个世界性的外汇中心，并无具体的外汇交易场所，它与欧洲大陆某些国家的外汇市场固定在一定的场所进行交易有所不同。在伦敦外汇市场，被批准的外汇经纪商，包括清算银行、商业银行、外国银行设在伦敦的分支行及其他金融机构之间，有十分完整的电信网络设备、专用的对讲电话和灵敏的电子装置，迅速灵活地处理着各种即期和远期外汇买卖业务。

1979年10月24日，英国政府宣布自即日起完全解除外汇管制，伦敦外汇市场成为基本上完全自由的市场，外汇交易量不断增长，并以交易效率高、货币种类多、交易设施先进和拥有一批训练有素的专门人才而闻名。

伦敦外汇市场由英格兰银行指定的外汇银行和外汇经纪人组成，外汇银行和外汇经纪人分别组成了行业自律组织，即伦敦外汇银行家委员会和外汇经纪人协会。伦敦作为欧洲货币市场的中心，大量外国银行纷纷在伦敦设立分支机构，目前有200多家银行从事外汇买卖，大多数是外国银行。伦敦外汇市场上，经营外汇买卖的银行及其他金融机构均采用了先进的电子通信设备，是欧洲美元交易的中心，在英镑、欧元、瑞士法郎、日元对美元的交易中，亦都占有重要地位。

在伦敦外汇市场上，参与外汇交易的外汇银行机构约有600家，包括本国的清算银行、商业银行、其他商业银行、贴现公司和外国银行。这些外汇银行组成伦敦外汇银行公会，负责制定参加外汇市场交易的规则和收费标准。

在伦敦外汇市场上，约有250多个指定经营商。作为外汇经纪人，他们与外币存款经纪人共同组成外汇经纪人与外币存款经纪人协会。在英国实行外汇管制期间，外汇银行间的外汇交易一般都通过外汇经纪人进行。英国取消外汇管制后，外汇银行间的外汇交易就不一定通过外汇经纪人了。

2. 纽约外汇市场

纽约外汇市场(New York foreign exchange market)并无固定的交易场所，属于无形市场，是当今世界最大的外汇交易市场，它不但是美洲的外汇交易中心，更是全世界外汇结算的枢纽。美国对经营外汇业务没有限制，政府不专门指定外汇专业银行。因此，几乎所有银行和其他金融机构都可以经营外汇买卖。市场的参与者主要有商业银行、储蓄银行、投资银行、人寿保险公司、外汇经纪商甚至股票经纪商，其中商业银行占最重要的地位。另外，设在美国的外国银行分支机构、代理行及一些外汇经纪商也是市场的参与者。此外，美国联邦储备银行作为美国的中央银行也参与外汇市场的交易活动，以维持美元地位。

纽约外汇市场是与伦敦外汇市场齐名的世界主要外汇市场，它不但是美国国内外汇交易中心，而且是世界各地外汇结算的枢纽。纽约外汇市场无固定的交易所，通过信讯网络完成交易，与全球其他国家的外汇市场保持24小时的业务联系，市场的参与者可以方便快捷而又安全地达成交易。

虽然美国境内的进出口贸易结算及各种对外支付活动多以美元计价结算，纽约外汇市场的外汇交易量不大，但世界各地的美元买卖，包括欧洲美元市场和亚洲美元市场的交易在内，最终须在美国，主要是在纽约的商业银行的账户上支付、划拨和清算。纽约外汇市场上的大商业银行是市场交易活动的主要金融机构，它们通过在海外的分支机构及其广泛的国外关系，承担着主要国际资金结算和国际资本转移的任务。目前，纽约外汇市场在世界外汇市场上占有重要地位，它实际上已成为世界美元交易的清算中心，有着世界上任何外汇市场都无法取代的美元清算中心和划拨的职能。

纽约外汇市场上的外汇交易分为3个层次：银行与客户间的外汇交易、本国银行间的外汇交易及本国银行和外国银行间的外汇交易。其中，银行同业间的外汇买卖大都通过外汇经纪人办理。纽约外汇市场有 8 家经纪商，虽然有些专门从事某种外汇的买卖，但大部分还是同时从事多种货币的交易。外汇经纪人的业务不受任何监督，对其安排的交易不承担任何经济责任，只是在每笔交易完成后向卖方收取佣金。

3. 东京外汇市场

东京外汇市场(Tokyo foreign exchange market)是一个无形市场，交易者通过现代化通信设施联网进行交易。东京外汇市场是由政府批准的外国银行或外汇专业银行、经纪商与客户组成的。但能与外国银行直接进行外汇交易的，仅限于经政府批准和与外国签订通汇合同的银行。因此，东京外汇市场的交易规模与范围尚有一定的局限性。实际上，作为日本中央银行的日本银行也是外汇市场的参与者。

日本过去实行严格的外汇管制，20 世纪 50 年代后，逐渐放松外汇管制。从 70 年代起，东京外汇市场有了很大发展，经营业务较为多样化，涉及范围也与以前大不相同。但还是不能像伦敦和纽约外汇市场那样，成为一个真正的国际性的金融市场，只是一个地区性的外汇市场。这是由于日本是一个出口贸易占国民经济比重较大的国家，外汇波动对其整个国民经济的影响十分巨大，如果外汇发生供不应求的现象，则将导致外汇汇率上升、日元汇率下降、国内物价随之上涨的危险发生。日本政府为防止汇率波动，不得不采取一定的干预市场的措施，这就是东京外汇市场上的平衡管理。

东京外汇市场进行交易的货币种类较为单一，外汇交易的 90%以上都是以美元和日元成交。其他货币交易量所占的比重很小，且在交易时受到一定的限制。

日本是一个典型的出口加工型国家，因此东京外汇市场受进出口贸易集中收付的影响较大，也就是说该市场具有明显的季节性特点。还由于日本工商业界习惯在月末和企业结算期间进行结算，出口换汇时间比较集中。

20 世纪 80 年代以来，日本政府力图使日元走向国际化，摆脱东京外汇市场地区性限制的羁绊，使之与日本在世界经济中的实力地位相适应，于是在 1980 年修改了战后初期制定的《外贸和外汇管理法》，改变过去只有经过政府批准的外汇银行和经纪商才能经营外汇业务的规定，使所有银行都可在国内经营外汇业务。因此外汇市场有了较快发展，与纽约外汇交易市场规模的差距越来越小。

4. 中国香港外汇市场

中国香港是自由港，是远东地区重要的国际金融中心。中国香港外汇市场(Hong Kong foreign exchange market)是 20 世纪 70 年代以后发展起来的国际性外汇市场。自 1973 年香港取消外汇管制后，国际资本大量流入，经营外汇业务的金融机构不断增加，外汇市场越来越活跃，发展成为国际性的外汇市场。

中国香港外汇市场是一个无形市场，没有固定的交易场所，交易者通过各种现代化的通信设施和计算机网络进行外汇交易。香港的地理位置和时区条件与新加坡相似，可以十分方便地与其他国际外汇市场进行交易。

中国香港外汇市场的参与者主要是商业银行和财务公司。该市场的外汇经纪人有 3 类：当地经纪人，其业务仅限于香港本地；国际经纪人，是 20 世纪 70 年代后将其业务扩展到香港的其他外汇市场的经纪人；香港本地成长起来的国际经纪人，即业务已扩展到其他外汇市场的香港经纪人。

市场参与者分为商业银行、存款公司和外汇经纪商三大类型。商业银行主要是指由汇丰银行和恒生银行等组成的汇丰集团、外资银行集团等。市场交易绝大多数在银行之间进行，约占市场全部业务的 80%，存款公司作为独特的金融实体对香港外汇市场的发展起到一定的积极作用。在暂停申请新银行许可证时期(1975—1978 年)，存款公司是在香港设立银行的间接方式。20 世纪 90 年代初，香港有 2 000 多家“注册”的零售外汇经纪商，但许多经纪商只是“皮包”公司，除了一部电话和一间临时办公室之外，再无其他资产。欺诈盛行，市场环境恶劣，1994 年，随着《杠杆外汇交易条例》的颁布，香港证券和期货委员会开始对外汇保证金实施监管，骗子公司纷纷破产。到 2003 年，在香港注册的合格经纪商有 10 家。香港制定的法律给零售式交易客户提供了安全感，不仅保障了客户的资产安全，也保障了从事外汇交易业务的从业人员和公司有合格的资质。香港外汇市场上的外汇经纪商是香港外汇经纪协会的成员，会员资格使它们得到了香港银行公会的认可。香港 166 家持有许可证的银行只允许与香港外汇经纪协会的会员进行交易。该外汇市场上多数交易是即期交易买卖，远期交易和掉期交易约占 20%。

20 世纪 70 年代以前，香港外汇市场的交易以港币和英镑的兑换为主。70 年代后，随着该市场的国际化及港币与英镑脱钩与美元挂钩，美元成了市场上交易的主要外币。香港外汇市场上的交易可以划分为两大类：一类是港币和外币的兑换，其中以和美元兑换为主。另一类是美元兑换其他外币的交易。

2.1.5 外汇交易的规则

1. 标价方法要统一

汇率的标价方法有直接标价法、间接标价法和美元标价法 3 种，在进行外汇交易时，为了使交易能快速进行，交易各方使用统一的标价方法，绝大多数采用直接标价法，但是有个别货币除外，如英镑、欧元、澳大利亚元等货币采用间接标价法。

2. 简化报价

报价是外汇交易中双方兑换货币成交的价格。银行在报价时采用双报价，即对每一种货币同时报出买入价(bid price)和卖出价(offer price)。汇价由大数和小数组成，报价时是省略大数只报小数。大多数的汇价，其小数点后第二位以前的数据值为大数，以后的数据值为小数。

例如，USD1＝CNY6.82 82/94，即可以只报出小数 82/94。也有个别少数汇价，其整数部
大数 小数
分为大数，小数部分为小数，如 USD1＝JPY120. 35/45，即可以只报出小数 35/45。
大数 小数

另外，外汇交易员的报价必须以美元为中心，即几乎全部的外汇交易均采用以某种货币对美元的买进或卖出的形式进行，除非有特殊说明。

3. 交易单位为 100 万单位

交易单位为 100 万单位即通常所说的一手为 100 万，一般交易额为 100 万的整数倍，美元作为报价货币，如 five dollar 表示的不是 5 美元，而是 500 万美元。如果交易额低于 100 万美元，应在询价时预先说明是小额，并报出具体交易金额。若为非整数，则应将余额如数报数而不应单位化。

4. 恪守信用

交易双方必须恪守信用，共同遵守“一言为定”和“我的话就是合同”的惯例，即买卖一经成交就不得反悔，以电话录音、电传机打印的交易记录或路透社交易系统打印出来的文字记录为交易依据。交易一方不能要求另一方按其在 10 分钟以前给出的报价成交。

5. 交易术语要规范

为了能在频繁波动的汇率中快速准确无误地成交，交易员们常使用简单规范的交易术语，下面是一些外汇市场上常用的交易术语：

buy,pay,bid,mine	买入
sell,give,offer,yours	卖出
buying rate/selling rate	买价/卖价
delivery date/value date	交割日/起息日
ask price	卖方开价
asked price	卖方报价
ceiling rate	最高价
discount/premium	贴水/升水
position	头寸
quote price	报价
depo	存款
dealing rate	交易价
confirmation	确认书
square	平仓
bear market	熊市
bull market	牛市
go north	上升
go south	下降

2.1.6 外汇交易的程序

在进行外汇交易时，要遵循外汇交易的程序，如图 2.1 所示。

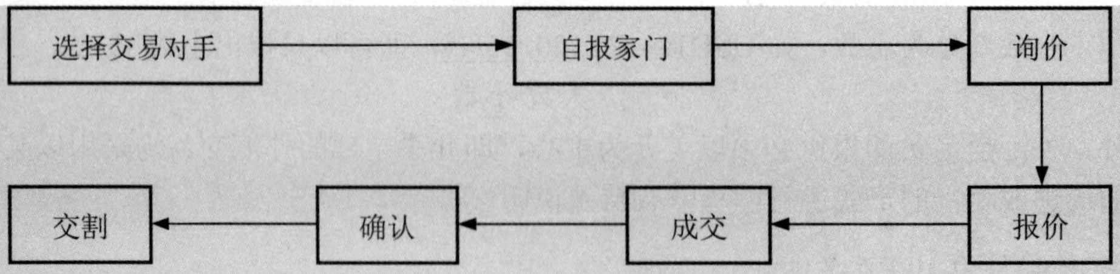

图 2.1 外汇交易的程序

1. 选择交易对手

交易对手应选择已建立代理行关系的银行或已建立同业交易额度的代理行，或是选择资信好、作风正派、服务水平高的银行。最佳的交易对手往往具有报价还价快、报价合理、报价买卖差价较小等特点。

2. 自报家门

通过电话、电传等设备与对方联系，说明自己银行的名称。询价行叫通对方电话、电传，或在路透社交易机上输入自己终端密码，呼叫对方银行，自报家门，说明自己的行名。

3. 询价

询价方在使用路透社交易机询价时需报清询价内容，包括交易类型、买卖货币名称、交割日、金额等，并可使用术语的缩写。例如，即期外汇交易 SPOT 可以缩写成 SP，即期美元兑德国马克的买卖可表示为 SP DEM；即期英镑兑美元的买卖可表示为 SP GBP。交易金额通常以百万元为单位，以 million 表示，可缩写成 MIO 或 M，甚至可以省略。

4. 报价

报价行要根据询价行的要求以最快的速度报出买价和卖价。由于交易双方对汇率的大致水平都比较清楚，因此报价时只需报出汇率的小数。但有时外汇市场汇率会异常波动，在很短的时间内汇率的大数也会发生变化，在这种特殊情形下，交易员报价时最好将汇率的大数也同时报出，以免双方误解价格。如果对于一些比较复杂的报价，需要进行简单的计算，可以要求询价行稍候，但也不能拖得太久。报价速度的快慢和买卖差价的大小是反映一个交易员报价水平和市场经验的重要标志，并直接影响其所在银行在外汇市场上的信誉和竞争力。

5. 成交

询价方应对报价迅速作出反应，要么成交(done)，要么放弃(nothing)，而不应与报价方讨价还价。按惯例，即期交易要求询价方在数秒内作出是否成交的决定。如果询价方略有迟疑，报价方通常会说“ur risk”，这是“your risk”的缩略形式，表示刚才的报价已经取消。若询价方满意对方的报价，可以用“ok done”表示成交，或用术语来表示买入/卖出的意愿。

6. 确认

由于询价、报价和成交都是在快速简捷的过程中进行的，大量地使用缩写和行话简语，不利于清算工作和日后的查询。因此在交易做成后，交易双方应再把交易内容准确地复述一遍，将交易汇率、买卖货币的名称、买卖金额、起息日和收付账户记录在案，一般先由报价行复述买或卖。确认结束后，应用简洁的词语对交易对手表示感谢或告别，不仅是应有的礼貌，也是避免耽误对方的时间。

7. 交割

交割是外汇交易中最后、最重要的环节，是交易双方各自按照双方当事人的要求将卖出的货币及时准确地存入双方指定的银行存款账户中的处理过程。

询价方：What’s your spot GBP/USD, please?
(请问即期英镑兑换美元的价格是多少？)

报价方：1.210 9/1.216 5.
(GBP1＝USD1.210 9/1.216 5.)

询价方：Mine GBP 1.
(买入 100 万英镑。)

报价方：Ok done.
(好的，成交。)

报价方：Sell GBP 1 spot at 1.216 5, value 24/08/10.
My USD to B bank NY for our account.Thanks and bye.
(按每英镑 1.2165 美元卖出 100 万英镑，起息日为 2010 年 8 月 24 日。
请将美元汇入纽约 B 银行我的账户，谢谢，再见！)

询价方：Ok, agreed. My GBP to A bank LD. Thanks, bye.
(好的，请将英镑汇入伦敦 A 银行我的账户，谢谢，再见！)

知识拓展

中国外汇交易中心暨全国银行间同业拆借中心(China Foreign Exchange Trading System & National Interbank Funding Center，CFETS)成立于 1994 年 4 月，为中国人民银行直属事业单位，主要职能是提供银行间外汇交易、人民币同业拆借、债券交易系统并组织市场交易；办理外汇交易的资金清算、交割，提供人民币同业拆借及债券交易的清算提示服务；提供外汇市场、债券市场和货币市场的信息服务；开展经中国人民银行批准的其他业务。

根据中国人民银行、国家外汇管理局发展市场的战略部署，CFETS 贯彻“多种技术手段，多种交易方式，满足不同层次市场需要”的业务工作方针，于 1994 年 4 月推出外汇交易系统，1996 年 1 月启用人民币信用拆借系统，1997 年 6 月开办银行间债券交易业务，1999 年 9 月推出交易信息系统，2000 年 6 月开通“中国货币”网站，2001 年 7 月试办本币声讯中介业务，2001 年 10 月创办《中国货币市场》杂志，2002 年 6 月开办外币拆借中介业务，2003 年 6 月开通“中国票据”网，2005 年 5 月上线银行间外币买卖业务，2005 年 6 月开通银行间债券远期交易，2005 年 8 月推出人民币外汇远期交易。2006 年 1 月在引入做市商制度的同时推出询价交易，2006 年 4 月推出人民币外币掉期交易。

CFETS 以电子交易和声讯经纪等多种方式，为银行间外汇市场、人民币拆借市场和债券市场提供交易、清算、信息和监管等服务，在保证人民币汇率稳定、传导央行货币政策、服务金融机构和监管市场运行等方面发挥了重要的作用。

1. CFETS 结构层次

从结构看，该市场亦可分为 3 个层次。

(1) 零售市场，即客户与外汇指定银行之间的市场。1996 年 7 月 1 日前，为了保持对外商投资企业政策的连续性，CFETS 保留了过去的外汇调剂中心的做法，专门为外商投资企业提供外汇调剂服务。外商投资企业买卖外汇的价格按当日中国人民银行公布的外汇牌价(中间价)，加收 0.15%的手续费，不实行价差的办法。可以说外汇调剂市场也是统一外汇市场的一个组成部分；1996 年 7 月 1 日实行外商投资企业银行结售汇以后，外商投资企业结售汇既可到银行办理，也可到外汇调剂市场办理外汇买卖。到 1998 年 12 月 1 日，外汇调剂业务停办，外商投资企业结售汇均到外汇指定银行办理。

(2) 批发市场，即银行间外汇市场。外汇指定银行在办理结售汇业务的过程中，会出现买超或卖超的现象，这时，外汇指定银行就可以通过银行间外汇市场进行外汇交易，平衡其外汇头寸。

(3) 中央银行与外汇指定银行间的市场，主要是中央银行可以适时以普通会员身份入市，进行市场干预，调节外汇供求，保持汇率相对稳定，是中国人民银行对外汇市场进行调控和管理的有效途径。凡在中国境内营业的金融机构，其之间的外汇交易，均应通过银行间外汇市场进行。

2. 中国外汇市场的特点

1994年1月1日我国对外汇管理体制进行了改革，外汇交易市场的结构、组织形式、交易方式和交易内容都与国际规范化的外汇市场更加接近。我国外汇交易市场有以下几个特点。

(1) 运用现代化的通信网络和电子计算机联网为各金融机构提供外汇交易与清算服务。在交易方式和内容上，实行联网交易。外汇市场只进行人民币与美元、人民币与日元、人民币与港币之间的现汇交易。

(2) 在市场结构上，可分为两个层次：一是客户与外汇指定银行之间的交易；二是银行间的外汇交易，包括外汇指定银行之间的交易和外汇指定银行与中央银行之间的交易。

(3) 决定市场汇率的基础是外汇市场的供求情况。中国人民银行每日公布基准汇率，各外汇指定银行在规定的浮动范围内自行决定挂牌汇率，汇率浮动范围在0.25%以内。

(4) 中国人民银行对外汇市场进行宏观调控和管理。央行主要运用货币政策进行干预。

在我国，同样值得注意的是，我国外汇市场上存在着两大板块，即人民币兑外币市场和外币兑外币市场。人民币兑外币市场因涉及人民币业务，对国内经济的冲击较大，存在着许多的交易限制。例如，人民币兑外币市场目前只能从事人民币兑美元、港币、日元的即期交易；交易限制多等。外币兑外币市场，参与者不仅包括企业，还包括持有外汇的居民个人。市场发展的较为完善。随着开放型经济的发展，我国国内外汇市场融入国际外汇市场是必然的趋势，两大板块合二为一也是必然的趋势。

2.2 即期、远期外汇交易

即期外汇交易(spot exchange transaction)是国际外汇市场上最常见、最普遍的交易形式，学习外汇交易业务，应从即期外汇交易入手。

2.2.1 即期外汇交易

1. 即期外汇交易的概念

即期外汇交易又称现汇交易，是指外汇买卖双方在达成交易的当天或两个营业日内完成交割的外汇买卖业务。即期外汇交易是外汇交易中最基本的交易，市场规模也最大，占整个外汇市场的60%～70%，银行同业间的即期外汇交易又占了其中的95%。

通过即期外汇交易，可以建立各种货币头寸，满足对不同货币的需要。即期外汇交易还可以起到保值和投机、调整现有外汇头寸的不同货币比例的作用。

2. 即期外汇交易的交割日

交割是指买卖成交后“钱货两清”或货币两讫的行为。

T＋0当日交割：是指在成交当日交割的外汇买卖。一些外汇市场美元兑换本币的交易可以在成交当日进行交割，如香港外汇市场的美元兑换港币就是当日交割。

T+1 明日交割：是指在成交后第一个营业日交割的外汇买卖，又称隔日交割。如遇上非营业日，则向后推迟到下一个营业日。一些国家因时差关系采用这种方式。例如，香港外汇市场的港币兑换日元、新加坡元、马来西亚林吉特、澳大利亚元就是在成交后的第一个营业日进行交割。

T+2 标准日交割：是指在成交后第二个营业日交割的外汇买卖。在国际外汇市场上，即期交易的交割日定于第二个营业日的原因是全球外汇市场的 24 小时运作与时差的问题。交割日如遇上任何一方的非营业日或节假日，则向后顺延到下一个营业日，但交割日顺延不能跨月。目前外汇市场上大部分即期外汇交易都采用这种方式。

知识拓展

营业日是指两个清算国银行全部开门营业的日期。如果两种货币交割时，其中的任何一方在交割日是节假日，则交割日顺延，直到双方的银行都营业为止。例如，在一家美国公司与一家德国公司之间进行即期外汇交易，双方交易在周四成交，如果选择标准日交割，就应在本周六交割，但由于美国所有的银行在周六、周日休息，因此交割要顺延到下个星期一两国银行都营业的日子，即使德国银行在周六、周日营业，周六、周日也不能交割。国际几大外汇市场交易时间对照表见表 2-3。

表 2-3　国际几大外汇市场交易时间对照表

外汇市场	当地时间	北京时间
惠灵顿	8:00～17:00	4:00～13:00
悉尼	8:00～17:00	6:00～15:00
东京	9:00～16:30	8:00～15:30
新加坡	9:00～16:00	9:00～16:00
中国香港	9:00～16:00	9:00～16:00
法兰克福	8:30～17:00	14:30～23:00
伦敦	7:30～16:30	15:30～次日 00:30
纽约	8:00～16:00	21:00～次日 4:00

3. 即期外汇交易的运作

1) 交易的程序

交易过程举例如下。

Bank A：SP DEM 5.

(A 银行询价：即期交易、美元兑德国马克，金额 500 万美元。)

Bank B：56, 80.

(B 银行报价：1.725 6/80.)

Bank A：I Sell USD.

(A 银行：我方卖出美元。)

Bank B：5 MIO agreed to confirm at 1.725 6.I buy 5 MIO USD AG DEM,value 10 July 2010.
My USD to B bank NY for our account.Thanks and bye.

(B 银行：500 万美元成交，证实我方在 1.725 6 买入 500 万美元兑德国马克，起息日为 2010 年 7 月 10 日，美元请付我行纽约分行账户，谢谢，再见。

Bank A：Ok, agreed. My DEM to A bank FFT. Thanks, bye.

(A 银行：同意，德国马克请付我行法兰克福分行账户，谢谢，再见。)

【例 2-1】 在即期外汇市场上，我国居民欲到美国旅游，需兑换美元。假如该居民在 2009 年 3 月 11 日按银行当日即期外汇牌价兑换 1 000 美元，需用多少人民币？若该居民在 3 月 18 日旅游回来后剩余现钞 200 美元，又可换回多少人民币？不同日期美元的买卖价格见表 2-4。

表 2-4 不同日期美元买卖价格

单位：美元

日期 \ 价格	现钞买入价	现汇买入价	卖出价
3 月 11 日	6.771 6	6.826 3	6.853 7
3 月 18 日	6.766 2	6.820 8	6.848 2

解析：(1) 兑换 1 000 美元，需用 6 853.7 元人民币(1 000×6.853 7)。

(2) 剩余现钞 200 美元，又可换回 1 353.24 元人民币(200×6.766 2)。

2) 投机

在浮动汇率制度下，外汇行市起落不定，从而使国际货币的价格产生差价，这正是进行投机操作的基础。当投机者预期某种外币汇率升值时，可以在即期外汇市场上买入，等到该外币未来市场价格上涨，即刻卖出，从中获得差价收益；相反，若投机者预期某种外币汇率贬值时，可以在即期外汇市场上卖出，以免该外币未来市场价格下跌时再卖出遭受损失。

例如，某日即期外汇市场上 EUR1＝CNY9.458 4，投机者预期欧元将会升值，因此在即期外汇市场上买入了 100 万欧元，假设 3 个月后欧元的即期价格升为 EUR1＝CNY9.558 4，可将欧元卖出，得到 10 万元人民币(100×(9.558 4－9.458 4))投机收益。当然这样操作也是有风险的，如果将来欧元不升反跌，将可能会给投机者造成损失。

2.2.2 远期外汇交易

【例 2-2】 中国同源公司从美国进口一批商品，按合同规定中国同源公司 3 个月后需向美国出口商支付 100 万美元货款。签约时，美元兑人民币的即期汇率为 6.752 0/50，付款到期日的市场即期汇率为 6.761 0/30，假定中方进口商在签约时未采取任何保值措施，而是等到付款到期日时，在即期市场上按 676.30 万元的价格买入美元支付货款，此时因计价货币美元升值，中方进口商需付出更多的人民币才能买到 100 万美元，用以支付进口货款，因此增加中方进口成本，承担了汇率上升的风险。

思考：在外汇市场上有没有交易手段可使中方的进口商能够预先锁定进口成本，进而避免因汇率变动而遭受损失？

解析：即将介绍的远期外汇交易(forward exchange transaction)就是中方进口商可以选择的一种保值手段之一。远期外汇交易正是通过买卖未来到期收付的外汇，预先把汇率确定下来，从而能够避免到期偿付的债权债务因汇率变动而带来的风险。远期外汇交易是在即期外汇交易的基础上产生的一种外汇交易业务，本质上是生产经营国际化与国际贸易及投资发展的结果。

1. 远期外汇交易的概念

远期外汇交易是指外汇交易双方成交后并不立即办理交割，而是预先签订合约，约定在未来某一日期按照合约的规定进行交割的外汇交易，也称期汇交易。它是一种合约，在合约中要详细写明买卖双方的姓名、企业或组织名称、币种、金额、汇价、远期期限及交割日等。合约一经签订，双方必须按期履约，不能任意违约。

2. 远期外汇交易的交割日

远期外汇交易的交割期一般为 1 个月、2 个月、3 个月、6 个月、9 个月、12 个月，有的可长达一年以上，也有短至几天的，其中以 3 个月期的最为普遍，而一年以上的交易为数很少。因为交割期限越长，交易的不确定性就越大，交易者面临的风险也就越高。

远期交割日的计算一般是以即期交割日加上相应的远期月数，遇节假日顺延但不跨月，即若交割日在月底且正好是交割银行的休息日，则交割日提前一天，不跨入下一个月份。

例如，一笔 5 月 30 日成交的 1 个月期的远期外汇交易，若 6 月 30 日为周二(营业日)，远期外汇交易的交割日为 6 月 30 日，但如果交割日是在月底且正好是交割银行的休假日，则提前一天。若恰逢 6 月 30 日是星期六为银行的休息日，则交割日不能顺延至 7 月 2 日，而应在 6 月 29 日进行交割。

远期外汇交易按照外汇交易合同中规定交割日期的不同划分为两类。

1) 固定交割日期的期汇交易

外汇交易合同规定某一确定的日期作为履行外汇买卖的交割日，既不能提前也不能推迟。即交易双方成交时约定交割日期，一般是按成交日期加相应月数确定交割日。

例如，某年 3 月 17 日成交的一笔 1 个月期的外汇交易，其远期交割日为 4 月 17 日，若遇交割银行休假日，则向后延至下一个营业日。如一方提前交割，另一方既不需提前交割，也不需因对方提前交割而支付利息。但如一方延迟交割，则另一方可向其收取滞付息费。

2) 择期外汇交易

在约定的期限内任意选择一个营业日作为交割日，这种远期外汇交易称择期外汇交易(optional forward transaction)。

择期外汇交易可分为两种。

(1) 部分择期交易——确定交割月份但未确定交割日。外汇交易合同规定某一月份中的任何一天都可以作为交割日。

例如，4 月 22 日，A 公司与 B 银行达成一笔 1 个月期的部分择期外汇交易，约定 5 月进行交割，则 A 公司可以在 5 月 1～22 日的任一个营业日内向 B 银行提出交割。

(2) 完全择期交易——客户可以选择双方成交后的第三个营业日到合约到期之前的任何一天为交割日。

例如，上例中 A 公司与 B 银行达成的是完全择期的外汇交易，即可以选择 4 月 25 日～5 月 22 日这一段时间的任一个营业日向 B 银行提出交割。

3. 远期汇率

远期汇率即在远期外汇合同中规定的买卖有关货币所使用的汇率。远期汇率不是远期外汇交易交割日当天的即期汇率，两者很少一致，远期汇率是预先确定的，而远期外汇交易交割日当天的即期汇率在签约时是未知的，同样远期汇率与签订远期外汇交易合同当天的即期汇率也是不同的。

1) 远期汇率的报价方法

远期交易遵循的汇率是远期汇率，同即期汇率一样，远期汇率的报价也采取双向报价，即同时报出远期买入价和卖出价。远期汇率的报价方法有两种，分别是直接报价法和远期差价报价法。

(1) 直接报价法，即直接报出不同期限远期外汇买卖实际成交的买入价和卖出价。这种报价方法一目了然，银行对顾客的远期外汇报价通常采用这一形式。目前采用此法的国家越来越少，日本和瑞士银行的远期交易就是采用这种报价方法。

例如，某日美元兑换日元的 1 个月远期汇率为 USD/JPY＝118.55/73，美元兑换瑞士法郎的 3 个月远期汇率为 USD/CHF＝1.345 9/70。

(2) 远期差价报价法，即只报出远期汇率与即期汇率的差价点数，也称点数汇率(point rate)。根据当日即期汇率与不同期限的远期差价点数，分别计算不同期限的远期汇率。远期汇率与即期汇率的差价在外汇市场上以升水、贴水或平价来表示。升水表示远期汇率比即期汇率高，贴水表示远期汇率比即期汇率低，平水表示两者相等。

在实际外汇交易中，有时银行在报价时不说明是升水还是贴水，这时可以按照“差价点数前小后大一律用加法，差价点数前大后小一律用减法，并且是同边相加减”来计算远期汇率。银行同业间的远期汇率报价通常采用这种报价法。

【例 2-3】 某日即期汇率为 GBP/EUR＝1.573 5/47，3 个月远期差价为 40/47；CAD/USD＝1.456 3/74，1 个月远期差价为 35/30。请分别计算英镑兑换欧元的 3 个月远期汇率和加拿大元兑换美元的 1 个月远期汇率。

解析：英镑兑换欧元，3 个月远期差价为 40/47，点数前小后大，远期汇率＝即期汇率＋点数，则

GBP/EUR＝(1.573 5＋0.004 0)/(1.574 7＋0.004 7)＝1.577 5/94

则英镑兑换欧元的 3 个月远期汇率为

GBP/EUR＝1.577 5/94

加拿大元兑换美元，1 个月远期差价为 35/30，点数前大后小，远期汇率＝即期汇率－点数，则

CAD/USD＝(1.456 3－0.003 5)/(1.457 4－0.003 0)＝1.452 8/44

则加拿大元兑换美元的 1 个月远期汇率为

CAD/USD＝1.452 8/44

2) 远期汇率的决定

货币汇率的法定升值或贬值，市场投机力量的强弱，国际政治、经济局势的变化及各国采取的财政金融政策等因素都会影响远期汇率的升水、贴水。远期汇率的决定因素有：即期汇率、买入货币与卖出货币间的利率差和远期期限的长短。但在正常市场条件下，远期汇率升水、贴水主要取决于两种货币的短期市场利率。利率较高的货币远期汇率表现为贴水；利率较低的货币远期汇率表现为升水。

知识拓展

从市场供求的角度分析：高利率货币能带来高息收入，所以市场上对其现汇需求大，而套利者为避免未来汇率下跌带来的损失抵消利息收益，在买入高利率货币现汇的同时，要向

银行卖出相同期限、相同金额的该种货币的期汇，使得该种货币的远期供给增多。银行同样为了避免损失，就会以较低的价格买入其期汇，因此，这种高利率货币的远期出现贴水。用同样的道理可以解释低利率货币往往出现升水。例如，英镑3个月存款利率为10%，欧元3个月存款利率为7%，客户向银行购买3个月远期欧元(即卖出3个月远期英镑)，银行如果用英镑按即期汇率买入欧元，存放出去3个月中就要放弃英镑的高利率而收取欧元的低利率，减少了3%的利差，银行把这个因素放入远期欧元的价格中去，就要比即期欧元贵一些。因此欧元远期市场上买卖会呈升水，也就是远期英镑有贴水。

通过下面的公式，可以用短期市场利率来计算远期差价，从而求得远期汇率：

远期汇率＝即期汇率＋即期汇率×(报价货币利率－基准货币利率)×交易期限÷12

即

升贴水点＝即期汇率×两国货币利差×交易期限÷12

【例2-4】 在伦敦外汇市场上的即期汇率是GBP1＝AUD1.522 6，英镑的年利率为9%，澳大利亚元的年利率为7%，一客户卖给英国银行3个月远期10 000英镑，求3个月英镑兑换澳大利亚元的远期差价点数及远期汇率。

解析： 3个月远期差价点数＝1.522 6×(9%－7%)×3÷12=0.007 6(澳大利亚元)

3个月英镑兑换美元的远期汇率为

GBP1＝AUD[1.522 6＋1.522 6×(7%－9%)×3÷12]

＝AUD1.515 0

4. 远期外汇交易的运作

1) 交易的程序

交易过程举例如下。

Bank A：GBP 5 MIO.

(A银行询价：询问GBP/USD价格，金额500万英镑。)

Bank B：GBP 1.723 0/35

(B银行询价：英镑价格为1.723 0/35。)

Bank A：Mine, please adjust to 1 month.

(A银行：买入英镑，并请调整为1个月后的交割日。)

Bank B：Ok, done. Spot/1 month 73/69 at 1.716 6, we sell GBP 5 MIO, value June/12/2010, USD to my NY.

(B银行：好的，成交。即期至1个月期的差价为73/69，1个月期汇率为1.716 6，我们卖出500万英镑，2010年6月12日为交割日。请将美元汇入我的纽约账户。)

Bank A：Ok, all agreed. My GBP to my London.Thanks, bye.

(A银行：好的，请将英镑汇入我的伦敦账户。谢谢，再见。)

Bank B：Ok. Bye and thanks!

(B银行：好的，再见，谢谢！)

2) 应用

远期外汇交易是在20世纪70年代后期固定汇率制度解体之后迅猛发展起来的。虽然远期外汇交易的出现是源于避险的需要，但是随着这种交易方式的发展，人们发现远期交易不仅可以实现套期保值(hedging)，而且也可以进行投机获利。

(1) 套期保值又称抵补保值，是指预计将来某一时间要支付或收入一笔外汇时，买入或卖出同等金额的远期外汇，以避免因汇率波动而造成经济损失，从而达到保值目的的行为。主要是进出口商、国际投资者和外币借贷者为避免其交易遭受外汇风险而进行的远期交易，这种应用方式是远期交易最基本的应用方式。

小资料

具体来说，进口商从国外进口商品，若使用外币支付货款，这样该进口商就可能面临因为这种外币汇率的上涨所带来的损失。为避免这种损失，进口商可以事先通过买入远期外汇确定未来支付的本币金额。而出口商为避免外币贬值使自己得到的本币数量减少，也可以卖出远期外汇锁定未来收益。同理，从事国际借贷者也可应用远期外汇交易进行套期保值。

【例 2-5】 假定某年 6 月 2 日，美国达科公司与法国拉沃公司签订了一份贸易合同，合同内容为从法国进口一套设备，金额为 100 万欧元，货款结算日期为 9 月 2 日；6 月 2 日即期汇率为 EUR1＝USD1.261 0/20，3 个月远期汇率差价为 50/30；达科公司预测欧元 3 个月后会升值。达科公司应如何运用远期外汇交易套期保值(假设 9 月 2 日欧元兑美元的即期汇率为 EUR1＝USD1.282 0/30)？

解析：达科公司可以在 6 月 2 日与银行签订一份 3 个月远期外汇交易合约，约定在交割日时，按照远期汇率用美元买入 100 万欧元，交割日为 9 月 2 日。

计算远期汇率得

$$\begin{aligned} EUR1 &= USD(1.261\,0-0.005\,0)/(1.262\,0-0.003\,0) \\ &= USD1.256\,0/90 \end{aligned}$$

9 月 2 日交割时，100 万×1.259 0＝125.9 万(美元)，则达科公司需用 125.9 万美元买入 100 万欧元。

比较：达科公司若不做远期外汇交易，则到 9 月 2 日，为了支付购买进口货款，需购买 100 万欧元，应支付的美元金额为 100 万×1.283 0＝128.3 万(美元)。因此做远期外汇交易可使达科公司少支付 2.4 万美元(128.3 万－125.9 万)。

【例 2-6】 某年 3 月 2 日，德国人禾公司向美国资优公司出口价值为 100 万美元的商品，预计 3 个月后能收进这笔货款，即期汇率为 EUR1＝USD1.280 0/10，3 个月的远期汇率差价为 30/40，人禾公司预计 3 个月后美元汇率下降。德国人禾公司应如何运用远期外汇交易套期保值？假定 3 个月后欧元兑美元的即期汇率为 EUR1＝USD1.292 0/30。

解析：德国人禾公司可以在 3 月 2 日与银行签订一份 3 个月远期外汇交易合约，3 个月后按照远期汇率卖出 100 万美元。

计算远期汇率得

$$\begin{aligned} EUR1 &= USD(1.280\,0+0.003\,0)/(1.281\,0+0.004\,0) \\ &= USD1.283\,0/50 \end{aligned}$$

3 个月后交割卖出美元：

$$100\text{万}\div 1.285\,0 = 77.82\text{万(欧元)}$$

德国人禾公司卖出 100 万美元收得 77.82 万欧元。

比较：人禾公司若不做远期交易，按当日即期汇率计算，收到的 100 万美元货款可兑换成 77.34 万欧元(100 万÷1.293 0)，将会损失 0.48 万欧元。

根据上述两个案例，进出口商通过远期外汇交易进行了套期保值操作，当然市场汇率的变化也可能与其预计的变化方向相反。例如，例 2-6 中美元汇率不降反升，假若 3 个月后欧元兑美元的即期汇率为 EUR1＝USD1.278 2/98，按此汇率卖出 100 万美元可得 78.14 万欧元(100 万÷1.279 8)，相对比做远期外汇交易多得 0.32 万欧元(78.14 万－77.82 万)。在国际贸易中，从合同订立到货款结算之间往往有相当长一段时间，在此期间由于计价货币汇率的波动，进出口商不可能准确知道未来的汇率，只能根据自己对未来汇率的预测进行避险。因此，无论未来汇率怎样变化，通过套期保值可以使进口商一方锁定其成本，出口商一方锁定其收入。

(2) 投机获利。投机性远期外汇交易是投机者根据汇率的变化，预期未来某一时点市场上的即期汇率与目前市场上的远期汇率不一致，有意持有外汇多头或空头，利用汇率变动从中牟取利润而进行的远期外汇交易。

知识拓展

由于投机者在签订远期合约时只需缴纳一定比例的保证金，无须付现，一般都是到期轧抵，计算盈亏、支付差额，所以利用远期外汇交易投机进行投机，投机者并不需要雄厚的资金，可以“以小博大”，炒作成倍于投机本金的外汇资金，进行大规模的投机。

远期外汇交易投机包括卖空和买空两种情况。

① 卖空(先卖后买)——当投机者预期某种货币汇率下浮，就在期汇市场上卖出，到期若该货币下跌，投机者就按下跌的汇率买进现汇来交割期汇，赚取投机利润。

【例 2-7】 某投机者预期美元兑日元汇率下降，3 个月远期汇率为 USD1＝JPY111.45，若 3 个月后即期市场汇率为 USD1＝JPY106.45，应如何操作？

解析：投机者现在同银行签订一份卖出 3 个月期 100 万美元的期汇合约，3 个月后到期交割期汇交易，按远期汇率计算获得 11 145 万日元；按 3 个月后即期汇率买入现汇 100 万美元，支付了 10 645 万日元，在这一买一卖的过程中，投机者获利 500 万日元。

【例 2-8】 在东京外汇市场上，某年 3 月 1 日，某日本投机者判断美元在以后 1 个月后将贬值，于是他立即在远期外汇市场上以 1 美元＝111.03 日元的价格抛售 1 个月期 100 万美元，交割日是 4 月 1 日。到 4 月 1 日时，即期美元的汇率不跌反升，为 1 美元＝117.03 日元。

解析：该投机者在即期外汇市场购买 100 万美元现汇实现远期合约交割，要遭受 600 万日元[100 万×(117.03－111.03)]的损失。

可见，远期外汇投机具有很大的风险。万一投机者预测汇率的走势发生错误，就会遭受很大的损失。

② 买空(先买后卖)——当投机者预期某种货币汇率上浮，则买进期汇，到期若该汇率上升，就可以按上升后的汇率卖出现汇，用以交割期汇，若远期和约交割日市场即期汇率果然如投机者所料上涨而且高于远期合约协定的汇率，投机者即可获利，赚取投机利润。

【例 2-9】 某投机着预期欧元兑人民币汇率升值，3 个月远期汇率为 EUR1＝CNY9.467 2，若 3 个月后即期汇率为 EUR1＝CNY9.567 2，应如何操作？

解析：投机者可与银行签订一份买入 3 个月期 100 万欧元的期汇合约，3 个月后到期支付 946.72 万元人民币，同时在现汇市场上卖出 100 万欧元现汇，可获得 956.72 万元人民币，在这个过程中投机者获利 10 万元人民币。

【例 2-10】 在法兰克福外汇市场上，如果德国某外汇投机商预测英镑对美元的汇率将会大幅度上升，他就可以做买空交易，先按照 3 个月期远期汇率 GBP1＝USD1.588 7 买进 100 万远期英镑；然后在 3 个月后，当英镑对美元的即期汇率猛涨到 GBP1＝USD1.788 7 时，他就在即期市场上卖出 100 万英镑。

解析：交易后他就会获得 20 万美元[100 万×(1.787 7－1.588 7)]的投机利润。

当然，若交割日市场即期汇率的变动与投机者相反，投机者将会遭受损失。例如，例 2-10 中，若 3 个月后市场即期汇率不升反跌为 GBP1＝USD1.488 7，则该投机者将遭受 10 万美元的损失。

(3) 调整外汇银行头寸。当面临外汇风险的客户与外汇银行进行外汇交易时，实际是把汇率变化的风险转嫁给了外汇银行，而银行在它所做的同种货币、同种期限的所有远期外汇交易不能买卖相抵时，就会出现期汇和现汇的多头或空头，这样外汇银行就处于汇率变动的风险之中。为了避免外汇风险，对不同期限、不同货币的头寸通过远期外汇交易来轧平，可以在外汇市场上卖出远期多头寸，买入远期缺头寸。

例如，美国某银行发现在远期外汇市场上超买了 100 万新加坡元，一旦新加坡元汇率下跌，该银行将会遭受损失。为了避免损失的发生，就可以在远期外汇市场上卖出同时到期的 100 万新加坡元头寸。

2.2.3 掉期交易

1. 掉期交易的概念

掉期交易(swap transaction)是指买进或卖出某种货币的同时，卖出或买入金额相等但交割日期不同的同种货币的交易行为。掉期交易改变的不是交易者手中持有的外汇数额，而是交易者所持货币的期限。其交易的目的也是为了避免汇率风险，但主要是对远期外汇头寸进行保值。

例如，以 CHF1＝CNY6.672 5 卖出 100 万瑞士法郎，同时又以 CHF1＝CNY6.627 5 的远期汇率买入 1 个月期的 100 万瑞士法郎，这就是一笔掉期交易。在这笔掉期交易中，交易者原来持有的是瑞士法郎现汇，掉期交易后变为持有 1 个月期远期瑞士法郎。

2. 掉期交易的类型

掉期交易按交割期限的不同，分为即期对远期掉期交易(spot-forward swap)、即期对即期掉期交易(spot-spot swap)和远期对远期掉期交易(forward-forward swap) 3 种类型。

1) 即期对远期掉期交易

即期对远期掉期交易是指买进或卖出一笔现汇的同时，卖出或买进一笔期汇的掉期交易，是掉期交易中最常见的交易方式。它的表现形式为即期买进某货币，远期卖出某货币，或即期卖出某货币，远期买进某货币。它主要用于避免远期外汇头寸风险和外汇资产或负债因汇率变动而遭受的风险。

【例 2-11】 一家瑞士投资公司需要用 100 万美元投资美国 3 个月期的有价证券，为避免 3 个月后美元汇率下跌，该公司做了一笔掉期交易，即在买进 100 万美元现汇的同时，卖出 100 万美元的 3 个月期汇。假设成交时美元/瑞士法郎的即期汇率为 1.288 0/90，3 个月的远期汇率为 1.265 0/60，该公司怎样利用掉期交易避险(若 3 个月后美元/瑞士法郎的即期汇率为 1.251 0/20)？

解析：做掉期交易的结果如下：

买入 100 万美元现汇需支付

$$100\text{万}\times 1.2890=128.9\text{万(瑞士法郎)}$$

同时卖出 100 万美元期汇将收进

$$100\text{万}\times 1.2650=126.5\text{万(瑞士法郎)}$$

掉期成本为

$$126.5\text{万}-128.9\text{万}=-2.4\text{万(瑞士法郎)}$$

比较：如果不做掉期交易，3 个月后，该瑞士投资公司在现汇市场上出售 100 万美元，收进 125.1 万瑞士法郎(100 万×1.251 0)，损失了 3.8 万瑞士法郎(125.1 万－128.9 万)，因此做掉期可将 100 万美元的外汇风险锁定在 2.4 万瑞士法郎的掉期成本上；而不做掉期，将遭受 3.8 万瑞士法郎的损失。

【例 2-12】 一家加拿大投资公司需要 100 万英镑现汇进行投资，已知即期汇率为 GBP/CAD＝1.647 0/80，2 个月的远期汇水为 20/10，预计 2 个月后收回投资，该公司应该如何利用掉期交易防范汇率风险？

解析：2 个月远期汇率为

$$GBP/CAD=(1.6470-0.0020)/(1.6480-0.0010)=1.6450/70$$

该公司操作如下：在即期市场上买进 100 万英镑，需付出 164.8 万加拿大元；同时在期汇市场上卖出 100 万英镑 2 个月的期汇，可收回 164.5 万加拿大元。在这笔交易中，掉期成本为 3 000 加拿大元，这样做固定了成本，用最小的代价保证预计的投资收益不再因汇率的变化而遭到损失。

2) 即期对即期掉期交易

即期对即期掉期交易即同时做两笔金额相同、交割日相差一天、交易方向相反的即期外汇交易，又称一日掉期。主要用于银行调整短期头寸和资金缺口，在银行同业之间进行。有以下两种方式：

(1) 今日对明日的掉期(today-tomorrow swap)，即将第一笔即期交易的交割日安排在成交后的当天，将第二笔反向即期交易的交割日安排在成交后的第二天，也称隔夜交易。

(2) 明日对后日的掉期(tomorrow-next swap)，即将第一笔即期交易的交割日安排在成交后的第一个营业日，将第二笔反向即期交易的交割日安排在成交后的第二个营业日，也称隔日交易。

例如，甲乙两家银行在 3 月 6 日达成了一项隔日掉期交易，其中一笔交易在成交后的第一个营业日(3 月 7 日)交割，而另一笔交易在成交后第二个营业日(3 月 8 日)交割。

3) 远期对远期掉期交易

远期对远期掉期交易是指在远期外汇市场上同时卖出并买进不同期限同货币相同金额的交易。主要用于避险，也可用于某一段时期内的外汇投机。真正的远期对远期掉期交易在国际市场上较为少见。银行在承做远期对远期掉期交易时，通常会将它拆为两个即期对远期的外汇交易。

【例 2-13】 某年 3 月 16 日，澳大利亚腾远公司在 1 个月后有一笔 100 万欧元的应收款，6 个月后又有一笔 100 万欧元的应付款；当时即期汇率为 EUR1＝AUD1.432 5/1.440 0，1 个月远期汇水为 30/40，6 个月远期汇水为 60/90，其掉期成本是多少？

解析：该公司应该做卖出 1 个月期 100 万欧元、买进 6 个月期 100 万欧元的掉期交易。

1 个月远期汇率：

$$EUR1=AUD(1.432\,5+0.003\,0)/(1.440\,0+0.004\,0)$$
$$=AUD1.435\,5/1.444\,0$$

6 个月远期汇率：

$$EUR1=AUD(1.432\,5+0.006\,0)/(1.440\,0+0.009\,0)$$
$$=AUD1.448\,5/1.449\,0$$

掉期成本＝100 万×(1.435 5－1.449 0)＝－1.35 万(澳大利亚元)

3. 掉期交易的交易程序及应用

1) 交易程序

交易过程举例如下。

Bank A：EUR swap USD 10 MIO AG EUR spot/1 month.

(A 银行：询问美元对欧元掉期交易，金额 1 000 万美元，即期对 1 个月远期。)

Bank B：EUR spot/1 month 55/60.

(B 银行：欧元掉期率为 55/60。)

Bank A：55 Pls.My USD to A NY, my EUR to A FFT.

(A 银行：55 成交，我的美元请汇入 A 银行纽约分行，欧元汇入 A 银行法兰克福分行。)

Bank B：Ok, done. We sell/buy 10 MIO AG EUR May13/June15, Rate at 1.614 0 AG 1.617 5 USD to My B NY, EUR to my B FFT. Thanks for deal. Bye.

(B 银行：同意，我行卖出/买入 1 000 万美元，交割日为 5 月 13 日和 6 月 15 日，汇率为 1.614 0 和 1.617 5，美元汇入 B 银行纽约分行，欧元汇入 B 银行法兰克福分行，谢谢惠顾，再见。)

Bank A：Ok, all agreed. Bye.

(A 银行：好的，同意上述内容，再见。)

2) 应用

【例 2-14】 某银行分别承做了 4 笔外汇交易：卖出即期澳大利亚元 300 万、买入 3 个月远期澳大利亚元 200 万、买入即期澳大利亚元 150 万、卖出 3 个月远期澳大利亚元 50 万。该银行的外汇头寸从数量上看已经轧平，但是在期限匹配上却有明显缺口。

解析：为了避免期限上的风险，该银行可以承做一笔即期对远期掉期交易，即买入即期澳大利亚元 150 万，卖出 3 个月远期澳大利亚元 150 万，从而对远期外汇头寸进行保值。

【例 2-15】 一家美国公司需要 100 万英镑进行投资，并在 1 个月后收回，预计 1 个月后英镑将大幅贬值，当时即期汇率为 GBP/USD＝1.617 0/80，1 个月远期差价为 30/20。应如何利用掉期交易套期保值？

解析：为了保证投资收回，同时避免汇率波动的风险，该公司在买进即期英镑进行投资的同时，卖出同等金额的 1 个月远期英镑。这时买进即期英镑投资付出 161.8 万美元，卖出 1 个月远期 100 万英镑，到期收回 161.4 万美元。通过这笔掉期交易，无论 1 个月后汇率如何变化，美国公司都能收回 161.4 万美元，只承担了 4 000 美元的掉期成本。

【例 2-16】 瑞士某银行在 3 个月后应向外支付 100 万英镑，同时在 1 个月后将收到另一笔 100 万英镑。假定此时瑞士外汇市场即期汇率为 GBP/CHF＝1.566 0/70，1 个月远期汇率为 GBP/CHF＝1.556 8/80，3 个月远期汇率为 GBP/CHF＝1.552 9/42。该银行怎样利用掉期交易操作？

解析：该银行应该做买入 3 个月期 100 万英镑、卖出 1 个月期 100 万英镑的掉期交易。

买入 3 个月期 100 万英镑交割时支付

100 万×1.554 2＝155.42 万(美元)

卖出 1 个月期 100 万英镑交割时得到

100 万×1.556 8＝155.68 万(美元)

掉期收益为

155.68 万－155.42 万＝0.26 万(美元)

该银行通过掉期交易操作，不仅赚取了远期汇率的差额，而且还固定了其支付成本和获得的收益。

2.3 套汇与套利交易

2.3.1 套汇交易

套汇交易(arbitrage)有广义和狭义之分，广义的套汇交易是指利用不同的外汇市场、不同的货币、不同的交割期限在汇率上的差异而进行的外汇交易。狭义的套汇交易可分为地点套汇、时间套汇、利息套汇。本节所称的套汇交易是地点套汇。

小资料

在很久以前墨西哥与美国的某段边境处，存在着一种特殊的货币兑换情形，即在墨西哥境内，1 美元(100 美分)只值墨西哥货币 90 分，而在美国境内，1 个墨西哥比索(100 分)只值美国货币 90 美分。一天一个牧童先在一家墨西哥酒吧喝了一杯啤酒，价格是 10 个墨西哥分，于是他用余下的 90 个墨西哥分换了 1 美元，然后又走过边境进了一家美国酒吧，喝了一杯啤酒，价格是 10 美分，他用余下的 90 美分又换成 1 个墨西哥比索。如此这般，牧童每天愉快地喝着啤酒，而口袋里的 1 比索却始终没有减少。这到底是为什么呢？原来牧童一直在用两地套汇的收益喝啤酒。

今天的国际外汇市场不可能再有这样的好事，但因为各地外汇市场的供求情况并不始终如一，特别是当一个外汇市场所在地发生突发事件，传播到另一个外汇市场需要一个时滞的过程。因此在某一瞬间，两个外汇市场的汇率可能出现差异。

地点套汇是指外汇交易者利用不同外汇市场在同一时刻的汇率差异，在汇率低的市场上买进，同时在汇率高的市场上卖出，赚取不同市场汇差收益的外汇交易。地点套汇包括直接套汇(direct arbitrage)和间接套汇(indirect arbitrage)。

1. 直接套汇

直接套汇是指利用两个不同地点外汇市场上货币汇率的差异，采用贱买贵卖的方式，在汇率较低的市场买进，同时在汇率较高的市场卖出，以获取外汇差额利润的外汇交易，也称为两地套汇。

例如，假定同一时刻，伦敦外汇市场的即期汇率为 GBP1＝USD1.568 6，纽约外汇市场的即期汇率为 GBP1＝USD1.564 6，两地差价为 0.004 美元。若纽约一名套汇者在当地以 156.46 万美元买入 100 万英镑，并将英镑电汇至伦敦同时在伦敦外汇市场卖出，收进 156.86 万美元，若不计其他成本，可赚到 4 000 美元的套汇利润。

【例 2-17】 某日纽约外汇市场汇率为 USD1＝JPY88.20/50，东京外汇市场汇率为 USD1＝JPY88.70/90，若套汇者以 100 万美元套汇，问套汇是否有利可图(不计任何费用，同下)?

解析：该套汇者可在东京外汇市场上卖出 100 万美元兑 8 870 万日元，同时在纽约外汇市场上买入 100 万美元支付 8 850 万日元，可得 20 万日元差价收益；该套汇者也可以在东京外汇市场上卖出 100 万美元兑 8 870 万日元，同时在纽约外汇市场上将 8 870 万日元卖出换回 100.226 万美元，可得 2 273 美元差价收益。

但是套汇能否进行，还要考虑套汇成本，包括电传、佣金等套汇费用。如果套汇成本太高或接近套汇利润，则收利微小或无利可图，也就没有必要进行套汇交易。另外，由于现代通信设备的迅速发展与完善，各大外汇市场交易已由国际卫星通信网络紧密地联系起来，加之计算机技术在外汇交易中的广泛使用，外汇市场与外汇交易已日趋全球化、同步化，因此套汇交易获利的机会也不会长期存在。

2. 间接套汇

间接套汇是指利用 3 个或 3 个以上不同地点的外汇市场上不同货币之间汇率的差异，同时在这些外汇市场上进行贱买贵卖，以赚取汇差收益的外汇交易，也称为三角套汇。由于是在 3 个以上不同的外汇市场中套汇，人们很难像直接套汇那样能立即判断某种货币在哪个外汇市场更便宜，因此需要一种方法来判断 3 个外汇市场是否有机会进行套汇获利。

特别提示

间接套汇的判别方法：首先，统一标价方法，即将三地汇率换算成同一种标价方法，或都是直接标价法，或都是间接标价法。其次，将三地汇率左右两边分别予以连乘，若两边乘积相等，则说明三地汇率处于均衡状态，套汇无利可图；若两边乘积不相等，则表明三地汇率存在差价，套汇有利可图。再次，选择套汇的路线，从乘积小的一边作为起点进行套汇。

【例 2-18】 某日某时，纽约外汇市场的汇率为 USD1＝CHF1.004 5/58，瑞士外汇市场的汇率为 GBP1＝CHF1.566 2/78，伦敦外汇市场的汇率为 GBP1＝USD1.680 0/10。假设有套汇成本 100 万美元，如何套汇可获利?

解析：统一标价法，其中在纽约和伦敦外汇市场上都是采用间接标价法，瑞士外汇市场采用直接标价法，需要将该标价法换成间接标价法，即

$$\text{CHF1}=(\text{GBP1}\div 1.567\,8)/(1\div 1.566\,2)$$

这时，3 个外汇市场的标价为

$$\text{USD1}=\text{CHF1.004 5/58}$$

$$\text{CHF1}=\text{GBP}(1\div 1.567\,8)/(1\div 1.566\,2)$$

$$\text{GBP1}=\text{USD1.680 0/10}$$

等式左右两边分别连乘积：

左边＝1，右边＝1.004 5×(1÷1.567 8)×1.680 0＝1.076 4。

左边＜右边，从左边的美元开始套汇。

套汇按照 USD→CHF→GBP→USD 的路线进行：
在纽约外汇市场上，卖出 100 万美元，买入 100.45 万瑞士法郎(100 万×1.004 5)；
在瑞士外汇市场上，卖出 100.45 万瑞士法郎，买入 64.071 万英镑(100.45 万÷1.567 8)；
伦敦外汇市场上，卖出 64.071 万英镑，买入 107.64 万美元(64.071 万×1.68)。

在本次套汇中，可获利 7.64 万美元(107.64 万－100 万)。

假若在例 2-18 中，连乘积后左边＞右边，这时就要从右边的美元开始套汇，套汇按照 USD→GBP→CHF→USD 的路线进行。

【例 2-19】 某日某时，香港外汇市场的汇率为 USD1＝HKD7.802 3/54，纽约外汇市场的汇率为 USD1＝GBP0.631 5/56，伦敦外汇市场的汇率为 GBP1＝HKD12.063/90。假设有套汇成本 100 万港币，如何套汇可获利？

解析：采用统一标价法，左右连乘积：

HKD1＝USD(1÷7.805 4)/(1÷7.802 3)
USD1＝GBP0.631 5/56
GBP1＝HKD12.063/90

左边＝1，右边＝(1÷7.805 4)×0.631 5×12.063＝0.976 0。
左边＞右边，从右边的港币开始套汇。
套汇按照 HKD→GBP→USD→HKD 路线进行：
在中国香港外汇市场上，卖出 100 万港币，买入 8.27 万英镑(100 万÷12.090)；
在纽约外汇市场上，卖出 8.27 万英镑，买入 13 万美元(8.27 万÷0.635 6)；
在伦敦外汇市场上，卖出 13 万美元，买入 101.53 万港币(13 万×7.802 3)。
在本次套汇中，获利 1.53 万港币(101.53 万－100 万)。

【练习】 承例 2-19，若套汇成本为 100 万美元，又将如何套汇？

在外汇市场的实际操作中，由于通信技术的日益发达，不同外汇市场的汇差会同时为各国银行所认识，其差价会随着买卖的增加逐渐消失，因此要想获得套利，往往需要在 3 个或 3 个以上的外汇市场进行交易。

2.3.2 套利交易

套利交易(interest arbitrage transaction)也称利息套汇，是指投资者利用不同国家或地区短期利率出现的差异，将资金从利率较低的国家或地区调往利率较高的国家或地区，以赚取利差的外汇交易。

例如，如果甲国有一居民拥有 100 万美元的资产，甲国存款的年利率为 2%，同一时期乙国存款的年利率为 5%。假定甲国的资本项目可以自由兑换，甲国该居民会将其资产转移到乙国投资以获取比甲国高 3%的存款利率。

套利与套汇一样，是外汇市场上重要的交易活动。由于目前各国外汇市场联系十分密切，一有套利机会，大银行或大公司便会迅速投入大量的资金，但是资本在国际间流动不可避免地要遇到货币兑换的问题，汇率的变化也影响到资本的跨国流动，也就是说套利活动也要承担汇率风险。

根据投资者在做套利的同时是否做远期外汇交易进行保值，套利交易可分为不抛补套利(uncovered interest arbitrage)和抛补套利(covered interest arbitrage)。

1. 不抛补套利

不抛补套利又称不抵补套利，是指在有关货币汇率比较稳定的情况下，仅仅利用两种不同货币利率的差异，将资金从较低利率货币转向较高利率货币以赚取利差收益，对所面临的汇率风险不加以抵补，在买卖某种即期货币的同时，并没有反方向卖出或买进远期该种货币的行为。

【例 2-20】 假设某日英国市场上英镑利率为 2%，在澳大利亚市场上澳大利亚元利率为 4%，英国一名套利者有 100 万英镑，即期汇率为 GBP1＝AUD1.676 0/88，假定 6 个月后汇率仍没有变化，该套利者如何操作可获利？

解析： 由于英澳两国外汇市场 6 个月期间的汇率稳定，而且存在利率差，该套利者可以选择进行不抛补套利。

将较低利率的货币兑换成较高利率的货币，即将英镑换成澳大利亚元，然后存到澳大利亚外汇市场上，期限为 6 个月。6 个月后，所得的澳大利亚元本息和为

$$100万\times1.676\,0\times(1+4\%\times6\div12)=170.952万(澳大利亚元)$$

将投资收回，把澳大利亚元的本息和兑换成英镑：

$$170.952万\div1.678\,8=101.83万(英镑)$$

在这次套利的过程中，套利者扣除本金后，可获得 1.83 万英镑的收益。

比较： 若该英国套利者不进行套利，将资金存放在本国的市场上，也可以获取一定的收益：100 万×(1＋2%×6÷12)＝101 万(英镑)。但是本次套利与不套利相比可多得 8 300 英镑(101.83 万－101 万)。

【例 2-21】 假设日本市场年利率为 3%，加拿大市场年利率为 6%，加拿大元/日元的即期汇率为 83.251/98，为谋取利差收益，一日本投资者欲将 1 000 万日元转到加拿大投资 1 年，如果 1 年后加拿大元/日元的市场汇率为 82.678/90，该投资者进行套利的收益情况如何？

解析： 由于加日两国外汇市场一年内的汇率变化不大，而且存在较大的利率差，该套利者可以选择进行不抛补套利。

将 1 000 万日元兑换成加拿大元：

$$1\,000万\div83.298=12.005万(加拿大元)$$

1 年后加拿大元投资本利和为

$$12.005万\times(1+6\%)=12.725万(加拿大元)$$

将 12.725 万加拿大元换回日元：

$$12.725万\times82.678=1\,052.08万(日元)$$

比较： 若该投资者不套利，1 年后日元投资本利和为 1 000 万×(1＋3%)＝1 030 万(日元)，套利比不套利多收入 22.08 万日元(1 052.08 万－1 030 万)。

2. 抛补套利

抛补套利是套利者在按即期汇率将低利率货币换成高利率货币的同时，根据套利的期限，为了避免汇率变动抵消套利收益，同时做一笔远期外汇交易，按照远期汇率把高利率货币换成低利率货币进行保值的交易，又称抵补套利。这实际上是将远期交易和套利交易结合起来，从外汇买卖的形式看，抛补套利是一种即期对远期的掉期交易。

【例 2-22】 承例 2-21，加拿大元兑换日元 1 年期的远期汇率为 82.523/50。假设 1 年后加拿大元兑换日元的即期汇率为 80.230/50，该投资者又将怎样进行套利？

解析：由于本次加日两国外汇市场 1 年内的汇率变化较大，该套利者就应选择进行抛补套利交易。

将较低利率的货币兑换成较高利率的货币，即将日元换成加拿大元，然后存到加拿大外汇市场上，期限为 1 年；再同银行签订一份为期 1 年卖出 12.725 万加拿大元的远期合约。

1 年后，所得的加拿大元本息和为

$$1\,000\text{万}\div 83.298\times(1+6\%)=12.725\text{万(加拿大元)}$$

按远期汇率将投资收回，把加拿大元的本息和兑换成日元：

$$12.725\text{万}\times 82.523=1\,050\text{亿(日元)}$$

在这次抛补套利中，套利者扣除在本国的本息和 1 030 万日元后，获得 20 万日元的收益。

比较：若该套利者进行不抛补套利，这时 12.725 万加拿大元在投资到期换回时，要按照 1 年后到期时的即期汇率 CAD/JPY＝80.230 进行兑换，即 12.725 万×80.230＝1 021 亿(日元)。可以看出抛补套利相比不抛补套利可多得 29 万日元(1 050 万－1 021 万)。

【例 2-23】 某年 4 月 18 日，中国香港市场港币利率为 4%，瑞典市场瑞典克朗利率为 6%，即期汇率为 SEK1＝HKD1.013 4/44，6 个月的汇水为 25/12。香港一名套利者拥有套利资本 200 万港币，他预测 6 个月后瑞典克朗兑港币的汇率可能大幅下跌。假定 10 月 18 日即期汇率为 SEK1＝HKD1.001 1/21，怎样套利对套利者更为有利？

解析：计算出瑞典克朗兑换港币的 6 个月远期汇率：

$$\text{SEK/HKD}=(1.013\,4-0.002\,5)/(1.014\,4-0.001\,2)=1.010\,9/32$$

6 个月后港币本息和为

$$200\text{万}\times(1+4\%\times 6\div 12)=204\text{万(港币)}$$

6 个月后瑞典克朗本息和为

$$200\text{万}\div 1.014\,4\times(1+6\%\times 6\div 12)=203.076\text{万(瑞典克朗)}$$

若选择不抛补套利交易，则

$$203.076\text{万}\times 1.001\,1=203.3\text{万(港币)}$$

不抛补套利相比不套利，损失了 0.7 万港币(203.3 万－204 万)。

若选择抛补套利交易，则可获益

$$203.076\text{万}\times 1.010\,9=205.29\text{万(港币)}$$

抛补套利相比不套利，获益了 1.29 万港币(205.29 万－204 万)。

因此在汇率变动较大的情况下，选择抛补套利交易对套利者更为有利。

特别提示

关于套利交易，还应注意以下几点：一是套利活动须以有关国家对货币的兑换和资金的转移不加任何限制为前提；二是两国货币市场上利率的差异，是就同一性质或同一种类金融工具的名义利率而言的；三是套利活动是短期性质的，期限一般都不超过一年；四是抛补套利也涉及一些交易成本，如佣金、手续费、管理费、杂费等，套利要均衡成本与收益；五是投资者要承担“政治风险”或“国家风险”，应持谨慎态度。

2.4 外汇期货与期权交易

2.4.1 外汇期货交易

1. 外汇期货交易的概念

外汇期货交易(foreign exchange futures)是指外汇交易双方在外汇期货交易所以公开喊价的方式成交后，承诺在未来某一特定日期，以约定的价格交割某种特定的标准量货币的交易活动。即在有形市场内，以公开喊价方式竞价，买入或卖出一定标准化期货合约。

知识拓展

外汇期货起源于商品期货交易，自 20 世纪 70 年代，国际汇率制度逐渐由固定汇率制度转向浮动汇率制度，从而使汇率风险剧增。为了有效防范风险，便在传统的远期外汇交易方式上产生了期货外汇交易。外汇期货最早产生于美国。1972 年 5 月 16 日，美国芝加哥商品交易所的国际货币市场(International Monetary Market , IMM)成立，并首次开始经营外汇期货业务，推出了 7 种外汇期货合约。1978 年纽约商品交易所也增加了外汇期货业务。1979 年纽约证券交易所也宣布设立一个新的交易所来专门从事外币和金融期货交易。1981 年 2 月，芝加哥商品交易所首次开设了欧洲美元期货交易。1982 年 9 月，全球传统的金融中心伦敦成立了伦敦国际金融期货交易所(London International Financial Future Exchange, LIFFE)，也开始进行外汇期货交易。随后澳大利亚、日本、新加坡等国家或地区也开设了外汇期货交易市场。其中 IMM 和 LIFFE 的交易规模最大，IMM 的交易量占世界外汇期货交易的 50%。目前，外汇期货交易的主要品种有欧元、英镑、瑞士法郎、加拿大元、澳大利亚元和日元等。

2. 外汇期货交易的特点

1) 合约标准化

外汇期货交易的对象是标准化的外汇期货合约。该合约是一种交易所制定的标准化的买卖双方通过公开喊价达成的具有法律约束力的文件。具体内容包括交易币种、交易单位、报价方法、最小变动单位、购买数量限制、交易时间、交割月份、交割地点等。

(1) 交割时间是固定的。国际货币市场的外汇期货合约的交割时间都是固定的，交割月份均为每年的 3 月、6 月、9 月和 12 月，交割日为交割月的第三周的星期三。

(2) 每份合约货币金额标准化。外汇期货交易所规定每份期货合同的货币金额都是一定的，每种货币的交易量必须是合约金额的整数倍。

小资料

在芝加哥国际货币市场上，外汇期货每份合约英镑交易单位为 6.25 万，日元为 1 250 万，瑞士法郎为 12.5 万，欧元为 12.5 万，加拿大元为 10 万，澳大利亚元为 10 万。同一个期货交易市场同一种外汇的交易单位是相同的，但不同的期货交易市场对外汇交易单位可能有一些差别。

2) 有固定的交易场所

外汇期货交易属场内交易，必须在有形的货币期货交易所内进行。期货交易所是公众以个人名义加入而取得席位以实行会员制的一个非营利机构。在外汇期货交易中，交易所本身并不参加交易，也无权干预外汇期货价格。

知识拓展

期货交易所仅仅是外汇交易的场所，为交易提供各种设施，为保证期货交易的顺利进行、维持稳定、有序、竞争的交易环境和使交易受到有效监督制定相关的制度。任何个人或企业只能通过交易所买卖外汇期货，不能进入交易所直接地、面对面地进行交易。能进入交易所进行交易的只有交易所的会员，要取得会员的资格必须向有关部门申请并经其批准，每年都必须缴纳巨额的会费。交易所会员的数量一般是固定的，新会员只有通过递补的方式才能进入交易所交易。

3) 公开喊价形成价格

外汇期货交易是一种标准化的场内交易，必须在集中性的交易场所通过公开喊价的方式成交，对任何一种外汇期货合约公开喊价所形成的价格对所有投资者有效。在外汇期货市场上，交易货币的标价方法均以每单位货币值多少美元来标价。

知识拓展

期货市场的公开喊价方式主要有两种：一种是计算机自动撮合成交方式，遵循“价格优先、时间优先”的原则，即在交易指令进入交易所主机后，最优价格最先成交，也就是说最高的买价和最低的卖价报单首先成交；在价格一致的情况下，率先进入交易系统的交易指令先成交。另一种是会员在交易所大厅公开喊价方式。公开喊价由期货交易所的会员进行，其他有意进行外汇期货交易的非会员必须通过会员在外汇期货交易所内通过公开喊价成交。由于交易所喧哗嘈杂，需要借助于手势进行交易。例如，手心向内表示买入，手心向外表示卖出，大拇指向上翘起表示成交，一个食指表示一份合约，食指和中指表示两份合约，中指、无名指和小指表示三份合约，出食指并左右摆动表示十份合约。我国采用的是计算机撮合交易方式。

4) 保证金制度

保证金是一笔承担价格变动风险的担保金，以确保期货买卖双方履约，一般为合约金额的5%～20%。参加外汇期货交易的各方必须缴纳保证金，目的是非会员客户必须向经纪公司(会员)交付保证金，交易的会员必须向交易所的清算机构缴纳保证金。为了防止投资者因为外汇期货市场汇率变动而违约，从而避免给结算公司带来损失。期货交易的保证金除了起到防止交易各方违约的作用外，还是结算制度的基础。

按保证金缴纳的时间和金额比例不同，可将履约保证金分为初始保证金和维持保证金两类。初始保证金是外汇期货交易成交后，买卖双方按照规定比例交付的。维持保证金是外汇期货交易双方给账户增加货币以前允许初始保证金下降的最低水平，一般是初始保证金的70%～80%。

知识拓展

初始保证金是当交易者新开仓时必须依照各类合约的有关规定向清算所缴纳的资金。不同交易所规定的初始保证金缴纳金额有所不同，而且初始保证金缴纳多少通常也随合约金额及交易者身份不同而不同。例如，IMM规定日元期货合约的初始保证金为每张2 700美元，英镑期货合约的初始保证金为每张2 800美元，瑞士法郎为2 700美元，加拿大元为1 000美元，澳大利亚元为2 000美元。任何人只需在外汇期货市场上开户并按规定缴纳初始保证金，就可以开始进行外汇期货交易。

维持保证金是指保证金账户在经过逐日清算(即逐日钉市)后必须维持一个最低余额。在向交易所缴纳初始保证金后，交易所的清算机构根据外汇期货价格变化逐日清算未交割期货合约的盈亏，浮动盈利将增加保证金账户余额，浮动亏损将减少保证金账户余额。当市场汇价有利于交易者时，交易所会自动将盈利加到交易者的保证金账户，那么超过原始保证金部分的金额便可以被提取。例如，IMM规定日元期货的维持保证金为每张外汇期货合约2 000美元，英镑期货的维持保证金为每张外汇期货合约2 100美元，瑞士法郎为2 000美元，加拿大元为800美元，澳大利亚元为1 500美元。

逐日钉市制度是指结算部门在每日闭市后，对会员经纪商的保证金账户进行结算、检查，根据每日的收益与损失进行调整，及时发出保证金追加单，使保证金余额在维持保证金水平之上，以防止负债发生的一种结算制度，其目的是控制风险。具体操作：在每一交易日结束后，清算部门根据全天成交情况计算出当日结算价格，按此计算盈亏，盈利的会员可提取超出维持保证金的部分。计算盈亏后保证金余额小于维持保证金，交易所便要求其在下一交易日开始之前追加保证金，若会员单位不能按时追加保证金，交易所将有权强行平仓。

(资料来源：王丹．国际金融理论与实务．北京：清华大学出版社，2008.)

凡未平仓的合约都要按当日市场收盘价逐日清算，获利可提走利润，亏损在保证金降到维持水平以下时要立即补充保证金至原始保证金的数额。当低于期货交易所规定的最低保证金时，外汇经纪商应通知客户补缴保证金，否则将强行平仓。

【例2-24】 某年6月18日(星期一)，一名客户在芝加哥外汇期货市场购进20份的欧元合约，期货价为EUR/USD＝1.295 1，初始保证金为42 000美元，维持保证金是初始保证金的80%。

解析：6月18～22日，外汇期货市场的期货收盘价见表2-5。

表2-5 外汇期货市场的期货收盘价

日期	收盘价	当日损益	保证金余额	追加保证金
6月18日			42 000	
6月18日	1.294 1	－2 500	39 500	
6月19日	1.292 5	－4 000	35 500	
6月20日	1.291 1	－3 520	32 000	10 000
6月21日	1.293 0	＋4 750	46 750	
6月22日	1.293 7	＋1 750	48 500	

5) 双向性

外汇期货合约的持有者，按合约规定的日期以规定的外汇量进行交割，标志着合约的履行与完结。大多数的外汇期货合约的持有者一般以对冲的方式解除合约的义务，合约未到期前可平仓，即在买入某种外汇期货合约后，在合约到期前卖出同样数量的该种合同，终止到期交割的义务。因此，外汇期货交易的实际交割比率很小，只占全部交易的1%左右，大多数交易都在合同到期前平仓。

3. 外汇期货交易的应用

外汇期货交易的主要目的是避险和投机。其中以避险为目的的外汇期货交易最常用的手段是套期保值，其原理是，由于期货的价格以现货价格为基础，因此它与现货价格呈同方向变动，这样为使未来的外汇头寸的汇率风险得以消除，可以在期货市场上进行反方向交易，以期货市场上得到的利润来抵补现汇市场上遭受的损失。

1) 套期保值

套期保值即在现汇市场交易的基础上，同时在期货市场上做买卖相反的两笔交易，防范汇率风险。

(1) 买入套期保值(buying hedge)。又称多头套期保值，是指进口商或需要支付外汇的人，为了防止远期所付计价外汇升值而增加付汇成本，即先在外汇期货市场上买入同等数量某外汇期货合约，而后在现货市场上购进所需外汇时，卖出购进的期货合约以轧平头寸。

【例 2-25】 一名美国商人某年 4 月 1 日从德国进口一批物资，双方约定 2 个月后支付货款 250 万欧元，4 月 1 日即期市场汇率为 EUR1＝USD1.419 1，期货市场欧元期货价格为 1.420 1 美元，为防止欧元升值，买入套期保值。假若 6 月 1 日即期市场汇率为 EUR1＝USD1.501 0，期货市场欧元期货价格为 1.535 8 美元。

解析：交易情况见表 2-6。

表 2-6 即期市场和期货市场交易情况

即期市场	期货市场
4 月 1 日，EUR1＝USD1.419 1 支付 354.775 万美元	4 月 1 日，买入 20 份 6 月期欧元期货合约 EUR1＝USD1.420 1，支付 355.025 万美元
6 月 1 日，EUR1＝USD1.501 0 支付 357.25 万美元	6 月 1 日，卖出 20 份 6 月期欧元期货合约 EUR1＝USD1.535 8，得到 383.95 万美元
－20.475 万美元	＋28.925 万美元
	共盈利 8.45 万美元

(2) 卖出套期保值(selling hedge)。又称空头套期保值，是出口商或将要收到外汇的人预计未来某一时间所收的外汇汇率会贬值，为防止未来的应收账款价格下跌，采取先在外汇期货市场上卖出某种外汇，再买进同样数量的外汇。具体操作是先在外汇期货市场上卖出与货款同等数量同一币种的外汇期货合约，等到将来收到货款在现货市场上出售外汇时，买入期货合约与原来购进的卖出外汇期货合约对冲，从而锁定其价格。

【例 2-26】 某年 6 月 12 日，瑞士一跨国公司 3 个月后收 250 万瑞士法郎，当日即期汇率为 CHF/USD＝1.179 0/1.180 6，为防止瑞士法郎贬值，该公司便在期货市场上做瑞士法郎空头套期保值业务，瑞士法郎期货市场价格为 1.180 0 美元。假若 9 月 12 日即期市场价格为 CHF1＝USD1.174 6，期货市场的价格是 CHF1＝USD1.173 3。

解析：交易情况见表 2-7。

表 2-7 即期市场和期货市场交易情况

即期市场	期货市场
6 月 12 日，CHF1＝USD1.179 0 收到 294.75 万美元	6 月 12 日，卖出 20 份 6 月瑞士法郎期货合约 CHF1＝USD1.180 0，得到 295 万美元
9 月 12 日，CHF1＝USD1.174 6 收到 293.65 万美元	9 月 12 日，买入 20 份 6 月瑞士法郎期货合约 CHF1＝USD1.173 3，支付 293.325 万美元
－11 000 美元	＋16 750 万美元
	共盈利 5 750 美元

2) 投机

在没有现汇交易的基础上，投机者只是利用对未来期货市场价格的预期，以贱买贵卖的方式赚取买卖中的差额，获取利润。

(1) 多头投机。是投机者预期外汇期货价格将要上升，从而在期货市场上先买后卖以获取投机利润的期货投机交易。

【例 2-27】 某年 7 月 6 日，期货市场加拿大元价格为 0.974 6 美元，某投机者预期 9 月交割的加拿大元期货价格呈上涨趋势，因此买入 10 份 9 月期货合约，假若 9 月期货合约价格为 CAD/USD＝0.984 6，投机者卖出平仓。

解析：10 份加拿大元期货合约的额度为 100 万加拿大元，投机获利为 100 万×(0.984 6－0.974 6)＝10 000(美元)，在不计手续费的情况下，该投机者多头投机获利 10 000 美元。

(2) 空头投机。是投机者预测外汇期货价格将要下降，从而先卖后买，以高价卖出，低价买入平仓。

【例 2-28】 假定 9 月 7 日，期货市场澳大利亚元价格为 0.950 4 美元，某投机者预期 12 月交割的澳大利亚元期货价格呈下降趋势，在期货市场上卖出 5 份 12 月期货合约，假若 12 月澳大利亚元汇率下跌，期货合约价格为 AUD/USD＝0.940 4，投机者买入平仓。

解析：5 份澳大利亚元期货合约的额度为 50 万澳大利亚元，投机获利为 50 万×(0.950 4－0.940 4)＝5 000(美元)，在不计手续费的情况下，该投机者空头投机获利 5 000 美元。

【例 2-29】 美国进口商 4 月 10 日从德国进口 25 万欧元货物，2 个月后付款，即期汇率为USD/EUR＝0.761 4，为防欧元升值，买入2份6月期欧元期货合约，价格为EUR1＝USD1.318 0，假若 6 月 10 日即期市场价格为 USD/EUR＝0.750 7，6 月 10 日期货市场价格为 EUR1＝USD1.339 3。

解析：交易情况见表 2-8。

表 2-8 即期市场和期货市场交易情况

即期市场	期货市场
4 月 10 日，USD1＝EUR0.761 4 支付 32.83 万美元	4 月 10 日，买入 2 份 6 月欧元期货合约 EUR1＝USD1.318 0，支付 32.95 万美元
6 月 10 日，USD1＝EUR 0.750 7 支付 33.30 万美元	6 月 10 日，卖出 2 份 6 月欧元期货合约 EUR1＝USD1.339 3，支付 33.48 万美元
－4 700 美元	＋5 300 美元
	共盈利 600 美元

2.4.2 外汇期权交易

【例 2-30】 某年 3 月，美国进口商进口一批商品，约定 6 个月后支付进口货款 1 000 万瑞士法郎。当日瑞士法郎的即期汇率为 USD1＝CHF1.010 0，6 个月远期汇率为 USD1＝CHF1.004 2。为避免瑞士法郎 6 个月后升值导致增加进口成本的风险，美国进口商采用远期外汇交易对进口成本锁定。但若 6 个月后瑞士法郎不升反降为 USD1＝CHF1.020 0，到期交割时美国进口商也必须按 USD1＝CHF1.004 2 的价格买进 1 000 万瑞士法郎履行远期合约，失去了因瑞士法郎贬值而获得进口成本下降的额外收益。

思考：那么，美国进口商可以采用什么外汇交易方式可以针对未来市场的变化作出有利于自己的选择呢？

解析：外汇期权交易(foreign currency option)可使美国进口商既可在将来外汇汇率上升时固定进口成本，也可在将来外汇汇率下跌时放弃履约，而按交割日的即期汇率买进外汇，获取进口成本下降的收益。

1. 外汇期权交易的概念

外汇期权交易是指期权的购买者在支付给期权的出售者一笔费用后，获得一种可以在合同到期日或期满前按预先确定的汇率购买或出售某种货币的权利。购买者为取得该权利支付的费用即为期权的价格，又称期权费或权利金。无论合同购买者最终是否执行合同，这笔费用都归合同出售者所有。购买者行使该权利时买入或卖出外汇的汇率为外汇期权的协议价格或执行价格。只有当期权购买方要求执行期权或行使期权时，双方才会据此汇率进行实际的货币收付。

小资料

期权交易产生在 17 世纪的阿姆斯特丹，而期权交易的真正发展是在二战后。1973 年布雷顿森林体系崩溃，国际金融市场汇率变动频繁，给国际贸易和国际投资带来很大的不便，所以急需一种有效的、低成本的回避汇率风险的金融工具，外汇期权应运而生。1973 年 4 月 26 日芝加哥期权交易所正式成立，从此开始了期权合约标准化、期权交易规范化的进程。但由于外汇期权的复杂性，直到 1982 年 12 月，美国费城股票交易所才开始外汇期权交易。1983 年，芝加哥商品交易所也把外汇期权作为交易品种在国际货币市场分部挂牌上市，在随后的二十几年里，外汇期权市场规模不断扩大，新的交易品种和交易策略不断涌现，成为一类引人注目的金融衍生工具。

2. 外汇期权交易的特点

1) 合约标准化

外汇期权交易合约是标准化的合约。在期权交易中，期权费是唯一的变量，其他要素都是标准化的。合约的其他条款如合约到期日、交易单位、交易时间、交易地点等要素都是事先规定好的，是标准化的。

(1) 到期日、月份标准化。外汇期权交易到期月份通常为每年的 3 月、6 月、9 月和 12 月，合约的到期日是期权买方决定是否要求履约期权合约的最后日期。通常为到期月份第三个星期的最后一个交易日，如果超过这一时限，买方未通知卖方要求履约，即表明买方已放弃这一权利。

(2) 每份期权合约金额标准化。以费城交易所为例，英镑的外汇期权合约交易单位为31 250英镑，每份欧元合约为62 500欧元，每份瑞士法郎合约为62 500瑞士法郎，每份日元合约为6250 000日元，每份加拿大元合约为50 000加拿大元，每份澳大利亚元合约为50 000澳大利亚元。芝加哥交易所的合约额度为费城交易所的2倍。

2) 买方缴纳期权费，卖方缴纳保证金

期权费又称权利金、保险金、期权价格，是指期权买方事先要向期权的卖方支付一笔费用。在一般情况下，期权的买方须在期权成交日后的第二个银行工作日将期权费支付给卖方。期权交易下的期权费是不能收回的。期权交易买方一旦支付给期权卖方期权费，将来无论卖方执行合约还是不执行合约，这笔期权费都归期权卖方获得。期权费高低不定，要受很多因素的影响，如期权合约种类、期权有效期、期权协议价格、交易对象特征、市场价格变化趋势等，但一般情况下为合同价格的2%～5%。

保证金是卖方在被买方要求执行期权权利时，有依执行价格进行交割的义务，而为确保合约义务的履约，须在订约时缴付保证金。期权的卖方存入期权交易所一笔履约保证金的目的是为了表明自己具有应付潜在履约义务的能力，可以随市场价格变动情况进行调整，必要时期权卖主必须及时补交追加保证金。

3) 协定价格

协定价格又称履约价格、执行价格，是指在期权交易双方约定的期权到期日或期满前双方交割时所采用的买卖价格，相当于金融商品单价。协定价格确定后，在期权合约规定的期限内，无论价格怎样波动，只要期权的买方要求执行该期权，期权的卖方就必须以此价格履行义务。当然一般只有市场价格对自己不利时，期权买方才会按协议价格成交。不要把期权价格与履约价格混淆。履约价格是汇率，期权价格是保险金，它们同时在同一合约中出现。

4) 期权具有杠杆效应

对于期权的购买者而言，其所承担的最大的风险就是所支付的期权费，当期权的购买者在价格对其有利的情况下执行期权，则收益可能是无限的；反过来，期权的出售者获得的收益最大就是所收取的期权费，而一旦期权购买者在价格对其有利时执行了期权，那么期权的出售者就要遭受无限的风险损失。即买方享有权利，卖方承担风险：

$$买方\begin{cases}收益无限\\风险有限——期权费\end{cases}\qquad 卖方\begin{cases}风险无限\\收益有限——期权费\end{cases}$$

3. 外汇期权交易的类型

外汇期权交易按不同的标准，可以划分不同的类型。

1) 按期权执行的时间划分

根据期权执行的时间不同，外汇期权可以分为欧式期权(European option)和美式期权(American option)。

欧式期权是指期权的买方在期权合约到期日之前不能要求卖方履约，只能在到期日当天才能要求卖方履约的一种期权交易。欧式期权的特点是严格、刻板。

美式期权是指期权的买方可以从签约日至到期日之间的任何一个工作日随时行使期权的交易。美式期权灵活性大，期权卖方对应承担的风险也大，因此美式期权的费用比欧式期权的费用高。

小资料

也有一部分美式期权规定必须在某些特定日期，如到期日前两周执行期权，这种介于传统的美式期权与欧式期权之间的新型期权被称为半美式期权或百慕大期权。

2) 按期权赋予购买者的权利划分

根据期权合同赋予购买者的权利不同，外汇期权可以分为买入期权(call option)和卖出期权(put option)。

买入期权又称看涨期权，是期权的买方与卖方约定在到期日或期满前赋予期权合同的购买者按合同规定的汇率从卖方购买外币的权利。

知识拓展

例如，一项期权的内容是USD call CAD put，称为美元买权、加拿大元卖权，表明期权的购买者有权向卖方买入美元，同时卖出加拿大元。期权的购买者之所以买进看涨期权，是因为他们预计该种期权的标的货币的市场价格将上涨，他们买进这种期权后，可在日后市场价格上涨后，仍以较低的执行价格买入这种外汇，从而避免了市场价格上涨带来的损失或从中赚取价差收益。

卖出期权又称看跌期权，是期权的买方与卖方约定在到期日或期满前赋予期权合同的购买者按合同规定的汇率向卖方出售外币的权利。

知识拓展

例如，一项期权的内容是USD put EUR call，称为美元卖权、欧元买权，表明期权的购买者有权向卖方卖出美元，同时买入欧元。期权的购买者之所以买进看跌期权，是因为他们担心该种期权的标的货币的市场价格将会下降，他们买进看跌期权后，可在日后市场价格下跌后，以较高的执行价格卖出这种外汇，从而避免了市场价格下跌带来的损失或从中赚取价差收益。

特别提示

由于外汇买卖意味着买入一种货币的同时也卖出了另一种货币，因此对一项外汇期权来说，它是一种货币的买权，同时也是另一种货币的卖权。为了避免混淆，在描述外汇期权的内容时，必须明确它是哪一种货币的买权和哪一种货币的卖权。

4. 外汇期权交易的应用

1) 买入看涨期权

买入看涨期权(buy call)是指期权的买方预测某种外汇将来可能升值，在交付期权费后，获得了在到期日或到期日之前按协定价格购买或不购买期权合约规定的某种外汇资产的权利。

知识拓展

买方向卖方支付期权费购买看涨期权，实质上是将某种外汇价格上涨的风险转移给了期权的卖方，若将来该外汇的市场价格上涨，且涨至期权合约的协定价格以上，则该投资者可通过执行期权而获利，获利大小将视市场价格上涨的幅度而定；但当市场价格趋向下跌，跌至协定价格以下时，买方可放弃期权，其承担的最大风险就是购买期权时所支付的期权费。

【例 2-31】 美国一家进口公司某年 3 月从加拿大进口一套生产线，双方约定 6 个月后付款，货款为 150 万加元，当日即期汇率为 CAD/USD＝0.980 0，美商预期 6 个月后加拿大元会升值，因此在费城交易所购买了 9 月的加拿大元看涨期权 30 份，每份期权费为 1 000 美元，协议价格为 1 加拿大元＝0.990 0 美元。如果 9 月即期市场汇率为 CAD/USD＝1.020 0，美商应如何操作？用图分析该交易盈亏情况。

解析：由于加拿大元市场汇率果真如美商预计的上涨了，因此美商选择执行期权，向期权出售者买入 150 万加拿大元，支付 148.5 万美元(150 万×0.99)，加上期权费用 3 万美元(30×1 000)，总共支付了 151.5 万美元。若美商不采取任何保值措施，到期购进 150 万加元，则需支付 153 万美元(150 万×1.02)。选择用外汇期权交易保值少支付了 1.5 万美元。

看涨期权买方盈亏分析如图 2.2 所示。

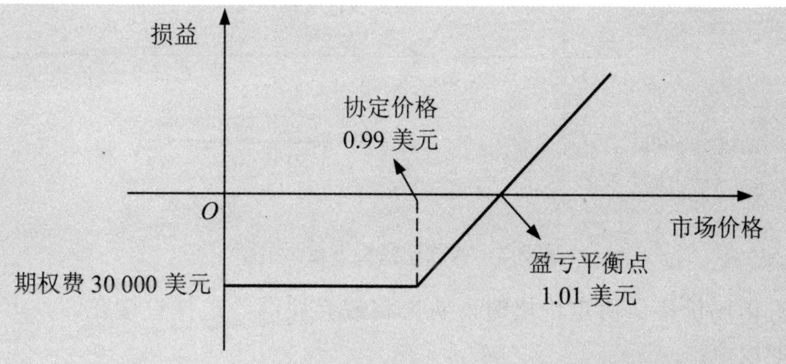

图 2.2　看涨期权买方盈亏分析

当某种外汇市场价格≤协定价格时，买方将放弃履约，选择直接从即期市场购进自己所需的外汇，损失为期权费；

当协定价格＜某种外汇市场价格≤盈亏平衡点时，买方选择履约可以减少损失；

当盈亏平衡点＜某种外汇市场价格时，买方选择履约可以获益，随着该外汇市场价格的上涨，收益可能无限增加。

2) 买入看跌期权

买入看跌期权(sell call)是指期权的买方预测某种外汇将来可能贬值，在交付期权费后，获得了在到期日或到期日之前按协定价格出售或不出售期权合约规定的某种外汇资产的权利。

知识拓展

买入看跌期权简单来说就是期权的买方买入了一个卖的权利。购买看跌期权的主要目的是防范某种外汇汇率的下跌。同样，买方向卖方支付期权费购买看跌期权，实质上是将某种外汇价格下跌的风险转移给了期权的卖方，若将来该外汇的市场价格下跌，且跌至期权合约的协定价格以下，则该投资者可通过执行期权而获利；但若市场价格不降反升时，买方可放弃期权，其承担的最大风险也是购买期权时所支付的期权费。

【例 2-32】 美国一家出口公司向德国出口一批货物，双方约定 3 个月后收款，货款为 25 万欧元，当日即期汇率为 EUR/USD＝1.312 5，美商预期 3 个月后欧元会贬值，因此在费城交易所购买了 4 份欧元看跌期权，每份期权费为 1 250 美元，协议价格为 1 欧元＝1.300 0 美元。如果 3 个月后即期市场汇率为 EUR/USD＝1.200 0，美商应如何操作？用图分析该交易盈亏情况。

解析：由于欧元市场汇率正如美商预计的下跌了，因此美商选择执行期权，向期权出售者卖出 25 万欧元，收到 32.5 万美元(25 万×1.3)，扣除期权费用 5 000 美元(4×1 250)，总共拿到了 32 万美元。若美商不采取任何保值措施，3 个月后到期出售 25 万欧元，则只能得到 30 万美元(25 万×1.2)。因此选择用外汇期权交易保值多得了 2 万美元。

看跌期权买方盈亏分析如图 2.3 所示。

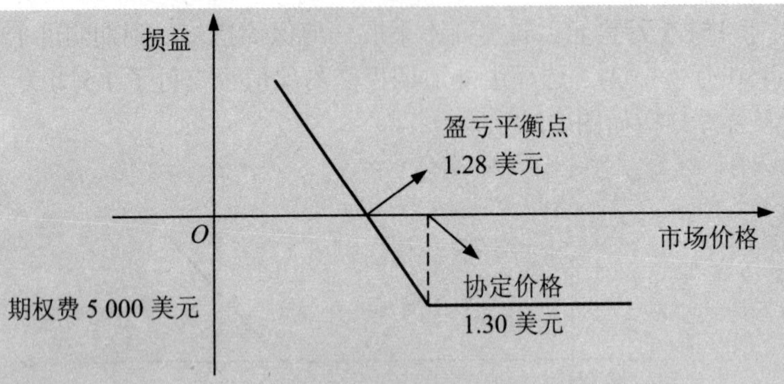

图 2.3　看跌期权买方盈亏分析

当某种外汇市场价格≥协定价格时，买方将放弃履约，选择直接在即期市场出售拥有的外汇，损失为期权费；

当协定价格＞某种外汇市场价格≥盈亏平衡点时，买方选择履约可以减少损失；

当盈亏平衡点＞某种外汇市场价格时，买方选择履约可以获益，随着该外汇市场价格的下跌，收益可能无限增加。

3) 卖出看涨期权

卖出看涨期权(sell call)是指期权合同的出售者在收取一定的期权费后，承担在到期日或到期日之前按协定价格出售期权合约规定的某种外汇资产的义务。

知识拓展

期权的出售者对市场行情看跌，于是他们就卖出看涨期权。当外汇市场价格下跌至协定价格以下时，出售者最大的收益就是收取的期权费；但若市场价格不降反升，出售者的收益也随之减少，当变化到协定价格与期权费之和时，出售者将不盈不亏；若市场价格升至协定价格与期权费之和以上时，出售者将遭受损失。

【例 2-33】 沿用例 2-31 的资料，协议价格为 1 加拿大元＝0.97 美元。如果 9 月即期市场汇率为 CAD/USD＝1.010 0，请用图分析该交易卖方盈亏情况。

解析：看涨期权卖方盈亏分析如图 2.4 所示。

当某种外汇市场价格≤协定价格时，卖方获取的最大收益为期权费；

当协定价格＜某种外汇市场价格≤盈亏平衡点时，买方选择履约，卖方收益随之减少；

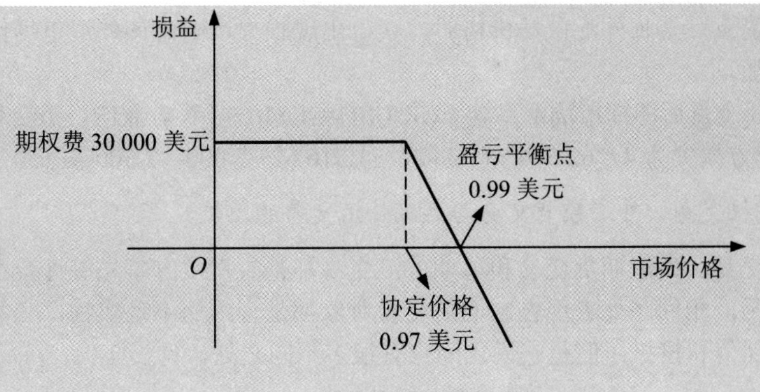

图 2.4　看涨期权卖方盈亏分析

当盈亏平衡点＜某种外汇市场价格时，卖方出现损失，随着该外汇市场价格的上涨，损失可能无限增加。

因此，当 9 月即期市场汇率为 CAD/USD＝1.010 0 时，买方履约，扣除其获得的期权费 3 万美元，卖方损失为 30×50 000×(1.01－0.97)－30 000＝3 万(美元)。

4) 卖出看跌期权

卖出看跌期权(sell put)是指期权合同的出售者在收取一定的期权费后，承担在到期日或到期日之前按协定价格购买期权合约规定的某种外汇资产的义务。

知识拓展

一般情况下，期权的出售者对市场行情看涨，于是他们就卖出看跌期权。当外汇市场价格上涨至协定价格以上时，出售者最大的收益就是收取的期权费；但若市场价格变化到协定价格与期权费之差时，出售者将不盈不亏；若市场价格跌至协定价格与期权费之差以下时，出售者将遭受损失。

【例 2-34】　沿用例 2-31 的资料，协议价格为 1 欧元＝1.346 6 美元。如果 3 个月后即期市场汇率为 EUR/USD＝1.316 6，请用图分析该交易卖方盈亏情况。

解析：看跌期权卖方盈亏分析如图 2.5 所示。

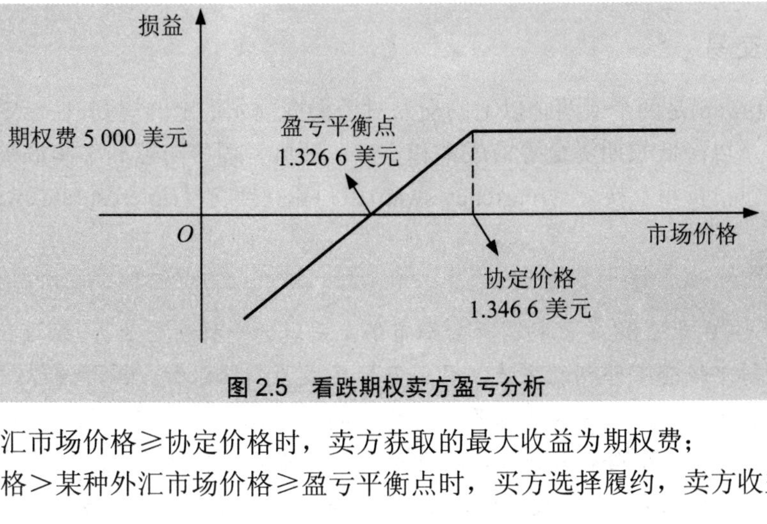

图 2.5　看跌期权卖方盈亏分析

当某种外汇市场价格≥协定价格时，卖方获取的最大收益为期权费；

当协定价格＞某种外汇市场价格≥盈亏平衡点时，买方选择履约，卖方收益随之减少；

当盈亏平衡点>某种外汇市场价格时，卖方出现损失，随着该外汇市场价格的上涨，损失可能无限增加。

因此，当3个月后即期市场汇率为EUR/USD＝1.316 6，买方履约，扣除其获得的期权费5 000美元，卖方损失为4×62 500×(1.346 6－1.316 6)－5 000＝2 500(美元)。

5. 外汇期权交易、外汇期货交易与远期外汇交易的比较

外汇期权交易、外汇期货交易和远期外汇交易都是买卖双方事先签订合约而不进行即期交割的外汇交易，相同之处表现在它们的交易对象都是合约而不是实物，交易功能都是为交易者提供避险保值和投机；但是它们之间也有很多不同之处，见表2-9。

表2-9 外汇期权交易、外汇期货交易与远期外汇交易的异同

项目 \ 名称	外汇期权交易	外汇期货交易	远期外汇交易
交易方式	公开竞价	公开竞价	电话或电报
交易性质	买方享有是否履约的权利，卖方有满足买方要求的义务	双方都有按合约规定进行交割的义务	双方都有按合约规定进行交割的义务
交割日	标准化	标准化	双方协定
合同金额	标准化	标准化	没有固定的金额
交易币种	少数几种货币	少数几种货币	无限制
报价方式	美元报价	美元报价	按买卖需要报价
保证金	买方需支付权利金，卖方需交付保证金	买卖双方均需缴存保证金	是否交保证金要视银行与客户的关系决定
参与者	会员	会员	大公司、大银行

外汇期权交易不仅具有远期外汇交易和外汇期货交易避免汇率风险、固定成本的保值功能，而且克服了后两者的局限性，即能在市场汇率向有利方向波动时获得盈利的机遇。

2.5 互换与远期利率协议

2.5.1 互换交易

互换交易(swap)是两个或两个以上的交易对手根据预先指定的规则，在一定时期内相互交换货币或利率，以降低长期资金筹措成本和资产、债务管理中防范利率和汇率风险的金融交易。互换交易包括货币互换交易(currency swap)和利率互换交易(interest rate swap)。

知识拓展

互换交易是20世纪80年代初国际金融市场上出现的一种新型业务，经过30多年的发展，成为了国际金融市场套汇套利的主流。目前互换已成为各国银行、国际组织、跨国公司积极参与运用的新型金融工具。它是借助各个筹资者的比较优势来对市场之间的这种差异进行套利，并将这部分好处分配给有关各方，这也正是互换业务具有吸引力的原因所在。

通常，互换的最低交易单位是1 000万美元，美元以外的货币要相当于这一金额；使用较

多的货币是美元、德国马克、瑞士法郎、英镑、日元和欧洲货币单位；期限大多是5～7年，一般都是以市场利率、汇率或其他价格为基础，由双方协商决定价格条件，资金流可采取到期一次偿还、分期偿还等。互换是一种场外交易活动，有着较大的灵活性，能很好地满足交易双方保密的要求。通过利率和货币的互换尽量地降低成本，规避利率和汇率变动可能造成的风险损失，破除当事人之间因资本市场、货币市场的差异及各国外汇管制的不同法规造成的壁垒，以开拓更广阔的筹资途径。此外欧洲债券市场的发展和对资产负债管理的重视也促使了互换交易的产生。

1. 货币互换交易

货币互换交易是两个独立的借款人各以固定利率筹资，按约定的汇率和时间交换不同货币本金，并在合约规定的时间内以即期汇率支付利息，到期按最初约定的汇率换回原来的货币本金，或在规定的时间内分期摊还本金。货币互换的前提是存在在期限和金额上利益相同而对货币需求相反的交易双方，因此货币互换交易常常需要更长的时间来实现。

小资料

1981年，IBM公司和世界银行进行了一笔瑞士法郎和德国马克与美元之间的货币互换。当时，世界银行在欧洲美元市场上能够以较为有利的条件筹集到美元资金，但是实际需要的却是瑞士法郎和德国马克。此时持有瑞士法郎和德国马克资金的IBM公司，正好希望将这两种货币形式的资金换成美元资金，以回避利率风险。在所罗门兄弟公司的中介下，世界银行将以低息筹集道德美元资金提供给IBM公司，IBM公司将自己持有的瑞士法郎和德国马克资金提供给世界银行。通过这种互换交易，世界银行以比自己筹集资金更为有利的条件筹集到了所需的瑞士法郎和德国马克资金，IBM公司则回避了汇率风险，低成本筹集到美元资金。这是迄今为止正式公布的世界上第一笔货币互换交易。通过这项货币互换交易，世界银行和IBM公司在没有改变与原来的债权人之间的法律关系的情况下，以低成本筹集到了自身所需的资金。对于撮合货币互换的中介机构而言，这笔货币互换业务为其带来了收入。

1) 货币互换交易的程序

(1) 本金的期初互换。在互换开始，合同双方按即期汇率互换本金。本金的互换既可以是名义上的互换，也可以是实际的转移，关键是要确定各自本金的金额，以便计算利息。

(2) 利息的互换。互换交易双方按货币互换合约规定的各自固定利率，以最初互换的本金为基础支付利息。

(3) 本金的再次互换。互换交易双方在到期日按照事先决定的汇率换回原先的本金。

【例2-35】 假定一家日本跨国公司由于瑞士法郎利率较低而发行一笔为期6年的瑞士法郎债券，还本付息必须支付瑞士法郎，因此面临着还本付息的汇率风险。为了避免风险，该公司通过银行进行互换，与需要将日元债务调换成瑞士法郎债务的瑞士一家公司做货币互换交易，到期再换回本金。

解析：日元与瑞士法郎的货币互换流程如图2.6所示。

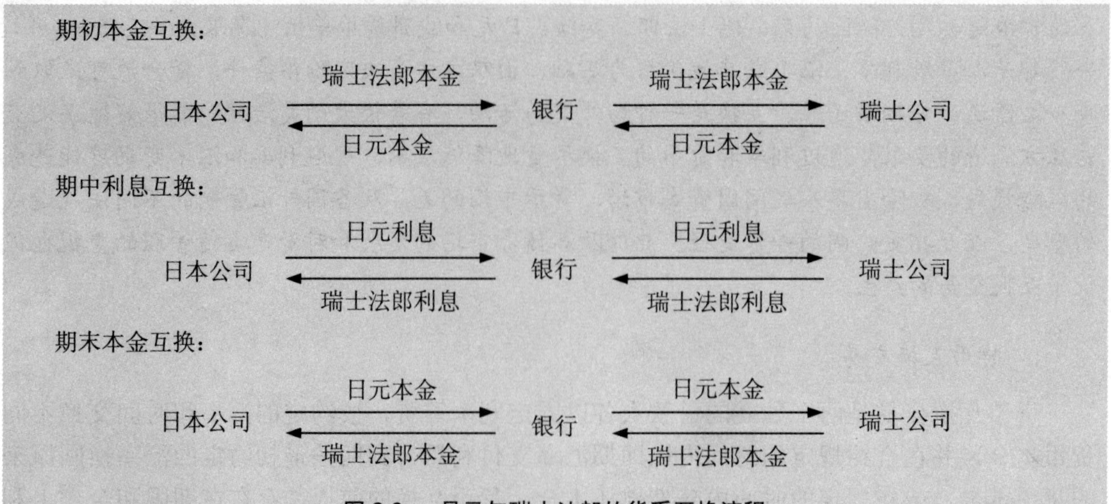

图 2.6　日元与瑞士法郎的货币互换流程

这笔日元与瑞士法郎的互换交易具体程序如下。

① 日本公司按即期汇率以瑞士法郎换取瑞士公司的日元资金，两家公司各自获得本币资金。这样，这两家公司实际上等于各自借了一笔本币债券，不必担心到期时汇率变动而可能遭受损失。

② 货币互换交易期间，日本公司向银行支付固定利率的日元利息，同时从银行收取相应的固定利率的瑞士法郎利息；银行则向瑞士公司支付固定利率的日元利息，同时收取固定利率的瑞士法郎利息。

③ 在到期日，日本公司以日元本金从银行换回瑞士法郎本金还给瑞士法郎债券投资者；瑞士公司则以瑞士法郎本金从银行换回日元本金。

在以上的货币互换交易过程中，交易双方实际上进行了两次本金的交换，一次是即期互换，另一次是远期互换。由于货币互换合约已事先将互换汇率确定下来，因此通过互换避免了汇率风险。

2) 货币互换交易的作用

(1) 降低筹资成本。借款人可以利用某些有利条件，通过举借另一种利率较低的货币，通过货币互换，换取所需要的货币，来降低所需货币的借款成本。

(2) 有利于企业和金融机构避免汇率风险，从而降低筹资成本。

(3) 调整资产和负债的货币结构。借款人可以根据外汇汇率和各种货币的利率变化情况，不断调整资产和负债的货币结构，使其更加合理，避免外汇汇率和利率变化带来的风险。

(4) 借款人可以间接进入某些优惠市场。如果借款人直接进入某优惠市场有困难，或者受到资信等级方面的限制，或者费用太高，借款人可以通过借入某一种货币，取得较有利的利率，然后经过互换，调换成另一种货币。这种方法相当于借款人间接地进入某些优惠市场。有些国家的政府定有规章条令，阻碍进入某种欧洲资本市场，而通过货币互换交易就可绕过这样的障碍，自由地、间接地进入其中。

【例 2-36】　假设 A、B 两家公司分别在不同货币市场借取美元和瑞士法郎的利率见表 2-10。

表 2-10　A、B 公司借取美元和瑞士法郎的利率

利率＼公司	A	B
美元	10%	11.5%
瑞士法郎	6%	7%

假定 1 瑞士法郎兑换 1.2 美元，瑞士的 A 公司借取 1 200 万美元，为防范美元汇率风险，与有互换需求的美国的 B 公司换取 1 000 万瑞士法郎，两家公司按约定好的价格进行货币互换。

解析：可见 A 公司在两种货币市场都有较低的利率水平，说明它的信用优于 B 公司。B 公司在美元市场上比 A 公司多付 1.5%，而在瑞士法郎上比 A 公司只多付 1%。互换潜在的总收益＝美元利差－瑞士法郎利差＝1.5%－1%＝0.5%，我们可以让 A 公司借美元，并以 10.75%的利率转借给 B 公司；B 公司借瑞士法郎，并以 6.5%的利率转借给 A 公司。

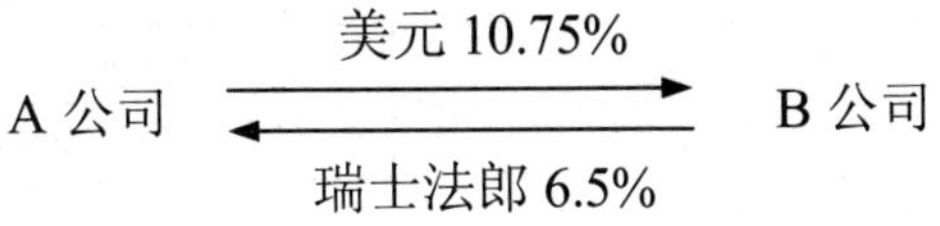

A 公司和 B 公司在互换中实际支付的成本如下。

A 公司：－10%＋10.75%－6.5%＝－5.75%，相比自己借取瑞士法郎节省 0.25%。

B 公司：－7%＋6.5%－10.75%＝－11.25%，相比自己借取美元节省 0.25%。

A、B 两家公司美元与瑞士法郎的货币互换流程如图 2.7 所示。

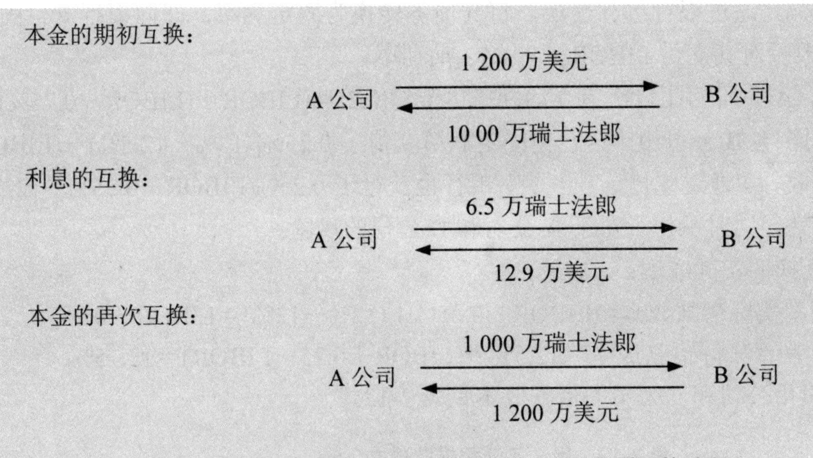

图 2.7　美元与瑞士法郎的货币互换流程

2. 利率互换交易

1) 利率互换交易的概念

利率互换交易是指交易双方在约定的一段时间内根据双方签订的合同，在一笔象征性本金数额的基础上互相交换具有不同性质的利率(如固定利率与浮动利率)款项的支付。

小资料

第一笔固定利率对浮动利率的互换在 1982 年 8 月，德意志银行卢森堡分行首次开创该业

务，作为互换的一方，巴林公司和瑞士第一波士顿分行充当中介。利率互换一般是在同种货币间进行的，并且交易双方始终都不交换本金，而仅仅交换利息支付款项，本金在利率互换中只是象征性地起计息基础作用。利率互换通常的期限是1～15年，最常见的有3年、5年、7年和15年。

在国际金融市场上，信用等级较高与信用等级较低的借款人之间的借款利率差别较大。在国际金融市场上利率风险的大小与资产负债结构关系密切，利率互换根据交易双方的信用等级，筹资成本和负债结构的差异，利用各自筹资的相对优势，在一般不涉及本金转移的情况下，进行债务互换，来防范利率风险，改善资产负债结构，并获得低成本的融资。

【例2-37】 A公司和B公司的借款成本见表2-11。

表2-11 A、B公司借款成本

项目 利率	A公司	B公司	比较利差
固定利率	12%	13%	1%
浮动利率	LIBOR	LIBOR＋0.25%	0.25%

可见A公司资信优于B公司，同时B公司也有借浮动利率借款的相对优势，这样就存在着一个套利的机会。通过利率互换，双方都能够得到好处。在这种情况下，A公司可以在市场上借固定利率为12%的借款，然后通过银行将其债务的固定利率转换为浮动利率，即向银行支付LIBOR－0.25%，银行对其支付12%的固定利率。同时，B公司借浮动利率的借款，利率为LIBOR＋0.25%。通过银行进行交换，将其债务转换为固定利率，即向银行支付固定利率12.5%，同时由银行对其支付LIBOR水平的浮动利率。

解析：通过互换，A公司相比自己借浮动利率可节约0.25%[LIBOR－(LIBOR－0.25%)－(12%－12%)]的成本；同样，B公司相比自己借固定利率获得了0.25%[(13%－12.5%)－(LIBOR＋0.25%－LIBOR)]的收益。通过安排这项互换，银行也获得了0.25%(LIBOR－0.25%＋12.5%－LIBOR－12%)的好处，同时承担了对于A公司和B公司的风险。

A、B公司利率互换的实际成本：

A公司的浮动利率实际借款成本＝LIBOR－0.25%＋(12%－12%)＝LIBOR－0.25%

B公司的固定利率实际借款成本＝12.5%＋(LIBOR＋0.25－LIBOR)＝12.75%

【例2-38】 假设甲公司和乙公司的借款成本见表2-12。

表2-12 甲、乙公司借款成本

项目 利率	甲公司	乙公司	比较利差
固定利率	9%	10.5%	1.5%
浮动利率	LIBOR	LIBOR＋0.5%	0.5%

甲公司相比乙公司在固定利率上借款成本优势大，因此由甲公司借固定利率9%，乙公司借浮动利率LIBOR＋0.5%，两家公司进行利率互换，商定甲公司以9.75%的价格将固定利率换给乙公司，乙公司以LIBOR＋0.25%的价格将浮动利率换给甲公司。在本次互换中，甲、乙两家公司各自节省多少成本？

解析：甲、乙公司互换利率的流程如图 2.8 所示。

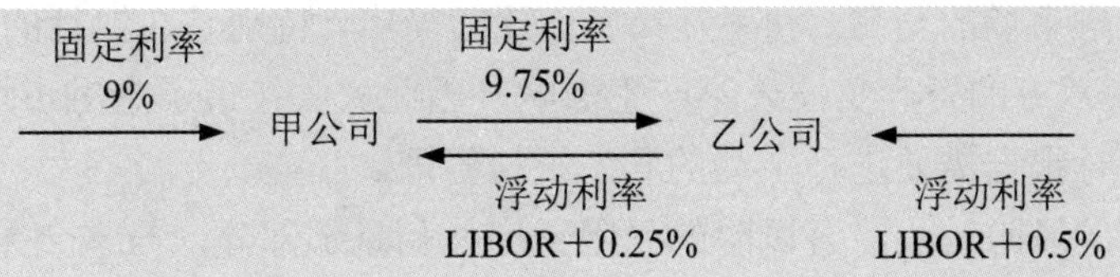

图 2.8　甲、乙公司利率互换流程

甲公司：实际支付成本＝－9%＋9.75%－(LIBOR＋0.25%)＝－(LIBOR－0.5%)，相比自己借浮动利率节省 0.5%。

乙公司：实际支付成本＝－(LIBOR＋0.5%)＋(LIBOR＋0.25%)－9.75%＝－10%，相比自己借固定利率节省 0.5%。

【例 2-39】　假设 A 公司和 B 公司的借款成本见表 2-13。

表 2-13　A、B 公司借款成本

项目 / 利率	A 公司	B 公司	比较利差
固定利率	10%	11.2%	1.2%
浮动利率	LIBOR＋0.3%	LIBOR＋1%	0.7%

期限 1 年，金额 1 000 万，货币为美元。A 公司借 10%固定利率 1 000 万美元，卖给 B 公司 9.95%；B 公司借 LIBOR＋1%浮动利率 1 000 万美元，卖给 A 公司 LIBOR。

A 公司相比 B 公司在固定利率上借款成本优势大，因此由 A 公司借固定利率 10%，B 公司借浮动利率 LIBOR＋1%，两家公司进行利率互换，商定 A 公司以 9.95%的价格将固定利率换给 B 公司，B 公司以 LIBOR 的价格将浮动利率换给 A 公司。在本次互换中，A、B 两家公司各自节省多少成本？

解析：A、B 公司利率互换的流程如图 2.9 所示。

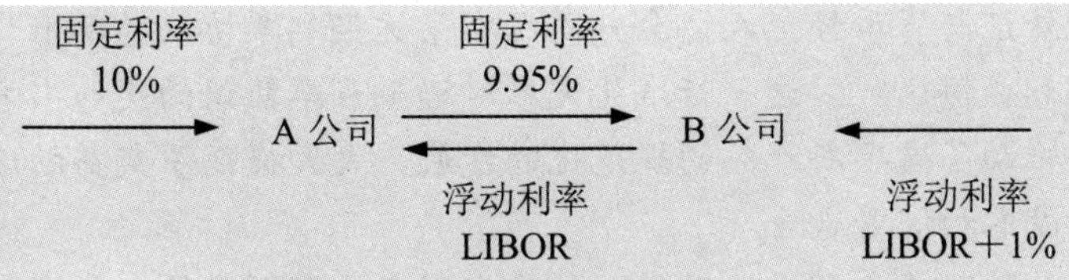

图 2.9　A、B 公司利率互换流程

A 公司：实际支付成本＝－10%＋9.95%－LIBOR＝－(LIBOR＋0.05%)，相比自己借浮动利率节省 0.25%。

B 公司：实际支付成本＝－(LIBOR＋1%)＋LIBOR－9.95%＝－10.95%，相比自己借固定利率节省 0.25%。

知识拓展

LIBOR 是由伦敦几家指定的参考银行在规定的时间(一般是伦敦时间上午 11 时)报价的平均利率，是指在伦敦的第一流银行借款给伦敦的另一家第一流银行资金的利率。

2) 利率互换交易的作用

(1) 拓展了金融市场的交易。利率互换操作比较简单，特别是在银行的参与下，变得更易于成交，且对交换双方的资产负债表不产生影响，因此大大拓展了金融市场的交易量。

(2) 有利于银行根据需要进行主动的利率缺口管理。

(3) 交易双方的风险较小，有风险的只限于应付利息那部分，与本金无关。

(4) 可以使企业不规则的现金流转变为均匀的现金流。

通过利率互换，客户能够获得低于市场上得到的固定利率贷款或浮动利率贷款，降低筹资成本，或者可以重新改善和组合债务结构，使债务结构具有灵活性，以利于对债务的管理。从浮动利率互换为固定利率，负担固定利率费用，还可以排除利率变化风险，在利率趋势看涨时更为有利。

互换交易便利了筹资和投资，因此它是一种使借款者和投资者进入金融市场的灵活的金融工具。在利率互换和货币互换的基础上，近年来又出现了一些其他类型的互换，主要有具有复杂结构证券的互换等。互换交易作为资本与信贷市场的纽带，支持着日益增长的金融市场一体化。

2.5.2 远期利率协议

1. 远期利率协议的概念

远期利率协议(forward rate agreement，FRA)是一种远期合约，买卖双方商定将来一定时间的协议利率并规定以何种利率为参照利率，在将来清算日，按规定的期限和本金额，由一方或另一方支付协议利率和参照利率利息差额的贴现金额。

知识拓展

远期利率协议的交易最初于1983年出现在瑞士的金融市场上，并且发展很快，到1984年年底，伦敦金融中心已经形成了远期利率协议的银行间交易市场。不久，这一金融工具就被欧洲和美国的市场参与者广泛接受，交易量不断增加。为了规范这一产品的交易行为，1985年英国银行家协会和外汇与货币经纪人协会一同颁布了远期利率协议的标准化文本，称为《英国银行家协会远期利率协议》。这一标准化文本对远期利率协议的交易内容和规则进行了详细的说明和解释，推动了这项新产品的规范化的发展，大大提高了交易的速度和质量，并且有效地降低了交易成本和信用风险。

远期利率协议是防范将来利率波动的一种预先固定远期利率的金融工具，远期利率协议中有买方和卖方，远期利率协议的买方是为了防止利率上升的风险，希望在现在就确定将来的利率；相反，远期利率协议的卖方是为了防止利率下跌的风险，希望资产不要因为利率下跌而遭受收益损失。因此，远期利率协议的买方是防止利率上升的一方，远期利率协议的卖方是防止利率下跌的一方。远期利率协议是一种通过场外交易市场完成的交易，没有固定的份额标准，可以适用于一切可兑换货币，交易金额和交割日期都不受限制，也不需要保证金。但不足的是，远期利率协议买入后不能出售，只能与另一笔远期利率协议对冲。

2. 报价与结算金额

远期利率协议报价与货币市场同业拆借交易利率报价方式类似，也采用双边报价方式。

但远期利率协议增加了合约指定的远期期限。例如，“FRA3×6 的报价为 6，6.05”，表示 3 个月后起息的、期限为 3 个月的协议利率分别为 6%和 6.05%。左边表示报价方买入 FRA 的价格，右边表示愿意卖出的价格。对询价方而言，其交易方向正好与报价方相反。FRA 的交割是在交割日进行的。交割的内容并不是协议的本金额，而是协定利率与参考利率之差、本金额和协定期限共同决定的利息差额，然后按参照利率进行贴现，得出的金额就是结算金额。结算金额用下面的公式表示：

结算金额＝本金×利差×实际期限/360÷(1＋市场利率×实际期限/360)

特别提示

当伦敦银行同业拆放利率高于协议利率，则结算金额为正数，卖方将支付伦敦银行同业拆放利率与协议利率的利息差数给买方。当伦敦银行同业拆放利率低于协议利率，则结算金额为负数，买方将支付协议利率与伦敦银行同业拆放利率的利息差数给卖方。

【例 2-40】 假定甲公司在 3 个月后需筹集一笔金额为 1 000 万美元的 3 个月短期资金；甲公司预期市场利率将会上升，为避免筹资成本增加而买进了一个 3 个月对 6 个月的远期协议，参照利率为 3 个月伦敦银行同业拆放利率，协议利率为 8%。到交付日那天，市场利率果真上升，3 个月伦敦银行同业拆放利率为 9.5%。

解析：由于交付日那天市场利率果真上升，远期利率协议的协议利率与 3 个月伦敦银行同业拆放利率之间的利差，将由卖方支付给甲公司(买方)。支付的金额代入公式求得

1 000 万×(9.5%－8%)×90/360÷(1＋9.5%×90/360)＝3.663 万(美元)

甲公司实际筹资金额为

1 000 万－3.663 万＝996.337 万(美元)

甲公司 3 个月到期支付利息为

996.337 万×9.5%×90/360＝23.663 万(美元)

则甲公司支付的本息和为

996.337 万＋23.663 万＝1 020 万(美元)

甲公司实际承担的利率仍然为

20/1 000×360/90×100%＝8%

如果到交付日，3 个月伦敦银行同业拆放利率为 6%，与原来的预测不一样，市场利率下降了，这时远期利率协议利率与 3 个月伦敦银行同业拆放利率之间的利差，将由甲公司(买方)支付给卖方，利用公式所计算出来的结算金额为

1 000 万×(8%－6%)×90/360÷(1＋6%×90/360)＝4.926 万(美元)

这样，甲公司实际筹资额为

1 000 万＋4.926 万＝1 004.926 万(美元)

甲公司 3 个月到期支付利息为

1 004.926 万×6%×90/360＝15.074 万(美元)

则甲公司支付的本息和为

1 004.926 万＋15.074 万＝1 020 万(美元)

甲公司实际承担的利率仍然为

20/1 000×360/90×100%＝8%

从上述两种情况可以看到，甲公司购买了远期利率协议以后，无论利率怎样变化，都可以达到固定利率成本的目的。当然将来市场利率变动的大小对于远期利率协议的保持程度是有影响的。

2.6 我国的外汇宝业务

外汇市场发达的国家或地区的居民对于传统的外汇交易品种早已司空见惯，进行外汇买卖是他们投资理财主要方式之一。但在我国，由于种种原因，居民的外汇买卖业务仍处于起步阶段，“炒汇”远不如“炒股”那样人人皆知，家喻户晓。个人外汇买卖业务的主要品种基本上仅限于“外汇宝”。

1. 外汇宝的含义

外汇宝又称个人实般外汇买卖，是指个人客户在银行通过柜面服务人员或其他电子金融服务方式进行的不可透支的可自由兑换外汇(或外币)间的交易。个人外汇买卖一般有实盘和虚盘之分。目前按国家有关政策规定，只能进行实盘外汇买卖，还不能进行虚盘外汇买卖。个人虚盘外汇买卖是指个人在银行缴纳一定的保证金后进行的交易金额可放大若干倍的外汇(或外币)间的交易。因为人民币目前尚不能自由兑换，所以客户不能用人民币来做交易。凡持有有效身份证件、拥有完全民事行为能力的境内居民个人，具有一定金融外汇(或外币)均可进行个人实盘外汇交易。

个人实盘外汇买卖是一种买卖性业务，以赚取汇率差额为主要目的，同时客户还可以通过该业务把自己持有的外币转为更有升值潜力或利息较高的外币，以赚取汇率波动的差价或更高的利息收入。

2. 外汇宝的交易货币

客户可以通过个人实盘外汇买卖进行以下两类交易：一是美元兑欧元、美元兑日元、英镑兑美元、美元兑瑞士法郎、美元兑港币、澳大利亚元兑美元(有的分行还可以进行美元兑加拿大元、美元兑荷兰盾、美元兑法国法郎、美元兑德国马克、美元兑比利时法郎、美元兑新加坡元业务)；二是以上非美元货币之间的交易，如英镑兑日元、澳大利亚元兑日元等，在国际市场上，此类交易被称为交叉盘交易。

目前，中国银行已开办个人实盘外汇买卖的各分支行可交易的外汇(或外币)的种类略有不同，但基本上包括美元、欧元、日元、英镑、瑞士法郎、港币、澳大利亚元等主要货币，部分分行还包括加拿大元、荷兰盾、法国法郎、德国马克、比利时法郎、新加坡元等货币。

3. 外汇宝的交易方式

目前，国内外汇宝交易基本上都是实盘交易，即买卖外汇必须支付足额资金。就交易方式而论，目前主要有以下几种交易方式。

1) 手工柜面交易

所谓手工柜面交易，就是指投资者直接通过银行营业网点的柜面，对银行报价予以确认，从而完成买卖的外汇宝交易。这种交易方式的特点是银行为价格的制定者，而投资者只能是价格的接受者，交易都是即时成交、即时清算的。近两年，随着计算机和通信技术的突飞猛进，各外汇宝开办银行普遍加快外汇买卖牌价更新速度，缩小与国际汇市行情的差距，推出并不断更新汇价走势大屏幕设备，在多种新闻媒体公开外汇宝行情，加大信息公布量，开展柜面投资咨询，增设外汇宝交易的营业网点等，现在的柜面交易已经较以往有了许多便利之处。

2) 电话委托交易

电话委托交易是指投资者在银行规定的交易时间内，通过银行的个人外汇买卖电话交易系统，进行不同币种之间的外币兑换。电话委托交易又包括两种具体的交易方式：外汇买卖即时交易和外汇买卖挂盘交易。外汇买卖即时交易又称市价交易或时价交易，是指投资者按银行电话交易系统的报价当即完成买卖的交易方式。其实，这种交易方式就是传统的手工柜面交易方式在新技术支持下的延伸，除了在咨询价格、接受银行报价、资金清算方面直接由电话交易系统代替手工之外，交易基本流程与传统的手工柜面交易方式没有区别。

3) 外汇买卖挂盘交易

外汇买卖挂盘交易又称“挂篮子”或委托交易，是对外汇买卖即时交易方式的进一步提高，即允许投资者根据自身判断决定合理的买卖成交价格，也就是说投资者把买卖币种、交易金额及期望成交价格，通过电话交易系统输入给银行，银行视市场情况及按时间优先原则决定是否受理投资者的指令，一旦受理投资者的指令即按达到或优于投资者指定价格执行投资者指令(即“篮子”挂到)时，计算机执行自动成交操作，实际成交价格就成为银行当时的牌价。外汇买卖挂盘交易的引入，使个人外汇买卖交易更便利。

4) 多媒体自助交易

多媒体自助交易是指投资者通过银行开发的多媒体自助交易系统，直接在计算机上完成外汇买卖的外汇宝交易方式。例如，交通银行上海分行于1998年9月推出多媒体自助交易。多媒体自助交易仅有外汇买卖即时交易一种方式。该交易系统目前仅安装在营业网点，投资者必须亲自到营业网点大厅去才能使用。需要特别指出的是，在上述外汇宝交易的方式中，现汇和现钞都可以用于买卖。这两种外汇进行交易的区别不在于交易方式，外币现钞可以按外币现汇的方式进行交易，而且还可以按一定比率一次性折成“假现汇”或称“交易现汇”(即仅在交易时按现汇处理，但实际上交易的不是真现汇，在提现时还需要折回现钞)，区别主要在于价格，即外币现钞交易的买卖差价一般总要大于外币现汇的买卖差价，这是由银行保存和运输现钞要付出相对较高的成本而定的。不过随着银行间竞争加剧，外汇宝的现钞买卖差价与现汇买卖差价已出现接近甚至相等的现象。

5) 外汇保本投资存款

相比于外汇存款和个人外汇实盘买卖，外汇保本投资存款是在汲取前两者优点的基础上的个人外汇买卖方式的创新，具有本金无风险、获取收益比利息高得多的机会比较大的特点。这种交易方式的风险主要是期权投资失败，但损失不过是部分的存款利息，而且，由银行专业人员代个人进行投资，免去了个人投资的车马之劳。这种交易方式比较适合那些愿意承担一定利息损失、对外汇市场缺乏了解、没有太多时间兼顾外汇投资，又希望外汇存款能有机会获得保值增值的普通投资者。

6) 互联网个人外汇交易业务

利用互联网从事交易业务，客户在家就可进行个人外汇买卖，还可随时查询自己的外币存款余额、交易明细，获取银行外汇买卖业务的其他信息。与以往各种交易方式相比，网上个人外汇交易最大的特点是更加直观，并不受地域、时间限制，更为简便快捷。

网上交易系统采用先进的安全认证技术和防火墙技术，可确保客户交易安全。例如，2000年

3 月，交通银行上海分行在全国推出了互联网个人外汇交易业务。客户凭本人身份证和交通银行上海分行外币定期存折，即可到该行网络银行认证中心办理交通银行“外汇宝”网上交易业务申请手续。客户通过网络进入交通银行上海分行网上银行，凭该行发给的授权号密码，即可从该网址下载证书文件，完成身份认证，进行外汇交易。

4. 我国个人外汇买卖业务的特点

我国外汇市场个人外汇买卖业务特点有两方面：①单一交易形式——即时交易；②单一交易条件——实盘交易。目前我国个人外汇买卖只是围绕以上两个特点进行。

1) 即时交易

目前国内个人外汇买卖无论是在柜台还是通过电话委托，只有一种即时交易形式。即时交易和即时汇率是个人外汇买卖业务交易中最常见的形式。即时交易又称市价交易和时价交易，是指买卖成交后第二个工作日交割的交易，即所谓有标准交割期的交易。这里所说的工作日不包括节假日。如遇节假日，按国际惯例自然顺延。

2) 实盘交易

实盘交易是个人外汇买卖业务在国内外汇市场上的交易条件，交易者必须持有足额需要卖出的货币。银行接受客户的委托，按照银行个人外汇买卖的报价，为客户把其持有的一种外币买卖成另一种外币的业务。个人外汇买卖不得进行空头多头交易。由于人民币目前属于不自由兑换货币，因此，人民币不能用来进行交易。

5. 使用外汇宝业务的注意事项

银行根据国际外汇市场行情，按照国际惯例进行报价。个人外汇买卖的价格由基准价格和买卖价差两部分构成。买价为基准价格减买卖差价，卖价为基准价格加买卖价差。受国际上各种政治、经济因素，以及各种突发事件的影响，汇价经常处于剧烈的波动之中，因此客户在进行个人实盘外汇买卖时，应充分认识到风险与机遇并存。

(1) 由于外汇汇率变幻莫测，客户有可能获得利润，也有可能遭受损失，这取决于客户对市场行情的判断是否准确，因此外汇买卖由客户自行决策，自担风险。

(2) 由于汇率随时变动，当银行经办人员为客户办理买卖成交手续时，会出现银行报价与客户申请书所填写的汇率不一致的现象，若客户接受新的价格并要求交易，应重新填写申请书，以新的汇率进行交易。

(3) 外汇汇率一经成交，客户不得要求撤销。交易成交的认定以银行经办人员按客户申请书内容输入计算机，并打印出个人外汇买卖证实书为准。

(4) 客户有义务在接到外汇买卖证实书时，核对交易内容是否与个人申请内容一致，以便发现问题当场解决。

(5) 银行经办人员在办理买卖交易手续所需的必要工作时间之内，因市场发生突变，或出现其他无法防范的因素而导致交易中断，造成客户未能完成交易，银行不予负责。

本 章 小 结

外汇市场是国际金融市场的重要组成部分，包括有形的和无形的市场。外汇市场由外汇银行、外汇经纪人、中央银行和一般客户构成。在当今的外汇市场上，外汇交易的种类多种多样，既有传统的外汇交易类型，又有新兴的外汇交易内容，主要有即期外汇交易、远期外汇交易、掉期外汇交易、套汇和套利交易、外汇期货交易、外汇期权交易、互换及远期利率协议等。

即期外汇交易是外汇交易中最基本的交易，占整个外汇市场的 60%～70%；远期外汇交易是预先签订合约，约定在未来某一日期按照合约的规定进行交割的外汇交易；掉期交易改变的不是交易者手中持有的外汇数额，而是交易者所持货币的期限；套汇交易是利用不同的外汇市场汇率上的差异而进行的外汇交易；套利交易是指投资者利用不同国家或地区短期利率出现的差异进行的交易；外汇期货交易起源于商品期货交易，交易的对象是标准化的外汇期货合约，交割月份均为每年的 3 月、6 月、9 月和 12 月；外汇期权交易的对象也是标准化的外汇期权合约。外汇期权、期货和远期外汇交易都是买卖双方事先签订合约而不进行即期交割的外汇交易，交易的对象是合约而不是实物，但是它们之间也有很多不同之处。

互换交易是一种场外交易活动，包括货币互换交易和利率互换交易。远期利率协议是一种远期合约，协议的买方是防止利率上升的一方，远期利率协议的卖方是防止利率下跌的一方。

职业能力训练

一、填空题

1．外汇市场是由(　　　　)、(　　　　)、(　　　　)和(　　　　)组成的。

2．即期外汇交易的交割日有(　　　　)、(　　　　)和(　　　　) 3 种。

3．一般情况下，远期汇率升水、贴水主要取决于两种货币的(　　　　)。

4．远期外汇交易投机包括(　　　　)和(　　　　)两种情况。

5．掉期交易按交割期限的不同，分为(　　　　)、(　　　　)和(　　　　)交易 3 种类型。

6．抛补套利与不抛补套利区别在于(　　　　)。

7．互换交易包括(　　　　)和(　　　　)。

二、不定项选择题

1．报价银行报出的外汇价格一般为(　　)位有效数字。

A．2　　B．3　　C．4　　D．5

2．一般情况下，短期利率较低的货币远期汇率有(　　)。

A．升水　　B．平水

C．贴水　　D．可能升水，也可能贴水

3．如果两个外汇市场存在明显的汇率差异，人们会做(　　)交易。

A．直接套汇　　B．地点套汇

C．间接套汇　　D．时间套汇

4．在掉期交易的买卖交易中，相同的是(　　)。

A．买卖的时间　　B．买卖货币的币种

C．买卖货币的数量　　D．买卖货币的交割日

5．利用 3 个不同地点的外汇市场上的汇率差异，同时在 3 个外汇市场上买卖外汇的行为是(　　)。

A．三角套汇　　B．两角套汇
C．间接套汇　　D．直接套汇

6．套利交易分为(　　)。
A．时间套利　　B．抛补套利
C．地点套利　　D．不抛补套利

7．按外汇期权行使期权的时限可分为(　　)。
A．看跌期权　　B．看涨期权
C．欧式期权　　D．美式期权

8．期权交易与期货交易的相同之处表现在(　　)。
A．标准化的合约　　B．交割日
C．保证金　　D．交割月份

三、判断题

1．在远期外汇合同到期前的任何一天，客户可以选择进行交割，也可以选择放弃交割合同的择期外汇交易。(　　)

2．在外汇市场上，如果投机者预测日元将会贬值，美元将会升值，便会进行卖出美元买进日元的即期外汇交易。(　　)

3．远期汇率的报价方法通常有两种，一是直接报价法，二是点数报价法。(　　)

4．外汇经纪人可以与私人进行交易，可以自己的名义买卖外汇，从中谋取价差。(　　)

5．当投机者预期某种货币汇率上浮，则买进期汇，到期若该汇率上升，就可以按上升后的汇率卖出现汇，用以交割期汇，投机者赚取投机利润。(　　)

6．在两个不同的外汇市场上，可以随时找到套汇的机会。(　　)

7．远期利率协议的买方是防止利率上升的一方，远期利率协议的卖方是防止利率下跌的一方。(　　)

四、简答题

1．进行外汇交易时，要遵循怎样的规则与程序？

2．远期汇率的主要决定因素有哪些？

3．在3个不同的外汇市场中，怎样判断并进行套汇？

4．远期外汇交易与外汇期权交易、外汇期货交易的联系是什么？

五、计算题

1．某加拿大进口商从日本进口一批汽车，日本厂商要求加方在3个月内支付100亿日元货款。签约时即期汇率为CAD1＝JPY82.609/82.685，3个月远期差价为200/180。该加商应如何利用远期外汇交易套期保值？

2．已知某日外汇市场美元对日元的即期汇率为USD1＝JPY87.90/88.00，6个月的远期汇率为USD1＝JPY87.30/50。美元年利率为7.2%，日元年利率为4%。如果某套利者以1 500万日元做抛补套利交易，能净获利多少？

3．假设目前市场上欧元兑日元汇率为EUR1＝JPY117.50，欧洲市场利率为10%，日本市场利率为7%，则3个月远期欧元对日元汇率应是多少？

4．某银行当日进行了若干笔日元兑美元的即期外汇交易，最终日元多头寸117.35万日元，缺头寸 1.003 5 万美元，若当日市场收盘价为 USD1＝JPY87.15，则该银行以美元计算的最终盈亏是多少？

5．某日加拿大和巴黎市场的汇率如下：CAD1＝HKD7.581 0/40，CAD1＝HKD7.585 0/80。两地是否存在套汇条件？若有 100 万加元，如何套汇能获利？获利多少？

6．在苏黎世外汇市场上，瑞士法郎 3 个月定期存款利率为 2%，在纽约市场上美元 3 个月定期存款利率为 3.5%，苏黎世外汇市场即期利率为 USD1＝CHF1.004 5/65，3 个月远期汇水为 67/50。若客户有 100 万瑞士法郎，如何套利获利最大？

7．某外汇市场上 1 个月远期汇率为 USD/AUD＝1.065 5/65，假设此时与该远期交割时间同时到期的澳大利亚元期货价格为 0.890 0 美元，则套利者此时应如何操作使交割时可获得利润？交割时每 1 澳大利亚元净盈利为多少？假设澳大利亚元期货价格维持 0.890 0 美元不变，而外汇市场上 USD/AUD 1 个月期远期价格为 1.180 5/15，则又应如何操作？

8．美国一家公司购买了 2 份卖出期权合同，每份合同为 125 000 瑞士法郎，期权费为每瑞士法郎 0.05 美元。若约定价格为每瑞士法郎 0.993 0 美元，到期日即期汇率为 CHF/USD＝0.995 5。该公司是否应该执行期权？

9．英国某银行在 6 个月后应向外支付 500 万美元，同时在 1 年后又将收到另一笔 500 万美元的收益。当时即期汇率为 GBP/USD＝1.557 0/80，6 个月远期汇水为 40/30，12 个月远期汇水为 30/20，该银行应如何利用掉期交易避险？

10．某日纽约、伦敦、东京外汇市场的汇率分别为 GBP/USD＝1.563 0/40，GBP/JPY＝130.27/58，USD/JPY＝87.50/88.10。3 个外汇市场是否有套汇可能？如可能，投资 200 万英镑和 500 万日元的收益分别是多少？

11．1 月 9 日，某进出口公司预计 2 个月后将收到货款 100 万瑞士法郎，已知现货市场即期汇率为 USD/CHF＝1.007 8/88，期货市场汇率为 CHF1=USD0.995 0；3 月 9 日，现货市场即期汇率为 USD/CHF＝1.015 0/60，期货市场汇率为 CHF1＝USD0.981 0。该公司应如何利用期货交易避险？

12．美国某进口商需在 6 个月后支付 50 万欧元货款，为防止欧元升值，购买了欧元看涨期权，期权费为每欧元 0.05 美元，合约执行价格为 EUR1＝USD1.290 0，当到期日市场汇率分别为 EUR1＝USD1.4 和 EUR1＝USD1.2 时，该进口商应怎样操作？

13．甲乙两公司都要筹措一笔资金，其中甲需要一笔浮动利率贷款，而乙需要一笔固定利率资金。两家公司因信用等级不同，筹资成本也不同，见表 2-14。

表 2-14　甲、乙公司所需贷款利率

公司 / 利率	甲公司	乙公司
美元固定贷款利率	5.9%	7%
美元浮动贷款利率	LIBOR＋0.25%	LIBOR＋0.75%

是否存在互换可能？总成本节约是多少？若由丙银行安排互换，让总成本在 3 家之间平均分配，请画出流程图。

六、案例分析题

亚洲外汇市场交易量飙升

据《华尔街日报》报道，国际清算银行的调查显示，从 2010 年的外汇市场交易量看，日本和新加坡分别位列第三和第四，这与发达国家的投资者试图寻求在本土市场之外的多样化投资有很大关系。调查显示，英国和美国的外汇市场交易量仍分别排名第一和第二。

东京一直以来都是重要的外汇交易市场，这与日元的重要性有一定关系。新加坡华侨银行财政研究和战略部主管认为，新加坡的崛起反映了新加坡作为一个地区性金融中心的重要性不断增强，亚洲在全球外汇交易中所占份额将会因重要性和交易的平衡转换而继续增长。

该调查显示，全球外汇日均交易量 2010 年 9 月已达 4 万亿美元，与 2007 年最后一次全球外汇市场调查的 3.3 万亿美元相比增长了 20%。调查表明了外汇交易的持续增长，但也反映了外汇市场的增幅有所放缓，2007 年日均交易量较 2004 年的 1.9 万亿美元上涨了 69%。

国际清算银行的此项调查于 4 月开展，每 3 年一次。此次调查展示了欧洲债务危机达到顶点及快速的电子交易推动交易量增长之际外汇市场的现状。当美国、欧洲和日本等发达经济体陷入挣扎时，投资者将目光转向其他市场以获得回报，产生更多外汇交易量。

根据调查数据，4 月东京外汇市场的日均交易量为 3 123 亿美元，比 3 年前增加了 25%，新加坡外汇市场的日均交易量增长了 10%，达 2 660 亿美元。这就使得这一亚洲最大交易中心仅仅排在全球的金融巨头伦敦外汇市场和纽约外汇市场之后。

外汇市场是目前世界上最大的金融市场。证券工业金融市场协会数据显示，外汇市场规模超过美国股市，后者 2010 年 4 月日均成交量约 1 340 亿美元，少于 2007 年 1 480 亿美元的日均成交量。甚至作为世界最大交易市场之一的美国国债交易，2010 年 4 月日均交易量也不过 4 560 亿美元，低于 2007 年全年日均 5 700 亿美元的交易量。

【案例思考】世界上主要的外汇市场有哪些？外汇市场的构成是怎样的？

第3章 外汇风险及其管理

知识目标

- 认知外汇风险的基本概念，理解并掌握不同经济主体所具有的外汇风险类型；掌握外汇风险内外部管理措施。

能力目标

- 能够根据案例判断外汇风险的类型，并分析外汇风险的成因，结合实际运用外汇风险的内外部管理措施对外汇风险进行风险管理。

引例

浮动扩大有助人民币国际化 部分企业面临汇率风险

中国人民银行宣布，自2012年4月16日起，银行间即期外汇市场人民币兑美元交易价浮动幅度由5‰扩大至1%。

“当前扩大人民币汇率波幅的时机相对成熟。”交通银行首席经济学家连平指出。自2005年人民币汇率制度改革以来，我国资本流入量较大，人民币一直面临单边升值压力。然而自从2011年四季度以来，我国出现经常项目顺差，资本流入放缓，资本流出加剧，国际收支逐步接近均衡状态。在此背景下，外汇占款大幅减少，人民币持续升值预期减弱，升值压力下降，人民币对美元汇率出现双向波动，此时扩大人民币汇率波动幅度不会给市场带来过大的冲击。“相对于欧元、日元来说，人民币对美元的浮动幅度还是比较小的。此次浮动幅度的扩大也是人民币汇率更趋市场化的表现，同时有助于推动人民币的国际化进程。”连平说。

中国银行国际金融研究所分析师李建军指出，2012年以来，人民币兑美元汇率的双向波动趋势更加明显，不仅出现过突破6.30的历史最新高点，也出现过单周贬值5%以上的情况。2012年一季度以来，人民币兑美元汇率2012年已累计下跌0.21%。人民币兑美元持续升值的态势已经转变，人民币汇率正逐步接近均衡水平。

“扩大汇率波动幅度，反过来有助于汇率稳定，能进一步完善人民币汇率形成机制。因为在一个相对较宽的波动区间中，市场交易主体能进行完全交易性操作，通过市场操作发现真实价格水平，促进汇率趋向合理均衡水平，避免未来人民币汇率大幅波动。”连平说。央行公告中称，当前我国外汇市场发育趋于成熟，交易主体自主定价和风险管理能力日渐增强。扩大人民币兑美元汇率浮动幅度，是顺应市场发展的要求，将促进人民币汇率的价格发现，增强人民币汇率双向浮动弹性，完善以市场供求为基础、参考一篮子货币进行调节、有管理的浮动汇率制度建设。

近期将会带来什么影响？连平指出，从短期看，银行、一些外向型企业可能会面临一些汇率风险，对此，银行和相关企业应当做好应对，银行需要加强对外汇资产的风险管理能力，企业可以通过购买一些金融衍生产品进行套期保值，锁定远期汇率，避免汇率波动风险。

兴业银行首席经济学家鲁政委表示，中国的外汇市场整体上交易量还不够大，企业避险的积极性不高，这样的波动幅度还显得太小，不足以刺激企业有更大的动力来进行避险。所以还需要进一步增大汇率的波动幅度来刺激企业避险的需求，从而刺激避险企业的发展。增强企业避险的动力最大的好处就是，如果企业做了避险安排，签订合同后，能赚多少钱立即就能清楚地算出来，而且最终不会发生什么变化。但是如果企业对汇率不做避险安排，签订合同时是赚钱的，但合同终止时的盈利情况难以预料，因为那时的汇率和现在相比已经差得非常多了。

(资料来源：http://finance.people.com.cn/GB/17656862.html.)

【思考】人民币汇率浮动幅度翻倍，银行、一些外向型企业可能会面临一些汇率风险，那么经济主体可以选择哪些措施来防范汇率变动的风险呢？

20世纪70年代布雷顿森林体系崩溃后，各国普遍放松外汇管制，加之金融衍生工具不断创新，互联网的广泛使用使各国外汇市场和资本市场的联系更加紧密。80年代以来国际游资即期投机活动加剧了汇率的波动。90年代后随着经济全球化和金融自由化进程的加快，国际资本的流动规模和速度空前，这更为汇率波动起到了推动作用，东南亚和拉美金融危机的爆发、加深和蔓延又使人们对外汇风险的严重性有了更加深刻的认识。进入21世纪，随着经济全球化的进程的不断推进，汇率波动的影响因素更多、更复杂，国际政治经济形势、国际收支状况、通货膨胀情况、利率水平、经济政策、人们的心理预期等因素都会引起汇率的变化，众多因素对汇率此消彼长的影响使汇率的走势和波幅经常变幻莫测，给国际贸易和国际投资带来了很多不确定性，因而外汇风险管理尤为重要。

3.1 外汇风险概述

在国际经济活动中，外汇风险涉及交易双方的经济利益，既可能为外汇债权债务人带来收益，也可能带来损失。各国涉外企业、银行都将外汇风险的防范和管理作为其经营活动的重要方面，外汇风险管理问题已成为国际金融领域中非常重要的问题。

小资料

在市场经济日趋发达的今天，国际经济交往十分密切。许多公司、企业、政府机构或个人从事对外贸易、投资、借贷及金融等国际经济活动，不可避免地会在国际范围内收付大量外国货币，或者持有外汇资产，或者负有外汇债务。而各国货币间的汇率处在不断变化之中，汇率的变动就会使一定数量的某种外汇兑换成本国货币的数量发生变化，可能增加也可能减少，这必然影响到这些经济主体未来的资产或所应偿付债务的数额，即给其利益带来不确定性，这种不确定性就是外汇风险。

我国在1994年1月1日进行汇制改革，实行以市场供求为基础、单一的、有管理的浮动汇率制度。2005年7月21日我国中央银行——中国人民银行公告：我国开始实行以市场供求为基础、参考一篮子货币进行调节、有管理的浮动汇率制度。在进出口贸易业务方面，计价货币为非美元的交易增加，因此，我国外汇风险因管理问题变得更为复杂。

3.1.1 外汇风险的概念

外汇风险是指经济主体因其在国际经济、贸易、金融等活动中，以外币计价的资产与负债，因外汇汇率的变动而引起本币价值损失或收益的可能性。对外币资产或负债所有者来说，外汇风险可能产生两种不确定性的结果：一是遭受损失；二是获得收益。

外汇风险产生的前提
- 外币计价(以外币进行交易，以本币核算效益)
- 外汇汇率同时发生波动(时间)

构成的要素包括外币、本币和时间。

外汇风险产生的结果
- 获得利益(gain)
- 遭受损失(loss)

知识拓展

自从20世纪70年代初西方国家实行浮动汇率制度以来，各主要货币的汇率大幅度波动，使对外经济活动中的外汇风险问题更为突出。从事涉外贸易、投资、借贷等活动的主体，不可避免地会在国际范围内收付大量外汇，或拥有以外币表示的债权或债务。当汇率发生变化时，一定数额某种外汇兑换或折算成本币或另一种币别的外汇的数额较以前为少或为多，这就可能给外汇持有者或运用者带来不确定性。当然汇率的变化也有可能使外汇持有者或运用者获利。但是，经营稳健的经济主体一般不愿意让经营成果蒙受这种自身无法预料和控制的汇率变化的影响。

3.1.2 外汇风险的类型

外汇风险按形成的原因，一般可分为汇率风险、政策风险、利率风险、信用风险和道德风险。不同的经济主体其外汇风险的表现形式也不尽相同，如经营外汇业务的银行主要面临的是外汇的买卖风险、信用风险、借贷风险、国家风险和会计风险等；对从事国际贸易的企业来说，面临的是交易风险、会计风险和经济风险等。

1. 银行外汇风险

与一般工商企业相比，银行进行外汇交易的目的、方式和地位不同，其承担的汇率风险也不同。银行是外汇市场的主体，在其参与外汇交易的过程中承担着巨大的汇率风险。事实上也确有一些银行和其他金融机构因汇率的不利变动蒙受巨大损失，甚至破产清盘，这足以说明汇率风险的严重程度。银行经营外汇业务的风险主要有外汇买卖风险、外汇信用风险、外汇借贷风险、国家风险及人为风险等类型。

1) 外汇买卖风险

外汇买卖风险是由于汇率的变动，银行在买入或卖出外汇后而遭受损失的可能性，是外汇风险中最普遍的表现形式，也是与一般工商企业共有的风险。银行外汇买卖风险的大小取决于银行的外汇头寸。

知识拓展

银行从事外汇交易有自营买卖和代客买卖两种。前者是银行交易人员在自己的权限内基于对汇率走势的判断买卖外汇，并在汇率对自己有利时平仓，以赚取汇率差价的行为。自营买卖是一种投机行为，即人为地制造外汇多头或空头并试图高价出售或低价补回，其成败取决于交易员对汇率走势的判断，一旦出现判断错误，便会造成损失。代客买卖是指银行接到客户询价后，根据国际外汇市场行情报出买入与卖出价，待与客户成交后及时在外汇市场上补回，其经营目的不是投机利润，而是赚取买卖之间的价差。以此为目的进行外汇交易时，理论上由于银行没有空头或多头存在，故不承担汇率风险。然而，实际上由于成交与补回不可能在同一时间完成，瞬间的汇率变动同样可能使银行受损，故仍有一定程度的汇率风险。

在外汇买卖中，从签约日到交割日，汇率会发生变动，将要履约的远期合同的一方，在合同到期后可能需要用更多或较少货币去换取另一种货币，从而带来外汇风险。对于买入外汇的企业而言，面临到期支付更多本币的风险；对于卖出外汇的企业而言，则面临到期外汇升值、本币贬值的风险。因此，外汇银行在买卖外汇的过程中，会蒙受汇率变动带来的风险。当银行买入的外汇多于卖出的外汇，即持有外汇多头时，如果外汇汇率上升或下降了，银行所持有的该笔外汇资产的本币价值就增加或减少了；当银行卖出的外汇多于买入的外汇，即持有外汇空头时，如果外汇汇率上升或下降了，银行所持有的该笔外汇负债的本币价值就增加或减少了。当银行轧平外汇头寸时，就要蒙受少收或多付本币的风险。

例如，某银行按USD1＝JPY88.834买入100万美元，同日又按USD1＝JPY88.910卖出80万美元(多头20万美元)，当日收盘价为USD1＝JPY88.910，若抛出多头，可获1 778.2万日元(88.910×20万)，次日美元贬值，汇率为USD1＝JPY87.910，此时卖出20万美元，可获1 758.2万日元(87.910×20万)，显然比前一日少收20万日元。

多头：外币升值，获利；外币贬值，损失

空头：外币贬值，获利；外币升值，损失

特别提示

外汇银行管理买卖风险的关键是要制定适度的外汇头寸，加强自营买卖的风险管理。确定外汇交易部门整体交易额度，银行若想成为外汇市场上的造市者和活跃的参与者，则交易额也一定要大，而如果银行只想成为一般参与者，则交易额度一定不能定的太高，并应根据自身的实际情况，有选择地交易几种货币。整体的交易额度制定后，还要进行分解并分配给各级的外汇交易人员：高级交易员、交易主任、交易员和助理交易员，额度依照级别高低、能力大小、经验多寡各不相同，他们的额度有当日平盘的，也有隔夜敞口的，敞口的时间有长有短。要灵活运用各种金融工具化解风险，提高交易人员的心理素质。从事外汇买卖的主要目的是盈利，但汇率波动频繁情况下难以确保百分之百盈利，所以一定要做好亏损的思想准备。身处逆境时不能孤注一掷，要保持头脑清醒，否则损失更惨重。

2) 外汇信用风险

外汇信用风险是因交易双方不履行或不按期履行外汇交易合约而给银行造成的损失的可能性。在外汇交易中，即使是即期外汇交易，买卖双方也很难在交易完成后立即将交易货币支付给对方，一般都在第二个营业日内完成交割。至于远期外汇交易，交割与交易相隔的时间更长。而在这一过程中，交易中的一方可能由于汇率变动而不愿履行原来的交易合约，更有可能因为破产倒闭而无法履行原合约，这就会给交易的对方造成损失，极端情况下甚至会引起对方的倒闭。

特别提示

要尽可能全面地搜集与银行有交易关系的其他银行、工商企业和国家等经济主体的资信状况资料，密切关注世界经济和政治形势的变化与发展趋势。国家风险取决于政局变动及政策变化，一般在事先都有预兆，密切关注并适当采取对策即可降低国家风险。信用风险除与国家风险有关外，也与经济主体的资信状况的变化有关，根据经济主体资信状况的变化采取不同的对策无疑也可达到降低风险的目的。例如，建立银行同业交易额度，根据交易对象的资本实力、经营作风、财务状况，制定能够给予的每日最高限额。交易对象不同，适用的最高限额亦不同。同业拆放的额度是银行内部制定的给予其他银行同业可拆出的最大金额，因为同业拆放是一种无抵押的信用贷款，风险较高，因此，一般根据银行的资信制定拆放额度，并作周期性调整。银行外汇交易必须严格按照规定的额度进行拆放。

银行应根据对国家政治经济局势的预测及对经济主体资信状况调查的结果来确定其对不同国家的不同经济主体发生外汇交易或外汇借贷行为的限额。一般说来，与政局稳定、经济形势良好、资信状况优良的经济主体交易规模可以大一些，反之则必须限制规模。应该明确，风险虽然是不可避免的，但银行可以尽最大努力降低风险。

3) 国家风险

国家风险是由于政权的更迭或政府政策的变化而使其领土范围内的银行或其他经济主体无法履行或无法如期履行其职责，从而给交易双方造成损失的风险。政府突然出台外汇管制政策可能使国外银行无法收回其贷放给该国企业或银行的贷款本息，限制外汇交易的政策会导致已达成的外汇交易无法交割，新政权拒绝承担旧政府的外债也会使拥有债权的银行受损等。

4) 人为风险

人为风险是指由于银行业务人员(主要是交易员和后线结算人员)的营私舞弊、弄虚作假行为给银行造成损失的可能性。交易员的作弊行为一般有两种：营私作弊和瞒错作弊。

知识拓展

营私舞弊是交易员以获取私利为目的的作弊行为，如与客户串通，将盈利的交易盘送给客户，而将亏损的交易盘留给银行，从中渔利。

瞒错作弊常常源于自营交易员的行情判断错误，或隐瞒不报甚至越权加倍交易，试图补回，造成更大的缺口，而汇率的不利变动很可能给银行造成灾难性后果，如巴林银行就是以这种方式被尼克·李森搞垮的。后线结算人员经常发生的作弊行为是勾结客户，篡改单据的内容与汇率，从而给银行造成损失。

特别提示

要从根本上杜绝人为风险，必须要有完善的制度及严格的监督机制。另外，经理人员不应对交易员的失败横加指责，应区分情况。有些亏损是有客观原因的，如突发性的政治经济事件、正常的行情研判失误等。对此，经理人员应予以充分的理解，帮助交易员分析失败的原因，总结经验教训，为以后的交易打下更为坚实的基础。交易员能在一种宽松的环境中以一种正常的心态完成交易，才能取得更大的成功概率，也不至于隐瞒亏损，孤注一掷。必须加强对交易员和交收员的职业教育，设置交易电话记录，检查和保管好原始交易凭证，将自营业务和代客业务分开，严格传票的交叉复核，加强稽核与检查。

2. 企业外汇风险

1) 交易风险

交易风险(结算风险)是指由于外汇汇率波动而引起的企业应收资产与应付债务的价值发生的风险，是一种尚未结算的债权债务在汇率变动后进行货币交割时发生的风险。交易风险与结算某一笔具体交易有关，如外币表示的将来的采购额、销售额、租金及预期发生的收支等。风险于交易合约生效之时产生，至买卖的实际交割日终了。凡是涉及外币计算或收付的商业活动或国际投资都会产生交易风险。

(1) 进出口贸易业务中的交易风险。是指在国际贸易中，因购买或销售以外币计价的商品或劳务的对外贸易签订买卖合约后，到货款或劳务的应收账款或应付账款支付这一期间，由于汇率变化引起本币价值发生的变化，从而带来外汇风险。

小资料

在商品或劳务进出口贸易中，从签订合同到货款或劳务费用的结算最少需要 1 个月的时间，长则达半年或 1 年。在此过程中，汇率一旦变动，进口商将面临付汇汇率上升风险，出口商将面临收汇汇率下跌风险。对进口商来说，如果贸易合同是以外币结算的，当结算时外汇汇率比签约时上涨或降低了，进口商就会付出较多(较少)的本国货币，该进口商就会受损(获益)；而对出口商来说，如果贸易合同是以外币结算的，当结算时外汇汇率比签约时上涨(降低)了，出口商将会收到较多(较少)的本国货币，该出口商就会获益(受损)。因此，国际贸易中自商品或劳务交易开始时，外汇结算风险就已经存在，直至贸易结算最终完成为止。进出口企业所面临的风险主要是此类风险。

进口商 { 外币升值，受损；外币贬值，获益 }　　出口商 { 外币贬值，受损；外币升值，获益 }

例如，中国向美国出口热水器产品，货款为 50 万美元，双方约定 3 个月后付款，即期汇率为 USD1＝CNY6.377 4，若现在收回货款可得 318.87 万元(50 万×6.377 4)。假定 3 个月后即期汇率变为 USD1＝CNY6.366 4，则可收回货款 318.32 万元，由于汇率的变动，相比 3 个月前少收了 5 000 元人民币。

(2) 国际借贷业务中的交易风险(借贷风险)。是在资本输出、输入中，以外币计价的国际借贷和投资业务给债权债务关系带来的风险。

知识拓展

在以外币计价的国际借贷和投资业务中，汇率变动会引起资产或负债的本币价值发生变化，从而带来外汇风险。在外币债权债务关系中，债权人承受到期收汇贬值的风险，债务人承受到期偿还货币升值的风险。在外币债权债务清偿时，如果外汇汇率上升，则债权人将收入较多的本国货币，债务人将支付较多的本国货币，从而债务人负债增加；如果外汇汇率下跌，则债权人将收入较少的本国货币，债务人将支付较少的本国货币，从而债务权人资产减少。对其他用外币表示的所获资产或负债，汇率变动也会引起实际价值波动的外汇风险。

债权人 { 外币升值，获利；外币贬值，损失 }　　债务人 { 外币升值，损失；外币贬值，获利 }

汇率变动对交易主体的影响见表 3-1。

表 3-1　汇率变动对交易主体的影响

情形＼结果＼汇率	外币升值	外币贬值
多头、出口、债权人	获利	损失
空头、进口、债务人	损失	获利

【例 3-1】　英国凯奇公司为支持其下属企业发展，欲借款 200 万英镑给该企业，由于英

镑贷款利率为 12%，美元贷款利率为 10%，因此凯奇公司向美国银行借入 1 年期贷款 300 万美元，将借得的 300 万美元按即期汇率 GBP1＝USD1.5 换回 200 万英镑支持该企业。1 年后美元升值，汇率变为 GBP1＝USD1.45，此时还款对英国凯奇公司有何影响？

解析：到期时，凯奇公司需偿还美元本息和 330 万美元。由于 1 年后美元升值，GBP1＝USD1.45，该公司偿还 330 万美元共需 227.586 万英镑，其借款成本为 13.8%，高于英镑贷款利率 12%，如果凯奇公司当时在国内贷款 200 万英镑，1 年到期后本利只需偿还 224 万英镑，相比美元贷款少支付 3.586 万英镑。说明了凯奇公司 1 年前借款时只是考虑了借款的成本，而忽略了汇率变动带来的风险。

2) 会计风险

会计风险(折算风险)是指在对资产负债表、利润表等以外币记值的会计报表中，由于汇率的变化而在折算成以本国货币表示项目时可能产生的账面损失。实质上是各报表上项目的报告日和发生日的汇率差异所形成的一种账面风险，这种风险本质上涉及会计处理，因此称为会计风险。很明显，从经济角度分析，折算风险与实际价值并没有任何关系，即它并未表明汇率波动会对公司国内贸易产生实际影响。

知识拓展

每个经济主体经营管理的一项重要内容是进行会计核算，通过编制资产负债表来反映其经营状况。为此，拥有外币资产负债的经济主体就需要将原来以外币度量的各种资产(包括实际资产和金融资产)和负债，按一定的汇率折算成用母国货币表示，以便汇总编制综合的财务报表。一般来说，国内涉外公司或机构、在国外注册的公司、跨国企业都会不同程度地面临会计风险，而跨国公司的海外子公司或分公司，一方面日常经营中使用的是东道国货币(即功能货币)，另一方面其资产负债表要定期呈报给母公司，需转换成母国货币(即记账货币)。功能货币是经济主体在日常经营活动中所使用的货币；记账货币是经济主体在编制财务报表时所使用的报告货币。一旦功能货币与记账货币不一致，在会计上就要作相应的折算。这样，由于功能货币与记账货币之间汇率的变动，资产负债表中某些项目的价值也会相应发生变动。

折算风险多产生在跨国公司将世界各地的子公司的财务报表进行合并统一处理的过程中，由于折算汇率不同，必然会出现折算损益。如何选择折算汇率又取决于不同的折算方法，折算风险的大小与折算方法密切相关。现在流行的折算方法是现行汇率法。现行汇率法注重汇率变动对公司股东权益净额的影响，即母公司对子公司投资净额上的汇率风险。它是将资产负债表上所有项目(除实收资本外)均采用现行汇率进行折算，在此情况下，资产负债表各项目(股东权益项目中的实收资本采用历史汇率除外)几乎均面临外汇风险。目前世界大多数国家均已采用现行汇率法进行折算，折算风险比以前更大。

【例 3-2】 中国某企业在瑞士的一家子公司年初有 100 万瑞士法郎流动资产，当时即期汇率为 CHF1＝CNY6.766 4，折合 676.64 万元人民币，然而在年底编制报表时，此时即期汇率变为 CHF1＝CNY6.756 4，则该笔流动资产只折合人民币 675.64 万元，公司账面价值就少了 1 万元人民币；如果汇率变为 CHF1＝CNY6.776 4，可折 677.64 万元，公司账面价值就增加了 1 万元人民币。

解析：该子公司账面资产本身并未发生变动，然而由于汇率的变化，将中国该企业在瑞士子公司的财务报表进行合并统一处理的过程中，出现了折算损益。

特别提示

转换风险的防范方法主要是实行资产负债表保值法。即设法使企业资产负债表中的外币资产和外币负债在币种与金额上趋于一致，从而使净头寸等于零。进行资产负债管理，从某种意义上讲，是一种协调手段，故它必须以牺牲经营效益为代价来改变资产负债表账户有关项目的货币和规模，以求得资产和负债受险头寸的平衡。

3) 经济风险

经济风险(经营风险)是指意料之外的汇率变动而引起的企业未来一定时期内的收益和现金流量减少的一种潜在风险。

知识拓展

经济风险不包括意料到的汇率变动，因为企业在评测未来的获利状况而进行经营决策时，已经将意料到的汇率变动对未来获利状况的影响考虑进去，可由企业事前在产品定价等经营决策中加以考虑，这种意料到的影响并不构成一种风险。经济风险主要取决于汇率变动对企业的产量、成本、价格可能产生影响的程度。该风险着眼分析企业经营活动的具体情况及其对汇率的关联程度，能否避免在很大程度上取决于企业预测未来汇率变化的能力，企业只能采取事后的应对措施。例如，人民币汇率贬值，直接增加了进口商品的成本，使进口商品国内销售价格提高，间接影响到以进口商品为原料的企业生产成本增加，进而使预期收益受到损失。

经济风险存在于经济的各个方面，经营者应考虑汇率变动可能影响的一切方面。与以上两种风险相比，经济风险对公司产生的影响是长期的和复杂的。现以加拿大厂商为例说明加元贬值对加拿大厂商的对内、对外贸易的影响。

(1) 对出口收入的影响。当加拿大元贬值后，若加拿大厂商生产的商品在国际市场上可保持原产品的本币价格或适当降价，则出口数量会大幅上升，使总收入上升，现金流量增加。

(2) 对进口要素成本的影响。如果加拿大元贬值，则使得加拿大商人的进口投入品以本币表示的价格会大幅上升，使生产成本上升。如果国内外产品替代程度相当高，则对进口投入品的需求会下降，而相应对本国投入品需求上升，由于贬值的通货膨胀效应，国内投入要素价格和产品价格也要上升，但上升幅度会小于贬值幅度。

【例 3-3】 香港某出口企业 2010 年总销量为 200 万单位，产品内外销各 50%，汇率为 USD1＝HKD6.823 7，单位售价 100 港币，单位成本 60 港币。假定每年折旧 600 万港币，企业所得税税率为 33%，该公司 2013 年预计将保持与上年同样的业绩。2013 年预期损益和现金流量表见表 3-2。2013 年年初汇率意外变动，港币贬值，汇率变为 USD1＝HKD8.623 7，单位成本提高到 64 港币，国内售价不变，以美元表示的国际售价由于港币贬值而变为 11.6 美元(原为 12.78 美元)，外销量因以美元表示的价格下降而多销了 10 万单位。

表 3-2 某企业预期损益和现金流量表

单位：万港币

项目	2012 年	2013 年
销售收入	20 000	21 000
国内收入	10 000	10 000

续表

项目	2012 年	2013 年
国外收入	10 000	11 000
生产成本	12 000	13 440
营业费用	1 000	1 000
折旧	600	600
税前利润	6 400	5 960
税后利润	4 288	3 993

解析：人民币的意外贬值使得该公司的生产成本、销售量都发生了变化，最终使公司的税后利润发生了变化。汇率变动使其利润减少，从而蒙受经济风险的损失。

特别提示

经济风险可按不同的时间阶段划分为短期、中期和长期 3 种类型，经济风险包含有效管理的预期及汇率不可预期的变化对公司未来现金流量的不同程度的影响。但无论是哪类经济风险，都难以精确地测定，这既给管理带来了难度，也说明了灵活性是管理经济风险的关键，它要求公司对复杂的经济风险影响作出迅速反应，也就是说，根据销售、生产设施的地理位置、原材料供应和融资等具体情况，在国际范围内分散风险，这种分散化管理经营有利于灵活地对实际汇率变化作出反应。一般而言，在寻求降低经济风险方面，需要在营销管理与生产管理两个方面作出多样化经营策略的调整。

3.2 外汇风险管理措施

从事对外贸易、投资、借贷等活动时，如果不采取必要的措施防范外汇风险，就会给企业带来严重的后果。但是只要掌握了防止外汇风险的一般方法与综合措施，就能使持有外汇的经济主体降低风险甚至完全避免外汇风险的发生。

外汇风险管理是外汇持有者通过风险的识别、衡量和控制等方法，预防、规范或消除外汇业务经营中的风险，从而减少或避免可能的经济损失。外汇市场的波动使得企业在其对外业务中面临着风险损失的可能性，从而影响到企业的生产经营。

在进行外汇风险管理时，要正确地识别企业或银行的外汇风险，针对不同类型的风险要采取不同的防范措施，同时尽可能减少外汇受险头寸，将风险降低到最低程度。

3.2.1 内部管理措施

外汇风险的内部管理是指经济主体在双方的经济交易中，通过贸易合同的签订和合同履行方式的选择来避免外汇风险。这些方法主要包括货币选择法(choice of invoicing currency)，提前、延期法(leads & lags)，平衡法(matching)和组对法(pairing)，价格调整法和易货贸易法等，用以消除或减轻外汇的时间风险或价值风险。

1. 货币选择法

货币选择法是企业通过对合同货币的选择或搭配来减少外汇风险的管理方法。具体有选择本币计价；出口选硬币，进口选软币；选择可自由兑换的货币；软硬货币搭配等。

1) 选择本币计价

在结算时不存在外币与本币的兑换问题，无论汇率如何变动，对方承担风险，完全避免了外汇风险。因此，进出口商一般均争取以本币计价，目前主要发达国家的出口贸易大部分是以本币计价的，如美国、英国等，但并不是任何国家都可以用自己的本币来计价的。

特别提示

使用本币结算实际上是将汇率风险由一方转嫁给了另一方，对方一般不愿意接受，从而可能影响买卖的成交。这一方法主要适用于货币可自由兑换的国家。

2) 出口选硬币，进口选软币

企业在国际贸易中，对出口收汇应尽量争取用硬货币结算，对进口付汇及支付债务都应尽力选择软货币，即“收硬付软”。这样，出口商或债权人在合同到期结算时，会因外币升值而收入更多的本币，而进口商或债务人在结算时会因外币贬值而付出较少的本币。

特别提示

硬货币是指汇率比较稳定而且具有升值趋势的货币；软货币是指汇率波动幅度大，且具有贬值趋势的货币。同时，所选用货币尽可能与企业经常收入或支付的外币相一致，这样外币应收账款的汇兑损失就会被应付账款上的汇兑收益所抵消。

3) 选择可自由兑换的货币

在国际贸易结算中，一般用外币计价，应以美元、欧元、日元、英镑等作为计价货币。一方面使企业在预测汇率变动对自己不利时，可迅速转换成有利货币；另一方面这些货币的市场流动性好，便于结算、调拨与运用。

4) 软硬货币搭配

在浮动汇率制度下，汇率波动频繁，软币与硬币是相对的，经常可以相互转化。在某一“特定时期”，某种货币表现为硬货币，但另一时期又表现为软货币。对此种变化，关键要立足于准确的汇率预测和分析，制定相应的策略。如果采取硬软货币适当搭配的方法，不仅可使汇率风险由交易双方合理分担，利于达成交易，而且一种货币汇率上升的影响在一定程度上可被另一种货币汇率下降所抵消，交易双方都可借此减少外汇风险。

知识拓展

当前，在中长期的大型机械设备进出口中采用4种货币计价：两种较硬货币，两种较软货币，即采用多种货币组合来减轻或消除外汇风险。软硬货币的搭配一般要在合同中注明计价货币、计价时间、软硬货币的汇率等。由于我国绝大部分进出口贸易和对外借贷用美元、欧元计价，因此我国进出口企业应特别注意美元、欧元与人民币之间汇率变动趋势。

【例3-4】 英国公司签订了一份100万美元出口合同，合同约定以美元、欧元和英镑按4∶3∶3的比重组成一个货币篮。订立合同时，汇率为USD1＝EUR0.85，USD1＝GBP0.65。如果收款时，美元汇率下跌，USD1＝EUR0.78，USD1＝GBP0.51，则该公司的收益状况如何？

解析： 订立合同时，100万美元包括40万美元、25.5万欧元、19.5万英镑。而收款时共收到40万美元＋32.69万美元(25.5万÷0.78)＋38.24万美元(19.5万÷0.51)，共计110.93万美元。

该公司采取的措施不仅起到保值作用，而且还获得了10.93万美元的额外收益。

【例3-5】 加拿大某企业3月1日进口1 000万美元货物，3个月后用美元结清货款，合同中约定以日元、美元、欧元、英镑4种货币各占25%支付，3月1日汇率为USD1＝JPY86，USD1＝EUR0.89，GBP1＝USD1.655 4；3个月后付款时，汇率变为USD1＝JPY90，USD1＝EUR0.85，GBP1＝USD1.558 9。此时需要支付的货款为多少万美元？

解析：3月1日货币构成为250万美元、21 500万日元、222.5万欧元和151.02万英镑。3个月后付款时：

21 500万÷90≈238.89万(美元)

222.5万÷0.85≈261.76万(美元)

151.02万÷1.558 9≈235.43万(美元)

205万＋238.89万＋261.76万＋235.43万＝986.08万(美元)

因此，3个月后，加拿大企业只需支付货款986.08万美元，节省了13.92万美元。

2. 提前、延期法

提前、延期法是经济主体根据自己对有关货币汇率变动趋势的预期，通过提早收款或推迟付款，改变外汇的收付时间，以减少外汇风险。若计价货币有贬值趋势，出口商可要求尽量提前交货或采取以预付款方式交易；反之进口商可要求推迟交货期或以延期付款或远期信用证方式交易。

【例3-6】 2010年9月1日，中方与美方签订了一份100万美元的出口合同，合同期限为2个月，即当年11月1日付款。中方预测人民币12月将贬值，与美方协商付款日期推迟至12月1日。假定11月1日即期汇率为USD1＝CNY6.296 4，12月1日即期汇率为USD1＝CNY6.306 4。中方届时的收益将如何？

解析：中方结算时可多得1万元人民币[100万×(6.306 4－6.296 4)]。假如中方预测人民币11月将升值，则可协商提前收款。

知识拓展

如果企业预测作为计价货币的外币将升值，进口商应尽量提前购买或预付货款；出口商应尽量推迟交货，或允许进口商延期付款。在出口方面，可推迟交货，或采取允许进口商延期付款的方式，从而延期收款，以期获得该计价货币汇率上浮的利益。在进口方面，应提前购买，或在价格条件合适的情况下预付货款，以避免将来计价货币升值或汇率上浮后，须用较多的本国货币购买该计价结算外币的情况。

如果企业预测作为计价货币的外币将贬值，进口商应尽量推迟向外国进货，或允许外商推迟交货日期，或要求延期付款；出口商应尽量早签合约，或答应进口商提前交货，或要求对方提前付款。出口企业应与外商及早签订出口合同，或把交货期提前，或提前收汇，以便早收货款，免受该计价货币贬值或下浮的损失。在进口方面，则应先推迟国外购货，或要求延期付款；也可以允许国外出口商推迟交货日期，以达到迟付货款的目的。这样进口商便可在商定的计价货币贬值后用较少的本国货币来换取该计价货币。

汇率变动提前、延期法的选择见表3-3。

表 3-3　汇率变动提前延期法的选择

企业选择 \ 汇率预期	预测外币升值	预测外币贬值
出口商(收进外币)	推迟收汇	提前收汇
进口商(支付外币)	提前付汇	推迟付汇

特别提示

在提前支付货款的情况下，付汇的债务人一般可得到一定金额的折扣，折扣率通常是通过进出口双方协商而定的。

采用提前收付和推迟收付外汇法，首先，要确保所预测的计价货币的汇率发展趋势正确；其次，分析折扣金额同因汇率变动带来的损失孰重孰轻，否则得不偿失。在实际收付过程中，进出口商单方面提前或拖延收付外汇并非易事，因为要受到合同约束、国内信用等方面的限制。

3. 平衡法、组对法

1) 平衡法

平衡法是企业通过使外币收付数额达到或者接近平衡，以消除或减轻汇率风险的方法。做法是创造一个与存在风险相同货币、相同金额、相同期限、相反方向的外汇流动，这样外汇资金有进有出轧平外汇头寸，从而避免了外汇风险。

特别提示

平衡法有很大的局限性，一个国际公司一般情况下很难实现每笔交易的应收应付货币的“完全平衡”，同时采取此法还有赖于其采购部门、销售部门、财务部门间的密切合作。只是具有大量进出口业务或外汇交易的跨国公司，在金额较大、存在着一次性的外汇风险的贸易中才有条件采取平衡法。

例如，我国香港某公司 4 月 1 日进口价值为 100 万澳大利亚元的货物，7 月 1 日付款。为了避免澳大利亚元升值，该公司可销售一笔 3 个月后付款、价值 100 万澳大利亚元的设备或者在 6 月 1 日销售一笔 1 个月后付款、价值 100 万澳大利亚元的设备来平衡。这样，到了 7 月 1 日结算时，用所收入的外汇支付进口所需外汇货款，即可规避外汇风险。

2) 组对法

组对法是企业针对某种外汇的敞口头寸，创造一个与该货币相联系的另一种货币的反向资金流动，以消除外汇风险的管理方法。做法是企业在一笔交易发生时，用另一种货币的流向相反、金额相同、时间相同的资金流动来对冲。

特别提示

作为组对的两种货币通常是由一些机构采取钉住汇率而绑在一起的货币，这样具有外汇风险的货币对本币升值或贬值时，作为组对的第三国货币也随之升值或贬值。但运用这种方法时应慎重，若使用不当会造成双重汇率风险。

组对法与平衡法的区别是，平衡法是基于同一种货币对冲，而组对法则是基于两种不同货币的对冲。组对法比平衡法灵活，也容易使用，但不能消除全部风险。

【例 3-7】 ①某公司在 2 个月后有一笔荷兰盾的应收货款，又进口了一批比利时法郎货物，2 个月后支付账款。②假定某公司是在 2 个月后有一笔港币的应收货款，2 个月后支付进口一批美元货物。

解析：①荷兰盾和比利时法郎两种货币是固定汇率，同升同降；②港币和美元两种货币是钉住汇率制，也是同升同降。

4. 价格调整法

价格调整法是进出口商通过在贸易谈判中调整进出口商品价格，将外汇风险分摊到价格中去，以减少使用外币结算所带来的外汇风险的管理方法。在实际业务中，出口商往往采用加价保值法，进口商往往采用压价保值法。价格调整法不能消除外汇风险，只能转嫁外汇风险。另外，运用价格调整法必须将市场供求因素、商品质量及双方的购销意图结合起来考虑，在双方共担外汇风险的前提下，提出适当的进出口价格。

1) 加价保值法

在出口贸易中，出口企业在进行以软币计价的交易时，可通过提高出口商品价格来转嫁软币贬值可能造成的损失。

加价后的商品单价＝原单价×(1＋预期外币贬值率)

【例 3-8】 英国出口商出口价值为 100 万英镑的货物，用美元计价，即期汇率为 GBP1＝USD1.558 9，6 个月美元贴水点为 60 点，到期应付多少货款？

解析： 100 万×1.558 9×(1＋0.006 0÷1.558 9)＝156.49 万(美元)

2) 压价保值法

压价保值法是指在进口贸易中，进口企业在进行硬币计价的交易中，通过压低进口商品价格来减少硬币升值可能带来的外汇风险。

压价后的商品单价＝原单价×(1－预期外币升值率)

特别提示

运用价格调整法往往要考虑商品的市场需求、商品质量等因素。如果出口商品是畅销货，国际市场价格趋涨，用硬货币报价，即使不降价，对方也容易接受；如果出口商品是滞销货，国际市场价格趋跌，用硬货币报价就不易成交。

5. 易货贸易法

易货贸易法是一种采取以货物交换形式把进口和出口直接联系起来，构成一笔商品互换的交易，从而消除外汇风险的管理方法。其特点是在交易的清算过程中，不涉及货币的实际支付，各方按事先确定的价格交换商品，从而使交易中各方均不承担汇率风险。采用这种方法，计价货币和结算货币为同一种货币，因此可以避免外汇风险。

知识拓展

狭义的易货贸易是指买卖双方各以一种等价的货物进行交换，同时成交，同时交付货物，不用支付货币。广义的易货贸易是指双方交换的货物都通过指定银行的清算账户或双边设立的清算账户进行清算，双方都存在购买对方同值货物的义务，如政府间的清算协定贸易和转手贸易。在汇率波动特别剧烈的时期，易货贸易可作为进出口商防止外汇风险的手段，但是其完全实现是比较困难的，双方将要卖出的商品需在质量、数量、时间等方面适合对方的需要。

3.2.2 外部管理措施

经济主体通过在国际金融市场上签订合同，进行外汇市场交易来避免外汇风险。这些外汇市场交易包括即期外汇交易、远期外汇交易、外汇掉期交易、外汇期权交易、外汇期货交易等，它们都可以为当事人套期保值，避免外汇风险。既可用一种外汇交易来规避外汇风险，也可以采用外汇交易与其他措施相结合的方法，如 BSI 法(borrow-spot-invest)和 LSI 法(lead-spot-invest)。

1. 外汇交易法

外汇交易法又包括即期合同法、远期合同法、掉期合同法、外汇期货合同法和外汇期权合同法 5 种。

1) 即期合同法

即期合同法是具有外汇债权或债务的公司与外汇银行签订买卖外汇的即期合同，来规避外汇风险的管理方法。企业如在未来预定时间要收付货款、偿还外币债务或收回外币债权，都可以利用本币资金买入即期外汇，届时对外支付，或者卖掉即期外汇换成本币，以消除汇率波动风险。在采用即期合同法消除外汇风险时，支付货款的日期和外汇买卖的交割日期必须在同一时间点上。由于即期外汇交易只是将第三天的汇率提前固定下来，其避险作用十分有限。

知识拓展

即使两天内汇率波动不大，但交易数额大也将带来一定的损失。因此，存在外汇债权的公司需在两天内收外汇时，同时与外汇银行签订币种相同、金额相同的售出外汇的即期合同来消除外汇风险；存在外汇债务的公司需在两天内付外汇时，同时与外汇银行签订币种相同、金额相同的购进外汇的即期合同来消除外汇风险。

2) 远期合同法

远期合同法是指具有外汇债权或债务的公司与外汇银行签订买卖远期外汇的合同来规避外汇风险的管理方法，是防范外汇风险的最常用的手段。进出口商在签订以外币计价结算的合同时，常常在外汇市场上做一笔相应的期汇交易，按照远期汇率把外币转换成本币或把本币转换成外币，以便保障未来的外汇收支不受汇率的影响。远期外汇的汇率在签订合约时就已经商定，不再受到交割日汇率变动的影响，即通过签订远期外汇合同，将时间结构从将来转移到现在，并在规定的时间内实现本币与外币的冲销，从而可以消除全部的外汇风险。

知识拓展

利用远期合同法，通过合同的签订把时间结构从未来转移到现在，并在规定的时间内实现本币与外币的对冲，因此，远期合同法既可消除时间风险也可消除价值风险。

为了防止应收账款的计价外汇贬值，出口商在与进口商签订商品合同的同时，与外汇银行签订售出外汇的远期合同，金额、币种、时间都与应收的外汇货款相同。等未来收到外汇货款后，按合同的既定价格与银行交割，获得本币，这样一来既消除了价值风险也消除了时间风险。

为了防止应付账款的计价外汇升值，进口商在与出口商签订商品合同的同时，与外汇银行签订购买外汇的远期合同，金额、币种、时间都与应付的外汇货款相同。等未来付款到期时，按合同的既定价格与银行交割，获得外币，这样一来既消除了价值风险也消除了时间风险。

【例 3-9】 加拿大公司从澳大利亚公司进口价值为 100 万澳大利亚元的货物，3 个月后支付，即期汇率为 CAD1＝AUD1.048 2，3 个月远期汇率为 CAD1＝AUD1.043 2，假定 3 个月后现金汇率为 CAD1＝AUD1.038 2，加拿大公司应如何利用远期外汇交易套期保值？

解析：加拿大公司向银行买入 3 个月期 100 万澳大利亚元的远期外汇交易，3 个月后到期时交割应付 95.86 万加拿大元(100 万/1.043 2)；若不做期汇交易到期应支付 96.32 万加拿大元(100 万/1.038 2)。做远期外汇交易相比到期操作节省 4 600 加拿大元。

3) 掉期合同法

掉期合同法是指企业在买进或卖出即汇合同时，再签订卖出或买进远期外汇合同来规避外汇风险的管理方法。掉期是两笔交易的操作同时进行，并且两笔外汇的买卖币种、金额相同，但交割日不同、交易方向相反。掉期合同法避险的方法多用于短期投资和短期借贷业务。这也是消除时间风险和价值风险的方法，是国际信贷业务中典型套期保值手段。

【例 3-10】 日本某公司有现汇 100 万美元，与美国 A 公司签订了期限为 3 个月、金额为 100 万美元的进口合同，即期汇率为 USD1＝JPY90，3 个月远期汇率为 USD1＝JPY80，日本公司用日元作为记账货币。日本公司应如何操作？

解析：该公司可在即期外汇市场卖出 100 万美元，获得 9 000 万日元(100 万×90)，向银行买入 3 个月期 100 万美元的远期外汇合约，花费 8 000 万日元(100 万×80)。在本次的即期对远期掉期交易中，日本公司将现汇 100 万美元调换成了 3 个月后的 100 万美元，并获得了 1 000 万日元(9 000 万－8 000 万)的汇差收益。

4) 汇期货合同法

外汇期货合同法是指具有外汇债权或债务的公司，通过外汇期货市场进行外汇期货买卖，来减少或消除外汇风险的管理方法。具有外汇债权的公司怕收汇时计价外汇贬值，可在期货市场利用空头套期保值避免外汇风险；具有外汇债务的公司怕付汇时计价外汇升值，可在期货市场利用多头套期保值避免外汇风险。

知识拓展

出口商在期货市场上采取“先卖后买”；进口商在期货市场上采取“先买后卖”。进口商为了防范计价结算货币未来升值而多付货款所带来的损失，在签订贸易合同时，可在期货市场上先买进期货合约，合同到期支付时再卖出期货合约进行对冲，若结算货币未来升值(贬值)，则期货市场上“先买后卖”的盈利(损失)可与现货市场上购买结算货币的损失(盈利)相互抵补；出口商为了防范结算货币未来贬值而少收货款所带来的损失，签约可先卖出期货合约，支付时再买进期货合约进行对冲，期货市场上“先卖后买”的盈利(损失)可与现汇市场上的损失(盈利)相互抵补。这样，对进出口商都能减少外汇风险。

【例 3-11】 美国公司 6 月 20 日从瑞士公司进口价值为 50 万瑞士法郎的商品，3 个月后付款，即期汇率为 CHF1＝USD1.02，期货市场价格为 CHF1＝USD1.021，9 月 20 日现货市场即期汇率为 CHF1＝USD1.05，期货市场价格为 CHF1＝USD1.064。如何利用期货市场进行套期保值？

解析：美国公司可以在期货市场上买入 4 份瑞士法郎期货合约，在交割前卖出 4 份瑞士法郎期货合约平仓。买卖情况见表 3-4。

表 3-4 现货市场和期货市场买卖情况

现货市场	期货市场
6 月 20 日：CHF1＝USD1.02 支付 50 万×1.02＝51 万(美元)	买入 4 份 9 月期瑞士法郎期货合约 6 月 20 日：CHF1＝USD1.021 50 万×1.021＝51.05 万(美元)
9 月 20 日：CHF1＝USD1.05 支付 50 万×1.05＝52.5 万(美元)	卖出 4 份 9 月期瑞士法郎期货合约 9 月 20 日：CHF1＝USD1.064 50 万×1.064＝52.2 万(美元)
－15 000 美元	＋21 500 美元
	收益 6 500 美元

5) 外汇期权合同法

外汇期权合同法是指具有外汇债权或债务的公司，通过外汇期权市场进行外汇期权交易，来减少或消除外汇风险的管理方法。外币期权持有者在付出一定的期权费后就取得了执行或不执行合约的权利，可在合约期满日或期满日之前选择是否按规定的汇价购进或售出约定数量的外币。期权交易在风险管理方面较其他方法更有灵活性、主动性及风险预知性。当然，期权所付费用也较高。

知识拓展

进口商为避免应付货款的损失(外币升值)，买进看涨期权；出口商为避免应收货款的损失(外币贬值)，买进看跌期权。具体做法是进口商为避免应付货款的升值损失买进看涨期权，若合同到期支付时，市场汇率高于期权合约的协定汇率，进口商就选择执行合约，以较低的协定汇率买进付款所需外币；若市场汇率下跌至低于协定汇率减期权费则不执行合约，而以较低的市场汇率买进付款所需外币。出口商为避免应收货款的贬值损失买进看跌期权，若收回货款时市场汇率下跌至低于期权合约的协定汇率，进口商就选择执行合约，以较高的协定汇率卖出所收外币；若市场汇率上升至高于协定汇率加期权费则不执行合约，而把出口收汇以较高的市场价卖掉。由于有期权费的保证，交易对客户的信誉要求较低，企业可较容易使用此种避险手段，但其交易成本高于远期外汇交易。期权合同的保值防险作用在外贸的投标业务中尤为突出。

【例 3-12】 美国某公司因业务需要购买了 3 个月期、7 500 万日元的买进期权，协议价格为 USD1＝JPY85，期权费共计 5 万美元。若：①3 个月后日元升值，现金汇率为 USD1＝JPY80；②3 个月后，现金汇率为 USD1＝JPY85；③3 个月后，现金汇率为 USD1=JPY90。每一种情况下，是否应执行期权？

解析：①行使期权需要支付

7 500 万÷85+5 万=93.24 万(美元)

不行使期权，购入 7 500 万日元需要支付

7 500 万÷80=93.75 万(美元)

选择行使期权比不行使期权有利，成本低。

②行使期权与不行使期权都需要支付

7 500 万÷85=88.24 万+5 万=93.24 万(美元)

③行使期权仍需要支付 93.24 万美元，不行使期权，购入 7 500 万日元需要支付

7 500 万÷90+5 万=88.33 万(美元)

选择不行使期权比行使期权有利，相比可以少支付 4.91 万美元。

2. BSI 法

BSI 法是有关企业通过借款法、即期合同法、投资法相结合的方式来规避风险的方法。BSI 法是一种综合避险方法，可以完全消除外汇风险。

(1) 有应收外汇账款的情况下，公司为防止外汇风险，首先借入一笔与应收外汇相同数额的外币，将外汇风险的时间结构转移到现在办汇日，时间风险消除。通过即期合同将借入的外币卖给银行换回本币，外币与本币价值波动风险也消除了，虽有一定费用支出，但可将换得的本币存入银行或投资，以投资收益冲抵一部分采取防险措施的费用支出。应收账款到期时，将收到的外汇货款归还银行贷款本金。应收外汇账款方运用 BSI 法的具体操作见表 3-5。

表 3-5　应收外汇账款方运用 BSI 法的具体操作

方法	即期操作	到期操作
B(借款法)	借入一笔与应收外汇账款相同数额的外币	应收账款到期时，将外汇货款作为本金归还给贷款人
S(即期合同法)	通过即期合同将借入的外币兑换成本币	
I(投资法)	将本币存入银行或投资，期限与应收外汇账款到期时间相同	以投资收益冲抵外汇借款利息等费用支出

【例 3-13】 中国香港某公司在 30 天后有一笔 100 万美元应收账款，如何采用 BSI 法避险？

解析：该公司向银行借入相同金额的 100 万美元，借款期限为 30 天，同时又与银行签订即期合同，以 USD1=HKD7.802 3 的汇率卖出所借美元，得 780.23 万元港币，然后将这笔钱进行为期 30 天的投资。30 天后该公司将收到的 100 万美元应收账款还给贷款人银行，将投资的收益冲抵美元贷款利息，最后只剩下了一笔港币的流入，从而这笔应收账款的外汇风险全部消除。

(2) 有应付外汇账款的情况下，公司为防止外汇风险，先向银行借入一笔本币，然后向银行购买外汇，消除了价值风险，接着将买入的现汇投放到国际货币市场，时间与应付外汇账款的期限相同，又改变了外汇风险的时间风险。应付外汇账款方运用 BSI 法的具体操作见表 3-6。

表 3-6　应付外汇账款方运用 BSI 法的具体操作

方法	即期操作	到期操作
B(借款法)	借入一笔与应付外汇账款同等数额的本币	偿还本币借款(无外汇风险)，用投资收益冲抵利息

续表

方法	即期操作	到期操作
S(即期合同法)	通过即期合同将借入的本币兑换成外币	
I(投资法)	将换得的外币存入银行或进行投资，期限与应付外汇账款到期时间相同	将投资的外币本金用于支付应付账款

该方法不仅消除了价值风险，也消除了时间风险。应付账款到期时，同时企业也收回外币投资，用投资的外汇本金支付货款。最后只剩一笔本币的支出，用于偿还所借的货款。

【例 3-14】 中国内地某公司从美国进口设备，30 天后有一笔 100 万美元应付账款，如何采用 BSI 法避险？

解析：该公司向银行借入相当 100 万美元金额的 671.35 万元人民币，借款期限为 30 天，同时又与银行签订即期合同，按即期汇率 USD1＝CNY6.713 5 将本币兑换成 100 万美元，并将 100 万美元投资 30 天。30 天后该公司应付账款到期，收回的投资本金偿付应付账款，最后只剩下一笔本币支出，用投资的收益冲抵借款利息，从而这笔应付账款的外汇风险全部消除。

特别提示

在采用 BSI 法防止应付账款风险时，如公司流动资金充裕，不一定要先从银行借款，可以利用本身的流动资金、公积金，也可以卖出企业保存的国库券等来购买外汇，这样可能比从银行借款成本低。

3．LSI 法

LSI 法是具有应收账款或应付账款的企业在征得债务方或债权方的同意后，通过提早收付法、即期合同法和投资法相结合的方式来规避外汇风险的管理方法。LSI 法也是一种综合避险法，可以完全消除外汇风险。

(1) 有应收外汇账款的公司，为了防止计价货币的贬值，在征得债务方的同意后，以一定折扣的方式请其提前支付货款，以消除时间风险。再通过银行签订即期合同，将外币换成本币从而消除价值风险。将换回的本币再进行投资，所得收益用以抵补因提前收汇造成的折扣成本。应收外汇账款方运用 LSI 法的具体操作见表 3-7。

表 3-7　应收外汇账款方运用 LSI 法的具体操作

方法	即期操作	到期操作
L(提早收付法)	征得债务方的同意，以一定折扣的方式请其提前支付货款	
S(即期合同法)	通过即期合同将提前收到的外币兑换成本币	
I(投资法)	将换得的本币存入银行或进行投资，期限与应收外汇账款到期时间相同	以投资收益抵补提前收汇形成的折扣成本

(2) 有应付外汇账款的公司，为了防止计价货币升值，进口商先借进与外币金额相同的本币，然后与银行签订即期合同，将本币换成外币，最后以换得的外币提前支付出口商账款，并得到一定的金额折扣，其所获得的折扣可用以抵补借款利息的成本。应付外汇账款方运用 LSI 法的具体操作见表 3-8。

表 3-8　应付外汇账款方运用 LSI 法的具体操作

方法	即期操作	到期操作
B(借款法)	借入一笔与扣除折扣后应付外汇账款同等金额的本币	获得的折扣用以抵补借款利息的成本
S(即期合同法)	通过即期合同将借入的本币兑换成外币	
L(提早收付法)	将换得的外币提前支付给应收账款方	

实际整个过程是先借款，再与银行签订即期合同，最后提前支付(borrow-spot-lead)，即 BSL 法，由于国际传统，习惯上仍称 LSI 法。

特别提示

LSI 法与 BSI 法基本相似，在消除外汇应收账款风险中，LSI 法只不过将 BSI 法第一步从银行借款对其支付利息，改为请求债务方提前支付并给其一定折扣而已；在消除外汇应付账款风险中，LSI 法最后一步是提前付款并获得折扣，而 BSI 法是投资获得利息。

综上所述，在防范外汇风险的方法中，有些是在风险已经存在后采取的，有些是风险发生前采取的，有些风险防范技术只能消除部分风险，有的只能消除时间风险，有的只能消除价值风险，有的则可两者均消除。各种方法的比较见表 3-9。

表 3-9　外汇风险管理措施的效果比较

需消除的风险措施			减少风险的影响	避免风险的环境
时间风险	时间与价值风险	价值风险		
提前延期法	平衡法、外汇交易法 BSI 法、LSI 法	即期合同法	货币选择法、组对、价格调整法	本币计价法 易货贸易法

其中，平衡法、外汇交易法等能够独立地用于外汇保值，而提前、延期法，BSI 法，LSI 法等必须和即期外汇交易相结合才能消除全部的外汇风险，达到外汇保值的目的。

本 章 小 结

进入 21 世纪，随着经济全球化的进程的不断推进，汇率波动的影响因素更多、更复杂，给国际贸易和国际投资带来了很多不确定性，因而外汇风险管理尤为重要。外汇风险是因外汇汇率的变动而引起本币价值损失或收益的可能性。对外币资产或负债所有者来说，外汇风险可能产生两种不确定性的结果：一是遭受损失；二是获得收益。不同经济主体的外汇风险表现形式也不相同，经营外汇业务的银行主要面临的是外汇的买卖风险、信用风险、借贷风险、国家风险和会计风险；对从事国际贸易的企业来说，面临的是交易风险、会计风险和经济风险。

外汇风险管理是外汇持有者通过风险的识别、衡量和控制等方法来预防、规范或消除外汇业务经营中的风险，从而减少或避免可能的经济损失。它包括内部管理和外部管理措施两个方面。内部管理方法主要包括货币选择法，提前、延期法，平衡法和组对法，价格调整法和易货贸易法等；外部管理措施是通过国际金融市场上签订合同，进行外汇市场交易来避免外汇风险。既可用一种外汇交易来规避外汇风险，也可以采用外汇交易与其他措施相结合的方法，如BSI和LSI法。

职业能力训练

一、填空题

1．外汇风险包括(　　　　)和(　　　　)两个方面。

2．企业在其经营活动中遇到的外汇风险有(　　　　)、(　　　　)和(　　　　)3种。

3．外汇风险的构成要素一般包括(　　　　)、(　　　　)和(　　　　)3个。

4．外汇风险管理的措施包括(　　　　)措施和(　　　　)措施。

二、不定项选择题

1．汇率变动时，下列风险属于交易风险的有(　　)。

A．在进出口贸易中，应收或应付外汇账款发生变化

B．企业未来预期收益发生变化

C．在国际借贷业务中，外币资产或负债的本币价值发生变化

D．在进行会计核算时，企业经济收益发生变化

E．在外汇买卖中，交割货币的数量发生变化

2．下列关于规避外汇风险的方法中正确的是(　　)。

A．企业处于多头地位时要先借本币，处于空头地位要先借外币

B．企业流出入的外币金额相同、时间不同，则只有价值风险

C．企业流出入的外币金额相同、时间相同，则无外汇风险

D．企业流出入的外币金额相同、时间不同，则只有时间风险

E．企业处于多头地位时要先借外币，处于空头地位要先借本币

3．利用货币选择法规避外汇风险时，正确的做法是(　　)。

A．出口选软货币，进口选硬货币　　B．争取选择本币计价

C．出口选硬货币，进口选软货币　　D．选择可自由兑换货币

E．软硬货币搭配

4．企业在利用提前、延期法时，正确的做法是(　　)。

A．如预期外币汇率将要上升，进口商争取提前付汇

B．如预期外币汇率将要上升，进口商争取推迟付汇

C．如预期外币汇率将要上升，出口商争取推迟收汇

D．如预期外币汇率将要上升，出口商争取提前收汇

三、判断题

1．外汇风险产生的结果就是遭受损失。　(　　)

2．经济风险是指由于银行业务人员的营私舞弊、弄虚作假行为给银行造成损失的可能性。　(　　)

3．交易风险包括进出口贸易业务中的交易风险和国际借贷业务中的交易风险。　(　　)

4．组对法是创造一个与存在风险相同货币、相同金额、相同期限、相反方向的外汇流动，

这样外汇资金有进有出轧平外汇头寸，从而避免了外汇风险。 (   )

5．BSI 法是一种综合避险方法，可以完全消除外汇风险。 (   )

四、简答题

1．银行的外汇风险类型有哪些？

2．外汇风险的内部管理措施有哪些？

3．应收外汇账款方和应付外汇账款方应如何运用 BSI 法进行避险？

五、计算题

1．某年 4 月 2 日，苏黎世外汇市场上英镑对瑞士法郎的收盘价为 GBP1＝CHF1.574 5/55。瑞士某银行买入 130 万英镑，同时卖出 90 万英镑，则此项操作所形成的受险头寸是多少？如果 5 月 6 日该银行将头寸轧平，汇率变为 GBP1＝CHF1.566 2/72，则该银行蒙受的风险损失是多少？

2．某跨国公司的母公司在美国，一个子公司在加拿大，另一个子公司在澳大利亚，如果市场预测澳大利亚元兑换美元将上浮，加拿大元对美元将下浮，为消除外汇风险，跨国公司在其母公司和两个子公司之间的进出口业务中，将如何运用提前延期法？

3．某企业借入资金 1 000 万瑞典克朗，当时汇率为 1 美元兑换 11.127 瑞典克朗，还款时 1 美元兑换 7.944 2 瑞典克朗，该企业以美元表示的债务负担发生了怎样的变化？该企业承受何种外汇风险？

4．香港某厂进口一套设备，金额为 2 000 万港币，即期汇率为 AUD1＝HKD9.247 1。双方约定分三期等额付款，当其付款时澳大利亚元兑换港币的汇率一再下跌，先后跌至 8.927 4、8.354 6 和 7.437 7。该企业实际支付货款总额为多少美元？该企业遭受的是什么风险？汇率变动的经济损失是多少？

5．一家瑞士公司向美国出口钟表，价值 500 万美元，6 个月后收款，即期汇率为 USD1＝CHF1.324 0，美元 6 个月远期贴水 650 点，瑞士公司可以 10%的利率借到美元，瑞士法郎利率为 9.5%。瑞士公司此时若使用远期交易保值，应如何操作？若使用 BSI 法保值，又应如何操作？两种做法哪一种更为有利？假设 6 个月后即期汇率为 USD1＝CHF1.249 0，投资年收益率为 9.5%。

6．澳大利亚寇拉公司于 2011 年 9 月 12 日与德国达沃公司签订了一份价值 100 万欧元的出口合同，约定 3 个月后付款。寇拉公司为了防止到期结汇时欧元贬值，通过期权交易保值。德国外汇市场 9 月 12 日即期汇率为 EUR1＝AUD1.306 0，期权合约的协定价格为 EUR1＝AUD1.366 0，期权费为每欧元 0.03 澳大利亚元，手续费为合同总金额的 0.5‰。①若 3 个月后市场汇率变为 EUR1＝AUD1.267 0；②若 3 个月后市场汇率变为 EUR1＝AUD1.386 0，试比较执行期权与按市场价结汇的情况。

六、案例分析题

百富勤破产

百富勤由后起的小字辈一跃成为香港特别行政区投资银行的新贵，着实创造了香港乃至亚太一大奇迹。1997 年香港回归后，百富勤将业务重点之一盯在中国大陆，发展与大陆的长线伙伴关系。如集团主席杜辉廉所说：“21 世纪是中国的世纪，我们想使之成为百富勤的世纪。”

到 1997 年 3 月，中国内地已有 23 家企业在香港上市，筹资达 248 亿港元，加上在港的中资企业上市的红筹股，共有 57 家中资公司上市，总市值近 2 500 亿港元，约占港股市场的 7%，在上市过程中多有百富勤参与。然而就在百富勤正欲振翅高翔，拓展国际资本市场之时，适逢东南亚金融危机徘徊于港岛，1998 年 1 月 12 日下午 5 时，传来令人震惊的消息："百富勤投资集团公司发出公告：'百富勤已委托罗兵逊会计师事务所作为清盘人，进入法律程序进行清盘。'"——这意味着亚洲(除日本外)最大的独立上市投资银行——百富勤已宣告破产。震惊之余，人们自会将目光投向源于 1997 年下半年的一场金融风暴，这场在泰国爆发并迅速波及东南亚乃至全球的金融危机。东南亚金融危机进一步向全球其他新兴市场和发达国家扩散，而且还从外汇市场波及其他市场如股票市场，由一国货币危机发展成为影响更为广泛的全球性金融动荡。

由于百富勤大量投资于东南亚市场，此番东南亚货币及股市狂泻给它造成了无法弥补的损失。百富勤是区内最大的亚洲货币债券商，货币突然贬值，使一些由百富勤安排发行债券的东南亚公司可能无法履行如期还款责任，百富勤因此在 1997 年 8 月及 10 月共拨出 6 000 万美元作呆账准备。国际炒家运用声东击西的方法，一手抛港币，一手攻股市。外汇市场上港币抛售压力剧增，香港金融管理局所采取的紧缩银根措施使香港银行间拆借市场利率急剧上升，招致香港股市的暴跌。

香港股票持续暴跌亦使百富勤内伤加剧，百富勤在 1997 年 7～10 月的股票损失估计近 10 亿港币。在遭到外汇风险、股市下跌的双重打击下，百富勤决定以裁员方式"止血"，宣布全球裁员 275 名，占百富勤当时总员工数目的一成半，其中香港雇员 47 人，但节省回来的成本与百富勤在金融风暴中的损失相比，可谓"杯水车薪"，无济于事。

虽然这次金融风暴是促使百富勤陷入财政危机的直接导火线，但百富勤在推行业务国际化时就已开始处处碰壁，这主要归因于其国际业务扩张过于迅速。随着香港华资财团业务日益国际化，百富勤也追随在欧美和亚洲多个国家开设分行，不过在许多新兴市场，百富勤不断遇到麻烦：1996 年年初不得不结束开设了近 3 年的缅甸业务，因为该国军方一直无意推行国企私有化，仰光证券市场的成立又遥遥无期；1996 年年中，百富勤越南分公司又卷入非法业务逃税的指控，分公司的主管被扣押近 1 年；同年 4 月，孟加拉国当局调查股市舞弊时，也拘捕了 200 百富勤雇员；1997 年百富勤在香港发行台湾证券市场加权指数认购权也引起台湾方面的不满，该认购权证在期满后并未获得续期。

由于业务和财务上发生严重困难，百富勤开始准备引入新股东以自救。相关机构也与百富勤洽谈对其收购一事，但由于市场形势不断恶化，终未有进展。百富勤集团的两大主要往来银行(即债权人)汇丰银行和中银集团明确表示，不会收购百富勤；虽然当时市场一直寄希望于中银集团会出于政治因素出手挽救百富勤，但中银集团明确声称"既无此计划，也无此必要"。另外，香港长江实业主席李嘉诚和中信奉富主席荣智健作为百富勤的股东，也表示不会对其伸出援手。

就是在这般重重压力下，又传来原协议认购股份的瑞士苏黎世集团打退堂鼓和又有一笔 6 000 万美元贷款到期的不幸消息，这时百富勤内部流动资金早已枯竭，至此，百富勤再无任何回转余地，终于被迫申请破产清盘。

【案例思考】百富勤破产的原因是什么？针对所面临的风险，百富勤应采取怎样的措施？对你有什么启示？

第 4 章　国际收支

知识目标

- 了解国际收支基本概念；掌握国际收支平衡表的基本内容及其编制方法；明确国际收支失衡的具体内涵，理解国际收支失衡的成因；掌握国际收支失衡的调节机制和政策手段。

能力目标

- 能够分析一国的国际收支平衡表；能够根据国际收支失衡的类型提出相应的调节机制与政策措施。

引例

2010年中国涉外经济总体规模创历史新高

2010年，中国涉外经济总体趋于活跃，国际收支交易呈现恢复性增长，总体规模创历史新高，与同期国内生产总值(gross domestic product，GDP)之比为95%，较2009年上升13%，贸易、投资等主要项目交易量均较快增长。经常项目收支状况持续改善，顺差与国内生产总值之比为5.2%，与2009年的比例基本持平，仍明显低于2007年和2008年的历史高点。国际收支统计口径的货物贸易顺差与国内生产总值之比为4.3%，较2009年下降0.7%。主要受欧洲主权债务危机影响，中国资本和金融项目顺差年内呈现一定波动。境内市场主体的负债外币化倾向依然较强，外债规模有所上升，外汇贷款继续增加。

(资料来源：http：//news.xinhuanet.com/fortune/2010/04/01/c_121259305.htm.)

【思考】什么是国际收支？国际收支的内涵是什么？它是怎样反映一个国家对外经济往来的？

在世界经济贸易中，国与国之间由于经济贸易、政治、文化、科技等方面的往来，相互之间会产生债权债务关系和国际货币收支关系。要想全面了解一个国家的对外经济往来情况，国际收支就是一个非常好的经济指标，通过它可以清楚、细致地了解到一个国家对外经济往来的形式和规模。

4.1 国际收支概述

4.1.1 国际收支的产生、演变与概念

1. 国际收支的产生与演变

国际收支是伴随着国际经济贸易的往来而产生的。16～17世纪初，葡萄牙、意大利、英国、法国的一些经济学家和行政官员认为，发展对外贸易、扩大海外市场、积累金银货币是实现国家富强的首要途径。因此，他们在提倡“贸易差额论”的同时，提出了国际收支的概念，并把它作为分析国家财富积累、制定政策的重要依据。此时的国际收支只是被简单地解释为一个国家的对外贸易差额。

知识拓展

贸易差额论又称“贸易平衡论”，是晚期重商主义的主要学说，晚期以“贸易差额论”为中心，代表人物是英国的托马斯·孟。晚期重商主义盛行于16世纪中叶，这时西欧各国工厂手工业有了较大的发展，对推动国际贸易发展发挥了巨大作用。

国际收支从产生到发展有一个历史的演变过程。17～19世纪是西方各国自由贸易迅速发展的黄金时代，许多国家确立了金本位的货币制度，直接用黄金来清偿国与国之间债权债务的差额。这时的国际收支差额不大，而且也比较容易弥补，国际收支基本上处于相对平衡的时期。

一战打破了国际收支相对平衡的局面。战后，各国的经济受到了战争的破坏，各国禁止

黄金外流，国际贸易差额及经济交往均受到影响，再也无力维持金本位的货币制度。

由于货币制度不同，各国货币在国际上流通，会存在许多困难，因此，国际收支大都以票据作为主要流通工具。这种流通方式就构成了外汇的收入与支付，此时的国际收支被解释为外汇收支。

二战以后，各国经济、政治、文化等往来日益广泛和频繁，单纯的外汇收支逐渐不能满足实际的需要，国际贸易形势和结算方式越来越多样化，出现了许多新的国际经济交易形式，如易货贸易、记账贸易、补偿贸易、战争赔款、政府无偿援助、国际赠与等。这些新的国际贸易形式都被包含在国际收支范畴中。这时的国际收支被解释为所有的对外经济交易，把许多不涉及外汇收支的项目都包括了进来，形成了目前广义的国际收支概念。

【例 4-1】 中国某出口商向美国进口商出口了一批价值 60 万美元的商品，按合同规定，将于 3 个月后收到货款。这笔国际资金是怎样移动的？

解析：这是一起典型的国际经济交往，它最终导致国际收支在中美两国之间产生。这种国际资金移动的过程可以分为以下 4 个阶段：①国际经济交易阶段；②国际借贷阶段；③国际资金异动阶段；④国际收支阶段。

2. 国际收支的概念

国际收支是国际金融学中重要的概念之一，它可分为狭义与广义两种。

1) 狭义的国际收支

狭义的国际收支是指一个国家或地区在一定时期内(通常是 1 年)与其他国家或地区对外贸易而发生的，必须立即结清的外汇收入与支出。由于这一概念仅包含已实现的外汇收支的交易，因此被称为狭义的国际收支。

小资料

从狭义的国际收支概念中可以看出：对外贸易收支是国际收支中的一个重要项目，它会对一个国家国际收支平衡产生重要影响，但它并不能包括全部的国际经济交易，如国与国之间的赠与、捐款、赔偿和侨汇等。因此，狭义的国际收支概念并不能完整地反映一个国家的对外经济交易总量。

2) 广义的国际收支

广义的国际收支是指一个国家或地区的居民与非居民在一定时期内(通常是 1 年)全部经济交易的货币价值之和。这一概念以交易为基础，不仅包括贸易收支和非贸易收支，而且还包括资本的输出、输入，既包括已实现外汇收支的交易，也包括尚未实现外汇收支的交易。只有建立在全部经济交易基础之上的广义的国际收支概念才能完整地反映一个国家对外经济总量的状况。

3) 国际货币基金组织对国际收支的定义

国际货币基金组织在其所编的《国际收支手册》中对广义的国际收支概念定义是：“国际收支是一定时期的统计报表，它着重反映：①一国与其他国家之间商品、劳务和收入的交易；②该国货币、黄金、特别提款权及对其他国家债权、债务的所有变化和其他变化；③无偿转移支付，以及根据会计处理的需要，平衡前两项没有相互抵消的交易变化的对应记录。”目前世界各国一般都采用这一概念。

知识拓展

国际货币基金组织是政府间国际金融组织，成立于1945年12月27日，1947年3月1日开始运作，1947年11月15日起成为联合国的一个专门机构，在经营上有其独立性，总部设在美国的华盛顿。截至2011年6月，有187个会员国，拥有来自140个国家的2 700名员工。

4.1.2 国际收支的内涵

国际收支的内涵十分丰富，可以从以下几个方面加以理解。

1) 是一个流量概念

当人们谈及国际收支时，必须指明其属于哪一段时期的。这段时期可以是一年，也可以是一个月或一个季度。各国通常选择一年作为一段时期的反映。

2) 所反映的内容必须是国际间的经济贸易

国际间的经济贸易是指经济价值的所有权从一国居民向另一国居民的转移。根据经济价值专一的内容和方向，国际经济贸易可以划分为5类：

(1) 金融资产与商品和劳务之间的交换，如商品和劳务的进出口贸易等。

(2) 商品、劳务与商品、劳务之间的交换，如易货贸易、补偿贸易等。

(3) 金融资产与金融资产之间的交换，如货币资本借贷、国际直接投资、有价证券投资和无形资产的转让等。

(4) 无偿的、单项的商品与劳务的转移，如无偿的物资捐赠、劳务和技术援助等。

(5) 无偿的、单项的金融资产的转移，如债权国对债务国的债务豁免、高收入国家对低收入国家的投资捐赠等。

小资料

中国对外援助资金主要有3种类型：无偿援助、无息贷款和优惠贷款。其中，无偿援助和无息贷款资金在国家财政项下支出，优惠贷款由中国政府指定中国进出口银行对外提供。截至2009年年底，中国累计对外提供援助达2 562.9亿元人民币，其中包括无偿援助1 062亿元，无息贷款765.4亿元，优惠贷款735.5亿元。

3) 所记录的经济交易必须是一国的居民与非居民之间发生的

在国际收支概念中，对居民和非居民的界定所依据的是居民原则，而非公民原则。在国际收支统计中，居民是指一个国家的领土内具有经济利益的经济单位和自然人，在一国居住一年以上的法人和自然人均属该国的居民，而无论该法人和自然人的注册地和国籍。

国际货币基金组织规定：移民属于其工作所在国家的居民；逗留时期在一年以上的留学生、旅游者属所在国的居民；官方外交使节、驻外军事人员一律算是所在国的非居民；国际性机构是任何国家的非居民，如联合国、国际货币基金组织、世界银行等。

特别提示

我国自1996年1月1日起实施的《国际收支统计申报办法》第三条规定，中国居民是指：①在中国境内居留一年以上的自然人，外国及香港、澳门、台湾地区在境内的留学生、就医人员、外国驻华使馆领馆外籍工作人员及其家属除外；②中国短期出国人员(在境外居留时间不满一年)、在境外留学人员、就医人员及中国驻外使馆工作人员及其家属；③在中国境内依法成立的企事业法人(含外商投资企业及外资金融机构)及境外法人的驻华机构(不含国际组织驻华机构、外国驻华使馆领馆)；④中国国家机关(含中国驻外领馆使馆)、团体、部队。

4) 是一个事后概念

目前，国际上比较通用的是会计性的国际收支，它不仅能反映一个国家的全部对外经济交易的情况，而且它记录的是已经发生的对外经济交易事项，因而，具有较强的科学性和实用性。

5) 是一个历史的、发展的概念

国际收支反映的是国际经济交易，随着国际经济交易内容的不断发展，国际收支的内涵也经历了“从外贸收支到外汇收支再到国际交易收支”这一历史过程。

4.2 国际收支平衡表

4.2.1 国际收支平衡表的概念

国际收支平衡表(balance of payments statement)是系统记录一个国家或地区在一定时期内所有国际经济活动收入与支出的统计报表。各国编制国际收支平衡表的主要目的是为了全面了解本国的对外经济情况，并以此来进行经济分析、制定合理的对外经济政策。

由于各国国际经济交易的内容与范围不尽相同，因而编制的国际收支平衡表的格式也有所不同。为了使各国的国际收支平衡表具有可比性，国际货币基金组织曾在 1948 年、1950 年、1961 年、1977 年和 1993 年先后 5 次修订其出版的《国际收支手册》，对国际收支平衡表的标准进行了统一规定。过去常用的是 1977 年公布的第四版的格式，新版即 1993 年第五版现正在各国推广，见表 4-1～表 4-3。

表 4-1 国际收支平衡表(1977 年第四版)

项目	贷方	借方
一、经常项目		
1．有形贸易		
2．无形贸易		
3．单方面转移		
二、资本项目		
1．长期资本		
2．短期资本		
三、平衡项目		
1．官方储备资产		
(1) 外汇储备		
(2) 黄金储备		
(3) 特别提款权		
(4) 在国际货币基金组织的储备头寸		
2．错误与遗漏		

表 4-2 国际收支平衡表(1993 年第五版)

项目	贷方	借方
一、经常项目		
1．货物		
2．服务		
3．收入		
4．经常转移		
二、资本和金融项目		
1．资本项目		
2．金融项目		
(1) 直接投资		
(2) 证券投资		
(3) 其他投资		
(4) 储备资产		
① 外汇储备		
② 黄金储备		
③ 特别提款权		
④ 在国际货币基金组织的储备头寸		
⑤ 其他资产		
三、错误与遗漏		

表 4-3 中国国际收支平衡表(2010 年)

单位：亿美元

项目	行次	差额	贷方	借方
一、经常项目	1	3 054	19 468	16 414
A．货物和服务	2	2 321	17 526	15 206
a．货物	3	2 542	15 814	13 272
b．服务	4	−221	1 712	1 933
1．运输	5	−290	342	633
2．旅游	6	−91	458	549
3．通信服务	7	1	12	11
4．建筑服务	8	94	145	51
5．保险服务	9	−140	17	158
6．金融服务	10	−1	13	14
7．计算机和信息服务	11	63	93	30
8．专有权利使用费和特许费	12	−122	8	130
9．咨询	13	77	228	151
10．广告、宣传	14	8	29	20
11．电影、音像	15	−2	1	4
12．其他商业服务	16	184	356	172
13．别处未提及的政府服务	17	−2	10	11
B．收益	18	304	1 446	1 142
1．职工报酬	19	122	136	15

续表

项目	行次	差额	贷方	借方
2．投资收益	20	182	1 310	1 128
C．经常转移	21	429	495	66
1．各级政府	22	−3	0	3
2．其他部门	23	432	495	63
二、资本和金融项目	24	2 260	11 080	8 820
A．资本项目	25	46	48	2
B．金融项目	26	2 214	11 032	8 818
1．直接投资	27	1 249	2 144	894
1.1 我国在外直接投资	28	−602	76	678
1.2 外国在华直接投资	29	1 851	2 068	217
2．证券投资	30	240	636	395
2.1 资产	31	−76	268	345
2.1.1 股本证券	32	−84	115	199
2.1.2 债务证券	33	8	154	146
2.1.2.1(中)长期债券	34	19	128	110
2.1.2.2 货币市场工具	35	−11	25	36
2.2 负债	36	317	368	51
2.2.1 股本证券	37	314	345	32
2.2.2 债务证券	38	3	22	19
2.2.2.1(中)长期债券	39	3	22	19
2.2.2.2 货币市场工具	40	0	0	0
3．其他投资	41	724	8 253	7 528
3.1 资产	42	−1 163	750	1 912
3.1.1 贸易信贷	43	−616	5	621
长期	44	−43	0	43
短期	45	−573	4	578
3.1.2 贷款	46	−210	197	407
长期	47	−277	0	277
短期	48	66	197	131
3.1.3 货币和存款	49	−580	303	883
3.1.4 其他资产	50	244	245	1
长期	51	0	0	0
短期	52	244	245	1
3.2 负债	53	1 887	7 503	5 616
3.2.1 贸易信贷	54	495	583	88
长期	55	35	41	6
短期	56	460	542	81
3.2.2 贷款	57	791	5 860	5 069
长期	58	100	264	163
短期	59	691	5 596	4 906

续表

项目	行次	差额	贷方	借方
3.2.3 货币和存款	60	603	1 038	435
3.2.4 其他负债	61	−3	22	25
长期	62	−4	1	5
短期	63	1	22	20
三、储备资产	64	−4 717	0	4 717
3.1 货币黄金	65	0	0	0
3.2 特别提款权	66	−1	0	1
3.3 在国际货币基金组织的储备头寸	67	−21	0	21
3.4 外汇	68	−4 696	0	4 696
3.5 其他债权	69	0	0	0
四、净误差与遗漏	70	−597	0	597

4.2.2 国际收支平衡表的项目

国际收支平衡表所包含的内容十分繁杂，一般分为经常项目、资本和金融项目、储备资产和错误与遗漏 4 个项目。

1. 经常项目

经常项目是本国与外国经济贸易中经常发生的国际收支项目，它反映了一个国家与其他国家之间真实资源的转移状况，是国际收支平衡表中最基本、最重要的项目。它包括货物、服务、收入和经常转移 4 个子项目。

1) 货物项目

货物包括一般商品、用于加工的货物、货物修理、各种运输工具在港口购买的货物及非货币黄金。一般商品是指居民向非居民出口或从非居民那里进口的可移动货物；用于加工的货物包括运到国外加工的货物的出口及随之而来的再进口；货物修理包括向非居民提供的或从非居民那里得到的在船舶和飞机上面的修理活动；各种运输工具在港口购买的货物包括非居民在岸上采购的所有货物，如燃料、储备、物资等；非货币黄金包括不作为一国货币当局储备资产的所有黄金的进出口。

在国际收支平衡表中，货物收支统计数据的来源及商品价格计算的方式，在各个国家不尽相同。按照国际货币基金组织的规定，货物进出口一律以海关统计为准，并且都按离岸价格计算。但实际上许多国家对出口商品按离岸价格计算，而对进口商品则按到岸价格计算。两种不同的价格方法，在计算进出口总值时，会产生一定的差额，影响了国际收支平衡表的精确性。

知识拓展

离岸价格又称船上交货价格，英文缩写为 FOB，是指从起运港至目的地的运输费和保险费等由买方承担，不计入结算价格之中的销货价格。它在国际贸易中被广泛采用。

到岸价格，英文缩写为 CIF，是指当货物在装运港越过船舷时，卖方即完成交货。货物自装运港到目的港的运费、保险费等由卖方支付，但货物装船后发生的损坏及灭失的风险由买方承担。

2) 服务项目

服务项目是指一个国家对外提供服务或接受服务所发生的收支。相对于有形的商品来说，服务是看不见、摸不着的，所以服务项目又称无形收支项目。服务共有 11 种类型：运输，旅游，通信服务，建筑服务，保险服务，金融服务，计算机和信息服务，专有权利使用费和特许费服务，其他商业服务，个人、文化和娱乐服务，别处未提及的政府服务。

目前，服务收支的重要性日趋突出，不少国家的服务收支在该国的国际收支中占有举足轻重的地位。

小资料

2010 年，我国服务贸易收入 1 712 亿美元，较 2009 年增长 32%；服务贸易支出 1 933 亿美元，较 2009 年增长 22%；逆差 221 亿美元，下降 25%。2010 年我国服务贸易呈现以下特点：服务贸易总体规模继续保持增长，且贸易逆差缩小。逆差主要来源于运输、旅游、保险服务和专有权利使用费和特许费等项目。其中，近年来旅游支出的增加与我国国民收入增加、出境旅游热等密不可分。

3) 收入项目

收入项目是指生产要素(包括劳动力和资本)在国家间流动所引起的报酬收支。包括职工报酬和投资收入两部分。职工报酬包括以现金或实物形式支付给非居民雇员的工资、薪金和其他福利。投资收入包括居民因拥有国外金融资产而得到的收入，包括直接投资收入、证券投资收入和其他投资收入 3 部分。

4) 经常转移项目

经常转移项目是指资金在各国之间转移以后不产生债权债务关系的外汇收支，这种经济交易不需等价交换或偿还。主要包括：①政府转移，包括不同经济体政府间的国际合作或政府与国际组织之间的合作，如政府间的经济援助、外债的豁免、战争赔偿、国际组织作为一项政策向各国定期提供的转移；②其他部门转移，包括个人之间、非政府机构之间或团体之间的转移项目，如侨汇、继承、捐赠、资助性汇款等。

2. 资本和金融项目

资本和金融项目是指资本账户下的资本转移，非生产、非金融资产交易及其他所有引起一国对外资产和负债发生变化的金融项目。它包括资本项目和金融项目两大部分。

1) 资本项目

资本项目包括资本转移和非生产、非金融资产的收买或放弃。资本转移主要涉及固定资产所有权的变更及债权债务的减免，如投资捐赠和债务注销。非生产、非金融资产的收买或放弃是指非生产性有形资产(土地和自然资源)和无形资产(专利权、版权、商标权、经销权等)的收买或放弃。

2) 金融项目

金融项目反映的是居民与非居民之间投资与借贷的增减变化，它由直接投资、证券投资和其他投资 3 部分组成。

① 直接投资是国际上长期资本流动的一种方式，是指一国投资者直接在国外采用各种形式，对外国的企业进行投资，并且拥有企业 10%以上的普通权或投票权，从而对该企业的管理拥有有效发言权。直接投资项目下分为在国外和在报告经济体两部分，每部分都可分为股

本资本、再投资收益及其他资本。

小资料

据商务部统计，2011 年我国境内投资者共对全球 132 个国家和地区的 3 391 家境外企业进行了非金融类直接投资，累计实现直接投资 600.7 亿美元，同比增长 1.8%。截至 2011 年年底，我国境内投资者共在全球 178 个国家(地区)设立对外直接投资企业 1.8 万家，累计实现非金融类对外直接投资 3 220 亿美元。

② 证券投资又称间接投资，是指跨越国界的股本证券和债务证券的投资。投资者对企业不享有经营管理权。证券投资项目下包括资产和负债两个部分，这两个部分又分别包括股本证券和债务证券。其中，股本证券包括一切表明在所有债权人的债权得以清偿之后，对公司型企业剩余资产拥有所有权的工具和凭证，如股票、参股或其他类似文件等。债务证券包括 3 类：一是长期债券、无抵押品的公司债券、中期债券等；二是货币市场工具或可转让的债务工具，包括短期国库券、商业票据和融资票据、银行承兑汇票、可转让的大额定期存单等；三是衍生金融工具，包括金融期货、期权、互换等。

【例 4-2】 在实际国际经济交往中，证券投资和直接投资会相互转换吗？

解析：这是在国际经济交往中投资性质的转换问题。证券投资和直接投资往往会直接转换。例如，几位投资者拥有国外一家企业的股票，此时他们的目的是取得股利，则记在证券投资项目下；如果他们联合起来组成一个集团，以便在管理上控制该企业，则这时他们持有的证券的投资就转变成了直接投资。

③ 其他投资是一个剩余项目，它包括所有直接投资和证券投资未包括的金融交易。其包含的资产与负债按工具进行分类，包括贸易信贷、贷款(包括使用国际货币基金组织的信贷和贷款)、货币和存款及其他资产和负债(如各种应收款和应付款)。

3. 储备资产

储备资产又称国际储备，是指一个国家的金融当局所持有的用于平衡国际收支和稳定货币汇率的一切流动资产。包括货币黄金、特别提款权、在国际货币基金组织中的储备头寸(reserve position of IMF)、外汇资产及其他债权。

(1) 货币黄金是一国货币当局作为储备而持有的黄金。

(2) 特别提款权是国际货币基金组织创设的一种储备资产的记账单位，又称“纸黄金”，它是国际货币基金组织指定的其他会员国的一种使用资金的权利，使用时必须先换成其他货币，如清偿与国际货币基金组织之间的债务、缴纳份额、作为本国货币汇率的基础等。它不能直接用于贸易或非贸易的支付，是国际货币基金组织原有的普通提款权以外的一种补充。

(3) 在国际货币基金组织中的储备头寸又称普通提款权，它是指会员国在该组织的普通资金账户中可自由提取和使用的资产。

特别提示

当一国加入国际货币基金组织时，需要按一定份额向国际货币基金组织缴纳一笔基金，称为份额。按照国际货币基金组织的规定，认缴份额中的 25%必须以可兑换货币或黄金缴纳，其余 75%用本国货币缴纳。

一国在国际货币基金组织中的储备头寸包括两部分：一是会员国以可兑换货币或黄金认

缴的 25%份额部分。会员国可以自由动用这部分资金，不需要经过特殊批准。二是国际货币基金组织为满足会员国借款需要而动用的本币部分。国际货币基金组织可以动用会员国认缴份额中 75%的本币部分，向其他会员国提供贷款。

知识拓展

SDR 是国际货币基金组织于 1969 年创设的一种储备资产和记账单位，亦称“纸黄金”，最初是为了支持布雷顿森林体系而创设，后称为“特别提款权”。最初每特别提款权单位被定义为 0.888 671 克纯金的价格，也是当时 1 美元的价值。

随着布雷顿森林体系的瓦解，特别提款权现在已经作为“一篮子”货币的计价单位。最初特别提款权由 15 种货币组成，经过多年调整，目前以美元、欧元、日元和英镑 4 种货币综合成为一个“一篮子”计价单位。

(4) 外汇资产是指一国政府通过国际收支顺差或干预外汇市场等而形成的外汇储备。

4. 错误与遗漏

错误与遗漏是为了使国际收支平衡表的借方和贷方平衡而人为设立的一种平衡项目。从理论上讲，按照复式记账原理编制的国际收支平衡表的借方总额和贷方总额应该相等。但是，由于编制国际收支平衡表的原始资料来自不同的渠道，各部门的统计与国际收支统计在概念、口径、记录原则上不尽相同。因此，将这些数据汇总在国际收支平衡表中就可能形成误差与遗漏。因此，需要设立一个错误与遗漏项目，来轧平出现的差额。

4.2.3 国际收支平衡表的编制

1. 国际收支平衡表的编制原理

国际收支平衡表是按照现代会计学的复式记账原理来编制的，即以借、贷为记账符号，每个项目都有“借方”和“贷方”两栏，借方以符号“－”表示，它反映的是本国商品和劳务的进口、本国对外金融资产的增加、本国对外负债的减少；贷方以符号“＋”表示，它反映的是本国商品和劳务的出口、本国对外金融资产的减少、本国对外负债的增加。每一笔交易都会产生一定金额的一项借方记录和一项贷方记录，即“有借必有贷，借贷必相等”。这样就能从理论上保证国际收支平衡表中借方总额等于贷方总额。

知识拓展

在公元前的西汉，已经产生了复式簿记。虽然这种复式簿记与现在科学的复式簿记存在一些差别，但是在当时来说已经是相当先进了。同时，随着探索力度的加深，越来越多的简牍都将显示出“从哪里来，到哪里去”，偶然变为必然。在此，众多的证据材料都显示出了我国西汉的简牍中已经产生了复式簿记。

2. 国际收支平衡表的记账规则

国际收支平衡表可以按以下规则进行记录：

(1) 进口商品属于借方项目；出口商品属于贷方项目。

(2) 非居民为本国居民提供劳务或从本国取得收入属于借方项目；本国居民为非居民提供劳务(如运输、保险和旅游等)或从外国取得投资及其他收入属于贷方项目。

(3) 本国居民对非居民的单方面转移属于借方项目；本国居民收到国外的单方面转移属于贷方项目。

(4) 本国居民获得外国资产(包括财产和对外居民的债权)属于借方项目；外国居民获得本国资产或对本国投资属于贷方项目。

(5) 本国居民偿还非居民债务属于借方项目；非居民偿还本国居民债务属于贷方项目。

(6) 官方储备增加属于借方项目；官方储备减少属于贷方项目。

3. 国际收支平衡表的记账实例

下面以实例说明国际收支平衡表的记账方法。

【例 4-3】 假设 2010 年我国居民与非居民共发生了 4 笔交易。

(1) 中国某服装厂出口 200 万美元的货物到美国，美国用其在中国银行的存款支付这笔款项。

(2) 一位中国居民出国旅游，花费 2 万美元存款。

(3) 美国华人为中国的希望工程捐款 20 万美元。

(4) 我国向泰国提供了 100 万美元的 10 年期政府贷款，由此产生了泰国在中国银行的 100 万美元存款。

解析：(1) 货物出口使我国产生了 200 万美元的收入，应记录在“货物”项目的贷方；美国贷款的支付使我国对外短期债务下降，应记录在“短期资本”项目的借方。

(2) 中国居民的旅游支出应记录在“旅游”项目的借方；而我国对外存款的减少就作为短期资本流入记录在“短期资本”项目的贷方。

(3) 捐款属于单方面转移，需要记录在“单方面转移”项目的贷方；同时我国希望工程基金会的银行账户增加 20 万美元，即应记录在“短期资本”项目的借方。

(4) 这笔贷款意味着中国长期资本流出，应记录在“长期资本”项目的借方；泰国在中国银行新的存款作为短期资本流入，应记录在“短期资本”项目的贷方。

将以上 4 笔交易记录在国际收支平衡表中，见表 4-4。

表 4-4 国际收支平衡表

单位：万美元

项目	贷方(+)	借方(−)	净余额
1. 经常项目			+218
货物	200(1)		+200
旅游		2(2)	−2
单方面转移	20(3)		+20
2. 资本和金融项目			−218
其他投资			
短期资本	2(2)	200(1)	−198
	100(4)	20(3)	+80
长期资本		100(4)	−100
总额	322	322	0

对表 4-4 进行分析，可以发现以下两个现象：

(1) 按照复式记账原理记账，任何一笔交易都同时记录在贷方和借方，数额相等，方向相反。

(2) 国际收支平衡表的最终差额恒为零，但各个项目的差额不一定为零。因此，分析一国国际收支状况并不是分析它的总差额，而是分析不同项目的差额。

4.3 国际收支分析与调节

4.3.1 国际收支差额

国际收支平衡表是根据复式记账原理编制的，每一笔国际经济贸易都以相同的金额记入借贷双方，所以总体来看借方总额和贷方总额是相等的。但是，就每一个具体项目而言，其借方和贷方不一定相等，这样就会产生一定的差额。例如，货物贸易项，商品出口和商品进口往往不完全相等，就出现了贸易差额。国际收支平衡表中的其他项目也会出现类似的局部差额。

通常所说的国际收支顺差或逆差，指的就是国际收支平衡表中各个组成项目的差额。当出现差额时，如果贷方大于借方，则出现盈余，称为顺差，用“＋”号表示；如果贷方小于借方，则出现亏损，称为逆差，用“－”号表示。记录时为了便于区别，一般顺差用黑色笔书写，逆差用红色笔书写。

国际收支平衡表中包含了许多项目，其中每个项目都可能会产生一定的差额。但是，从分析的需要来看，真正重要的差额包括贸易差额、经常项目差额、资本和金融项目差额及综合项目差额等几个方面。

1. 贸易差额

贸易差额是指商品出口与商品进口之间的差额。由于商品的进出口情况可以综合反映一国的产业结构、产品质量和劳动生产率，以及由这些因素决定的商品在国际上的竞争能力状况，因而受到各个国家的重视。对某些国家来说，贸易差额在其整个国际收支中所占比重非常大，以至于经常把贸易收支作为国际收支的近似代表。

小资料

2010 年，我国货物贸易规模达历史最高，但较之 2009 年，2010 年货物贸易未出现大幅增长，按国际收支统计口径，货物贸易顺差 2 542 亿美元，较 2009 年增长 2%，其中 2010 年我国出口总值为 15 814 亿美元，比上年增长 31%；进口总值为 13 272 亿美元，比上年增长 39%。由于我国 2010 年货物贸易中货物进口增速大于货物出口增速，因此 2010 年与 2009 年相比，货物贸易规模相当。

2. 经常项目差额

经常项目差额是指该项目下各子项目的差额之和。货物、服务项目构成了经常项目收支的主体。由于它能综合反映一个国家的进出口状况，因此被各国广泛使用，并作为制定国际收支政策和产业政策的重要依据。国际货币基金组织也特别重视各国经常账户的收支状况，经常采用这一指标对成员国的经济进行衡量。

小资料

2010年我国经常项目收支状况持续改善，顺差与GDP之比为5.2%，与2009年的比例基本持平，仍明显低于2007年和2008年的历史高点。全年经常项目顺差3 054亿美元，较上年增长17%，与GDP之比为5.2%，与2009年持平。货物贸易顺差2 542亿美元，服务贸易逆差221亿美元，收益顺差304亿美元，经常转移顺差429亿美元。

3. 资本和金融项目差额

资本与金融项目差额是指该项目下各子项目的差额之和。它记录了一个国家对其他国家的资本和金融要素流动的净额。资本和金融项目具有十分复杂的经济含义，必须对它进行综合分析和谨慎运用。

(1) 透过资本和金融项目余额，可以了解一个国家资本市场的开放程度和金融市场的发达程度，对一国货币政策和汇率政策的调整提供有益的借鉴。一个国家资本市场越开放、金融市场越发达，其资本和金融项目的流量总额就越大。由于各国在经济发展程度、金融市场成熟度、货币价值稳定程度等方面存在较大差异，资本和金融项目差额往往会产生较大的波动。

(2) 资本和金融项目和经常项目之间具有融资关系，“资本和金融”账户的余额可以反映出一国经常项目的状况。根据复式记账原理，在国际收支中一笔贸易流量通常对应一笔金融流量，可以说，经常项目中实际资源的流动与资本和金融项目中资产所有权的流动是同一问题的两个方面。不考虑错误与遗漏因素时，经常项目的余额及资本和金融项目的余额之和等于零。

在现代开放的国际经济条件下，金融资本的国际流动已经具有相对独立的运动规律，因此资本和金融项目已经不再被动地由经常项目决定。所以，当经常项目出现赤字时，无论采用何种方式融资，都需要认真分析导致赤字的原因，以便采取相应的解决措施。

小资料

2010年我国资本和金融项目顺差呈现一定波动。一季度，我国跨境资金流动延续前一年的复苏势头，资本和金融项目顺差为612亿美元。随后在欧洲主权债务危机影响下，国际资本避险情绪加重，跨境资金净流入套利倾向减弱，二、三季度资本和金融项目顺差分别降至319亿和141亿美元，较2009年同期均下降50%以上。四季度，随着国际金融市场逐步企稳和境外流动性日益充裕，我国资金流入出现明显反弹，资本和金融项目顺差达到1 189亿美元。

4. 综合项目差额

综合项目差额是指经常项目与资本和金融项目中的资本转移、直接投资、证券投资、其他投资项目所构成的差额。综合项目差额必然导致官方储备的反方向变动，因此可以用它来衡量国际收支对一国储备造成的压力。

当一国实行固定汇率制度时，综合项目差额的分析意义尤为重要。因为，国际收支的各种行为将导致外国货币与本国货币在外汇市场上的供求变动，影响到两个币种比价的稳定性。为了保持外汇市场汇率的稳定，政府必须利用官方储备介入市场以实现供求平衡。所以，综合项目差额在政府有义务维护固定汇率制度时极其重要。而在浮动汇率制度下，政府原则上可以不动用官方储备而听任汇率变动，或是动用官方储备调节市场的任务有所弱化。

4.3.2 国际收支平衡与失衡

国际收支平衡表是根据会计学中的复式记账法编制的，因而借方和贷方总是可以达到平衡的。这种平衡是会计意义上的平衡，而不是经济意义上的国际收支平衡。一般来说，一个国家的国际收支失衡是经常的，平衡则是偶然的。国际收支失衡的表现形式是顺差或逆差。一个国家国际收支是否平衡和反映在该国国际收支平衡表中的各项经济交易的性质有直接的关联。

知识拓展

国际收支的平衡从概念上可以分为静态平衡与动态平衡两种。静态平衡指一国在某一时点上国际收支既不存在逆差也不存在顺差。其特点是，基本以年度为周期，平衡是收支数额的对比平衡，是国际收支交易的总平衡。动态的国际收支平衡是指以经济实际运行可能实现的计划期为平衡周期，保持期内国际收支平衡，使一国一定时期的国际收支在数量及结构方面均能促进该国经济与社会正常和健康的发展；促进该国货币均衡汇率水平的实现和稳定；使该国储备接近、达到或维持充足与最佳水平。动态平衡的特点为以经济波动和经济增长的需要为基础，确定若干年为平衡期，不仅以国际收支总额平衡为目标，而且也考虑国际收支的结构。

国际收支按交易的性质分为自主性交易和补偿性交易两类。

自主性交易又称事前交易，是指有关交易主体出于获取利润、利息等经济动机或其他因素而独立发生的交易，如商品、劳务、技术交流、收益转移、无偿转让、直接投资、间接投资等。由于自主性交易具有自主和分散的性质，因此必然会经常出现差额。自主性交易可以反映一个国家有多少实际资源可以分配或使用，对经济增长和发展及提高人们的生活水平都有着重要的作用。

补偿性交易又称事后交易，是指有关交易主体为了平衡自主性交易发生的收支差额而于事后被动进行的经济交易，如国际储备的增减等。当自主性交易造成国际收支失衡时，通过补偿性交易的调节，国际收支就可以达到平衡。补偿性交易实际上充当了平衡项目的功能。补偿性交易是政府出面进行的交易活动，体现了一国政府的意志，具有集中性和被动性的特点，用此种交易弥补的平衡是形式上的平衡、被动的平衡，实质就是国际收支的失衡。

因此，判断一个国家的国际收支是否平衡的实质性标志就是看自主性交易是否平衡。所谓的国际收支的失衡，指的是自主性交易出现了顺差和逆差，需要用补偿性交易来平衡。

4.3.3 国际收支失衡的影响

一般来说，一个国家的国际收支失衡总是不可避免的。虽然一定程度上的顺差和逆差可能是有益无害的，如一定的顺差会使一国国际储备适度增加，提高对外支付能力，提高货币的国际地位；一定的逆差可使一国适度地利用外资，加快国内经济发展。但是，一国国际收支出现持续的失衡，国家就会发生国际收支危机，进而有可能导致发生金融危机。具体来看，国际收支失衡会产生以下影响。

1. 国际收支逆差的影响

(1) 持续的逆差会导致一国外汇储备的大量流失，影响本国的国际清偿力。一个国家发生持续逆差时，如果动用外汇储备去弥补，必然严重消耗该国的储备资产，而储备资产是一个国家国际清偿力的重要组成部分。因此，储备资产的流失也就意味着该国金融实力的下降，进而损害该国在国际上的声誉。

(2) 持续的逆差会导致一个国家货币贬值。持续的逆差在外汇市场上表现为大量的外汇需求，导致外汇汇率上升，本币汇率下跌。一旦本币汇率下跌，就会导致该国货币信用下降，出现大量资本外逃，进而引发货币危机。

(3) 持续的逆差会引发一国的通货紧缩，不利于该国经济的稳定发展。持续的逆差导致对外汇需求的增加，迫使货币金融当局为了维持汇率的稳定在外汇市场上进行干预，抛出外汇，回笼本币。这样必然导致本币供应量的减少，造成利率上升，通货紧缩，投资增长减缓，使经济增长受到抑制。

(4) 持续的逆差还可能使一个国家陷入债务危机。当一国发生持续的逆差，如果主要采取借外债的方式弥补，而借入的资金使用效益低下时，就可能导致该国到期无法还本付息，引发债务危机。

特别提示

20 世纪 80 年初期爆发的国际债务危机在很大程度上就是由债务国出现长期国际收支逆差，不具备足够的偿债能力引起的。

2. 国际收支顺差的影响

(1) 持续顺差会导致一个国家的货币升值出口竞争能力削弱。持续的顺差在外汇市场上表现为大量的外汇供给，外汇对本币的需求增加，导致外汇汇率下跌，本币汇率上升，从而提高了以外币表示的出口商品的价格，降低了以本币表示的进口商品的价格。这样，该国出口产品的国际竞争力削弱，出口会受到抑制，对出口贸易的发展十分不利。

(2) 持续顺差加重了一个国家的通货膨胀。持续顺差使本币产生升值压力，如果本币不升值，该国货币金融当局就要干预外汇市场，买进外汇，投放本币，迫使其增加本国货币的供应量，使本国总需求超过供给，加大该国通货膨胀的压力。

(3) 持续的顺差容易增加国际贸易摩擦，不利于国际经济关系大发展。一个国家的国际收支出现顺差，意味着其他相关国家国际收支发生逆差。这必然影响其他国家的经济发展，导致国际贸易摩擦。

(4) 持续的顺差对于资源型的发展中国家来说还会影响该国家经济的可持续发展。如果国际收支顺差是由于出口过多所形成的贸易收支顺差，意味着国内可供使用资源的减少，从而不利于该国经济的持续发展。

小资料

近些年我国的国际收支顺差很大，对我国也有不利的影响，特别是对我国内部的宏观经济造成了一系列不良影响：①减弱了中央银行货币政策的自主性。由于人民币基础货币的供应几乎 100%是通过央行购买外汇这一方式投放，基础货币的扩张意味着货币的供应量扩张，中央银行不得不进行大量的回购对冲操作。②金融资本大量回流到发达国家。外汇资产是优良资产，作为一个发展中国家，持续的、大量的资本回流到发达国家中去，并不一定完全合理。③会影响国内经济产业结构的调整。更多的出口企业依赖于价格竞争，而不是质量、品牌这些非价格竞争手段。

(5) 持续的顺差会使一个国家丧失获取国际货币基金组织优惠贷款的权利。国际货币基金组织的宗旨之一就是通过提供优惠贷款帮助会员国平衡国际收支逆差。一个国家持续顺差就无法获得这样的权利。

总之，一个国家国际收支越不平衡，其不利影响就越大。虽然国际收支顺差和逆差都会产生不利的影响，但相比之下，国家收支逆差所产生的影响比顺差更险恶，因而，对国际收支逆差采取相应调节措施更为紧迫。对国际收支顺差的调节虽然不如国际收支逆差迫切，但从长远看，也需要调节的。

4.3.4 国际收支失衡的成因

一个国家国际收支失衡的现象是不可避免的，为了顺利有效地调节国际收支，首先必须研究国际收支失衡的成因，然后才能采取相应的措施来进行调节。由于各国的经济状况不同，发生国际收支失衡的成因也不尽相同，总体而言，一个国家国际收支失衡的成因主要有以下几个方面。

1. 临时性因素

临时性因素是指由短期的、非确定或偶然因素等引起的国际收支失衡，如自然灾害、战争、突发性的政治经济事件等。这种国际收支失衡程度一般较轻，持续时间不长，带有可逆性，是一种正常现象。在浮动汇率制度下，这种性质的国际收支失衡有时根本不需要政策调节，市场汇率的波动有时就能将其纠正。在固定汇率制度下，一般也不需要采用政策措施，只需动用官方储备便可加以克服。

小资料

1990年伊拉克入侵科威特，国际社会对伊拉克实行全面制裁，世界各国曾一度中止与伊拉克的一切经济往来，伊拉克的石油不能输出，引起出口收入剧减，贸易收入恶化；相反，由于国际市场石油短缺，石油输出国扩大了石油输出，这些国家的国际收支从而得到了改善。

2. 结构性因素

结构性因素是指因国内经济、产业结构不能适应世界市场的变化而发生的国际收支失衡。这种失衡通常反映在贸易项目或经常项目上。

结构性失衡有两层含义：①因经济和产业结构变动的滞后所引起的国际收支失衡。例如，一国的国际贸易在一定的生产条件和消费需求下处于均衡状态。当国际市场发生变化，新款式、高质量产品不断淘汰旧款式、低质量产品时，该国的生产结构不能及时加以调整，其原有的贸易平衡必然遭到破坏，贸易逆差就会出现。这种性质的结构性失衡，在发达国家和发展中国家都可能发生。②因进出口商品收入、价格弹性格局导致的国际收支失衡。这种性质的结构性失衡在发展中国家表现得尤为突出。例如，在20世纪70年代，石油输出国调整了石油产量，引起世界市场石油价格上涨数倍，导致部分国家国际收支出现巨额逆差。

知识拓展

价格弹性又称供需价格弹性。价格弹性表明供求对价格变动的依存关系，反映价格变动所引起的供求的相应的变动率，即供给量和需求量对价格信息的敏感程度。商品本身的价格、消费者收入、替代品价格，以及消费者的爱好等因素都会影响对商品消费的需求。

价格弹性是指这些因素保持不变的情况下，该商品本身价格的变动引起的需求数量的变动。在需求有弹性的情况下，降价会引起购买量的相应增加，从而使消费者对这种商品的货币支出增加；反之，价格上升则会使消费者对这种商品的货币支出减少。在需求弹性等于1的情况下，降价不会引起消费者对这种商品的货币支出的变动。

3. 周期性因素

周期性因素是指因经济周期波动所引起的国际收支失衡。典型的经济周期具有危机、萧条、复苏和高涨4个阶段。当一国经济处于萧条期时，社会总需求下降，进口需求也相应下降，国际收支发生顺差。反之，如果一国经济处于复苏和高涨期，国内投资与消费需求旺盛，对进口的需求也相应增加，国际收支便出现逆差。周期性不平衡在二战前的发达资本主义国家中表现得比较明显。在战后，其表现经常受到扭曲。例如，1981—1982年，一些发达资本主义国家在衰退期普遍伴有巨额的贸易逆差。

4. 货币性因素

货币性因素是指因货币供给、商品成本和物价水平发生较大变化而引起的国际收支不平衡。一个国家出现通货膨胀，其生产成本和物价水平会普遍上升，则该国的商品输出必受抑制，而商品输入会受到鼓励，致使国际收支发生逆差。相反，由于通货紧缩，商品成本与物价水平会相对降低，则有利于鼓励出口，抑制进口，因而使国际收支发生顺差。

5. 收入性因素

收入性因素是指因一国国民收入的变化，使一个国家的进出口贸易发生变化，从而引起的国际收支失衡。通常，当一国的国民收入相对快速增长而导致进口需求的增长超过了出口增长，此时国际收支会出现逆差。当一国国民收入相对减少，则会减少对进口的需求，出口得以增长，于是国际收支就出现了顺差。

4.3.5 国际收支失衡的调节

1. 国际收支失衡调节的一般原则

国际收支失衡会对一个国家的经济造成不同程度的影响。国际收支的持续顺差会加大本国通货膨胀压力，促使本币汇率上升，影响本国商品出口，加剧国际经济贸易关系的紧张程度。国际收支的持续逆差会促使本币汇率下降，减少本国国际储备，损害本国国际形象，增加国际筹资的难度和成本。由于持续的国际收支失衡会给一个国家带来一系列严重后果，因而，一旦国际收支失衡超过某种限度，就必须考虑进行必要的调节。在选择调节措施时，应遵循针对性、匹配性、非他性原则。

1) 针对性原则

针对性原则是指根据国际收支失衡的原因选择调节方式。国际收支失衡产生的原因是多方面的，根据其产生原因的不同选择适当的调节方式可以有的放矢、事半功倍。例如，国际收支失衡是周期性因素造成的，意味着这种失衡是短期的，因而可以动用本国的国际储备或通过从国外获得短期贷款来弥补。

【例4-4】 如果国际收支失衡是货币性因素造成的，应选择何种调节方式？

解析：这是根据国际收支失衡的原因选择调节方式的问题。如果国际收支失衡是货币性的失衡，则应考虑通过利率和汇率的调整，调节资金流出入的规模和商品进出口的规模。

【例 4-5】 如果国际收支失衡是结构性因素造成的，应选择何种调节方式？

解析：这是根据国际收支失衡的原因选择调节方式的问题。如果国际收支失衡是结构性的失衡，则应加速产业结构调整。

【例 4-6】 如果国际收支失衡是由于资本大量外逃或进口大量增加造成的，应选择何种调节方式？

解析：这是根据国际收支失衡的原因选择调节方式的问题。如果国际收支的失衡是由于资本大量外逃或进口大量增加所致，则可采取对贸易、金融进行直接管制的措施，通过对商品的输出、输入和资本流动的限制来恢复国际收支的平衡。

2) 匹配性原则

匹配性原则是指调节国际失衡应考虑内外均衡。内部均衡指的是通货稳定、充分就业、经济增长；外部均衡指的是国际收支均衡。一般来说，一个国家要同时达到内外均衡是十分困难的。因此，必须按其轻重缓急，在不同的时期和经济发展的不同阶段分别作出抉择。在选择国际收支调节方式时，应充分考虑国内平衡，尽可能使其不发生矛盾。而要做到这一点，政策的搭配显得尤为重要。一般地，财政政策主内，货币政策主外。如果一个国家国内经济衰退、国际收支逆差，则应采取宽松的财政政策和紧缩的货币政策；如果一个国家国内经济衰退、国际收支顺差，则应采取“双松”政策；如果一个国家国内经济繁荣、国际收支顺差，则应采取紧缩的财政政策和宽松的货币政策；如果一个国家国内经济繁荣、国际收支逆差，则应采取“双紧”政策。罗伯特·蒙代尔的这一政策搭配理论很好地解决了开放宏观经济中国内经济的均衡与国际收支的平衡这对矛盾。

知识拓展

罗伯特·蒙代尔是美国经济学家，他于 20 世纪 60 年代提出了关于政策指派的政策搭配原则。他认为，在调节国内经济与国际收支作用上，财政政策对国内经济的作用通常大于对国际收支的作用；而货币政策对国际收支的作用通常大于对国内经济的作用。因为当国际收支逆差时，紧缩的货币政策会通过提高利率吸引国外资金的流入，进而改善资本与金融账户；而紧缩的财政政策则会降低利率，恶化资本与金融账户。

蒙代尔主张将财政政策用于稳定国内经济，货币政策用于稳定国际收支，或者根据国内经济与国际收支的不同情况，将两者适当地搭配，以同时实现内外均衡，这就是著名的“政策搭配原则”。

3) 非他性原则

非他性原则是指选择调节国际收支的方式应尽可能减少来自他国的阻力。在选择调节国际收支方式时，各国都以自身利益为出发点，各国利益的不同必然使调节国际收支的对策对不同国家产生不同的影响。有利于一个国家的调节国际收支的措施往往有害于其他国家，从而导致这些国家采取一些报复措施，其后果不仅影响了国际收支调节的效果，而且还不利于国际经济关系的发展，如一个国家国际收支出现逆差时，就会通过采取提高关税、限制他国商品进口或降低本国货币汇率来达到本国贸易的平衡，其他国家也会同样处理。这样做的后果不仅阻碍了国际贸易的发展，还会使参与的贸易国都蒙受损失。因此，在选择调节国际收支的方式时，应尽量避免损人过甚的措施，最大限度地降低来自他国的阻力。

2. 国际收支失衡的市场调节机制

国际收支失衡的市场调节机制是指政府在不干预的条件下，市场经济体系内其他变量与国际收支相互制约、相互作用的过程。这些调节机制涉及供给、需求、价格、工资、利率、汇率等一系列经济变量。由此将国际收支的市场调节机制分为以下几种类型。

1) 利率机制

利率机制是指一个国家国际收支失衡时，该国的利率水平会发生变动，利率水平的变动反过来会对国际收支失衡起到一定的调节作用。

当一国国际收支出现逆差时，该国的货币存量减少，利率上升。利率上升表明本国金融资产收益率的上升，从而对本国金融资产的需求相对上升，导致资金外流减少，资本和金融项目得到改善，国际收支逆差也因此得到改善。

当一国国际收支出现顺差时，该国货币存量增加，利率下降。利率的下降表明本国金融资产收益率的下降，导致资金外流增加，从而减少国际收支顺差。利率机制的自动调节过程如图 4.1 所示。

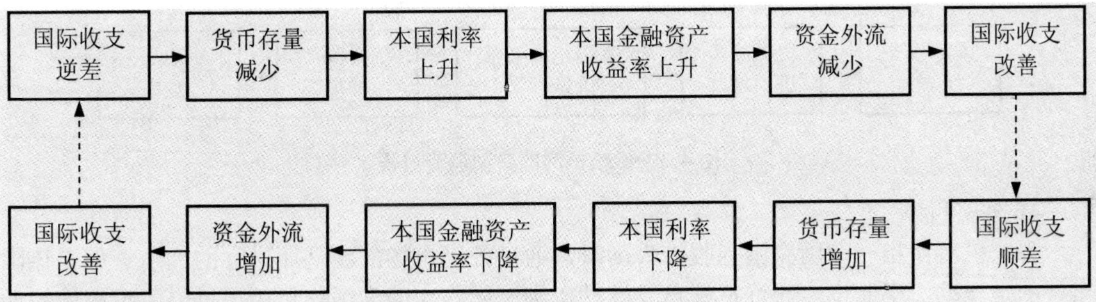

图 4.1 利率机制的自动调节过程

2) 收入机制

收入机制是指一个国家国际收支失衡时，该国的国民收入、社会总需求会发生变动，这些变动反过来又会削弱国际收支的失衡。

当国际收支出现逆差时，表明国民收入水平下降，国民收入减少会引起社会总需求下降，进口需求下降，从而贸易收支得到改善。国民收入下降不仅能改善贸易收支，而且也能改善经常项目收支与资本和金融项目收支。国民收入下降便会对外国劳务和金融资产的需求都不同程度地下降，从而整个国际收支得到改善。

反之，亦然。收入机制的自动调节过程如图 4.2 所示。

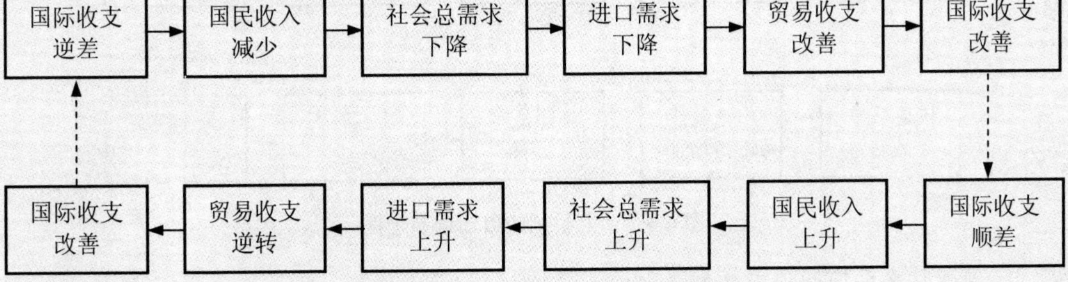

图 4.2 收入机制的自动调节过程

3) 价格机制

价格机制是指一个国家国际收支失衡时，通过相对价格水平的变动对国际收支进行的调节。

当一个国家国际收支出现逆差的时候，意味着对外支出大于收入，货币外流。对外币需求的增加使本国货币的汇率下降，由此引起本国出口商品价格相对下降、进口商品价格相对上升，从而出口增加、进口减少，国际收支得到改善。

当一个国家国际收支出现顺差的时候，意味着资金流入大于支出，国内货币市场供给增多，容易引起国内通货膨胀、利率下降、投资与消费相应上升。本国出口商品价格随之上升，出口减少、进口增加，国际收支逐渐得到改善。价格机制的自动调节过程如图 4.3 所示。

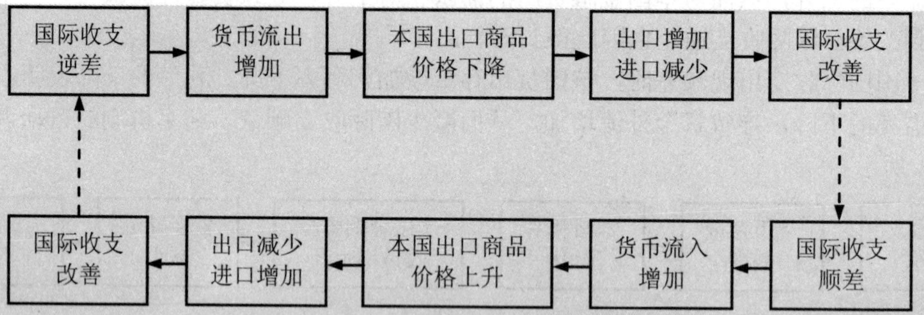

图 4.3　价格机制的自动调节过程

4) 外汇机制

外汇机制是指一个国家国际收支失衡时，通过外汇市场的波动而进行的调节。如果该国实行的是浮动汇率制度，允许汇率自发波动，则国际收支的失衡就可能通过外汇汇率的波动而消除。

当一个国家国际收支出现逆差时，本国外汇市场上的外汇需求增加，本币供给增加，促使本币汇率下降，而本币贬值使得出口商品的国际竞争力增强，使出口增加、进口减少、贸易逆差减少，国际收支失衡得到改善。

当一个国家收支出现顺差时，会引起本币汇率的上升，本币升值将抑制出口、刺激进口，国际收支顺差得到抑制。在固定汇率制度下，汇率机制对国际收支失衡的调节作用仍然存在，但由于汇率波动幅度很小，所以该机制的调节效果受到了严格的限制。外汇机制的自动调节过程如图 4.4 所示。

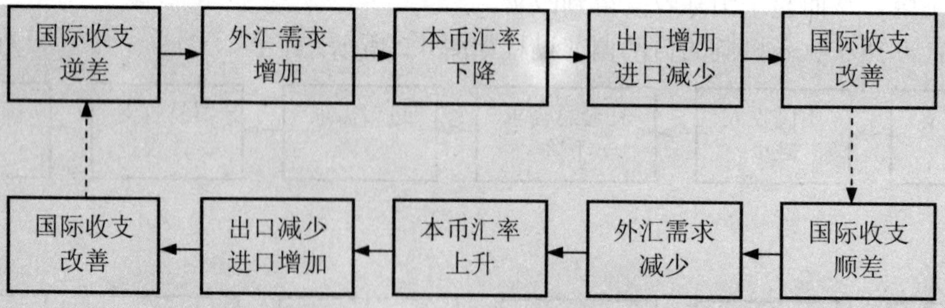

图 4.4　外汇机制的自动调节过程

3. 国际收支失衡的调节政策

当市场失灵时，国际收支市场调节机制的作用将被削弱或失效，正因为市场调节机制存在局限性，因此对国际收支失衡的调节仅仅依靠市场调节机制是不够的，还需要政府对市场进行适当干预，采取必要的政策措施主动对其进行调节，这些政策措施主要有以下几个方面。

1) 外汇缓冲政策

外汇缓冲政策是指一国的政府为了解决国际收支失衡，通过中央银行在外汇市场上买卖外汇，调节外汇供求的一种政策措施。

当一国国际收支发生逆差时，中央银行可以在外汇市场上买进本币，抛出外币，通过外汇储备的减少来平衡国际收支逆差。

当一国国际收支发生顺差时，中央银行可以在外汇市场上买进外币，抛出本币，从而达到平衡国际收支顺差的目的。

利用外汇缓冲政策进行国际收支失衡的调节，可以使国际收支产生的影响仅限于外汇储备的变化，它不宜用来对付巨额、长期的逆差，因为一国的储备规模毕竟是有限的，过度使用有可能使外汇储备枯竭或造成外债的大量积累，对于逆差问题的解决还是无济于事。因此，适时采取其他政策是非常必要的。

特别提示

在采取其他政策期间，可以将外汇缓冲政策作为辅助手段，缓和其他政策的调整速度和强度，避免由于过度调整对国内经济造成过大的冲击。

2) 财政政策

财政政策是指一国政府通过调节税率和政府支出，控制总需求和物价水平，从而调整国际收支失衡的政策措施。

当一国出现国际收支逆差时，政府可以采用紧缩性财政政策，如削减政府开支或提高税收等，进而抑制总需求和物价上涨，促进出口，抑制进口，有利于国际收支失衡的改善。

当一国国际收支出现顺差时，政府可以采用扩张性财政政策，从而增加进口，抑制出口，达到平衡国际收支顺差的目的。

财政政策的不足之处在于，采用紧缩性财政政策时，往往导致经济增速放慢；而采用扩张性财政政策时，又容易导致通货膨胀。

知识拓展

紧缩性财政政策是指通过增加财政收入或减少财政支出以抑制社会总需求增长的一种政策行为。由于增收减支的结果集中表现为财政结余，因此，紧缩性财政政策又称盈余性财政政策。

扩张性财政政策是指国家通过财政分配活动刺激和增加社会总需求的一种政策行为。由于主要通过减税、增支来扩大财政赤字的财政分配方式，增加和刺激社会总需求。因此，扩张性财政政策又称膨胀性财政政策。

3) 货币政策

货币政策又称金融政策，是指一国货币当局通过改变法定存款准备金率、再贴现率及公开市场业务等手段，控制和调节总需求和物价水平的政策措施。

当一国出现国际收支逆差时，货币当局可采取紧缩性货币政策，提高法定存款准备金率、提高再贴现率或卖出政府债券，从而使货币供应量减少，金融市场利率提高，这样可以吸引外资流入，减少本国货币的流出，使国际收支逆差得到改善。

当一国国际收支出现顺差时，货币当局可采取扩张性的货币政策达到降低顺差的目的。

货币政策在实施时也存在局限性。当采取贴现政策时，由于向中央银行借款和贴现不是商业银行筹措资金的唯一渠道，使这种政策发挥作用的程度受到限制；当采用改变存款准备金率时，有些国家受制于金融体系无法约束全部商业银行，存款准备金率的调整就不能影响这些银行可贷放的资金；采用公开市场业务，要求中央银行拥有足够数量和种类的有价证券并具有发达的金融市场，这往往限制了发展中国家对这一政策工具的使用。

4) 汇率政策

汇率政策是指一国通过调整汇率来实现国际收支平衡的政策。当一国发生国际收支逆差时，该国可使本国货币贬值，以增强本国商品在国外的竞争力，扩大出口；同时，国外商品的本币价格上升，竞争力下降，进口减少，国际收支逐步恢复平衡。反之，当一国发生国际收支顺差时，该国可使本国货币升值，本币升值刺激进口、减少出口，国际收支逐步恢复平衡。

汇率政策的实施还需要一国货币政策和财政政策的配合，如采取本币贬值政策时一定要控制货币发行的数量。另外，通过本币贬值来改善国家收支时容易受贸易壁垒的影响，这样就影响了货币贬值带来的效果。

小资料

人民币每升值1%，棉纺织、毛纺织、服装行业的利润率将分别下降3.19%、2.27%和6.18%。以服装行业为例，目前绝大多数外贸服装订单的毛利在0.5元人民币，即出口1美元的产品，毛利为0.5元人民币。人民币对美元小幅升值2%，则意味着外贸企业每出口1美元的产品，毛利将损失0.15元人民币。可见，加速我国外贸出口结构的优化升级意义重大。

5) 直接管制政策

直接管制政策是指政府对经济交易实施直接行政控制来实现国际收支平衡的政策。直接管制包括外汇管制和贸易管制。

外汇管制是指对外汇收支、汇率水平进行的管制。常见的外汇管制手段包括限制私人持有外汇，限制私人购买外汇，限制资本输出、输入，实行复汇率制等。通过外汇管制，可以节约国家外汇支出，增加外汇收入，改善国际收支。

贸易管制是指对进出口贸易进行的管制。常见的贸易管制手段包括为出口商提供直接、间接的补贴，出口后可退税，实行出口优惠利率；同时采用高关税、进口配额、技术壁垒等限制进口。

直接管制政策最大的优点是比较灵活、针对性强，可以进行结构性调整，发挥作用所需要的时间短；与货币、财政政策配合使用，可以弥补其不足。但直接管制并不能真正解决问题，一旦取消管制，逆差还会出现，更会导致经济行为的扭曲，易遭他国的反对与报复。

知识拓展

技术壁垒是非关税壁垒的一类，它以技术为支撑条件，即商品进口国在实施贸易进口管制时，通过颁布法律、法令，制定条例、规定，建立技术标准、认证制度，建立卫生检验检疫制度，检验程序及包装、规格和标签标准等，提高对进口产品的技术要求，增加进口难度，最终达到保障国家安全、保护消费者利益和保持国际收支平衡的目的。

6) 供给政策

供给政策是指从供给角度来调节国际收支平衡的政策。它通过改善一个国家的经济结构、产业结构来增加出口商品和劳务的供给，从而达到改善国际收支的目的。其主要措施包括产业政策和科技政策。

供给政策可以从根本上提高一国的经济实力和科技水平，为实现一国内外均衡提供良好基础。供给政策的缺点是发挥作用的时间较长，调整的难度较大，影响的领域较多。供给政策主要适于调节长期的、结构性的国际收支失衡。

本 章 小 结

国际收支的概念有狭义与广义之分。狭义的国际收支是指一个国家或地区在一定时期内(通常是 1 年)与其他国家或地区对外贸易而发生的，必须立即结清的外汇收入与支出。广义的国际收支是指一个国家或地区的居民与非居民在一定时期内(通常是 1 年)全部经济交易的货币价值之和。国际收支反映的是国际间的经济贸易，是流量的、事后的、发展的概念。

国际收支平衡表是系统记录一个国家或地区在一定时期内所有国际经济活动收入与支出的统计报表。一般分为经常项目、资本和金融项目、储备资产和错误与遗漏 4 个项目。

一国由于临时性、结构性、周期性、货币性、收入性等原因产生了国际收支失衡现象。对不同类型的国际收支失衡，应该采取不同的调节方法进行调节。国际收支失衡的调节机制可分为市场调节机制和政策调控机制。为了使宏观经济达到内外平衡，必须注意政策搭配。

职业能力训练

一、填空题

1．二战后，新的国际贸易形式都被包含在国际收支范畴中。这时的国际收支被解释为(　　　　)。

2．在国际收支概念中，对居民和非居民的界定所依据的是(　　　　)，而非(　　　　)。

3．国际收支平衡表所包含的内容十分繁杂，一般分为(　　　　)、(　　　　)、(　　　　)、和(　　　　)4 个项目。

4．国际收支平衡表是按照现代会计学的(　　　　)来编制的，以(　　　　)、(　　　　)为记账符号。

5．对某些国家来说，(　　　　)差额在其整个国际收支中所占比重非常大，以至于经常把贸易收支作为国际收支的近似代表。

6．国际收支按交易的性质分为(　　　　)和(　　　　)两类。

7．匹配性原则是指调节国际失衡应考虑(　　　　)。

8．国际收支失衡的市场调节机制包括(　　　　)、(　　　　)、(　　　　)和(　　　　)。

9．利用(　　　　)政策进行国际收支失衡的调节，可以使国际收支产生的影响仅限于外汇储备的变化，它不宜用来对付巨额、长期的逆差。

10. 直接管制包括(　　)和(　　)两种。

二、不定项选择题

1. 下列项目中不属于国际收支经常项目的是(　　)。

A. 货物项目　　B. 金融项目

C. 服务项目　　D. 收入项目

2. 政府转移包括不同经济体政府间的国际合作或政府与国际组织之间的合作，下面属于政府转移的是(　　)。

A. 资助性汇款　　B. 外债的豁免

C. 战争赔偿　　D. 政府间的经济援助

3. 下列各项中，不属于居民的是(　　)。

A. 政府　　B. 非营利团体

C. 企业　　D. 国际机构

4. 国际收支平衡表的借方记载的是(　　)。

A. 进口商品　　B. 出口商品

C. 官方储备增加　　D. 官方储备减少

5. 下列各项中，属于自主性交易的是(　　)。

A. 商品　　B. 劳务

C. 技术交流　　D. 收益转移

6. 因国内经济、产业结构不能适应世界市场的变化而发生的国际收支失衡是(　　)。

A. 结构性因素　　B. 周期性因素

C. 货币性因素　　D. 收入性因素

7. (　　)是指选择调节国际收支的方式应尽可能减少来自他国的阻力。

A. 针对性原则　　B. 匹配性原则

C. 浮动性原则　　D. 非他性原则

8. 一国货币当局通过改变法定存款准备金率、再贴现率及公开市场业务等手段，控制和调节总需求和物价水平的政策措施是(　　)。

A. 汇率政策　　B. 财政政策

C. 货币政策　　D. 直接管制政策

三、判断题

1. 国际间的经济贸易是指经济价值的所有权从一国居民向另一国非居民的转移。(　　)

2. 在国际货币基金组织的储备头寸是指会员国在国际货币基金组织的普通资金账户中可自由提取和使用的资产。(　　)

3. 国际收支平衡表中的借方以符号“－”表示，它反映的是本国商品和劳务的出口、本国对外金融资产的减少、本国对外负债的减少。(　　)

4. 一国资本市场越开放、金融市场越发达，其资本与金融项目的流量总额就越小。(　　)

5. 用补偿性交易弥补的平衡是形式上的平衡、被动的平衡，实质就是国际收支的失衡。(　　)

6. 持续的国际收支顺差减轻了一个国家的通货膨胀。(　　)

7. 当一国的国民收入相对快速增长而导致进口需求的增长超过了出口增长，此时国际收支会出现顺差。 ( )

8. 外部均衡指的是国际收支均衡。 ( )

9. 当一国出现国际收支顺差时，政府可以采用紧缩性财政政策，改善国际收支失衡。( )

10. 供给政策的缺点是发挥作用的时间较长，调整的难度较大，影响的领域较少。( )

四、简答题

1. 理解国际收支内涵时应把握的重点有哪几方面？

2. 国际收支平衡表由哪几个项目构成？

3. 为什么说使用资本和金融项目时必须要对它进行综合分析和谨慎运用？

4. 价格机制是怎样改善一个国家国际收支失衡的？

5. 货币政策在实施时存在哪些局限性？

五、计算题

某国在一段时期内的经济交易如下，根据这些交易编制该国的国际收支平衡表。

(1) 某国企业出口价值为 110 万美元的设备，导致该企业在海外银行存款的增加。

(2) 某国居民到国外旅游花销 40 万美元，这笔费用从该居民的海外存款账户中扣除。

(3) 外商把价值 1 010 万美元的设备投入某国，兴办合资企业。

(4) 某国政府动用外汇库存 50 万美元向外国提供无偿援助，另提供相当于 70 万美元的药品援助。

(5) 某国的一个企业在海外投资获得利润 160 万美元。其中 80 万美元用于当地的再投资，50 万美元用于购买当地商品运回国内，30 万美元调回国内售给政府换取本国货币。

(6) 某国居民动用其在海外存款 50 万美元，购买外国某公司的股票。

六、案例分析题

我国国际收支状况进一步改善

2011 年是我国加入世界贸易组织 10 周年。过去的 10 年间，我国涉外经济和国际收支状况发生了显著而深刻的变化，我国获得了更加广阔的对外贸易成长空间，对外贸易额不断攀升，贸易顺差从激增转向回落并渐趋平稳，国际竞争力逐步增强。国家外汇管理局发布的 2011 年国家外汇管理局年报对 2011 年的外汇管理工作进行了详细梳理和总结。

2011 年我国国际收支总体呈现“双顺差”格局，顺差规模有所减少，国际收支状况进一步改善。数据显示，2011 年经常项目顺差 2 017 亿美元，较 2010 年下降 15%；资本和金融项目顺差 2 211 亿美元，下降 23%。2011 年年末，我国外汇储备余额为 31 811 亿美元，比 2010 年年末增加 3 338 亿美元。

一国的国际收支顺差如果过大，将影响该国宏观经济调控效果和国内经济平衡。首先，国际收支顺差过大可能导致输入性的流动性过剩，影响宏观调控的有效性。其次，可能形成中国经济对出口市场的过度依赖，加剧其波动性风险。因此，近年来我国一直积极致力于减少国际收支顺差，把促进国际收支平衡作为当年经济工作的主要任务之一。业内专家表示，总体来看，以减顺差为导向的外汇管理政策调整对防范跨境资本流动冲击、维护国家经济金融安全发挥了积极作用。例如，2010 年 11 月以来两次提高银行结售汇头寸下限，提前要求银行增持外汇头寸，不仅缓解了央行当期购汇压力，降低了银行货币错配风险，也有效平滑了2011年第四季度以来银行主动增持头寸的过程，平抑了市场可能产生的大幅波动。

目前世界经济复苏放缓，国际资本流动的不确定性依然较大，政府债务高企，欧美等发达经济体将继续实施紧缩财政政策，经济增长提升空间有限。与此同时，美国、欧洲等主要发达经济体货币政策仍将维持宽松，全球流动性充裕的基础依然存在，但国际金融监管进一步趋严，欧债危机有可能继续向欧元区其他高负债国家蔓延，银行业风险和主权债务风险交织上升，再加上地缘政治事件等不稳定因素，全球资金避险情绪可能会有所起伏，导致跨境资本流动出现较大波动。

与此同时，2012年我国经济保持平稳较快发展，经济增长的内生性继续增强。虽然全年经济增长目标有所下调，但在工业化、城镇化等长期增长因素推进的同时，我国继续进一步落实扩大消费需求、增加进口和实施“走出去”战略。综合考虑以上内外部因素，国家外汇管理局曾预计，2012年我国国际收支仍将保持顺差，但顺差将大幅减少。

加强跨境资金流动监管一直是外汇管理工作的重中之重。国家外汇管理局有关负责人表示，近年来，外汇管理部门坚守风险底线，不断加强和改进本外币跨境资金流动监管，在坚持均衡管理的同时，重点防范“热钱”流入。针对2011年我国外汇收支波动加大的新情况、新特点，外汇管理部门把减缓银行结售汇顺差和外汇储备过快增长作为外汇管理的工作重点，疏堵并举、突出重点、多管齐下、综合施策，有效防范跨境资金流动冲击。

近年来，外汇管理部门不断提升外汇检查手段，提高打击“热钱”的精准性和有效性。坚持抓大放小，把金融机构、大型企业作为重点，开展资本金结汇、短期外债等专项检查，集中力量查办重大违规案件。

【案例思考】何为“双顺差”？对我国有怎样的影响？

第5章 国际储备

知识目标

- 了解国际储备的基本概念，掌握国际储备的构成；明确国际储备管理的内涵，理解国际储备的规模管理和结构管理；了解我国国际储备的基本情况。

能力目标

- 能够分析一国国际储备的规模和结构；能够根据定量分析法确定一国国际储备的适度规模。

引例

人民币有望十年内成为国际储备货币

我国目前已经是全球第二大经济体，而且是世界经济增长的主要推动力。然而，人民币却是全球六大经济体所发行货币中唯一没有担当国际储备资产的货币。人们日益关注的一个问题是，人民币的国际地位最终是否会赶上中国经济在国际上的地位。美国康奈尔大学贸易政策资深教授、前国际货币基金组织中国部和研究部金融研究处负责人普拉萨德曾作出预测："在今后 10 年时间里，人民币将成为非常接近于可自由兑换的国际储备货币。"但他同时认为，人民币国际化将会经历一个艰难而曲折的过程。

(资料来源：http://www.sgtv.cc/culture.)

【思考】什么是国际储备？国际储备货币的内涵是什么？作为国际储备的货币资金必须具备哪些条件？

国际储备(international reserves)是一国经济实力和金融地位的总体体现，反映了一国弥补国际收支逆差、稳定汇率的能力，对该国经济的长期稳定发展发挥着重要的作用。

5.1 国际储备概述

5.1.1 国际储备的概念

国际储备又称官方储备，是一国政府为了弥补国际收支逆差和维持本国货币汇率的国际间可以接受的一切资产。

世界银行关于国际储备的定义是国家货币当局占有的那些在国际收支出现逆差时可以直接或通过有保障的机制兑换成其他资产以稳定该国汇率的资产。

国际储备的充裕程度体现了一国国际清偿力的大小，它是一国维持汇率水平的重要保障。国际收支失衡可以引起一国国际储备的增减，而官方政府对国际储备资产的运用也是调节国际收支的重要政策手段。

知识拓展

国际清偿力是指一国政府平衡国际收支逆差、稳定汇率时无须采用调节措施的能力。国际清偿能力除了包括国际储备的内容之外，还包括一国政府向外国政府或中央银行、国际金融机构和商业银行借款的能力。

国际储备仅仅是一国具有的现实的对外清偿能力，其数量多少反映了一国在涉外货币金融领域中的地位；而国际清偿能力则是该国具有的现实的对外清偿能力与可能具有的对外清偿能力的总和，它反映了一国货币当局干预外汇市场的总体能力。一般来说，不同类型的国家所拥有的国际清偿力有很大差别。

作为一国的国际储备的资产，一般应具备如下性质。

1. 官方持有性

国际储备资产必须是一国货币当局持有且无条件支配使用的资产，非官方金融机构、企业和个人持有的资产均不算国际储备资产。

2. 自由兑换性

国际储备资产必须能自由地同其他货币相兑换，如果缺乏自由兑换性，国际储备资产的功能就无法体现。

3. 充分流动性

国际储备资产必须是随时可以使用的资产，能够及时地进行流通、转移或兑付，不受任何人为的限制。

4. 普遍接受性

国际储备资产必须能够被世界各国普遍认同和接受，如果一种资产仅在小范围内被接受，就不能算作国际储备资产。

5.1.2 国际储备的构成

国际储备资产的构成随着世界经济的发展而不断发生变化。在国际金本位制度下，由于黄金在国际经济中直接行使着世界货币的职能，世界各国都把黄金作为国际储备资产。随着国际经济的不断发展，黄金地理分布的不均衡满足不了国际经济结算手段的需求，在纸币本位制度下，许多国家开始能把兑换黄金的外汇也当作储备资产，逐渐形成了外汇储备。国际货币基金组织成立以后，各国在国际货币基金组织的储备头寸和国际货币基金组织分配的特别提款权也先后被列入储备资产的行列。

目前，根据国际货币基金组织对国际储备构成的规定，一国的国际储备包括黄金储备、外汇储备、会员国在国际货币基金组织的储备头寸和特别提款权。

1. 黄金储备

黄金储备是指一国政府持有的货币性黄金。黄金储备是国际储备的最初形式，在金本位制度下，黄金成为全世界最主要的国际储备资产。

黄金储备作为一种国际储备资产具有以下优点：

(1) 黄金的价值比较稳定。黄金本身是货币商品，具有内在的价值，在国际金融市场剧烈波动和通货膨胀时期是一种很好的保值手段。

(2) 黄金储备的使用不受超国家主权的干预。黄金储备完全属于一国主权范围内的国家财富，可以自行控制，不受任何其他国家权力的支配和干预。

(3) 黄金储备具有相对的内在稳定性。其他货币的发行须受国家或金融机构的信用和偿付能力的影响，债权国往往处于被动地位，不如黄金储备可靠。

(4) 黄金储备的使用比较方便。国际黄金市场为黄金的使用提供了便利的条件。

黄金作为一种国际储备资产具有以下缺点：

(1) 黄金的流动性较低。《牙买加协定》的实施，使得黄金不能作为直接的支付手段使用，而只能是在黄金市场上出售黄金，换成可自由兑换的货币。

特别提示

1976 年的《牙买加协定》确定了黄金非货币化，此后，黄金作为国际储备的作用和地位大大削弱，它在国际储备中的比重也呈现出逐年下降的趋势。

(2) 黄金收益率偏低。由于黄金储备本身不能生息，还要支付保管费用，所以黄金的收益只能来源于金价的上涨扣除黄金的保管费用。

(3) 持有黄金的机会成本较高。特别是发展中国家，由于其国民收入较低，外汇资产缺乏，需要充分利用一切资金来发展生产，因而以持有黄金的形式保有大量资产的机会成本较高。

(4) 增加黄金储备困难。由于产金成本的日益增加，黄金产量增长有限，影响了黄金的供给。因此，要想大量增加黄金储备，往往只能通过支付巨额的外汇在黄金市场上购买黄金。

目前，黄金作为世界货币和储备资产的地位虽然已被削弱，但仍然是重要的国际支付手段。特别是在国际储备多元化的今天，黄金储备的数量也是评价一国对外支付能力和一国国际信用度的重要标准之一。世界各国黄金储备情况见表 5-1。

表 5-1　世界各国黄金储备排名表(2012 年 1 月)

序号	国家(组织)	数量/吨	黄金储备占外汇储备比例
1	美国	8 133.5	76.7%
2	德国	3 396.3	73.9%
3	国际货币基金组织	2 814.1	—
4	意大利	2 451.8	73.4%
5	法国	2 435.4	73.0%
6	中国	1 054.1	1.8%
7	瑞士	1 040.1	17.3%
8	俄罗斯	883.3	9.8%
9	日本	765.2	3.2%
10	荷兰	612.5	62.7%

2. 外汇储备

外汇储备是指一国货币当局持有的对外流动性资产，包括现钞、国外银行存款、国外有价证券等。外汇储备在国际储备资产中使用的频率最高、规模最大，是各国国际储备的主要构成部分。

充当国际储备资产的国际货币必须具备下列条件：一是能自由兑换成其他储备货币；二是在国际货币体系中占据重要地位；三是其购买力必须具有稳定性。

知识拓展

一战以前，英镑是最主要的储备货币。20 世纪 30 年代美元崛起，与英镑共同作为储备货币。二战以后，美元成为唯一在一定条件下可兑换为黄金的货币，处于“等同”黄金的地位，成为各国外汇储备的主体。20 世纪 60 年代起，随着美元危机的不断爆发，美元作为储备货币的功能相对削弱，而德国马克、日元的地位却不断上升，国际储备货币出现了多元化局面，1999 年 1 月 1 日起，欧元成为一种新的储备货币。目前，充当外汇储备的主要货币有美元、日元、英镑、欧元等。

外汇储备作为一种国际储备资产具有以下优点：

(1) 外汇储备的机会成本低。外汇储备不需要支付保管费用，而且货币当局经常将外汇投资于国外存款或购买外国政府债券，可以获取投资收益。

(2) 外汇储备调度灵活。政府可以随时动用外汇储备，及时干预外汇市场，便于在国际间转移，并可随时用于对外支付。

(3) 外汇储备供应充足。外汇储备供应的增长不受生产条件的限制，能够适应并满足国际经济发展的需要。

外汇储备作为一种国际储备资产具有以下缺点：

(1) 外汇储备的价值不稳定。当储备货币贬值时，易使储备国遭受损失。

(2) 外汇储备的使用容易受到储备货币发行国的限制。外汇储备主要存放在外国银行，在国际关系紧张时，往往会被敌对国家冻结银行账户。

(3) 外汇储备的供应缺乏约束和保障。当外汇储备供应少时，很多国家被迫实行外汇管制或采取其他不利于国际经济贸易发展的措施；当外汇储备供应多时，会增加世界性通货膨胀的压力。

外汇储备是当今国际储备的主体。二战后，外汇储备增长很快，在世界国际储备总额中所占的比重越来越大。1950 年仅占 27.6%，到了 1970 年已达 48.6%，进入 20 世纪 80 年代以来一直维持在 80%以上，1990 年为 88%，1994 年虽略有下降，但仍高达 72.8%。2000 年年末，国际货币基金组织会员国的外汇储备占国际储备总额的 85%。

从外汇储备的世界分布看，发展中国家的外汇储备增长相对而言更为迅速。究其原因，发展中国家积极实行对外开放政策，出口外汇收入和融资手段增加；另外，发展中国家在推进市场化改革的过程中，面临的金融风险增加，迫使其不得不保持较高的储备水平。外汇储备情况见表 5-2。

表 5-2　2010 年世界各国(地区)外汇储备排名表

单位：亿美元

国家(地区)	中国大陆	日本	俄罗斯	中国台湾	韩国
外汇储备	26 480	10 416.9	4 637.7	3 792.6	2 902.3
世界排名	1	2	3	4	5

3. 在国际货币基金组织的储备头寸

在国际货币基金组织的储备头寸又称普通提款权，是指会员国在国际货币基金组织的普通资金账户中可自由提取和使用的资产。一般，会员国在国际货币基金组织的储备头寸占该国国际储备的比重较小，大约为 3%。

在国际货币基金组织的储备头寸包括 3 部分：

(1) 会员国向国际货币基金组织缴纳份额中的 25%的黄金外汇部分，按照规定，会员国可以自由使用这部分资金，因此，它是一国的储备资产。

(2) 国际货币基金组织为满足其他会员国的借款需要而使用的本国货币。按照规定，会员国缴纳份额中的 75%可以用会员国本国货币缴纳，国际货币基金组织可以向其他会员国提供本国货币的贷款，会产生该会员国对国际货币基金组织的债权。

(3) 国际货币基金组织向一个国家借款的净额，也是该会员国对国际货币基金组织的债权，可视为一个国家的国际储备资产。

国际货币基金组织的一项宗旨是在会员国遭受国际收支逆差时可向其提供短期融通资

金，帮助其克服国际收支困难。

特别提示

当会员国遭受国际收支困难时，有权以本国货币为抵押向国际货币基金组织申请可兑换货币贷款。贷款最高限额可达到会员国所缴份额的 125%，分为 5 档，每档占其认缴份额的 25%，提出条件逐渐严格。第一档由于是会员国认缴的可兑换货币，因此条件比较宽松，会员国只要提出申请便可提用，这一档称为储备部分提款权。其余 4 档使用条件逐渐严格，称为信用提款权。

4. 特别提款权

特别提款权是指国际货币基金组织创设的一种记账单位，它是由国际货币基金组织分配给会员国的一种使用资金的权利，是对普通提款权的补充。它代表会员国在普通提款权以外的一种特别使用资金的权利。

特别提款权与普通提款权的不同表现在以下几个方面：

(1) 偿还时间不同。普通提款权必须在 3～5 年偿还，而特别提款权归会员国无条件所有。

(2) 使用范围不同。特别提款权仅限于会员国官方转账时使用，任何私人和企业不得持有和使用。

(3) 解决问题不同。特别提款权限于解决国际收支不平衡问题，不能用于日常的贸易活动，更不能用于兑换黄金。

(4) 内在价值不同。特别提款权是一种凭信用发行的资产，本身不具有内在的价值。

由于特别提款权不会因为受到一国货币价值变动的影响而发生大幅度的贬值，所以它被认为是一种比较稳定的资产。但由于特别提款权发行数量不多，因此在世界储备总额中所占比重不大。截至 2010 年，特别提款权总量只占世界国际储备总额的 4.8%。

需要指出的是，如果一国或地区是国际货币基金组织的会员，则该国的国际储备包含上述 4 个方面，但如果该国不是国际货币基金组织的会员，则它的储备资产构成只包含黄金储备和外汇储备。

5.1.3 国际储备的作用

国际储备是一个国家的国际金融实力及其在国际经济中地位的标志，为了保持一国经济的稳步发展，维持一国金融体系良好运转，各国要保持一定数量的国际储备。国际储备的主要作用可体现在以下几个方面。

1. 有助于平衡国际收支逆差

一国在对外经济交往中，不可避免地会发生国际收支逆差，如果这种情况得不到及时控制，会影响一国经济的稳步发展。当一国发生国际收支逆差时，政府可运用国际储备来弥补。当国际收支逆差是暂时性的，可动用国际储备来弥补逆差，无须采用压缩进口等影响国内经济正常运行的限制性措施。当国际收支逆差是长期性的，国际储备可以起到一种缓冲作用，使政府赢得时间，选择适当时机有步骤地进行调节，降低各种调整措施对国内供求均衡带来的负面效应。

2. 有助于维持本国货币汇率的稳定

一国持有足够的国际储备资产，可以在必要时对外汇市场进行干预，使汇率维持在一国政府所希望的水平。一国持有国际储备的多少表明其干预外汇市场和维持汇率的实力。在浮动汇率制度下，汇率的波动是经常的，汇率的频繁波动会严重影响一国经济的稳定，因此，各国动用国际储备干预外汇市场就显得非常必要。

特别提示

当外汇汇率上升时，可以通过出售储备购入本币，缓和外币升值；反之，当本币升值过快时，可以通过购入储备抛出本币增加本币供给，抑制本币升值。

利用国际储备对外汇市场进行干预，只是通过改变外汇市场上本币和外币的供求关系来影响汇率，无法从根本上改变决定汇率的基本因素。所以，国际储备对外汇市场的干预只能对汇率产生短期的影响。

3. 有助于提升国际地位

一国持有国际储备的多少表明了一国平衡国际收支、维持汇率稳定的实力。一国拥有充足的国际储备，意味着该国有足够的外汇可以维持汇率的稳定，一旦本币汇率发生大幅波动，该国中央银行可以有足够的手段平抑。而汇率的稳定能够保证外商的长期投资收益不会受到汇率大幅波动的影响，提升了一国在国际经济贸易中的地位。

5.1.4 国际储备的来源

从一国来看，国际储备的来源主要有以下几个渠道。

1. 国际收支顺差

国际收支的顺差是国际储备的主要来源。如果一国的经常项目为顺差，而资本净流出较少或为净流入，则该国的国际储备量增加；反之，如果一国的经常账户为逆差，而又没有资本净流入来补偿，则该国的国际储备量减少。

【例 5-1】 资本项目的顺差是否是一个国家增加国际储备的可靠来源？

解析： 长期资本项目的顺差如果没有新资本的流入，反而会因为利润和红利的汇出而减少，如果发生外资抽回的情况，还可能使顺差消失。至于短期资本项目的收支顺差则本身就具有不稳定性。所以，资本项目的顺差不是一个国家增加国际储备的可靠来源。

2. 干预外汇市场时买进的外汇

一国的货币当局为了干预外汇市场而买入外汇也可以增加该国的国际储备量。当一国的货币受到升值压力时，该国的货币当局就会在外汇市场上抛售本国货币买入外汇以稳定汇率，这些买入的外汇就成为了国际储备资产。

特别提示

在面临日元升值的压力之下，日本中央银行抛出日元，买进美元，以延缓日元的升值趋势。这种干预活动，使日本的外汇储备大幅度增加。

3. 中央银行在国内收购的黄金

黄金储备是国际储备的一部分。一国中央银行增加黄金储备可以从国内市场购入，也可以从国际市场购入，二者都可以增加其黄金的持有量。用本币从国内市场收购黄金，可以增加该国的国际储备总量；如果用原有的外汇储备从国际市场上收购黄金，只改变该国国际储备的构成，并不会增大其国际储备总量。

知识拓展

长期以来，黄金产量一直跟不上世界经济的增长，而非货币用金量的增长快于黄金产量的增长，使得黄金已经不再是当今国际储备的主要来源。以绝对量统计，国际货币基金组织会员国的黄金储备在 1970 年为 10.6 亿盎司，到 1992 年 11 月底下降到 9.3 亿盎司。22 年内国际货币基金组织会员国数量增加了，黄金储备反而减少了 1.3 亿盎司。

4. 一国政府或中央银行对外借款的净额

一国政府或中央银行凭借其自身的信誉和经济实力，通过在国际金融市场或者向国际金融机构借入的款项，也是一国国际储备的来源之一。

5. 在国际货币基金组织的储备头寸的提用

会员国向国际货币基金组织缴纳份额中的 25%的储备头寸，在平衡国际收支逆差时可以申请提用，因而也可以视为一项补充性质的国际储备资产。

6. 国际货币基金组织分配的特别提款权

特别提款权是国际货币基金组织作为补充会员国国际储备的额外资金来源。由于特别提款权的分配总额占世界储备资产总额的比重较小，而且在发达国家和发展中国家之间的分配不平衡，这一来源的增加还会受到许多限制，因此，它不可能成为国际储备的主要来源。

小资料

国际货币基金组织于 2009 年 8 月 13 日宣布，该组织最高权力机构理事会已批准向会员国普遍分配相当于 2 500 亿美元的特别提款权，通过补充会员国的外汇储备增加全球经济体系的资金流动性。这将使每个国家分配到的特别提款权增加约 74%，使国际货币基金组织会员国的分配总额从约 330 亿美元增加到 2 830 亿美元。其中，近 1 000 亿美元的特别提款权将提供给新兴市场和发展中国家，中国新增 90 亿美元。

5.2 国际储备的管理

5.2.1 国际储备管理的含义

国际储备管理是指一国货币当局根据一定时期内本国的国际收支状况和经济发展的要求，对国际储备的规模、结构和储备资产的运用等进行调整和控制，以达到储备资产规模的适度化、结构的最优化和效益的最大化，并实现调控国民经济和国际收支的目标。

国际储备管理是国家宏观经济管理政策的重要方面。首先，国际储备管理与国际收支政策和汇率政策具有直接的关系。其次，国际储备管理与国家货币政策息息相关。再次，国际储备是国家重要的财力资源，如果调度和运用得当，会为一国创造较高的经济效益；如果调度和运用不当，也会给国家带来重大的损失或资源的闲置浪费。

作为一个国家的货币当局，在管理本国国际储备资产的过程中，必须综合考虑如何发挥本国国际储备资产的全部作用，因此，国际储备资产的管理原则必须是安全的、流动的和盈利的最佳组合。

1. 安全性原则

储备资产的安全性是指国际储备资产本身价值的稳定和存放的可靠。具体包括两个方面的含义：一是一国在考虑持有何种储备货币时，必须首先考虑这种储备货币的汇率是否稳定；二是在确定将这些储备货币存放在哪一个国家的银行时，必须充分考虑到它是否可靠。

2. 流动性原则

储备资产的流动性是指国际储备资产随时能够被使用。不同形态的国际储备资产的流动性是不同的。例如，活期存款、汇票等资产的流动性较高，可作为第一储备；而黄金、债券等资产的流动性较弱，只能作为第二储备。因此，对这些不同流动性的国际储备资产进行安排时，一方面要保证有富裕的第一储备，以利于日常的国际支付；另一方面把流动性不同的储备资产用作不同期限的投资，以利于对外支付的衔接，保证资产的充分流动。

3. 盈利性原则

储备资产的盈利性是指国际储备资产在保值的基础上能够取得较高的收益。由于持有国际储备资产是需要成本的，所以，各国货币当局在管理本国的国际储备资产时，应尽可能提高储备资产的盈利性，相应降低持有国际储备资产的机会成本。

知识拓展

机会成本是指为执行一种投资方案而不执行另一种可行方案所损失的利益或收入。例如，一笔资金可投资于设备，也可投资于证券，则投资于证券所预期的收益，就是选择投资于设备这一决策的机会成本。计算机会成本是为了在若干个可行方案中选择最优方案时提供效益比较的信息。

需要指出的是，国际储备资产管理的 3 个原则彼此之间往往是相互排斥、相互矛盾的。因此，各国在安排本国的国际储备资产时，应注意协调好 3 个原则之间的关系，处理好彼此的矛盾，使本国国际储备资产的管理达到风险最小和收益最大的最佳组合。

【例 5-2】 为什么说国际储备资产管理的 3 个原则之间往往是相互排斥、相互矛盾的？

解析：就安全性和盈利性而言，资金的安全离不开资金的盈利。资金的安全是相对的，风险则是绝对的，特别是当今国际金融市场风云变化的情况下，资金的风险是不可避免的。要保证资金的完好无损，资金必须要盈利，只有盈利才是弥补资金风险损失的真正来源。由此可见，对国际储备的管理来说，在保证流动性和安全性的前提下，又要尽可能追求盈利性。如果这 3 个原则之间相互矛盾，只能作出妥协，储备资产的流动性应放在首位。

随着国际储备规模的不断扩大，各国愈来愈重视对国际储备的管理，并根据本国不同的情况，采取了不同的管理措施。总的来说，国际储备主要是解决两个方面的问题：一是量的管理，即国际储备的规模管理；二是质的管理，即国际储备的结构管理。

5.2.2 国际储备的规模管理

国际储备的规模管理又称总量管理，是指对一国国际储备资产的数量进行有效的选择和确定，以便把国际储备规模维持在一个相对合理的水平上。所以，国际储备规模管理的实质就是确定和保持国际储备的适度规模水平。国际储备作为一国调节国际收支逆差、稳定本币汇率的保证，其规模不能过小，但也不宜过大，应保持一国国际储备的适度规模。

国际储备规模过小会对一国经济产生不利影响：

(1) 国际储备规模过小面临着国际收支危机。若一国持有的国际储备过小，该国又不能及时从国际上获得资金，就不能弥补国际收支逆差，易引起国际收支危机。

(2) 国际储备规模过小增加了政府的风险。如果政府缺少足够的储备资产，在干预外汇市场、维持汇率稳定方面的能力有限，就增加了政府在国际贸易和金融活动中的风险。

(3) 国际储备规模过小降低了国际清偿能力。国际储备是一国对外借债的信用保证，它反映了一国偿还的能力，如果国际储备匮乏，就面临着清偿外债的困难，易受到各种外部资金的冲击。

国际储备规模过大也会对一国经济产生不利影响：

(1) 国际储备规模过大会造成本国资源的浪费。从来源看，国际储备资产主要是出口商品换取的外汇资金，这部分储备资产实质是国内的物质以资金形式存放在国外。因此，国际储备越多，意味着从国内输出的物资越多，造成了资源的浪费。

(2) 国际储备规模过大容易造成通货膨胀的压力。一国国际储备的增加将导致该国货币发行量扩大，因而会造成通货膨胀的压力。

(3) 国际储备规模过大实质是外汇储备过多。由于国际储备的构成中外汇储备占大部分，外汇储备又是一国存放在其他国家银行的国外资产，所以外汇储备过多容易受到外汇汇率波动的冲击。

小资料

我国台湾地区由于国际储备过多，一直面临巨大的通货膨胀压力，同时经常受到外汇汇率波动的冲击，仅 1995 年春天的美元危机，就使得台湾当局的外汇储备损失了近 20 亿美元。

由于不同的国家有不同的国情，对国际储备的需求都会不同，一国的国际储备规模以多少为适度，各国没有统一的标准，因此，各国必须根据本国的具体情况确定适度储备量。影响一国国际储备适度储备量的因素主要有以下几个方面。

1. 经济发展水平

一般来说，影响一国国际储备水平的主要因素是该国的经济发展水平。经济发展水平与一国的国际储备资产的数量成正比例关系。即一国经济发展水平越高，所需要的国际储备资产的量就越大，反之，需要国际储备资产的量就越小。

2. 对外贸易状况

贸易收支是国际收支的重要因素。一国进口商品的规模越大，该国所需要的国际储备也就越多，如果一国出口的商品具有较强的国际竞争力，能够长期保持贸易顺差，则可适当减少国际储备的数量。

3. 外汇管制程度

实行外汇管制的国家，在发生国际收支逆差时，可以直接通过对外汇的管制来扩大外汇收入和限制外汇支出，从而实现国际收支平衡。管制越严，需要的储备量就越少；反之，需要的储备量就越多。

【例 5-3】 实行外汇管制的国家，国际储备的合理数量应为多少？

解析：一国国际储备的合理数量为该国年进口总额的 20%～50%。实施外汇管制的国家，因政府能有效地控制进口，故储备可以少一点，但底线在 20%。

4. 货币的国际地位

若一国货币在国际上地位较高，是国际储备货币，那么它可以通过输出本国货币的办法来弥补国际收支逆差，不需要较多的国际储备；反之，则需要较多的国际储备。

5. 国际融资能力

若一国国际信誉高，在国际金融市场上筹措资金的能力强，就可能通过借款进行对外支付，可以减少国际储备资产持有量；反之，需要的储备量就多。

6. 国际经济合作与政策协调

一国与其他国家如果能正常开展广泛的国际经济合作，并能保持政策相协调，有益于国际收支失衡的调节，可适当降低国际储备的持有量；反之，对国际储备的需求就会增加。

特别提示

上述列举的影响一国国际储备适度规模的因素，有政治的、社会的，也有经济的，这些因素有的可以用量来描述，有的很难量化，只能用经济估算的方法确定，并且各种因素交织在一起，相互影响，很难用一个固定的模式进行准确计算。

目前，理论界或各国政府在确定国际储备适度规模时，常参考如下两种定量分析法。

1. 比例分析法

基本做法是根据经验确定一个大概数，即利用国际储备与一些经济指标之间的比例关系判断一国国际储备的适度水平。主要有以下 3 种方法。

1) 进口比例分析法

此种方法是 20 世纪 60 年代美国经济学家罗伯特·特里芬对 12 个主要国家的国际储备变动情况进行实证研究后提出的。他认为，一国的国际储备应与它的贸易进口额保持一定的比例关系。这种比例一般以 40%为适度，低于 30%则需要采取调节措施，而 20%为底线。目前国际上一般认为一国的国际储备量应以满足 3～4 个月的进口为宜，因为黄金和其他储备资产数量极其有限，所以当今各国也把这一比例视为国际储备量的参考标准。

小资料

20 世纪 60 年代美国耶鲁大学教授罗伯特·特里芬在其出版的《黄金与美元危机》一书中提出，一国的国际储备量应与它的贸易进口额保持一定的比例关系。此种比例标准后来被各国普遍运用。

2) 国民生产总值比例分析法

一般来说，一国的经济规模越大，发展速度越快，对市场的依赖程度也就越大，因此需要更多的国际储备作为后盾。反之，需要更少的国际储备。这项指标通常以实现国内平衡为出发点。

3) 外债比例分析法

外债比例是反映一国对外清偿能力和资信的一项指标，这项指标是从满足国际社会对国内经济的要求角度设计的。一般来说，一国国际储备量占外债总额的 50%为宜。

外债比例分析法的优点是简单易行，具有很强的操作性。

外债比例分析法也有明显的缺点：某一比例关系只能反映个别经济变量对储备需求的影响，而不能全面反映各种经济变量的影响；只用进口贸易这项单一的指标作为决定各国国际储备量的需求，不够全面。

2. 成本-收益分析法

此方法是 1966 年以海勒为首的经济学家将微观经济学的厂商理论运用于外汇储备总量管理而提出的。该分析法认为：当一国国际储备的边际收益等于边际成本时，所持有的国际储备量是最适度的。

知识拓展

厂商理论又称市场理论。它是研究影响资源配置和分配的厂商行为的理论，是微观经济学的组成部分。其中厂商是市场经济中生产组织的基本单位，它主要指个体工商户、合伙公司、股份公司等，而生产相同产品的同类厂商则组成一个行业。厂商理论研究不同市场条件下的厂商均衡条件与价格、产量的决定。

在微观经济学中，对厂商理论的研究有 4 个方面：①成本理论；②市场或厂商的分类；③厂商均衡；④非利润最大化的厂商理论。

一般情况下，国际储备的需求量与持有国际储备的成本成反比，与持有国际储备的收益成正比。持有国际储备的成本是指因持有储备而损失的将其用于其他场合而获得的投资收益。持有国际储备的收益是指当国际收支出现逆差时，一国可以动用国际储备来弥补国际收支逆差，避免因采用其他调节方法而造成国民收入下降。

成本收益分析法的优点：为一国确定合理的储备规模提供了一个理论上的标准，具有一定的说服力。

成本收益分析法的缺点：忽视了国际储备具有多种形式，而不同的形式带来不同的收益；持有国际储备的成本和收益在测算上比较困难，有时无法量化。

5.2.3 国际储备的结构管理

国际储备的结构管理是指对一国国际储备资产的结构进行确定和调整，使黄金储备、外汇储备、在国际货币基金组织的储备头寸和特别提款权的分布格局处于最佳水平。在确定了一国国际储备的适度规模之后，一国应该如何持有和管理这些储备资产，各项储备资产比例的分配，外汇储备中币种分配的安排，储备资产的资产组合和风险分散等问题，构成了国际储备结构管理的主要内容。

20 世纪 70 年代以后，国际货币制度发生了重大变化，布雷顿森林体系被牙买加体系替代。此后出现了单一的固定汇率转变为多种的管理汇率制度，储备资产从单一的美元转变为美元、欧元、日元、英瑞士法郎等多种储备货币同时并存的局面，因此，各国货币当局都非常重视对本国国际储备结构的管理。

知识拓展

布雷顿森林体系是指二战后以美元和黄金为基础的金汇兑本位制度。其实质是建立一种以美元为中心的国际货币体系，基本内容包括美元与黄金挂钩、其他国家的货币与美元挂钩及实行固定汇率制度。布雷顿森林体系的形成，暂时结束了战前货币金融领域里的混乱局面，维持了战后世界货币体系的正常运转。

1976 年 1 月，国际货币基金组织理事会国际货币制度临时委员会在牙买加首都金斯敦达成了《牙买加协定》，同年 4 月，国际货币基金组织理事会通过了《国际货币基金协定第二修正案》，从而形成了新的国际货币体系，沿用至今。主要内容是国际储备货币多元化、汇率安排多样化、多种渠道调节国际收支。牙买加体系对维持国际经济运转和推动世界经济发展发挥了积极的作用。

1. 黄金储备、在国际货币基金组织的储备头寸和特别提款权的结构管理

各项国际储备资产要按照一定的比例进行搭配，以实现国际储备资产的最优化。国际储备资产结构管理的目标：通过国际储备资产的最佳组合，在兼顾安全性和流动性的同时，获取最大的收益。然而在实际的储备资产运作中，流动性和收益性往往互相排斥，这就需要在二者之间进行兼顾。由于国际储备的主要作用是弥补国际收支逆差，所以各国更重视储备资产的流动性。西方经济学家根据流动性的高低，将储备资产划分为三级。

1) 一级储备资产

一级储备资产是指流动性非常高、收益性比较低的资产，如活期存款、短期存款和短期政府债券。平均期限为 3 个月。

2) 二级储备资产

二级储备资产是指收益性高于一级储备，而流动性低于一级储备的资产，如中期政府债券。平均期限为 2～5 年。

3) 三级储备资产

三级储备资产是指收益性高于二级储备，而流动性低于二级储备的资产，如长期公债券。平均期限为 4～10 年。

一级储备资产可以随时用于弥补国际收支逆差和干预外汇市场，二级储备资产可以作为补充性的流动资产。三级储备资产主要用于扩大储备资产的收益性。三个级别储备资产的结构应如何安排，则视各国的具体情况而定。一般来说，一国应当拥有足够的一级储备来满足储备的交易性需求。这部分储备随时都可以动用，能充当日常干预外汇市场的手段。当交易性需求满足以后，就可以将剩余的储备资产在二级储备资产和三级储备资产之间进行组合投资，在保证流动性的前提下提高储备资产的收益性。

特别提示

黄金储备的投机性最强，由于各国货币当局一般只在黄金价格对其有利时才愿意出售，转为储备货币，可视为三级储备资产。在国际货币基金组织的储备头寸随时可以动用，可视

为一级储备资产。特别提款权使用时必须向国际货币基金组织申请，并由国际货币基金组织安排接受特别提款权可兑换外汇的国家，这一过程需要一定的时间，可视为二级储备资产。

一国的国际储备资产中，在国际货币基金组织的储备头寸和特别提款权这两项所占的比重很小，决定权也不在本国。黄金储备虽然一直是国际储备的主要组成部分，但由于产量低、持有的成本高和流动性差等原因，它在国际储备中所占的比重有不断下降的趋势。因此，各国安排国际储备的结构管理，实际上主要是外汇储备资产的结构管理问题。

2. 外汇储备的结构管理

外汇储备的结构包括外汇储备的来源结构、外汇储备的币种结构和外汇储备的期限结构等。

1) 外汇储备的来源结构管理

外汇储备的来源可以分为全球的储备来源和一国的储备来源。从世界范围看，外汇储备主要来自储备货币发行国的货币输出；从一国范围看，外汇储备的来源主要有以下 4 个方面。

(1) 国际收支顺差。从国际收支平衡表的构成项目看，一国的外汇储备来源于两个项目：一是经常项目的顺差，它是通过增加本国对外的净债权获得的外汇储备，一般将这类外汇储备称为自有储备；二是资本和金融项目的顺差，它是通过增加本国对外的债务获得的外汇储备，又称借入储备。

依靠自有储备积累的外汇储备既不存在还本付息和投资利润的汇出，也不存在短期资本的抽逃问题，因此它具有稳定性。而依靠借入储备形成的外汇储备不具有稳定性。所以自有储备所占比例越大，对稳定一国对外经济关系的作用就越明显。

【例 5-4】 为什么说依靠借入储备形成的外汇储备不具有稳定性？

解析：在借入储备形成的外汇储备中，短期资本有很大一部分属于投机性资本，如果一国的经济、政治环境发生变化会导致这些资本的快速逃离，甚至引发金融危机；长期资本的流入会经历一个过程，具有一定的由盛到衰的周期性，长期资本流入后相应的还本付息及投资利润的汇出又会形成持续的资本外流，因此它不具有稳定性。

(2) 国际信贷。国际信贷是一国在一定时期内对外债权和债务的综合反映。通过国际信贷，借款国增加了外汇流入，国际储备增加；贷款国增加了外汇支出，国际储备减少。

(3) 干预外汇市场。当外汇市场上外汇供应过多，外汇汇率有下跌趋势，而本币汇率有上涨势头时，货币当局为了维持本国货币汇率，可以抛出本国货币买进外汇，这部分外汇就增加了外汇储备的总量。

(4) 储备资产本身的增值部分。一国所拥有的外汇储备在国际金融市场上的汇价发生变化时，其价值也将相应发生变化，储备资产的盈利部分可以增加外汇储备的总量，但增加外汇储备的数量有限。

2) 外汇储备的币种结构管理

对于一国来说，储备货币的多元化是一种趋势，因为只有多元化才能减少由于持有单一货币所遭受的汇率变动带来的损失。在多元化的前提下，各国只有将各种货币按汇率的变动加以合理搭配，才能保证外汇储备获取较高的收益。

外汇储备的币种结构管理主要是储备货币的币种选择，一国外汇储备中储备货币的币种选择主要取决于以下因素：

(1) 外汇储备币种应与该国对外贸易和金融性对外支付所需币种保持一致。这样能够在一定程度上避免外汇风险，同时也可以节省交易成本使国际结算便利。

(2) 该国货币当局在外汇市场上干预本国货币汇率所需的币种。当本国货币受到某种储备货币的冲击，汇率趋于下跌时，为了稳定本币汇率，货币当局必须抛售该种货币换购本国货币以支持本币的汇率。

(3) 外汇储备币种应与该国的外债币种保持一致。外汇储备是一国对外举债和还本付息的保证，在币种结构上能否满足偿债要求，是衡量外汇储备币种结构是否合理的一个标志。

(4) 比较各种币种的盈利性。持有储备货币，除了考虑安全性外，还需要尽可能多持有一些盈利性较高的储备货币。

特别提示

在其他条件不变时，盈利性可以由利率或债券的收益率来反映。

3) 外汇储备的期限结构管理

外汇储备的期限是指对不同投资对象限制投资时间。要合理搭配投资期限，使持有资产的时间既能满足较小的代价和随时支付的要求，又能防止因利率的变化对资产价值的影响。

5.2.4 当前国际储备体系

国际储备体系(reserve system)是指在一种国际货币制度下国际储备货币或国际储备资产的构成与集合的一种制度。它与国际货币体系有着密切的联系。这种制度的根本问题是采用何种储备资产作为货币体系的中心及各种储备资产在国际储备中所占的地位。

1. 国际储备体系的演变

国际储备的演变，实际上是中心货币在国际贸易中的延伸与扩大。国际储备体系的演变过程经历了以下几个阶段。

第一阶段：黄金储备体系。从资本主义发展初期至19世纪中叶以前，由于当时黄金供应量充足，黄金就成了国际贸易中的主要流通和支付手段，因而这段时期，黄金自然就成为了世界上主要的国际储备资产。

第二阶段：黄金-英镑储备体系。从19世纪中叶至一战前夕，随着国际贸易的不断发展，黄金的供应量已经无法满足国际流通和支付的需要。此时英国已经是世界的工业和金融中心，英镑成为了国际贸易间广泛使用的货币，在国际结算中普遍采用英镑作为流通和支付的手段，因而这段时期，英镑和黄金共同成为了世界上主要的中心货币，形成了黄金-英镑储备体系。

知识拓展

工业革命使英国成为当时世界上无与伦比的产业大国，利用自身首屈一指的工业优势，英国开始积极推行自由贸易政策，逐步建立起了自由主义的经济体系。它率先采用取消贸易限制的办法扩大国外市场来换取别国取消对英国产品的限制。自由贸易成为英国的国策。

英镑走向全球化，不仅是基于世界对英国经济实力强大的信任，更有赖于英国完善的金融制度和法制化的金融监管。

第三阶段：英镑-美元-黄金储备体系。从一战至20世纪30年代，由于一战后美国的经济实力不断上升，在国际结算中美元的使用不断增多，成为了仅次于英镑的另一种国际流通和支付手段，形成了英镑-美元-黄金储备体系。

第四阶段：美元-黄金储备体系。从二战结束至20世纪60年代末期，由于英国经济在战争中遭到严重破坏，英镑的国际地位也随之下降。美国则成为了世界上最大的黄金储备国，美元的地位不断升高。在布雷顿森林体系建立后，美元取代了英镑成为了国际货币体系中的中心货币，形成了美元-黄金储备体系。

第五阶段：多元化货币储备体系。从20世纪70年代初至今，美国的收支状况不断恶化，美元在国际储备体系中的地位受到了动摇。布雷顿森林体系崩溃后，世界各国普遍采用了浮动汇率制，加剧了美元汇率的动荡。与此同时，联邦德国和日本等国经济的迅速发展，使其货币的国际信誉和地位不断提高。为了避免美元汇率动荡带来的外汇损失，许多国家开始调整外汇储备构成，增加了德国马克、瑞士法郎、日元等货币的持有量，形成了多元化的货币储备体系。

小资料

1971年12月和1973年2月美元两次大幅度贬值，造成了黄金储备和国内资本大量外流，美元危机频繁发生，美元在国际储备体系中的绝对地位受到了动摇。20世纪80年代初，美元汇率有所回升，一度成为硬通货，但到了80年代中期，美元汇率又开始下跌，汇率风险大增，储备货币多元化局面已不可改变。

2. 当前国际储备体系的新特点

二战以后，由于国际经济格局发生了变化，因此国际储备体系也相应的发生了变化。具体表现在以下几个方面。

1) 国际储备总额迅速增长

二战以后，世界国际储备总额迅速增长。与20世纪50年代初期相比，目前国际储备总量已经增长了数十倍。这种迅速增长的原因主要有两个方面：一是由于国际贸易总量的大幅度增长；二是由于世界各国实行的浮动汇率制度导致了汇率不稳定，各国为了安全性，也增加了对国际储备的需求。

小资料

据国际货币基金组织统计，1950年世界国际储备总额(不包括中国、苏联和东欧国家)仅为183.25亿美元，到1970年增长为932.43亿美元，1983年年底(包括中国)为4 154.6亿美元(合3 968.29亿特别提款权，黄金储备按每盎司35个特别提款权计算)，约增长了23倍，平均每年增长68%。1985年国际储备总额升至4 368.66亿特别提款权。1994年国际储备总额更高达8 445.52亿特别提款权，又比1985年增长了93.32%。

2) 国际储备分布格局发生了变化

二战后初期，在世界的国际储备总额中，发达国家占绝对份额，而发展中国家仅占少量份额。随着世界经济的发展，发达国家占有的国际储备份额有下降的趋势，而发展中国家所占的份额呈现出上升的趋势。当前发展中国家的国际储备份额已经超过了发达国家。

小资料

1996年以来发展中国家的储备总额首次超过了发达国家，其储备总额占全球储备的份额不断攀升。2006 年，发展中国家的储备资产高达 2.4 万亿美元，占全球储备资产的份额高达 71%，远远高于发达国家的储备份额。

3) 国际储备体系多元化

二战后初期，随着美元危机的频繁发生，美元在国际储备体系中的霸主地位明显下降，国际储备的结构日益向多样化发展。在国际储备构成方面，形成了以外汇储备为主，黄金储备、在国际货币基金组织的储备头寸和特别提款权为补充的多元化的国际储备体系。在国际储备货币构成方面，形成了以美元为主，日元、英镑和欧元等多种储备货币为补充的多元化的货币储备体系。

3. 国际储备体系多元化对经济的影响

1) 国际储备体系多元化的有利影响

(1) 缓解了储备资产供应不足的矛盾。随着各国经济的发展，对美元的需求不断扩大，而美国又无法满足，造成了国际储备资产供不应求的矛盾。在国际储备体系多元化的情况下，国际储备资产减少了对美元的过分依赖。同时以几个经济发达国家的硬货币(hard currency)为中心储备货币，增加了各国可使用的储备资产，为各国提供了满足多样化需求和灵活调节储备货币的机会。

特别提示

硬货币指在国际金融市场上汇价坚挺并能自由兑换、币值稳定、可以作为国际支付手段或流通手段的货币。主要有美元、英镑、日元、法国法郎等。

(2) 促进各国货币政策的协调。在国际储备体系多元化的情况下，各货币发行国可以进行公平竞争，在很大程度上削弱了一国利用储备货币发行国的地位而强行转嫁通货膨胀和经济危机的可能性，便于各国进行政策协调和主动选择所需的储备货币。有利于各国加强在国际间的金融合作，改善相互间的经济关系。

(3) 有利于调节国际收支。在国际储备体系多元化的情况下，各国实行了浮动汇率制度，可以采取适当措施对本国的国际收支进行调节。在单一的货币制度下，各国为了调节国际收支采取变更汇率时，必须事先征得国际货币基金组织的同意后才能进行。

(4) 有利于防范汇率变动风险。在国际储备体系多元化的情况下，各国可以根据外汇市场的变化，适当调整外汇储备的货币结构，对其进行有效的搭配组合，从而避免或减少因单一储备资产发生危机而遭受的损失，保持储备价值的相对稳定。

2) 国际储备体系多元化的不利影响

(1) 加剧了国际外汇市场的动荡。在国际储备体系多元化的情况下，扩大了储备供给，增加了世界储备总额。与此同时，市场短期资本和游资也在成倍地增长，这种状况给外汇投机活动带来了可乘之机，进一步加剧了外汇市场的动荡。

【例 5-5】 国际游资有哪些投资手段？

解析：国际游资通常采用短促、快速隐蔽、突然发动的手段来操作投资行为，人们很难确定它的投资领域、资金规模、投资时间和地点。在高新科技和先进的通信设备的介入下，国际游资频繁、快速、突然的移动变得更加变幻莫测，顷刻之间从一个国家转移至另一个国家，往往成为现代金融动荡的重要因素。

(2) 增加了国际储备资产管理的难度。在国际储备体系多元化的情况下，分散了国际储备资产，如何稳定储备资产就成了国际性问题。因此，一国在管理国际储备资产时，必须要密切关注各个储备货币国家的政治、经济动态，密切关注外汇市场上这些货币汇率的变化，根据各种储备货币的外汇风险和利息收益来掌握储备货币数量和组合。

(3) 加深了国际货币制度的不稳定性。目前国际储备制度的稳定是建立在多种货币稳定的基础上。由于当今世界还没有为国际储备多元化建立起协调和约束的机制，因此，当储备货币发行国中的任何一国的经济发生波动时，都会影响其货币的变动，加深国际货币制度的不稳定性。

(4) 加剧了世界性的通货膨胀。国际储备货币总额过分增长是导致世界性通货膨胀的主要原因。由于储备资产的分散化，国际储备往往具有一种无计划的盲目增长趋势，这种盲目增长的结果会使世界储备货币总额大量增加，产生供大于求的现象，因此引起世界范围的通货膨胀。

知识拓展

世界国际储备总额在1969年年底仅为397.93亿特别提款权，至1980年年底却增长了7.4倍，达2 931亿特别提款权，每年平均增长逾20%，大大超过20世纪60年代平均增长7.5%的水平。而1985年更达到4 368.66亿特别提款权，从而使西方国家的通膨胀率由60年代的平均2%～3%增加到70年代的10%以上，直至80年代中后期，通货膨胀率才回落至4%左右。

可见，国际储备体系多元化的建立与发展，具有其不可替代的优点，同时也带来了不少管理上的困难。因此，如何利用这些优点，克服它的缺点，制定符合实际的储备政策与管理体制，是摆在各国面前亟须解决的问题。

5.3 我国的国际储备

5.3.1 我国国际储备的现状

我国于1980年正式恢复了在国际货币基金组织和世界银行的合法席位之后，和世界上大多数国家一样，目前的国际储备资产由黄金储备、外汇储备、特别提款权和在国际货币基金组织的储备头寸4个部分组成。其中，外汇储备是我国国际储备资产的主要形式，占全部国际储备额的90%以上。黄金储备量自20世纪80年代以来一直稳定增长。由于我国在国际货币基金组织中所占份额较低，特别提款权和在国际货币基金组织的储备头寸的数额十分有限，仅占我国国际储备总额的极小比例。整体来看，我国国际储备呈现出以下特点。

1. 黄金储备的数量保持稳定，并有所增长

我国实行的是稳定的黄金储备政策。改革开放以来，我国黄金储备除了1979年和1980年为1 280万盎司外，到2000年以前均为1 267万盎司。加入世界贸易组织后，我国经济与世界经济融合在一起，对外贸易额大幅度增加，为了稳定国际收支，我国的黄金储备到2002年年底增长到1 929万盎司。

从20世纪80年代中期起，随着市场经济的深入，我国越来越重视黄金储备管理的营运，

从“保管型”向“经营型”转变。一方面在国际黄金市场上通过现货、期权等交易方式，获取储备营运收益；另一方面通过发行、经销各种金币，实现库存黄金的增值。2009 年 4 月黄金储备的数量增长到了 3 389 万盎司。具体情况见表 5-3。

表 5-3　中国黄金储备表(1980—2010 年)

单位：万盎司

年份	黄金储备	年份	黄金储备	年份	黄金储备
1981	1 267	1991	1 267	2001	1 608
1982	1 267	1992	1 267	2002	1 929
1983	1 267	1993	1 267	2003	1 929
1984	1 267	1994	1 267	2004	1 929
1985	1 267	1995	1 267	2005	1 929
1986	1 267	1996	1 267	2006	1 929
1987	1 267	1997	1 267	2007	1 929
1988	1 267	1998	1 267	2008	1 929
1989	1 267	1999	1 267	2009	3 389
1990	1 267	2000	1 267	2010	3 389

2. 外汇储备迅猛增长

外汇储备是我国国际储备的主体，约占整个国际储备的 90%以上。1992 年以前，我国的外汇储备资产由国家外汇库存和中国银行的外汇结存两部分构成。从 1993 年开始，为了与国际货币基金组织对外汇储备的规定保持一致，我国调整了外汇储备的统计口径，外汇储备仅指国家外汇库存。与此同时，我国的外汇储备数量增长迅猛。具体情况见表 5-4。

表 5-4　中国外汇储备表(1980—2010 年)

单位：亿美元

年份	国家外汇库存	中国银行外汇结存	总额	年份	国家外汇库存	中国银行外汇结存	总额
1981	27.08	20.65	47.73	1996	1 050.00	—	1 050.00
1982	69.86	41.39	111.25	1997	1 399.00	—	1 399.00
1983	89.01	54.41	143.42	1998	1 449.59	—	1 449.59
1984	82.20	62.00	144.20	1999	1 546.75	—	1 546.75
1985	26.44	92.69	119.13	2000	1 655.74	—	1 655.74
1986	20.72	84.42	105.14	2001	2 121.65	—	2 121.65
1987	29.23	123.13	152.36	2002	2 864.07	—	2 864.07
1988	33.72	141.76	175.48	2003	4 032.51	—	4 032.51
1989	55.50	114.72	170.22	2004	6 099.32	—	6 099.32
1990	110.93	175.01	285.94	2005	8 188.72	—	8 188.72
1991	217.12	209.53	426.65	2006	10 663.44	—	10 663.44
1992	194.43	—	194.43	2007	15 282.49	—	15 282.49
1993	211.99	—	211.99	2008	19 460.30	—	19 460.30
1994	516.20	—	516.20	2009	23 991.52	—	23 991.52
1995	735.97	—	735.97	2010	28 473.33	—	28 473.33

从表 5-4 可以看出，我国的外汇储备资产经历了一个从少到多的演变过程，波动十分明显。

第一阶段：1981—1984 年 9 月，国家外汇库存大幅增长。20 世纪 80 年代起，我国为了推进改革开放的进程，实行了大量削减进口、努力增加出口的政策，经济大幅增长。1984 年 9 月，国家外汇储备创出了 166.74 亿美元的历史新高。

第二阶段：1984 年 10 月—1989 年，外汇储备出现了危机。由于经济发展过热、外汇管理政策失误、管理体制的弊端等原因，1984 年年末—1986 年，我国的外汇储备出现大幅度的下降，1987 年开始趋于平稳。

第三阶段：1990—1991 年，国家外汇库存又开始了大幅增长。从 1987 年开始，国家采取了鼓励出口和控制进口的一系列措施。1991 年年底，我国的外汇储备达到了 426.65 亿美元。

第四阶段：1992—1993 年，外汇储备显著回落。其中一个最重要的原因是统计口径的调整，从 1992 年以后，我国的外汇储备只包括国家外汇库存。其次，由于国内通货膨胀和经济结构的调整，影响了出口增长，外汇储备出现回落的趋势。

第五阶段：1994—1997 年，我国的外汇储备首次突破千亿美元。1994 年年初，我国外汇体制进行了重大改革：取消了企业外汇留成，实行了银行结售汇制度，实现了汇率并轨，建立了银行间统一的外汇市场。外汇储备随之大幅增长。1996 年 11 月，我国的外汇储备首次突破 1 000 亿美元。

第六阶段：1998—2000 年，受亚洲金融危机的影响，加之出口增长缓慢，我国外汇储备进入了一个缓慢增长期。

第七阶段：2001 年以来，受中国加入世界贸易组织的影响，我国外汇储备增速开始加快。2001 年突破了 2 000 亿美元大关，2006 年 2 月我国外汇储备超过日本成为全球第一外汇储备国。2006 年 10 月突破 1 万亿美元，2009 年 6 月底突破 2 万亿美元。2010 年我国外汇储备额达到 28 473 亿美元，同比增长 18.7%。

我国外汇储备快速增加的主要原因是国际收支方面出现了经常账户和金融账户的双顺差。经常账户顺差主要表现为贸易顺差。从 1999 年至今，我国对外贸易持续了长达十多年的顺差。金融账户的顺差主要来自于外商直接投资，特别是人民币升值的预期，导致了一些国际游资的流入。

【例 5-6】 外汇储备越多越好吗？

解析：外汇储备不是越多越好。外汇储备增长过快，容易使经济发展失衡；可能加剧国内物价上涨的压力；存在保值风险。

3. 在国际货币基金组织的储备头寸和特别提款权较少

在我国国际储备中，在国际货币基金组织的储备头寸和特别提款权占的比例很小。原因有两个方面：一是外汇储备在我国国际储备中占有特别重要的地位，约占 90%以上；二是我国经济实力不够强大，向国际货币基金组织缴纳的份额不多，因而决定了我国持有的储备头寸与分配的特别提款权数量均不大。

2003 年，我国持有的在国际货币基金组织的储备头寸和特别提款权在我国国际储备总额中所占比重分别为 0.93%和 0.23%，合计为 1.2%，并且呈下降趋势。

2009 年 8 月，国际货币基金组织发布声明，按照各会员国在国际货币基金组织的现有出资份额比例，用“总分配”方式向 186 个会员国发放特别提款权，我国凭 3.72%的份额获得了 92.96 亿美元特别提款权。

特别提示

我国的国际储备格局和世界的储备格局变换是一致的。这种一致性并不能说明我国的国际储备格局的构成就是合理的，它恰恰说明了我国经济实力不够强大，人民币还不是世界可以自由兑换的货币，我国的金融地位在世界上还处于劣势。国际储备体系还是以发达国家为主，发展中国家处于不利的地位。

4. 我国国际储备的作用正日益全面化

长期以来，我国国际储备的作用只限于弥补国际收支逆差和偿还外债的保证，不具有干预资产的作用。从 1994 年 1 月 1 日起，我国实行了以市场供求为基础的、单一的、有管理的浮动汇率制度后，中国人民银行通过向外汇市场吞吐外汇来保持人民币汇率的稳定，使我国的国际储备也具有了干预资产的作用。例如，2003 年 1～2 月，中国人民银行每个交易日平均买进 7.2 亿美元。

5.3.2 我国国际储备的管理

我国国际储备的管理包括储备的规模管理和结构管理两个方面。

1. 我国国际储备的规模管理

我国国际储备的规模管理主要是储备规模的适度化问题。在我国的国际储备构成中，黄金储备数量稳定，在国际货币基金组织的储备头寸和特别提款权是国际货币基金组织分配的，所占比例较少。所以，外汇储备规模的适度化问题就成了我国国际储备规模管理的主要内容。

1) 我国外汇储备适度规模的分析

外汇储备规模过小，会影响我国对外支付的能力，影响先进技术和设备的引进；外汇规模过大，会浪费资源，并产生通货膨胀的压力。因此，我国外汇储备保持一个适度的规模尤为重要。

从理论上讲，一个国家外汇储备的适度规模是该国外汇储备供求关系的产物，因而确定外汇储备的适度规模，应考虑外汇储备供给和需求两方面的因素。自 1999 年以来，我国国际收支持续双顺差，外汇储备的供给在一定时期内是很充裕的。因此，外汇储备的规模基本由需求决定。我国外汇需求除了维持正常的进口用汇需求以外，偿还债务规模、外商投资企业利润用汇、政府干预汇市、应对突发事件和其他(居民出境旅游、留学、就医等)用汇需求等因素，也构成了对外汇的需求。如果能满足上述用汇需求并略有结余，则外汇储备规模就是适度的。

知识拓展

按照罗伯特·特里芬的进口比例分析法，一国的外汇储备应与它的进口贸易额保持一定的比例关系。一国的储备量应以满足 3～4 个月的进口为宜。以此理论为衡量标准，2009 年我国进口额为 10 056 亿美元，只需持有 2 514 亿美元外汇储备即可。罗伯特·特里芬在这里只考虑了外汇储备用于弥补国际收支的功能，没有考虑到外汇储备还有其他的需求。

虽然 3 个月的进口额是衡量一国外汇储备的一般性标准，但考虑到受外贸政策、汇率变化及突发事件的影响，因此，还需另加 3 个月的进口额方可应付进口的外汇需求。如按 6 个月的进口额计算，进口所需外汇为 5 028 亿美元。

从外债结构来分析，2009 年年末我国的外债余额为 4 286 亿美元，其中短期外债余额为

2 593 亿美元。为了保证对外债有充分的偿还能力，按照国际惯例，只考虑短期外债数额，需要 2 593 亿美元。政府干预市场大约 600 亿美元左右即可。到 2009 年年底，我国实际利用外资达到 14 482 亿美元，外商直接投资的平均利润率如按 10%计算，外商投资利润返还需用汇 1 448 亿美元；居民在出境留学、旅游、探亲等方面需付汇 500 亿美元；企业对外投资需付汇 565 亿美元；应付国际政治、经济风险和突发事件等特殊需要的外汇需求为 500 亿美元。

综合以上各种因素，2009 年我国外汇储备的适度规模应控制在 11 234 亿美元。而我国 2009 年的外汇储备已经达到了 23 991.52 亿美元，显然大大超过了适度规模。

2) 我国外汇储备适度规模的观点

我国外汇储备究竟应该以多少为宜，不同学者的观点亦不相同。

(1) 认为我国外汇储备应保持偏低水平。持有过多的外汇储备会带来较高的机会成本，不利于我国现阶段经济的发展；随着我国融资能力的不断提高，没有足够的外汇储备也能应对国际收支逆差；外汇储备过多，会加剧通胀压力。

(2) 认为我国外汇储备应保持偏高水平。外汇储备越高，越能证明我国的支付实力，大大吸引外商投资；是稳定人民币汇率的需要；我国的经济规模要求具有较高的储备水平，保证进口用汇和偿还外债。

特别提示

国际储备的适度规模是一项动态指标，不仅要重视数量上的测算，更重要的是要考虑我国国际收支的运行状况及其变化趋势。

3) 解决我国高额外汇储备的措施

2010 年我国外汇储备达到 28 473.33 亿美元，巨额的外汇储备显示了我国经济的快速发展和综合实力的不断增强。为了解决我国高额外汇储备问题，中国人民银行提出了 3 项解决措施。

(1) 调整“宽进严出”的外汇政策取向。由“宽进严出”转为“严进宽出”，目的在于抑制外汇储备超常增长，缓解人民币升值的压力。

(2) 变“藏汇于国”为“藏汇于民”。从国家持有外汇为主到逐渐放宽持有和使用外汇的政策限制，让民间更多地持有外汇，如放宽企业开立外汇账户的限制和账户余额的限制、放宽个人经常项目购汇的限额等。

(3) 构建完整的“走出去”的外汇管理体系。要有序可控地拓宽资本流出渠道，稳妥推进对外投资。

2. 我国国际储备的结构管理

我国国际储备的结构管理主要是解决各种储备资产间的比例问题。

对于黄金储备，我国实行的是稳定政策。黄金价值稳定，在一定程度上可起到保值作用。但由于黄金流动性差，用于国际支付时要经过出售，延误时间。况且黄金不能生息，还要支付保管费用。因此，黄金不宜多持有。

知识拓展

1980 年我国恢复了在国际货币基金组织的合法地位后，划出了 1 280 万盎司的黄金作为国际储备，1981 年又调为 1 267 万盎司，直到 2010 年才达到 3 389 万盎司。

在国际货币基金组织的储备头寸和特别提款权这两部分在我国国际储备中所占比例很小。由于其来源具有特殊性，所以，对它们的管理应集中在使用方面。在国际货币基金组织的储备头寸基本是用作偿还国际货币基金组织对我国的各类贷款。对于分得的特别提款权，基本将其用于缴纳我国在国际货币基金组织中不断增长的份额。

外汇储备在我国国际储备中占有绝大比重。因此，外汇储备的管理就成为了我国国际储备管理的重点。

我国外汇储备管理的基本原则：

(1) 实行储备货币多元化，以分散汇率变动带来的风险。密切注意汇率变动的趋势，随时调整各种储备货币的比例，以分散汇率变动的风险。例如，2001 年以来，我国逐步加大了欧元的比重，就是主动分散汇率风险的措施。

(2) 根据支付进口商品和偿还外债所需要的货币币种及数量，确定不同货币在外汇中的比例。

(3) 资产的安全性、收益性和流动性相结合。在选择储备货币的资产形式时，既要考虑它的收益性，又要考虑它的流动性和安全性。

(4) 密切注意国际市场汇率变动趋势，优化各种储备货币的比例。

本 章 小 结

国际储备是一国政府为了弥补国际收支逆差和维持本国货币汇率的国际间可以接受的一切资产。

目前，根据国际货币基金组织对国际储备构成的规定，一国的国际储备包括黄金储备、外汇储备、会员国在国际货币基金组织的储备头寸和特别提款权。

从一国来看，国际储备的来源主要有国际收支顺差、干预外汇市场时买进的外汇、中央银行在国内收购的黄金、一国政府或中央银行对外借款的净额、在国际货币基金组织的储备头寸的提用和国际货币基金组织分配的特别提款权 6 个渠道。

储备管理遵循的原则是安全性、流动性和盈利性。国际储备主要是解决两个方面的问题：一是量的管理，即国际储备的规模管理；二是质的管理，即国际储备的结构管理。

中国的国际储备在管理过程中既要把握好适度的规模，又要控制好结构比例。

职业能力训练

一、填空题

1．国际储备的充裕程度体现了一国(　　　　)的大小，它是一国维持汇率水平的重要保障。

2．黄金储备是国际储备的最初形式，在(　　　　)下，黄金成为全世界最主要的国际储备资产。

3．特别提款权是指国际货币基金组织创设的一种(　　　　)，它是由国际货币基金组织分配给会员国的一种使用资金的权利，是对(　　　　)的补充。

4．储备资产的安全性是指国际储备资产本身价值的(　　　　)和存放的(　　　　)。

5．国际储备的规模管理是指对一国国际储备资产的(　　　　)进行有效的选择和确定，以便把国际储备规模维持在一个相对合理的水平上。

6．(　　　　)的国家，在发生国际收支逆差时，可以直接通过对外汇的管制来扩大外汇收入和限制外汇支出，从而实现国际收支平衡。

7．进口比例分析法是20世纪60年代美国经济学家罗伯特·特里芬对(　　　　)个主要国家的储备变动情况进行实证研究后提出的。

8．20世纪70年代以后，国际货币制度发生了重大变化，(　　　　)被(　　　　)替代。

9．(　　　　)是一国在一定时期内对外债权和债务的综合反映。

10．二战后初期，随着美元危机的频繁发生，美元在国际储备体系中的霸主地位明显下降，国际储备的结构日益向(　　　　)发展。

二、不定项选择题

1．作为一国的国际储备，一般应具备(　　)。

A．充分流动性　　B．自由兑换性

C．普遍接受性　　D．不可控制性

2．按照规定，会员国缴纳份额的(　　)可以用会员国本国货币缴纳，国际货币基金组织可以向其他会员国提供本国货币的贷款，会产生该会员国对国际货币基金组织的债权。

A．75%　　B．25%　　C．3%　　D．1%

3．国际储备资产的管理原则必须是(　　)最佳组合。

A．准时的　　B．流动的

C．盈利的　　D．安全的

4．各国货币当局在管理本国的国际储备资产时，应尽可能提高储备资产的盈利性，相应降低持有国际储备资产的(　　)。

A．成本　　B．机会成本　　C．标准　　D．流动

5．影响一国适度储备量的因素主要有(　　)。

A．经济发展水平　　B．国际融资能力

C．对外贸易状况　　D．外汇管制程度

6．二战后，在国际储备货币构成方面，形成了以(　　)为主，日元、英镑和欧元等多种储备货币为补充的多元化的货币储备体系。

A．美元　　B．人民币

C．法郎　　D．硬货币

7．1992年以前，我国的外汇储备资产由(　　)构成。

A．外汇　　B．国家外汇库存

C．现钞　　D．中国银行的外汇结存

8．对于黄金储备，我国实行的是(　　)政策。

A．稳定政策　　B．稳定增长政策

C．增长政策　　D．快速政策

三、判断题

1．非官方金融机构、企业和个人持有的资产均算国际储备资产。　　(　　)

2．黄金储备完全属于一国主权范围内的国家财富，可以自行控制，不受任何其他国家权力的支配和干预。（　）

3．外汇储备的机会成本高。（　）

4．国际货币基金组织的一项宗旨是在会员国遭受国际收支逆差时可向其提供短期融通资金，帮助其克服国际收支困难。（　）

5．特别提款权限于解决国际收支不平衡问题，不能用于日常的贸易活动，但能用于兑换黄金。（　）

6．如果用原有的外汇储备从国际市场上收购黄金，只改变该国国际储备的构成，并不会增大其国际储备总量。（　）

7．国际储备规模过大会节约本国的资源。（　）

8．如果一国进口的商品具有较强的国际竞争力，能够长期保持贸易顺差，则可适当减少国际储备的数量。（　）

9．当一国国际储备的边际收益等于边际成本时，所持有的国际储备量是最适度的。（　）

10．一级储备资产是指流动性非常高，收益性比较高的资产。（　）

四、简答题

1．根据国际货币基金组织的规定，一国的国际储备由哪几部分构成？

2．外汇储备作为一种国际储备资产具有哪些缺点？

3．特别提款权与普通提款权有哪些不同？

4．为什么说国际储备资产管理的3个原则之间往往是相互排斥、相互矛盾的？

5．我国的外汇储备资产经历了一个怎样的演变过程？

五、案例分析题

缺少足够的外汇储备成为金融风暴的成因

1997年7月2日，在历经数月泰铢汇率动荡后，泰国中央银行终于放弃了实行了13年的泰铢与“一篮子”货币挂钩的汇率制度，而改行管理式浮动汇率制度。消息公布后，泰铢兑美元汇价应声下跌18%，涌动已久的泰国金融危机终于表面化。紧随其后，菲律宾中央银行也无法经受投机力量的打击，于7月11日宣布允许比索兑美元的汇价在不指明的“更阔”的范围内波动，比索兑美元的汇率也即时贬值一成。马来西亚、印度尼西亚甚至新加坡等国的货币亦受此影响发生“多米诺骨牌效应”，汇率纷纷应势而下。东南亚金融危机由此爆发了。

东南亚各国之所以发生金融危机，原因是多重的。例如，在泰国，除了国家有关的经济政策尤其是货币政策失衡(当局对外国资本敞开大门，为国内外提供大量低息美元贷款)、金融机构对房地产投资过度(危机爆发前，泰国实际贷给房地产的资金占贷款总额的50%，新加坡占33%，马来西亚占30.5%，印度尼西亚占20%)、银行暴涨严重(金融机构呆账总额近400亿美元)、外债高筑(至1997年5月逾800亿美元，占GDP的49%)、国际收支经常项目逆差过大(1997年5月逆差已达164亿美元，占GDP的8.5%)、经济结构不合理、外汇投机商的无情炒作等外，还有一个重要原因，就是国家外汇储备相当有限和金融危机爆发后动用储备政策的失误。

泰国在1996年2月外汇储备为387亿美元，这些外汇储备还是泰国通过高利率政策(1996年泰国的优惠利率一直处于13.25%的高水平，是亚太地区利率最高的国家之一)吸引外资流入形成的。东南亚其他国家(除新加坡外)的外汇储备也十分有限，如马来西亚中央银行拥有的外汇储备至1997年6月底也仅为283.5亿美元，印度尼西亚至1997年3月外汇储备仅为199亿美元。由于东南亚国家外汇储备普遍不足，因此，当金融危机来临，本币受到强大的外汇投机力量的打击时，便没有足够的能力捍卫本国的货币。再加上金融危机发生时，面对投机攻势，这些国家的中央银行又不顾实力，不断地动用外汇储备干预市场，结果因外汇储备不足导致干预效果低微，不仅没有达到打击投机活动的目的，反而使储备资产遭受损失。

1997年1月，以索罗斯为首的国际炒家开始向觊觎已久的泰国货币发动攻击。他们认为泰铢定值偏高，因为与美元保持固定汇率的泰铢随美元一起升值，但是，泰国经济不仅没有随美国经济一起上升，而且呈现走下坡路的迹象，所以他们在5月大举沽售泰铢，致使泰铢兑美元汇率大幅度下跌。泰国央行和新加坡央行联手入市，动用120亿美元吸纳泰铢，禁止本地银行拆借资金给离岸投机者，并大幅度提高利率，暂时稳住了的泰铢。但是，随着索罗斯等国际炒家继续筹集资金，狠抛泰铢，泰铢兑美元汇率又屡创新低。6月，投机者售出美国国债，聚集资金，再度向泰铢发动致命一击。6月30日，泰国总理川•立派发表电视讲话声称“泰铢不会贬值，泰国将让那些投机分子血本无归”。但是，泰国政府已经用完了它300亿美元外汇储备，就在总理讲话两天之后的7月2日，泰国放弃了盯住美元达13年之久的固定汇率制度。

【案例思考】什么是外汇储备？它有什么作用？东南亚金融危机给我们的启示是什么？

第6章 国际结算

知识目标

- 了解国际结算的产生、发展和现状；掌握国际结算工具和国际结算方式；熟悉国际结算业务的基本流程和环节及有关当事人的权利和义务关系。

能力目标

- 能够识别并填写国际结算中的各种票据，能够根据具体情况灵活运用各种结算方式并分析其利弊。

引 例

出口业务为何遭拒付

2007 年 11 月底，我国大陆 A 公司与台湾省的 B 公司签订一份出口各式打火机合同，总价值 10 118 美元，数量为 111 000 只，规定从上海运往基隆港，到港时间不得晚于 12 月 17 日，支付方式为 B 公司收到目的港的代理接货通知书后 48 小时内将全部货款办理电汇(T/T)给 A 公司。由于装运期较为迫切，A 公司立即准备货物，并预定了 12 月 10 日船期(预计整个航程共需 7 天)。货物如期装船后，正本提单寄 B 公司。但因货物途经高雄时多停靠了 2 天，于 12 月 19 日才抵达目的港，B 公司于次日提货后，提出暂时拒付全部货款，待货物销完后再付，原因是货物未能如期到港，致使这批货物无法赶上当地圣诞节的销售高潮，其部分客户已纷纷取消订单，造成此批货物大量积压，给 B 公司带来巨大经济损失。A 公司多次电告 B 公司，告知货物未能如期到港(延误 2 天)是无法预料与控制的，再者，因备货时间短，公司已尽力将货物装上最早船期。A 公司多次要求 B 公司办理付款，B 公司均不予以理睬。2 个月后，A 公司只好请台湾某一友好客户 C 与 B 公司协商，B 公司才开始有所松口，条件是 A 公司降价 30%后才同意付款(B 公司称约有价值 30%货物积压仓库)。经 A 公司一再努力与之协商，最终才以 A 公司降价 15%告终，此案中 A 公司直接损失 1 500 多美元。

【思考】对卖方来说电汇这种结算方式有什么风险？从本案中应当吸取哪些教训？

6.1 国际结算概述

随着经济全球化和我国对外开放的不断深入，我国对外活动的内容、方式、规模和范围都在不断扩大，政治、经济、文化和科技交流活动越来越多，这些都涉及国与国之间的货币收付问题，即国际结算(international settlement)。

6.1.1 国际结算的概念

国际结算就是在国际间办理货币收付，以结清不同国家当事人之间由于国际经济交易所引起的债权债务关系的活动。

根据银行进行货币收付的起因不同，国际结算可分为贸易结算、非贸易结算和金融交易结算。贸易结算是银行办理的两国或多国之间因商品进出口交易所引发的货币收付行为，即由于商品进出口贸易所引发的债权债务的结算。非贸易结算是银行办理的两国或多国之间因劳务、旅游、捐赠等所引发的货币收付行为，即由于服务账户、经常转移所引发的债权债务的结算。金融交易结算是由于外汇买卖、国际信贷、国际投资等交易所引发的债权债务的结算。

6.1.2 国际结算的产生与发展

1. 国际结算是伴随国际贸易的发展而形成的

随着航运业的发展，15～16 世纪，西欧一些殖民主义国家向亚洲、非洲和拉丁美洲强行推行殖民政策，一方面以廉价的方式大肆掠夺被殖民国家丰富的物产，另一方面也积极扩大本国工业品向这些国家出口。这便产生了近代的国际贸易。在当时的金本位制度下，国际贸易主要是使用大量的金属货币作为支付手段，进行债券债务的清偿。但这种结算方式存在着明显的缺陷和弊端，如运输成本高、风险大等。所以，随着国际贸易的不断发展，客观上要求有更安全、快捷、方便，成本费用更低的结算方式出现。人们逐步发现，通过票据结算这种新型的信用方式进行国际间债权债务的清偿比较符合以上要求，于是票据结算也就逐步被人们使用和传播。这种由金属直接进行国际结算到通过票据进行国际结算的转变，标志着国际结算方式的日趋成熟。

2. 从买卖双方的直接结算向有银行介入的结算发展

最初的国际结算是买卖双方直接结算，进行债权债务的清偿。但这种直接结算也存在着费用高、风险大的弊端。随着银行业的发展和经营范围的扩大，银行作为一个中介机构直接参与到国际结算业务中。由于银行的信用等级高，有专门的业务系统，又有分布广泛的分支机构，大大提高了结算效率，节省了时间和费用，同时也降低了买卖双方风险。所以，目前的国际结算业务主要是通过银行系统来进行办理和完成。

3. 国际结算票据化使国际结算成为一个相对独立的经济环节

早在 12～13 世纪，意大利各城邦商业发达，贸易繁荣，票据开始广为流行。17 世纪，支票制度传入英国，19 世纪后半叶，票据制度由英国传到德国、法国等欧洲大陆国家，进而传遍全世界。为严格票据形式和内容及处理方法，很多国家都制定并颁布了票据法，最早的是英国颁布的 1882 年《票据法》。1930 年欧洲大陆 20 多个国家又签订了《日内瓦统一法》，使票据的内容、格式和处理方法逐步统一和规范。特别是随着银行信用制度的不断完善，当事人仅凭单据上所述的事实，便可以进行结算，无须过问原始合同。结算的票据化成为最主要的结算方式，国际结算也成为一个相对独立的环节。

4. 从传统的结算方式向电子数据交换方向发展

随着电子技术和网络技术的不断发展和广泛使用，国际贸易的各个环节正逐步向电子化方向发展，传统的国际结算方式也将发生一场深刻的革命，电子数据交换(EDI)将最终替代纸质单据成为国际结算的主要形式。这种结算方式更安全、快捷，而且费用低廉，对国际贸易和国际结算必将产生重大影响。

6.2 国际结算工具

6.2.1 票据概述

1. 票据的定义

票据有广义和狭义之分，广义的票据就是指所有商业上作为权利凭证的单据和资金票据，是作为某人的、对不在他实际占有下的货币或商品享有所有权的证据，包括股票、债券、汇票、本票、提单、仓储单等各种单据。从狭义上讲，票据是指资金票据，即依据票据法签发和流通的，以无条件支付一定金额为目的的有价证券，包括汇票、本票和支票。本书所介绍的票据是指狭义的票据。

2. 票据的作用

(1) 支付工具。票据可以作为支付工具来完成商品交易。同时，利用票据代替现钞作为支付工具，可以避免现钞清点的错误，节省现钞清点的时间，减少现钞携带的不便和危险。

(2) 抵消债权债务。出票人可以通过出具票据来支付债务或请求债务人付款，持票人则可以通过提示票据来实现其债权，或通过把票据交付给他人来转让其债权。伴随票据的出具、提示和转让，票据当事人间的债权债务也相应获得清偿。

(3) 资金融通。一方面，通过远期票据的开立，可以给付款人提供短期资金融通。另一方面，由于票据是支付工具，是代表着一定金额的权利凭证，因此在流通转让过程中，当事人可以通过转让票据而获得相应数量的资金。

例如，在国际贸易中，买方往往会要求对卖方延期付款，此时如果卖方同意，可以由卖方(通过银行)向买方开立出票后3个月付款的汇票，由买方承兑后，于到期时付款；也可以由买方(通过银行)向卖方开出3个月后付款的本票，这都可以起到给买方以3个月信贷的作用。有了该汇票或本票，出口商才会愿意备货、装运。如果卖方急需款项，可以把该汇票或本票背书转让给别人，或者向银行贴现，从而提前获得所需的资金。这就是票据作为信用工具的作用，可以起到融资的作用。

3. 票据的特征

1) 流通性

流通性是票据的基本特性。票据的流通转让，仅凭交付或者背书交付即可完成，不需通知票据上的债务人。一张票据可以经过多次转让，最终持票人有权要求票据上的债务人向其清偿，票据债务人不得以没有接到转让通知为由拒绝清偿。

2) 无因性

票据的受让人无须调查出票、转让原因，只要票据记载合格，他就能取得票据文义载明的权利。

3) 要式性

要式是指票据必须具备一定的格式或者必要项目才有效，否则不能产生票据效力。各国法律对于票据所必须具备的形式条件都作了具体的规定，当事人不得随意变更。

4) 提示性

票据上的债权人要想获得债务人的付款，必须在法定的期限内向债务人提示票据。如果持票人不提示票据，付款人就没有履行付款的义务。因此，票据法规定了票据的提示期限，超过期限则丧失票据权利。

5) 返还性

票据的持票人获得款项后，应当在票据上签收并将票据交还给付款人，从而结束该票据的流通。

4. 票据的权利

票据作为债权债务清算过程中的支付工具，代表着一定的权利，通常包括两个部分，一是付款请求权，另一是追索权。

付款请求权是指票据持有人具有的、可从付款人那里获得一定金额的债权。当付款人拒绝支付时，持票人所具有的付款请求权未能实现，他就需要持此票据，向当初取得票据时的当事人，即“前手”，索要票据标明的金额。此时持票人向“前手”索要的权利就是追索权。

付款请求权是持票人的票据主权利，追索权则属于从属权利。当主权利未能实现时，持票人才能行使票据的从属权利。

6.2.2 汇票

1. 汇票的定义、特征和种类

1) 汇票的定义

根据1882年英国《票据法》的定义，汇票是一人向另一人签发的无条件书面支付命令，要求另一人在见票时或在指定时间或可以确定的将来某一时间向某人或某指定人或持票人无条件支付一定货币的金额。

根据1996年《中华人民共和国票据法》(以下简称《票据法》)的定义，汇票是由出票人签发的、委托付款人在见票时或者在指定日期无条件支付确定的金额给收款人或者持票人的票据。

2) 汇票的特征

(1) 汇票是由出票人签署的书面文件，是票据的一种，具有票据的法律特征。

(2) 汇票是委托支付票据。

(3) 汇票的付款必须是无条件的。

(4) 汇票的金额必须是确定的。

(5) 汇票关系中有3个基本当事人：出票人、付款人和收款人。

3) 汇票的种类

(1) 汇票按付款时间不同可分为即期汇票和远期汇票。即期汇票是指汇票上规定见票后立即付款的汇票；远期汇票是规定付款人于一个指定的日期或在将来的一个可确定的日期付款的汇票。远期期限又分为将来固定日付款、出票后××天付款和见票后××天付款3种不同情况。

① 将来固定日付款的汇票，如“on 1st May，2007，pay to ...”。

② 出票日后××天付款的汇票，如“at 60 days after date，pay to the order of ...”。

③ 见票日后××天付款的汇票，如“at 60 days after sight，pay to the order of ...”。此见票日是指付款人承兑汇票之日。

知识拓展

在实务中，对于出票日后××天付款的汇票，以及见票日后××天付款的汇票，其未来付款时间通常按照下述原则计算。

(1) 算头不算尾(次日计算)。计算远期汇票的付款天数时，汇票的出票日或者承兑日不包括在内，但将汇票的到期日包括在内。到期日就是“若干天”的最后一天。假定汇票付款时间规定为出票日后30天付款，且汇票的出票日为2012年5月10日，则汇票到期日为2012年6月9日。

(2) 汇票中的月通常指日历月。如果汇票的付款时间为出票或者见票后×个月付款，则以付款月的对应日期为到期日。例如，汇票规定出票后2个月付款，且出票日期为2012年6月8日，则汇票的到期日为2012年8月8日。

如果付款到期的月份没有对应的日期，则以该月的最后一日为到期日。例如，汇票的出票日期是2012年1月31日，付款期限为1个月，则汇票的到期日为2012年2月29日。

(3) 如果付款到期日为节假日，则付款的到期日应顺延至节假日后第一个营业日。

(2) 汇票按照出票人的不同可分为商业汇票和银行汇票。银行签发的汇票为银行汇票，银行汇票的出票人和付款人都是银行。在国际结算中，银行汇票签发后，一般交汇款人，由汇款人寄交国外收款人向指定的付款银行取款。

由工商企业签发的汇票为商业汇票。付款人可以是工商企业，也可以是银行。在国际结算中，商业汇票通常是由出口人开立，向国外进口人或银行收取货款时使用。

(3) 汇票按照汇票是否跟单可分为跟单汇票和光票。跟单汇票是附有提单等货运单据的汇票，跟单汇票的付款以附交货运单据为条件，汇票的付款人要想取得货运单据以提取货物，必须付清货款或提供一定的担保。国际贸易中的货款结算，多数使用跟单汇票。光票就是不附带货运单据的汇票。在国际结算中，一般仅限于在贸易中从属费用、货款尾数、佣金等支付时使用，银行汇票大多数是光票。

2. 汇票的必要事项和其他记载事项

汇票是一种要式证券，法律对汇票所记载的必要项目作了明确规定，票据的开立须按照一定的格式并载明必要的事项才成为有效票据，才能使票据产生法律效力。一般应包括下列事项。

1) 表明汇票字样

《日内瓦统一票据法》要求汇票注明“Draft”或“Bill of Exchange”或“Exchange”的字样，以便将汇票与本票、支票加以区别。

2) 确定的金额

汇票上确定的金额表明出票人要求付款人应支付的一定数量的某种货币。在汇票中，付款金额应是一个确定数，这样才便于持票人向付款人提示汇票要求付款。汇票的金额包括大写和小写两个部分，二者应一致。

3) 出票的日期和地点

汇票上记载的出票日期可以起到3个作用：一是用来判定出票人出票时的行为能力；二是可以计算远期汇票的付款到期日；三是用来确定汇票提示是否过期。

4) 无条件支付命令

票据必须采用书面形式表达无条件的支付命令，表明票据的支付不附加任何条件；也不能使用商量和请求的语气，从而使得收款人可以向付款人提示汇票，并要求其付款。否则该汇票将是无效的。

5) 出票人及其签章

出票人是指签发并交付汇票的当事人。出票人在汇票上签章，向收款人或持票人保证汇票在提取时，付款人一定付款或者承兑，若汇票未获付款或者未获承兑，则出票人将偿付票款给持票人或者被迫付款的任何背书人。

6) 付款人

付款人是出票人出票时指定的汇票付款人或汇票承兑人，即在“to”项下指定的人。付款人作为票据上记载的债务人，其名称和地址应成为汇票的一项必要事项，而且必须书写清楚，不得有误，以便持票人向其提示付款或承兑的要求。付款人是无条件接受支付命令的当事人，他可以拒付，也可指定担当付款人付款。

7) 收款人

收款人可以理解为俗称的抬头(title)，收款人是出票人要求付款人无条件支付款项的对象，即在“pay to”项下指定的人。

根据出票人的书写格式不同，汇票上的收款人主要有以下3种情况：

(1) 限制性抬头。是指出票人要求付款人支付款项给某唯一收款人，如“pay to C company only”、“pay to C company，not transferable”、“pay to C company，not negotiable”。

由于汇票上的支付对象被限制为某一人，其他任何人均不得作为收款人，因此这套汇票也就不可以流通转让。这种带有限制转让字样的汇票，不能以票据的背书的方式转让，而只能以民法的债权让与的方式转让。

(2) 指示性抬头。是指出票人要求付款人支付款项给某人或某人的指定人的汇票，如“pay to the order of C company only”、“pay to the order of C company”、“pay to C company or order”。

这种汇票可以背书转让。

(3) 来人抬头(bearer order，或无记名抬头)。所谓来人是指持有汇票作为收款人向付款人要求付款的人(而不必是被背书人)。这种汇票不记载收款人名称，而只写“付给持票人”，常见的记载方法有“pay to bearer”、“pay to C company or bearer”。

这种汇票可以流通转让，而且仅凭交付不需背书就可转让。

在实际业务中，汇票的抬头大多作成指示性抬头。

特别提示

在我国出口贸易业务中，托收方式下的收款人为托收行；信用证方式下的收款人通常为议付行或出口商往来银行，且汇票作出指示性抬头，如“付中国银行或其指定人”。

8) 付款时间和付款地点

付款日期又称到期日，是指汇票的出票人要求付款人向收款人支付一定金额的时间。汇票上应当记载付款期限，如果没有付款日期，则被视为即期付款。

付款地是汇票金额的支付地点。付款地是出票人向付款人提示付款的地点，是付款人向出票人解付款项的地点，是付款人向出票人承兑远期汇票的地点。如汇票未记载付款地，以付款人所在的营业场所、住所或者经常居住地为付款地。

3. 汇票的票据行为

票据行为是指票据的流通和使用的程序，一般有出票、背书、提示、承兑、付款、拒付、追索等。

1) 出票

出票即汇票的签发，是指出票人按照一定要求和格式签发汇票并将其交付他人的一种行为。出票是汇票涉及的基本票据行为，出票包括两个环节：一是做成汇票，并由出票人本人或授权人签章；二是将汇票交付给收款人。若出票人有“签发汇票”的行为且有“交付他人”的行为，汇票才得以流通转让，否则“签发汇票”的行为是毫无意义的。

特别提示

汇票一经签发，在汇票得到付款人的承兑前，出票人就是该汇票的主债务人，对持票人而言，便取得了票据上的一切权利，包括付款请求权和遭遇退票的追索权。

2) 背书

背书是指持票人在票据背面签名，以表明转让票据权利的意图，并交付给受让人的行为。背书的目的是为了转让票据权利。汇票经收款人背书后，收款人则成为背书人，受让人则成为被背书人。

3) 提示

提示是指持票人向付款人出示票据，要求其履行票据义务的行为，也就是持票人要求票据权利的行为。各国票据法规定，持票人应在规定的时间内(称为提示期限)向付款人提示汇票要求付款或承兑，否则，持票人就丧失对其前手及出票人的追索权。提示分为两种：

(1) 付款提示。持票人向付款人提交汇票，要求付款。

(2) 承兑提示。如果是远期汇票，持票人向付款人提交汇票，付款人见票后办理承兑手续，到期时付款。

4) 承兑

承兑是指远期汇票的付款人在持票人提示的汇票正面签章，从而承诺在该远期汇票的到期日向付款人支付汇票金额的一种票据行为。

付款人对远期汇票一经承兑就成为远期汇票的承兑人，承兑人即成为远期汇票的主债务人(原出票人成为远期汇票的次债务人)，需保证在汇票的到期日按汇票的文义付款，而不能以其他理由否认汇票的效力，如出票人伪造签章、出票人不存在、出票人未经授权等。

【例 6-1】 商人 A 善意取得一张见票 30 天付款的远期汇票，向付款人 B 作承兑提示。B 承兑后，A 再转让给商人 C。当汇票到期，C 向 B 作付款提示时，承兑人 B 指出，该汇票出票人签字是伪造的，因此拒绝付款。承兑人 B 的做法是否正确？商人 C 有哪些途径可以维护自己的权益？

解析：根据以上关于承兑的规定可知，承兑人 B 的做法是错误的。商人 C 可以直接起诉承兑人 B，也可以向其前手 A 行使追索权。

5) 付款

付款是指汇票的付款人于汇票到期日支付汇票金额以终止票据权利的行为。即对于即期汇票(或远期汇票)，汇票的持票人向付款人提示汇票(或承兑后汇票到期时再次提示)时，请求付款，付款人付款并收回汇票，终止汇票的当事人之间的一切法律与合约关系。

付款是汇票的的流通和使用程序中的最后一个环节，即票据行为的最后一个行为。

6) 拒付与追索

拒付又称退票，它包括两种情况：一是持票人要求承兑时，遭到拒绝承兑；二是持票人要求付款时，遭到拒绝付款。此外，事实上不可能付款，如付款人的破产、倒闭、死亡等也属于拒付。一旦发生拒付，持票人应及时向其前手发出书面的退票通知(或拒付通知)。

追索是汇票遭拒付时持票人要求“前手”偿还票款和费用的行为。汇票遭到拒付时，持票人对其“前手”有请求其偿还汇票金额及费用的权利，这种权利称为追索权。

知识拓展

在国际结算中，汇票遭到拒付时，通常要求持票人提供“拒绝证书”，它是持票人形式追索权所必需的证明文件。拒付证书由付款地的法定公证人或其他依法有权出具证书的机构如法院、银行等出具。一般在公证人向付款人提示汇票后，如遭拒付，公证人即按规定格式写一张证明书，并连同票据交换持票人。

6.2.3 本票

1. 本票的定义与内容

本票是出票人签发的，承诺自己在见票时无条件支付确定的金额给收款人或者持票人的票据。本票可以看作是汇票的一个特例。当汇票中的出票人与付款人是同一人时，汇票所体现的无条件支付“命令”也就成为一种无条件支付“承诺”，此时的汇票就是本票。

本票的内容包括：①表明“本票”的字样；②无条件支付的承诺(promise to pay to…)；③付款金额；④付款期限(如未记载，视同见票即付)；⑤付款地(如未记载，以出票地或者出票人住所为付款地)；⑥收款人或者其指定人；⑦出票日及出票地；⑧出票人及签章。

2. 本票的种类

(1) 本票根据出票人的不同，可分为商业本票和银行本票。商业本票是指由公司、企业或者个人签发的本票，银行本票是指由银行签发的本票。依据《票据法》，本票只能由银行签发，所以在我国只有银行本票。

(2) 本票根据付款期限的不同，可分为即期本票和远期本票。远期本票与远期汇票一样，还可分为将来确定时间、出票后若干天、见票后若干天付款的远期本票。《票据法》规定付款期限为见票即付(只有即期本票)，而且只能由银行签发，所以，在我国只有银行即期本票。

3. 本票与汇票的区别

1) 基本当事人不同

汇票有 3 个基本当事人，即出票人、付款人和收款人；本票的基本当事人只有出票人和收款人两个。本票的付款人就是出票人自己。

2) 付款方式不同

汇票是出票人要求付款人无条件地支付给收款人书面支付命令，所以汇票是命令式或委托式的票据；本票的出票人自己出票自己付款，是承诺式票据。

3) 承兑的要求不同

远期汇票基本上都要经过付款承兑；而本票的出票人就是付款人，远期本票由他签发，就等于承诺在本票到期日付款，因此无须承兑。

4) 主债务人不同

汇票在承兑前的主债务人是出票人，承兑后的主债务人是承兑人，而出票人负次要债务责任；本票的债务责任全由出票人承担。

5) 使用要求不同

通常商业汇票由出票人签发一套，如果其中一份已凭以付讫款项，另一份便自动失效；而本票只能一式一份，不能多开。

6.2.4 支票

1. 支票的定义

简单地说，支票是以银行为付款人的即期汇票。详细地说，支票是银行客户开出的，由银行客户签字，授权银行对某特定的人或其指定人或者持票来人即期支付一定货币金额的书面的无条件支付命令。

2. 支票的特性

支票与汇票、本票不同的特性主要有两个方面：一是支票的付款人为办理支票存款业务的银行或者其他金融机构；二是支票限于见票即付。

知识拓展

支票存款账户的开立要求：

(1) 申请人向办理支票存款业务的银行，申请开立支票存款账户必须使用其本名。

(2) 申请人应当存入一定的现金。

(3) 申请人应当预留其本名的签名式样和印章。

3. 支票应记载事项

《票据法》规定，支票必须记载下列事项：①支票字样；②无条件支付命令；③确定的金额；④收款人名称；⑤出票日期；⑥出票人签章。

4. 支票的种类

(1) 支票按照收款人的不同，可分为记名支票和不记名支票。依据支票的抬头空白与否，记名支票是出票人在“收款人”栏中注明“付给某人”或“付给某人或其指定人”。这种支票转让流通时，须由持票人背书，取款时须由收款人在背面签字。

无记名支票是没有注明收款人名称或只写付来人的支票。任何人只要持有此种支票，即可要求银行付款，且取款时不需要签章。银行对持票人获得支票是否合法不负法律责任。

(2) 支票按照支票的支付方式不同，可以分为现金支票和转账支票。现金支票是出票人签发的，委托其开户银行向收款人在见票时无条件支付确定金额的现金的票据。转账支票是出票人签发给收款人办理结算或者委托开户银行向收款人付款的票据，只能用于转账，不能提取现金。

(3) 支票按照支票是否画线，可分为画线支票和普通支票。对于画线支票，支票的持票人不能凭支票在付款行提现，而只能委托银行转账(将款项转入指定的账户)；而普通支票，支票的持票人既可以通过银行将款项转入指定账户，也可以凭支票在付款行提现。

5. 支票与汇票的不同

(1) 支票是“委托银行”付款，汇票是“命令他人”付款，本票是“承诺自己”付款。

(2) 支票的出票人和付款人之间事先就有储户关系，而汇票没有。支票的付款人只能是银行(仅当出票人开立账户并有足额存款时)，汇票的付款人不一定。

(3) 支票的制票人是银行，支票的出票人必须是银行的储户。

(4) 支票只有即期付款，而没有远期付款，因而没有承兑。汇票有即期、远期之分，因此有承兑行为。

(5) 支票可以由付款银行加注“保付”字样，而汇票没有保付的做法。

(6) 支票的出票人始终是主债务人(除非付款银行加注“保付”字样并签章)，而远期汇票的主债务人在承兑前是出票人，在承兑后远期汇票的主债务人则是承兑人。

(7) 支票的出票人可以止付，而汇票一旦被付款人拒付，出票人承担被追索的责任；远期汇票一经承兑，承兑人不可到期止付。

(8) 支票只能开出一张，而汇票是开出一套。

(9) 支票记载的款项既可以转账又可以提现(提取现钞)，通过画线来加以限制。而汇票不能画线，汇票记载的款项只能转账而不能提现。

特别提示

需要注意的是，由于票据管理、使用和鉴别还存在许多问题，一些社会上的不法分子把票据诈骗作为他们的生财之道，他们主要通过伪造票据、变造票据和“克隆”票据等方式来进行诈骗。因此在进行国际结算时，对大额款项的支付或有疑问的票据，要立即要求银行查询；选择资金雄厚、信誉较好的贸易伙伴；认真履行合同，避免给对方留有不付款的理由；注意掌握货物的所有权。

6.3 国际结算的基本方式

国际间由于各种相互往来所形成的债权债务，必须按照一定的贸易条件，使用一定的货币，通过一定的形式来结算，这也就产生了国际结算及其方式问题。国际结算方式也称国际支付方式，是一国的债务人向另一国债权人偿还债务或一国债权人向另一国债务人收回债权的方式。国际结算方式主要包括汇付、托收、信用证(L/C)、银行保函和国际保理等，前 3 种是基本的国际结算方式，后两种是派生结算方式。

6.3.1 汇付

1. 汇付的含义与当事人

1) 汇付的含义

汇付也称汇款，是银行(汇出行)应付款人要求，以一定方式将款项通过代理行(汇入行)交付给收款人的结算方式。其流程是汇款人→汇出行→汇入行→收款人。

从汇款的流程可以看出，汇付的付款人和收款人都不是银行，而是利用银行间的资金划拨渠道，将付款人的资金输送给收款人，以完成双方之间的债权债务的清偿。这种结算方式，由于资金流向和结算工具的流向是一致的，故又称顺汇法。

2) 汇付的当事人

(1) 汇款人。是委托银行向国外收款人付款的当事人。汇款人负责填具汇票申请书，向银行提供将要汇出的金额，并承担有关费用。

(2) 汇出行。是接受汇款人委托办理汇款业务的银行。汇出行通常是汇款人所在地银行，其按汇款人要求将款项汇给收款人。

(3) 汇入行。也称解付行，是接受汇出行委托，向收款人解付汇入款项的银行。汇入行通常是收款人所在地银行。

(4) 收款人。是接受汇款人所汇款项的当事人。

2. 汇付的种类

根据汇出行通知汇入行付款的方式，或支付授权书、汇款委托书传递方式的不同，汇付可以分为电汇、信汇(M/ T)和票汇(D/ D)3 种。

1) 电汇

电汇是银行应汇款人的申请，由汇出行拍发加押电报或电传或 SWIFT(Society for Worldwide Interbank Financial Telecommunication，环球银行金融电信协会)电文等电信方式指示其在国外的分行或代理行(汇入行)，要求其支付一定金额给收款人的结算方式。

使用电汇时，汇款人向汇出行提出申请，汇出行据此拍发加押电报、电传或 SWIFT 电文给另一国的代理行/分行(汇入行)，并将电报证实书寄给汇入行作为汇入行核对电文之用。汇入行核对密押后，缮制电汇通知书，通知收款人取款，收款人收取款项后出具收据作为收妥汇款的凭证。汇入行解付汇款后，将付讫借记通知书寄给汇出行进行转账，一笔汇款业务得以完成。

这种方式快捷、简便，虽银行手续费用相对较高，但由于适应电子化的高速发展，因此在国际款项的支付中被广泛应用。

小资料

电汇所使用的电信方式经历着由电报—电传—SWIFT 通信方式的逐渐演变过程。由于 SWIFT 通信方式具有传递速度快、准确性强、收费合理、操作规范及方便等特点，因此，SWIFT 通信方式已被各国广泛应用，并逐渐取代电报/电传。

2) 信汇

信汇是指汇出行应汇款人的申请，将信汇付款委托书或支付委托书寄给汇入行，授权解付一定金额给收款人的一种汇款方式。

使用信汇时，汇款人向汇出行提出汇款申请并交款付费给汇出行，取得信汇回执。汇出行以航空信函将信汇委托书寄汇入行，委托其解付货款，汇入行凭以通知收款人取款。收款人在收款人收据上签字/盖章后交汇入行，汇入行凭以解付货款，同时将付讫借记通知书寄汇出行，以清算双方债权债务。

信汇的手续费虽较电汇低，但速度较慢，目前较少使用，如美国、加拿大等地区已不接受信汇汇款业务。信汇方式与电汇方式类似，只是汇出行不使用 SWIFT 电文或电传，而是使用付款委托书通过航空邮寄交汇入行。信汇、电汇业务程序如图 6.1 所示。

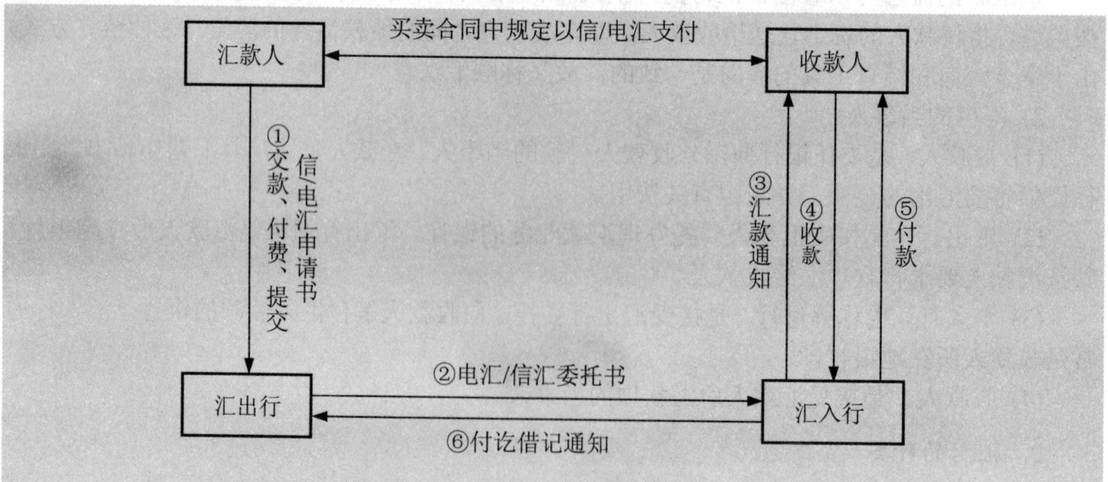

图 6.1　信汇、电汇业务程序

3) 票汇

票汇是汇出行应汇款人的申请，代汇款人开立以其分行或代理行为解付行的银行即期汇票，支付一定金额给收款人的一种汇款方式。简单地说，票汇就是使用银行即期汇票进行汇款。

票汇结算的一般程序是汇款人填写申请书并交款给汇出行，汇出行开出银行即期汇票给汇款人，由汇款人自行寄送或自己携带出国给收款人。同时汇出行将汇票通知书寄给汇入行，供汇入行在收款人持汇票取款时验对。汇入行确认无误后解付货款给收款人，并将付讫借记通知书寄汇出行，以清算双方债权债务，如图 6.2 所示。

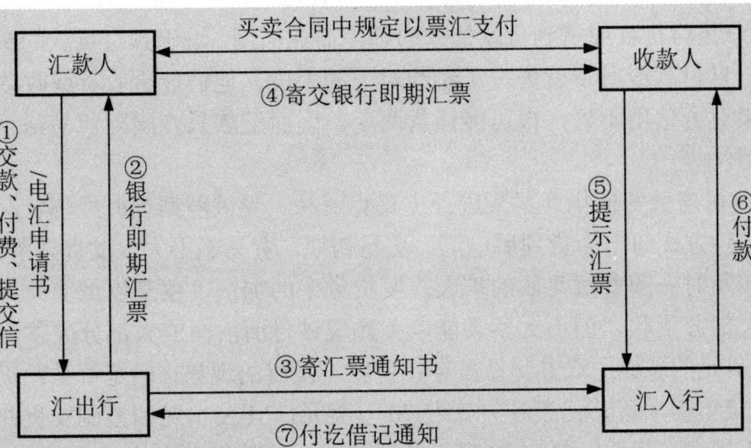

图 6.2 票汇结算的一般程序

票汇与信汇一样，由于通过航邮汇票或自带出国，因此周期长，收费较低。票汇具有取款灵活、可代替现金流通、收款人方便、银行手续简单等特点。但是汇票是一张独立的票据，可以通过背书流通转让，如其遗失和被窃，还需要挂失止付。因此，现在对于一些金额较小、收款时间不急的汇款可使用票汇。

特别提示

票汇与信汇、电汇的不同之处在于：① 票汇的汇入行无须通知收款人前来取款，而是由收款人持票到汇入行取款；② 汇票经收款人背书后可以在市场上转让流通，而信汇委托书则不能转让流通。

3. 汇付在国际贸易中的应用

1) 汇付的方式

(1) 预付货款。是进口商(付款人)在出口商(收款人)将货物或货运单据交付以前将货款的全部或者一部分通过银行付给出口商，出口商收到货款后，再根据约定发运货物。

(2) 货到付款。货到付款与预付货款相反，是进口商在收到货物以后，立即或一定时期以后再付款给出口商的一种结算方式。也称为延期付款，或赊销。

知识拓展

货到付款包括售定和寄售两种。售定是进出口商达成协议，规定出口商先发货，再由进口商按合同规定的货物售价和付款时间进行汇款的一种结算方式，即“先出后结”。

寄售是指出口方将货物运往国外，委托国外商人按照事先商定的条件在当地市场上代为销售，待货物售出以后，国外商人将扣除佣金和有关费用的货款再汇给出口商的结算方法。

(3) 凭单付款。是进口商通过银行将款项汇给出口商所在地银行(汇入行)，并指示该行凭出口商提供的某些商业单据或某种装运证明即可付款给出口商。因为汇款是可以撤销的，在汇款尚未被支取之前，汇款人随时可以通知汇款行将汇款退回，所以出口商在收到银行的汇款通知后，应尽快发货，尽快交单，尽快收汇。

2) 汇付的特点

(1) 风险大。预付货款或货到付款依据的都是商业信用。对于预付货款的买方及货到付款的卖方来说，一旦付款或发货就失去了制约对方的手段，他们能否收货或收款，完全依赖对方的信用，如果对方信用不好，很可能钱货两空。因而汇款只在国际贸易结算的一些特殊场合和情况下使用。

例如，M 公司与俄罗斯华商蔡某进行皮夹克贸易。受俄罗斯当时经济状况差、外汇管制较紧的影响，支付方式约定为货到后电汇。交易初期，贸易额不大，发货频率为每月一两批，蔡某付款还比较及时。随着贸易额的扩大，发货频率的加快，蔡某以俄罗斯卢布贬值、外汇管制等因素拖欠部分货款，但不久蔡某能以美元现钞付清前面的大部分欠款，其中蔡某曾一次支付近 30 万美元的现钞。双方交易虽存在付款不及时的现象，但是贸易额仍发展到上百万美元。到 2008 年年初，蔡某已累计欠款近 70 万美元，M 公司随即控制发货并催蔡某付清欠款，但至同年 4 月底，蔡某仍欠款 50 多万美元。此后蔡某失去音信，最终 M 公司损失惨重。因此，对资信不详的客户要慎用货到付款的电汇方式。

(2) 资金负担不平衡。对于预付货款的买方及货到付款的卖方来说，资金负担较重，整个交易过程中需要的资金，几乎全部由他们来提供。对于出口商来说，货到付款风险较大，可能会出现钱货两空的情况。

(3) 手续简便，费用少。汇款支付方式的手续是最简单的，银行的手续费也最少，只有一笔数额很少的汇款手续费。因此在交易双方相互信任的情况下，或者在跨国公司的不同子公司之间，用汇款支付方式是最理想的。因此，汇款方式尽管有不足之处，但在国际贸易结算中还时有运用。

6.3.2 托收

1. 托收的含义

托收结算方式是由卖方开立汇票，委托出口地银行通过其在国外的分行或代理行，向买方收取货款或劳务费用的一种结算方式。托收结算方式是由出口商以开具票据的方式，委托当地银行向进口商收取款项。因此结算工具的传递方向与资金流动方向相反，故称为“逆汇法”。托收亦属于商业信用。

2. 托收的当事人

托收结算方式的当事人一般有 4 个：

(1) 委托人。是开立汇票委托银行向国外付款方收款的人，因为是由他开具托收汇票的，所以也称为出票人。

(2) 托收银行。又称出口方银行，是接受委托人的委托，代向付款方收款的银行。

(3) 代收银行。又称进口方银行，是接受托收行的委托，代向付款方收款的银行。

(4) 付款人。汇票指定的付款方。

此外，国际商会《托收统一规则》还增加了一个当事人，即提示银行，是向付款人提示汇票和单据的银行。代收银行可以委托与付款人有往来账户关系的银行作为提示行，也可以自己就是提示行。

3. 托收的种类

1) 光票托收

光票托收是指卖方仅开立汇票而不附带商业票据(主要是货运单据)，委托银行收取款项的一种托收结算方式。

光票托收的汇票，可以是即期汇票，也可以是远期汇票。如果是即期汇票，代收行应于收到汇票后，立即向付款人提示，要求付款。如果是远期汇票，代收行应在收到汇票后，向付款人提示，要求承兑，以肯定到期付款的责任。承兑后，代收行收回汇票，于到期日再作提示，要求付款。光票托收一般用于收取货款尾数、代垫费、佣金、样品费、寄售费或其他贸易从属费用。

2) 跟单托收

跟单托收是由卖方开立跟单汇票(即汇票连同一整套货运提据一起)交给银行，委托银行代收货款。根据交付单据条件的不同，跟单托收可以分为即期付款交单(D/P at sight)、远期付款交单(D/P after sight)和承兑交单(D/A)3 种。

(1) 即期付款交单。是凭即期汇票付款或者简单地凭付款而交出单据。办理此类业务时，出口商必须在托收申请书中指示托收行在进口方付清款项后才能向其交单。其业务流程如图 6.3 所示。

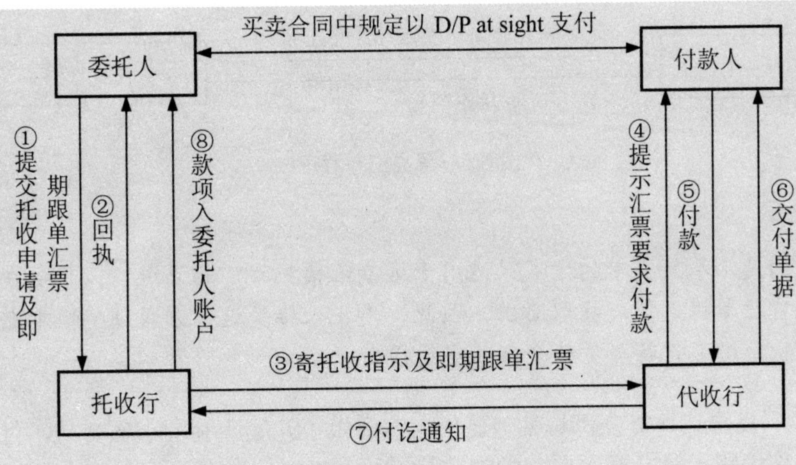

图 6.3 即期付款交单流程

(2) 远期付款交单。是指出口人发货后开具远期汇票连同货运单据，通过银行向进口人提示，进口人审核无误后即在汇票上进行承兑，其于汇票到期日付清货款后银行再交出货运单据。远期付款交单的业务流程如图 6.4 所示。

(3) 承兑交单。是指凭远期汇票的承兑而交出单据，即代收行向进口商提示远期汇票和单据，进口商承兑后代收行留下已承兑的汇票，将代表货物所有权的全套单据交给进口方，待汇票到期日再付款。承兑交单的业务程序如图 6.5 所示。

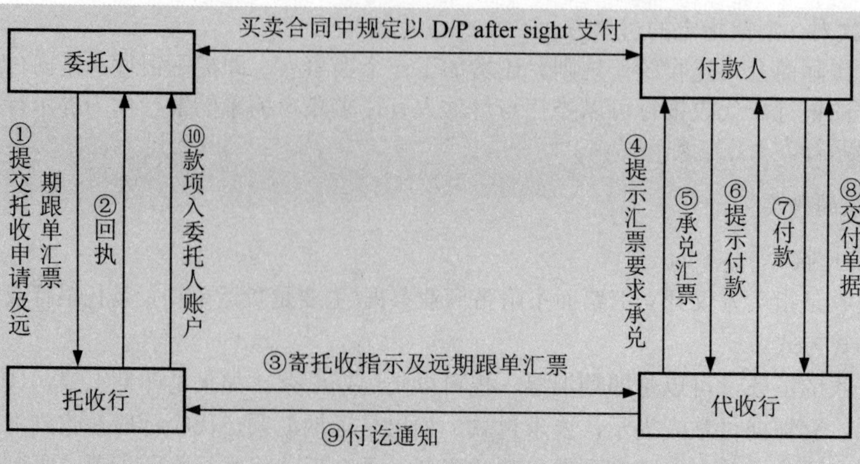

图 6.4　远期付款交单流程

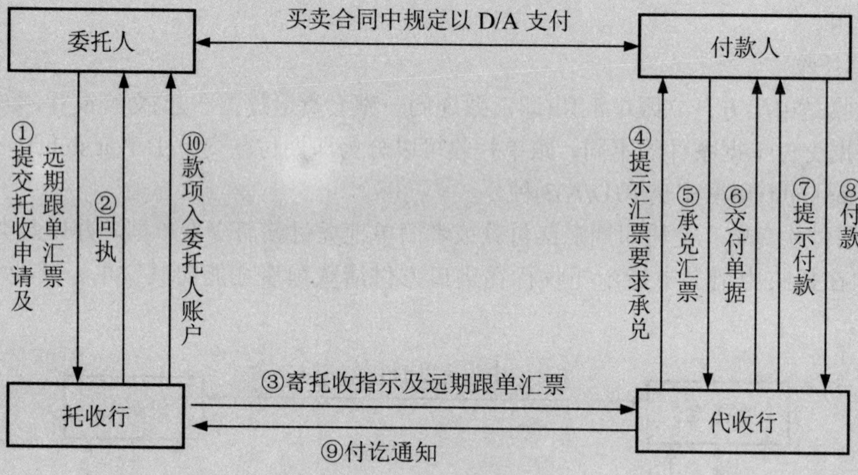

图 6.5　承兑交单程序

特别提示

需要注意的是，承兑交单的方式只适用于远期汇票托收，而且进口人只要在汇票上承兑后，即可取得货运单据，凭以提取货物，因此，委托人接受这种方式须持慎重态度，以防进口人到期不付款，遭受货物与货款全部落空的损失。

【例 6-2】　我国某外贸公司与某美籍华人客商做了几笔顺利的小额交易，付款方式为预付。后来客人称销路已经打开，要求增加数量，可是，由于数量太多，资金可能周转不开，最好将付款方式改为 D/P at sight。当时我方考虑到 D/P at sight 的情况下，如果对方不去付款赎单，就拿不到单据，货物的所有权归我方所有，未对客户的资信进行全面调查，就以此种方式发出了一集装箱的货物，金额为 3 万美元。后来，事情发展极为不顺。货物到达目的港后，客户借口资金紧张，迟迟不去赎单。10 天后，各种费用相继发生。考虑到这批货物的花色品种为客户特别指定，拉回来也是库存，便被迫改为 D/A 30 天。可是，客户将货提出之后，就再也没有音信。该公司到涉外法律服务处咨询，得知到美国打官司费用极高，于是只好作罢。

解析：在这个案例中，出口公司要从中吸取教训，以下几点应引起重视：

(1) 客户在开始时往往付款及时，后来突然增加数量，要求出口方给予优惠的付款条件如D/P、D/A。如果出口公司答应客户条件，就会为以后的纠纷埋下了隐患。

(2) 出口公司在接受客户 D/P 条件后，客户没有付款赎单，反而提出 D/A 30 天。出口公司应考虑到 D/A 的风险和后果。

4. 托收方式下的资金融通

1) 出口押汇

出口押汇是出口方收款人采用托收结算方式并将单据交出口地托收行，在收回货款前，要求托收行先预支部分或全部货款，待银行收妥款项后归还银行垫款的一种融资方式。融资比例一般是发票价值的 80%左右，各银行有各自的规定。还款来源在正常的情况下是托收的收款，企业在不能正常从国外收回货款的情况下，必须偿还给银行押汇本金及利息。

2) 信托收据

信托收据是远期付款交单的托收业务中，付款期限迟于货物到达目的地的日期时，进口商可提前赎单提货而资金不足，进口商可通过出具信托收据向代收行借单提货的方式。这实际上是代收行向进口商提供的一种融资方式，使进口方在未付款的条件下提取货物，以便出售，售得货款后偿还代收行，换回信托收据。

特别提示

这种做法是出口人在办理托收申请时，指示银行允许进口商承兑汇票后可以凭信托收据借单提货，即凭信托收据借单是由出口商授权的，日后进口商到期拒付时，则与银行无关，一切风险由出口人自己承担。

3) 凭银行担保提货

凭银行担保提货是在进口贸易中，货物到达目的地而单据未到时(近洋贸易)，进口商征得运输公司(承运人)同意后，凭银行担保书提货的方式。这也是银行向进口商提供融资的一种方式，担保提货业务适用于跟单托收和信用证结算方式。

5. 托收的特点

1) 比汇付安全

由于付款及交货方式的变化，进出口双方的安全性均有提高。出口商通过控制单据来控制货物，一般不会遭受“银货两空”的损失，比货到付款和赊销安全；进口商只要付了款或进行了承兑，即可得到货权单据，从而得到货物，比预付货款安全。

2) 结算的信用仍是商业信用

跟单托收的信用仍是商业信用，因为进出口双方能否取得合同规定的货款或按期收到合同规定的货物完全取决于对方的资信。托收中的银行只是一般的代理人，它们对托收过程中遇到的风险、费用和意外事故等不承担任何责任。

3) 资金负担仍不平衡

托收的资金负担仍不平衡，但比汇款结算有所改善且可融资。托收结算方式中，出口商的资金负担较重，在进口商付款之前，货物占用的资金都由出口商来承担；进口商基本没有资金负担。

4) 比汇付的手续稍多、费用稍高

从二者的业务流程可以看出，托收比汇付的流程更复杂，其手续也就稍多一些，费用也会略高一些。

6.3.3 信用证

1. 信用证的概念与当事人

1) 信用证的概念

信用证是银行有条件的付款承诺，是指开证银行根据开证申请人的请求和指示，向受益人开立的有一定金额，并在一定期限内凭规定的单据承诺付款的书面文件。

小资料

国际商会在 1930 年拟定了《跟单信用证统一惯例》(简称 UCP)作为国际商会 74 号出版物，建议各国银行采用。此后，该惯例经过多次修订，1983 年修订本简称 UCP400，1994 年开始实施 UCP500，2006 年通过了 UCP600，修订后的 UCP600 概念描述更为准确清楚，并且大大便利了国际贸易及结算的顺利进行。

2) 信用证的当事人

(1) 开证申请人(applicant)。指向银行申请开立信用证的人，即进口人或实际买主。

(2) 开证银行(opening bank/issuing bank)。指接受开证申请人的委托开立信用证的银行，它承担保证付款的责任。开证银行一般是进口人所在地的银行。

(3) 通知银行(advising bank/notifying bank)。指受开证银行的委托，将信用证转交出口人的银行。它只证明信用证的真实性，并不承担其他义务。通常是出口人所在地的银行。

(4) 受益人(beneficiary)。指信用证上所指定的有权使用该证的人，即出口人或实际供货人。

(5) 议付银行(negotiating bank)。指愿意买入受益人跟单汇票的银行。它可以是指定的银行，也可以是非指定的银行，由信用证的条款来决定。

(6) 付款银行(paying bank/drawee bank)。指信用证上指定的付款银行。一般是开证银行，也可以是它指定另一家银行，根据信用证的条款来决定。

(7) 保兑银行(confirming bank)。指根据开证银行的请求在信用证上加以保兑的银行。保兑银行在信用证上加具保兑后，即对信用证独立负责，承担必须付款或议付的责任。

(8) 偿付银行(reimbursing bank)。指接受开证银行在信用证中的委托，代开证银行偿还垫款的第三国银行，即开证银行指定的对议付银行或代付银行进行偿付的代理人。

2. 信用证的主要内容

信用证虽然没有统一的格式，但其基本项目是相同的，主要包括以下几方面：

(1) 对信用证本身的说明。包括信用证的种类、性质、金额及其有效期和到期地点等。

(2) 货物的记载。包括货物的名称、品质规格、数量、包装、价格等。

(3) 运输的说明。包括装运的最迟期限、启运港(地)和目的港(地)、运输方式、可否分批装运和可否中途转船等。

(4) 对单据的要求。包括单据的种类和份数。

(5) 特殊条款。根据进口国政治、经济、贸易情况的变化或每一笔具体业务的需要，可能作出不同的规定。

(6) 责任文句。是开证行对受益人及汇票持有人保证付款的责任文句。

不可撤销信用证样本见表 6-1。

表 6-1 不可撤销信用证样本

中国农业银行

AGRICULTURAL BANK OF CHINA

IRREVOCABLE DOCUMENTARY CREDIT APPLICATION

开立不可撤销跟单信用证

To: AGRICULTURAL BANK OF CHINA, SHENZHEN BR._____Sub-Br.

致：中国农业银行________分行________支行 **Date 日期**

	Credit No. 信用证号码
[ ] Issued by Mail 信开 [ ] Issued by Teletransmission / SWIFT 电开	**Expiry Date and Place** 有效期及地点
Applicant 申请人	**Beneficiary** 受益人
Advising Bank (at your option or as follows)通知行	**Amount** (in figures and words) 金额(大、小写)
Partial shipments 分批装运 [ ] Allowed [ ] Not allowed **Transhipment 转运** [ ] Allowed [ ] Not allowed	Credit available with 此证可由 __ bank 银行 By ( ) **sight payment** 即期付款 ( ) **acceptance** 承兑 ( ) **negotiation** 议付 ( ) **deferred payment** 迟期付款 against the documents detailed herein 连同下列单据 ( ) and Beneficiary's draft(s) at _____ day(s) sight drawn on Issuing bank for ____ of contract value +5% of contract value 受益人按合同总价____合同总价的_____出具以开证行为付款人，期限为____天的汇票。
Shipment form 装运从 For transportation to 运至 Latest date of shipment 最迟装运日	
Terms 价格条款 [ ] FOB [ ] CFR [ ] CPT [ ] CIF [ ] CIP [ ] FCA [ ] or other terms	

Documents required: (marked with "x") 所需单据

PartA:

( ) Signed **Commercial Invoice** in_______indicating L/C No. and Contract No._______ and Shipping mark.

( ) Clean **on board ocean bills of lading** made out to order and blank endorsed marked "freight prepaid " notifying applicant.

( ) **Insurance Policy / Certificate** in duplicate for_______% of the invoice value, blank endorsed, showing claims payable at_______, in the currency of the draft, covering all risks, war risk and_______

( ) **Packing List / Weight Memo** in_______indicating quantity, gross and net weight of each package.

( ) **Certificate of Quantity / Weight** in_______copies issued by_______

( ) **Certificate of Quality** in_______issued by_______

( ) **Certificate of Origin** in_______issued by_______.

( ) **Beneficiary's Certified copy of fax/telex** dispatched to the applicant within_______day(s) after shipment advising L/C No., name of vessel, date of shipment, name of goods, quantity, weight and value of goods.

( ) Declaration of heat treatment according to ISPM rule issued by the beneficiary certifying that all wood package have been IPPC marked.

PartB: 5% of contract value shall be paid within 180 days after shipping date indicated on the bill of lading.

Description of goods 货物描述

Additional instructions: 附加条款

( ) All banking charges outside the Issuing bank including reimbursing charges are for account of Beneficiary.

( ) Documents must be presented within __ days after date of issuance of the transport document but within the validity of the Credit.

( ) All banking charges and interest if any outside opening bank are for account of beneficiary.

3. 信用证的性质

(1) 信用证是一种银行信用，开证银行负第一性付款责任。

银行开立信用证，就表明它以自己的信用作为付款保证，并因此处于第一性付款人的地位。只要受益人提交的单据与信用证条款一致，开证银行就必须承担首要付款的责任。可见，信用证是一种银行信用，开证银行对受益人的责任是一种独立的付款责任。即使进口商倒闭或无力支付货款，开证银行仍要承担付款责任。

【例 6-3】 我国某出口公司通过通知行收到一份国外不可撤销信用证，该公司按信用证要求将货物装船后，突然收到开证银行通知，称开证申请人(进口商)已经倒闭，本开证银行不再承担付款责任。开证银行的做法是否正确？

解析：开证银行的做法是错误的。因为开证银行一旦开出信用证就要承担第一性付款责任，即便是开证申请人倒闭或无力支付货款。

(2) 信用证是一种自足文件，它不依附于贸易合同而存在。

信用证的开立以贸易合同为基础，但一经开出，便成为独立于贸易合同以外的独立契约，不受贸易合同的约束。根据 UCP 600 的规定，信用证与可能作为其依据的销售合同或其他合同是相互独立的交易，即使信用证中提及该合同，银行也与该合同完全无关，并不受约束。信用证各方当事人的权利和责任完全以信用证中所列条款为依据，受益人(出口人)提交的单据即使符合买卖合同的要求，但若与信用证条款不一致，仍会遭到银行拒付。可见，银行只对信用证负责，对贸易合同没有审查和监督执行的义务。贸易合同的修改、变更甚至失效都不会影响信用证的效力。

【例 6-4】 我某公司从国外进口一批钢材货物分两批装运，每批分别由中国银行开立一份信用证。第一批货物装运后，卖方在有效期内向银行交单议付，议付行审单后，即向外国商人议付货款，然后中国银行对议付行作了偿付。我方收到第一批货物后，发现货物品质与合同不符，因而要求开证银行对第二份信用证项下的单据拒绝付款，但遭到开证银行拒绝。开证银行这样做是否有道理？

解析：开证银行这样做有道理，因为信用证是独立于合同之外的一种自足的文件，议付行审单后没有问题，即可向外国商人议付货款。

(3) 信用证是一种纯粹的单据业务，实行“单据相符”的原则。

UCP 600 第五条“单据与货物、服务或履约行为”中明确规定：“银行处理的是单据，而不是单据可能涉及的货物、服务或履约行为。”银行只根据表面上符合信用证条款的单据付款。也就是说，信用证业务是一种纯粹的单据买卖，并且银行只根据表面上符合信用证条款的单据付款，单据之间不一致，即视为单据与信用证条款不符。所以，在信用证方式下，实行的是“单据相符”的原则，即要求“单证一致、单单一致”。“单证一致”是指受益人提交的单据在表面上与信用证规定的条款一致；“单单一致”是指受益人提交的各种单据之间表面上的一致。

4. 信用证的业务流程

进出口商签订买卖合同，并约定以信用证方式进行结算，其典型的业务流程如图 6.6 所示。

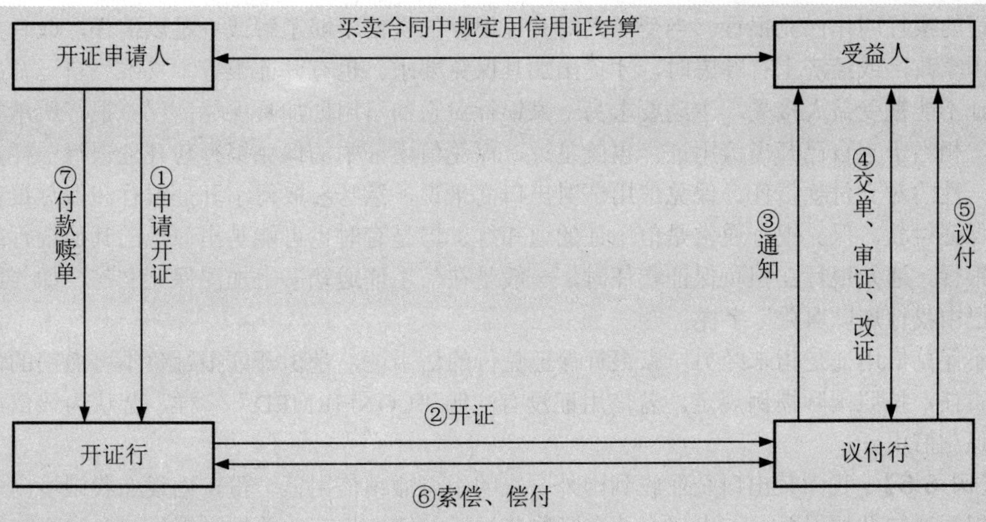

图 6.6 信用证的业务流程

5. 信用证的种类

信用证根据其性质、期限、流通方式等不同特点，可以分为不同的种类。在国际贸易结算中常见的信用证主要有以下几种。

1) 跟单信用证和光票信用证

按照信用证项下的汇票是否附有货运单据，信用证可分为跟单信用证和光票信用证两种。跟单信用证是凭跟单汇票或仅凭单据付款的信用证。主要单据，如提单是代表货物所有权或证明货物已发运的凭证。国际贸易结算中所使用的信用证绝大多数是跟单信用证。光票信用证是凭不附单据的汇票付款的信用证。有的信用证要求汇票附有非货运单据，如发票/垫款清单等，也属于光票信用证。由于不附货运单据，出口商可在货物装船取得提单以前就开出汇票，请求银行议付。因此，光票信用证实际上具有预先取得货款的作用。但是有的出口商与进口商关系比较密切，先将货运单据按信用证规定寄给进口商，方便进口商提货，然后凭光票向进口商收款。

2) 可撤销信用证和不可撤销信用证

就开证银行对信用证所负责任的程度而言，信用证可分为可撤销信用证和不可撤销信用证两种。可撤销信用证是指开证银行可以不经过出口商的同意，也就是不必事先通知出口商，在出口地银行议付之前，有权随时撤销信用证或修改信用证的内容。可撤销信用证在被撤销时，若通知银行于接到通知之前已经议付了出口商的汇票、单据，开证银行仍应负责偿付。可撤销信用证对受益人收汇无保障，一般不采用，因而在信用证业务中并不常见。

不可撤销跟单信用证是指信用证一经开出，在有效期内未经出口商及有关当事人的同意，开证行不得片面撤销或修改信用证的内容，只要出口商提供的汇票、单据符合信用证规定，开证行就必须履行付款义务。不可撤销信用证对出口商收取货款较有保障，在国际贸易中使用得比较广泛。UCP 600 中明确规定信用证必须具有不可撤销性。

3) 保兑信用证和非保兑信用证

就信用证有无保兑而言，信用证可分为保兑信用证和非保兑信用证。保兑信用证是指一家银行开出的信用证由另一家银行保证对符合信用证各款规定的汇票、单据履行付款。保兑信用证的银行叫作保兑银行。当受益人对开证银行的资信不够了解或不足以信任，或者是对进口国家政治或经济上有顾虑时，才提出加具保兑要求。也有开证银行本身唯恐自己开出的信用证不能被受益人接受，主动要求另一家银行对它的信用证加具保兑。保兑银行所承担的责任，相当于它自己开出信用证。也就是说，保兑信用证中的保兑银行与开证银行一样，承担第一性的对立付款责任。保兑信用证对出口商来说，意味着取得了开证银行和保兑银行的双重保证付款。保兑银行通常是信用证的通知行，但是有时也可能是出口地的其他银行或第三国银行。通知银行在担负保证责任时，一般是在信用证通知书上加注保兑文句，如“此信用证已由我行加以保兑”字样。

不保兑信用证是指未经另一家银行保证兑付的信用证，是由开证银行负不可撤销的保证付款责任，按照国际惯例规定。若信用证没有注明“CONFIRMED”字样，都认为该信用证为不保兑信用证。

【例 6-5】 我国某出口企业收到国外开来的不可撤销信用证一份，由设在我国境内的某外资银行通知并加保兑。该出口企业在货物装运后，正拟将有关单据交银行议付时，忽接到该外资银行通知，由于开证银行已宣布破产，该行不承担对该信用证的议付或付款责任，但可接受该出口公司委托向买方直接收取货款的业务。对此，该公司应如何处理？简述理由。

解析：我国公司应按规定交货并向该保兑外资银行交单，要求付款。因为根据 UCP600，信用证一经保兑，保兑银行与开证银行同为第一性付款人，对受益人就要承担保证付款的责任，未经受益人同意，该项保证不得撤销。只要受益人在信用证的有效期内将符合信用证规定的单据递交保兑行，保兑银行必须议付、付款。

4) 即期信用证和远期信用证

就信用证付款时间的不同而言，信用证可分为即期信用证和远期信用证。

即期信用证是开证银行或付款银行收到符合信用证条款的汇票和单据后，立即履行付款义务的信用证。

远期信用证是开证银行或付款银行收到符合信用证的单据，不用立即付款，等到汇票到期时才履行付款义务的信用证。

5) 可转让信用证和不可转让信用证

就出口商对信用证的权利能否转让而言，信用证可分为可转让信用证和不可转让信用证。可转让信用证是开证银行授权通知银行，在受益人(出口商)的要求下，可把信用证的权利全部或部分转让给第三者，即第二受益人，也叫受让人的一种信用证。此种信用证转让后，即由第二受益人办理交货装运，但是第一受益人(即原证的受益人)仍须承担买卖合同上规定的卖方责任。一般的做法是第一受益人还可以更换第二受益人的发票，取得差额。可转让信用证必须注明“可转让”字样，否则被视为不可转让信用证。

不可转让信用证，是受益人不能将信用证的权利转让给他人的一种信用证。

6.3.4 银行保函

与汇付、托收、信用证结算方式一样，保函也是国际贸易中重要的结算方式之一，它依托银行信用，更灵活地适应了国际结算的发展。保函是指国际间银行办理代客担保业务时，应申请人的要求向受益人开出的保证文件。为了区别于其他金融机构如保险公司、保证公司、信托公司、金融公司等开出的保函，故称为银行保函。

1. 银行保函的概念和作用

1) 银行保函的概念

银行保函又称银行保证书，是指商业银行作为担保人向受益人开立的，是保证人关于款项支付的信誉承诺，写明他要保证被保证人一定向受益人尽到某项义务，否则将由担保银行负责支付受益人损失的保证文件。

2) 银行保函的作用

(1) 作为合同价款支付的保证。银行保函作为一种金融信用工具，不仅是一种结算形式，也可以用来作为国际结算手段，还更多地使用在买卖合同、借贷合同、劳务承包合同中充当合同业务履行的保证，即保证货款与货物的正常交换，使合同价款的清偿能得到保证。这是银行保函的基本功能之一。

(2) 作为合同违约时对受害方补偿的工具或者对违约方的惩罚手段。银行保函还通常被用来保证合约的正常履行，预付款项的归还，贷款及利息的偿还，合同标的的质量完好，关税、佣金、费用等及时支付，被扣财务的保释等。

2. 银行保函的基本当事人

银行保函有3个主要当事人：

(1) 委托人或申请人，即要求银行开立保函的一方。在担保银行按照银行保函规定向受益人付款后，申请人须立即偿还担保行垫付的款项，承担银行保函项下一切费用及利息。

(2) 受益人，即有权按照银行保函规定出索偿通知或连同其他单据，向担保银行索取款项的人。受益人应当要履行合同中规定的责任和义务，当申请人违约时按银行保函要求提交单据，并根据银行保函中的规定的条款提出索赔。

(3) 保证行，即银行保函的开立人。保证行根据委托人的申请，并在委托人提供一定担保的条件下向受益人开具银行保函。担保银行一经接受开立银行保函就有责任按照银行保函承诺条件，对受益人付款；如果申请人不能立即偿还担保行垫付的款项，则担保银行有权处置押金、抵押品、担保品。如果处置后仍不足抵偿，则担保银行有权向申请人追索不足的部分。

3. 银行保函的主要内容

(1) 银行保函申请人的名称和地址。
(2) 银行保函担保人的名称和地址。
(3) 银行保函受益人的名称和地址。
(4) 银行保函的种类及保函的担保目的。
(5) 与银行保函有关的合同，即开立银行保函的原因。
(6) 银行保函的担保金额和所采用的货币。
(7) 银行保函的有效期。
(8) 银行保函的赔付条款。

银行保函样本如下。

银行保函(样本)

编号：

致受益人：

兹因_______(以下简称保函申请人)与你方签订了编号为_______的合同(以下简称合同)，我行接受保函申请人的请求，愿就保函申请人履行上述合同约定的义务向你方提供如下保证：

(1) 只要你方确定保函申请人未及时、正确或者实际履行合同(违约)，并且在本保函约定的保证期限内通知我行索赔，则由我行全额承担返还受益人已预付的合同价款(￥　　　　元，人民币大写：　　　　　　　　　元整)并代为清偿应当由保函申请人承担的违约金；但是，上列保证范围应当剔除保函申请人已向你方实际交付的履约保证金。

(2) 本保函自开立之日起生效，到保证期限届满之日失效。保证期限为6个月，自保函申请人违反合同约定之次日起算。你方超过保证期限提出索赔，或者你方与保函申请人未经我行同意而自行实质性变更合同的，我行不承担保证责任。

(3) 在我行实际履行了保证责任后，或者一旦保证期限届满而你方未有索赔请求的，保函正本原件必须立即退还我行；于上列应当退还保函正本而你方未予退还之情形，本保函亦自动失效。

(4) 无论保函申请人有任何反对或异议，我行将在收到你方提交的“索赔文书”之日后的10个工作日审核完毕并按该“索赔文书”所指定的支付方式履行实际支付义务；该“索赔文书”包括：①保函申请人违约说明的书面索赔通知正本；②本保函复印件；③你方通过××××已经按合同向保函申请人支付了合同预付款项之支付凭证复印件(加盖支付机构公章)，或者保函申请人已全部收妥合同预付款项之有效证明文件。

我行在支付前，仅就索赔额是否属于或超过担保范围、索赔是否超过保证期限、合同是否属实质性变更3个事项进行审查；除此之外，不作审查。如果该3项之中有不符合支付条件的，我行将在收到你方的索赔文书之日后的10个工作日内给予以书面法律意见之函复。

(5) 本保函不可撤销，且我行不享有检索抗辩权。你方采取的未明示免除我行责任的任何其他行为，均不能免除我行在本保函项下的责任。

(6) 本保函规定了我行的全部承诺，该承诺不得通过援引本保函所提及文件或任何其他相关文件进行任何方面的修改或扩大，且任何此类文件不应被视为本保函的一部分。

(7) 如有索赔，出于验证之需要，请将书面索赔通知加盖你方公章和法定代表人签章，连同本保函之复印件，一式两份，一份送达我行，一份送达保函申请人。

(8) 本保函以××××为唯一受益人，且不得转让或设定担保。

(9) 本保函仅限于由中国××银行×××××分(支)行偿付。

保证人(公章)：　　　　　　　　　　住所或联系地址：

负责人或授权代理人(签字)：　　　　邮政编码：

签发日期：　　　年　　月　　日　　联系电话：

4. 常见的银行保函

(1) 投标保函：在以招标方式成交的工程建造和物资采购等项目中，银行应招标方的要求出具，保证投标人在招标有效期内不撤标、不改标、中标后在规定时间内签订合同或提交履约保函的书面承诺。

(2) 履约保函：担保银行应工程承包方或商品供货方申请而向业主或买方出具的、保证承包方或供货方严格履行合同义务的书面文件。

(3) 预付款保函：又称还款保函、出口保函，是银行应供货方或承包方的请求，向预付款的买主或业主方所开立的、保证申请人履行某项合同项下义务的书面保证文件。

6.3.5 国际保理

1. 国际保理的概念与作用

国际保理，也称保付代理，是买卖双方采用赊销或者承兑交单方式销售商品时，保理商对出口商提供一体化的综合性服务措施，包括商业资信调查与评估、应收账款的管理与追收、贸易融资与买方信用风险担保等。

在国际贸易中，采用赊销或承兑交单方式结算，出口商将承担收款风险，并存在资金占压的问题。为了规避风险，出口商往往借助保理业务，利用出口保理商和进口保理商的密切合作，以及他们与进出口商的业务往来进行结算活动。

通过国际合作网络，各国保理公司主要进行国际贸易中的信用担保、收账、融资和账务管理等业务。

知识拓展

一般保理商提供的服务包括以下内容：

(1) 对进口商进行资信调查及评估。保理商都设有专门机构，可以对进口商资信作出较为客观的评估。

(2) 代收账款。保理商有专门收债人员，收债经验丰富，收债率高。

(3) 账务管理。保理商一般均为大商业银行的附属机构，拥有完善的账务管理制度和较强的账务管理能力。

(4) 风险担保。保理商对出口商在信用额度内提供100%的信用担保。

(5) 贸易融资。出口商发货后，将发票副本交给保理商，就可以立即获得不超过80%发票金额的无追索权的预付款融资，但此项融资的期限一般不能超过180天。

2. 保理的划分

(1) 根据是否有出口保理商，保理可分为单保理模式和双保理模式。

单保理模式是指出口地银行仅作为“中间媒介”，与出口商之间不存在保理业务合同，也不是保理业务的当事人。所以该模式下就只有3个当事人：出口商、进口商和进口保理商。出口商要与进口保理商签订保理分协议，再由出口商银行与进口保理商签订保理总协议，出口商银行只起到传递函电和划拨款项的功能。

双保理模式是指出口商与出口保理商签约，出口保理商再与进口保理商签约以互相代理业务，并由出口保理商根据出口商的需要，提供融资服务。所以该模式下有4个当事人：出口商、出口保理商、进口商和进口保理商。现在的国际保理模式就是指双保理模式。

(2) 根据是否向出口商提供融资，保理可分为到期保理模式和预支保理模式。

到期保理模式是指出口商将有关单据卖给保理商之后，保理商在票据到期时向出口商无追索权地支付货款。这是比较原始的保理方式。

预支保理模式也叫融资保理模式，是指出口商将有关单据卖给保理商后，保理商扣除融资利息和费用后，立即以预付方式无追索权地付给出口商 80%左右的发票金额，其余 20%于货款收妥后再清算。这是比较典型的保理方式。

本 章 小 结

国际结算工具是指在国际结算过程中所使用的具有替代现金支付和流通、提供信用保证及融资和结算功能的各种票据。常见的结算工具有 3 种，即汇票、本票和支票。汇票是出票人签发的，委托付款人在见票时或者在指定的日期无条件支付确定的金额给收款人或者持票人的票据。本票是出票人签发的承诺自己在见票时无条件支付确定的金额给收款人或者持票人的票据。支票是出票人向另一人签发的，委托银行或其他金融机构在见票时无条件支付确定的金额给收款人或者持票人的票据。

在国际结算过程中，由于买卖双方承担的费用、风险和资金负担不同，会选择不同的结算方式。常见的结算方式有 3 种，即汇款、托收和信用证，还有两种派生出的结算方式：银行保函和国际保理。汇款和托收方式建立在商业信用的基础上，使进出口商在对外贸易中都承担一定的风险。信用证建立在银行信用的基础上，能较好地保障进出口双方的利益。但涉及的当事人多，手续烦琐，对单据要求较高。银行保函和国际保理业务也为进出口商在贸易中提供了融资、信用保障等服务。随着我国贸易的发展，这些结算方式越来越重要。

职业能力训练

一、填空题

1．国际结算主要经历了(　　　)、(　　　)、(　　　)3 个发展阶段。

2．汇付有(　　　)、(　　　)、(　　　)3 种方式，其中(　　　)是收汇速度最快的一种。

3．在跟单托收的情况下，按交单条件不同，可分为(　　　)和(　　　)两种。

4．(　　　)是银行开立的一种有条件的承诺付款书面文件。

5．信用证的开证银行承担(　　　)的付款责任。

二、不定项选择题

1．属于顺汇方法的支付方式是(　　)。

A．汇付　　B．托收　　C．信用证　　D．银行保函

2．持票人将汇票提交付款人要求承兑的行为是(　　)。

A．转让　　B．出票　　C．见票　　D．提示

3．常见的银行保函按照其用途不同，可分为(　　)。

A．履约保函　　B．还款保函　　C．投标保函　　D．付款保函

4．使用D/P、D/A和L/C这3种结算方式，对于卖方而言，风险由大到小依次为(　　)。

A．D/A、D/P和L/C　　B．L/C、D/P和D/A

C．D/P、D/A和L/C　　D．D/A、L/C和D/P

5．属于银行信用的国际贸易支付方式是(　　)。

A．汇付　　B．托收　　C．信用证　　D．票汇

6．信用证的第一付款人是(　　)。

A．进口商　　B．开证银行　　C．出口商　　D．通知行

7．托收方式下的D/P和D/A的主要区别是(　　)。

A．D/P属于跟单托收；D/A属于光票托收

B．D/P是付款后交单；D/A是承兑后交单

C．D/P是即期付款；D/A是远期付款

D．D/P是先交单后付款；D/A是先付款后交单

8．按照有无随附单据，汇票可分为(　　)。

A．即期汇票　　B．远期汇票　　C．光票　　D．跟单汇票

9．信用证支付方式的特点是(　　)。

A．它是一种商业信用　　B．它是一种银行信用

C．它是一种单据的买卖　　D．它是一种自足的文件

10．信用证最基本的当事人为(　　)。

A．开证申请人　B．开证银行　　C．通知银行　　D．受益人

三、判断题

1．在保兑信用证下，就付款责任而言，开证银行和和保兑银行同样负第一性付款的责任。(　　)

2．在承兑交单情况下，是由代收银行对汇票进行承兑后，向进口商交单。(　　)

3．在票汇情况下，买方购买银行汇票径寄卖方，因采用的是银行汇票，故这种付款方式属于银行信用。(　　)

4．D/A30天比D/P30天付款对出口商来说承担的风险更大。(　　)

5．付款交单和承兑交单对卖方来说都有一定风险，但承兑交单最易为买方接受，有利于达成交易。所以，在进出口业务中，应扩大对承兑交单的使用。(　　)

6．信用证支付方式是属于银行信用，所使用的汇票是银行汇票。(　　)

四、简答题

1．汇票的含义是什么？它涉及的当事人有哪些？

2．什么是即期付款交单、远期付款交单、承兑交单？

3．什么是信用证？涉及的当事人有哪些？有什么特点？

五、案例分析题

1．我国某公司出口某商品15 000箱，合同规定1～6月按月等量装运，每月2 500箱，凭不可撤销即期信用证付款。客户按时开来信用证，证上总金额和总数量均与合同相符，但装运条款规定为“最迟装运日期6月30日，分数批装运”。该公司1月装出3 000箱，2月

装出 4 000 箱，3 月装出 8 000 箱。客户发现后向该公司提出异议。该公司这样做是否可行？为什么？

2．宁波市某进出口公司对外推销某种货物，该商品在新加坡市场的销售情况日趋看好，逐渐成为抢手货。新加坡贸发公司来电订购大批商品，但坚持用汇付方式支付。此时，在宁波公司内部就货款支付方式问题产生不同的意见，一些业务员认为汇付的风险较大，不宜采用，主张使用信用证方式；但有些人认为汇付方式可行；还有一部分业务员人认为托收可行。如果你是该进出口公司的业务员，你会选择何种支付方式？说明理由。

第 7 章 国际金融市场

知识目标

- 掌握国际金融市场的概念、分类和作用，理解国际金融市场的形成与发展；熟悉传统国际金融市场的具体内容；掌握欧洲货币市场的含义、特点和构成。

能力目标

- 能够分析一国建立国际金融中心的可行性，能说出今后国际金融发展的趋势及国际金融波动对一国经济带来的影响。

引例

希腊政局搅动全球金融市场

希腊官方于2012年5月15日匆忙宣布了组阁失败的消息，并称未来将成立看守政府领导国家。希腊总统帕普利亚斯向希腊政党领导人的讲话文稿引发外界的进一步忧虑，他警告称希腊银行业面临的局势“非常艰难”。当时的最新民调显示，在首轮大选中得票第二的左翼政党联盟有可能在新一轮大选中取胜，但仍无法取得绝对多数优势，仍要寻求与其他党派组建联合政府。左翼政党联盟反对现行的财政紧缩政策，给希腊政府带来很大压力。

按照希腊和国际货币基金组织与欧洲联盟(以下简称欧盟)的协议，希腊必须坚持财政紧缩政策等条件，换取巨额外部援助。如果希腊不能遵守协议，资金援助将面临被切断，几乎立即就会陷入债务违约。外界担心希腊退出欧元区的可能性正在不断变大。

因希腊乱局导致的欧债危机升温，令欧洲经济复苏显得遥遥无期。欧洲三大股市2012年5月15日再度全线下挫，法国CAC-40指数和德国股价指数下跌了2%。意大利和西班牙的基准指数下跌了近3%。伦敦股市更下探至2012年来的最低点。随着证券交易员预测金融压力将波及希腊以外的其他国家，欧元对美元汇率跌至3个月以来的最低，西班牙和意大利的借债成本飙升。投资者纷纷抛售风险资产，转而投入安全性较高的美国国债市场，造成美国国债的收益率跌至2012年以来的最低水平。道琼斯工业平均指数(以下简称道指)下跌了125.25点，收于12 695.35点。随着人们再次开始担心欧洲和美国的经济实力，在帕普利亚斯发表讲话之前两周的时间里，道指已经损失了2012年以来超过一半的涨幅。标准普尔500指数下跌了15.04点，跌至1 338.35点。纳斯达克综合指数下跌了31.24点，跌至2 902.58点。标准普尔500指数的十大行业板块全部出现下滑。摩根大通高达20亿美元的交易巨亏给银行股造成的阴影还在持续。继负责监管交易策略的高管将辞职的消息传出后，摩根大通的股价下跌了3%。摩根士丹利银行和花旗银行的股价下跌了4%以上。

同时，由于市场对某些欧洲国家是否有能力偿还巨额政府债务的疑虑挥之不去，石油价格跌至2012年最低水平。美国传统能源公司的经纪人及石油期货分析师吉恩·麦吉利恩说：“我们必须问问自己：谁会步希腊的后尘？如果西班牙或其他国家也陷入类似麻烦，那将会出现什么样的情况？”

(资料来源：http://world.people.com.cn.)

【思考】国际金融市场由哪几部分构成？对世界经济起到了什么作用？各国政治经济的变化会对国际金融市场产生什么样的影响？

7.1 国际金融市场概述

7.1.1 国际金融市场的概念

国际金融市场有广义和狭义之分。广义的国际金融市场是指进行各种国际资金融通和国际货币交易活动的有关领域和场所。这些业务包括长、短期资金的借贷，外汇与黄金的买卖等，分别形成了资本市场、货币市场、外汇市场和黄金市场；狭义的国际金融市场是指在国际间经营借贷资本活动的场所，是国际借贷资本移动的中介，也称为国际资金市场。

从地域范围来说，国际金融市场是跨越国界的资金融通和交易市场，在一国范围内的资金融通和交易即使涉及外币，也只能算是国内金融市场；从市场主体来说，国际金融市场是有非居民参与的市场，如果交易双方都是国内居民，则不能称作国际金融市场。

国际金融市场不是独立存在的，是由各主要国家的金融市场共同组成的。从整体上看，国际金融市场是一种抽象的市场，是无形的，并不专门设在某个固定场所，而是以若干国家的金融中心为骨干，通过电话、电报和电传等现代化通信设备连接而成的，开展各种国际金融业务活动的多种类、国际性的交易网络体系。

国际金融市场大部分活动和交易是在几个主要的国际金融中心进行的，这些国际金融中心包括伦敦、纽约、法兰克福、苏黎世、东京、中国香港、新加坡等。一般来说，国际金融中心是在国内金融中心的基础上发展起来的，但并非任何一个国内金融市场都可发展成为国际金融中心。要形成国际金融中心，至少具备以下条件：①该国(地区)货币汇率稳定且可自由兑换；②该国(地区)拥有较为发达的外汇市场，外汇管制宽松；③该国(地区)银行体系较为健全和发达；④该国(地区)投资环境较优越；⑤该国(地区)政局稳定。

7.1.2 国际金融市场的形成与发展过程

国际金融市场是随着国际贸易的发展、世界市场的形成和国际借贷关系的扩大而逐渐形成的。它的形成和发展大致分为 3 个阶段。

1. 国际金融市场的形成

英国在 19 世纪 40 年代最先完成了工业革命，工业革命将英国推到了资本主义世界经济中心的位置。同时英国建立了当时世界上最为完善的现代银行制度，伦敦随之成为各种金融服务的中心。随着英国对外贸易的发展，英镑成为交易结算中使用最为广泛的货币。英国在国际贸易和国际金融领域中的主导地位，使伦敦由国内的工业和金融中心发展成为最主要的国际贸易和国际金融中心。此外，当时的其他主要资本主义国家的国内金融市场也在对外贸易和投资的不断发展过程中相继成为国际金融中心，如美国的纽约、瑞士的苏黎世、法国的巴黎、德国的法兰克福和意大利的米兰等。

2. 国际金融中心的转移

一战结束后，英国的头号资本主义工业生产和世界贸易强国的地位被美国取代，因此，英镑作为主要国际结算和国际储备货币的地位大大削弱，伦敦国际金融市场的地位也被削弱。1929 年爆发资本主义世界经济危机后，英国首先宣布放弃金本位制度，并且实行外汇管制；1939 年英国将英镑集团改为英镑区，其采取的金融措施在一定程度上进一步削弱了伦敦国际金融市场的地位。二战后，由于历史传统与银行业务的联系，伦敦国际金融中心仍继续发挥着重要作用，但是国际金融市场第一的位置则被纽约取代。

3. 新型国际金融市场的发展

进入 20 世纪 60 年代后，世界经济不平衡的矛盾日益尖锐，美国的世界经济霸主地位开始动摇，美国政府被迫采取了一系列限制措施来限制资本外流。于是大量的美元被转移到所谓的安全地区，形成了以伦敦为中心的境外美元市场，由此在欧洲形成了“欧洲美元市场”。欧洲美元市场形成后，规模迅速扩大，交易货币种类不断增加。于是欧洲美元市场逐渐变成由多种境外货币组成的“欧洲货币市场”。欧洲货币市场的出现标志着国际金融市场进入了一个新的发展阶段。

7.1.3 国际金融市场的类型

1. 按照性质划分

根据性质不同，国际金融市场可以分为传统国际金融市场和新型国际金融市场。

传统国际金融市场是指从事市场所在国货币的国际信贷和国际证券业务，并受市场所在国政策和法令管辖的金融市场。其特点如下：

(1) 受市场所在国法律和金融条例的管理和制约，限制较多，借贷成本高。

(2) 交易活动是在市场所在国居民和非居民之间进行的。

(3) 通常只经营所在国货币信贷业务。

新型国际金融市场是指二战后形成的欧洲货币市场，指一国国境以外进行该国货币的存放、投资，债券的发行和买卖的市场，主要是为非居民间的资金融通提供各种便利的金融市场，它是在传统的国际金融市场的基础上形成的。与传统国际金融市场相比，新型的国际金融市场有以下特征：

(1) 以非居民之间的交易为主要业务。即交易是发生在外国贷款人和外国借款人之间的。

(2) 高度自由的监管环境。欧洲货币市场一般不受货币发行国政策法规的制约，在经营方式上具备了传统金融业务无法比拟的优越条件和特点，它经营自由，经营成本低廉，并很少有信息披露的要求。

(3) 实施免税或低税率优惠政策。一般来说，新型金融市场不设存款及债券预扣税、利息所得税，以及各类有价证券交易的印花税，且大幅度调低资本所得税，允许海外利润自由派息等。

2. 按照功能划分

根据功能不同，国际金融市场可分为货币市场、资本市场、外汇市场和黄金市场。

(1) 货币市场是指经营借贷期限在1年或1年以下短期资金的交易市场。其主要功能是为政府、中央银行、工商企业及个人等参与货币市场交易的各方调剂资金余缺，解决临时性资金周转困难。国际货币市场具有期限短、资金周转快、数额巨大、金融工具流动性强，以及价格波动小和投资风险低等特征。

(2) 资本市场是长期资本融通场所，指经营借贷期限在1年以上的长期资金的交易市场。其主要功能是提供一种使资本从剩余部门转移到不足部门的机制，是资本在国际间进行优化配置；为已发行的证券提供具有充分流动性的二级市场，以保证市场活力。与国际货币市场相比，其特征是期限长、资产价格波动大和投资风险高。

(3) 外汇市场是专门从事外汇买卖的交易场所。一个国际金融市场体系必须有外汇市场，它把不同币种的货币市场和资本市场连接起来，为国际贸易、信贷、投资及各种国际资金活动的实现提供了便利条件。外汇市场的参与者主要有经营外汇的金融机构、进出口商、外汇经纪人、中央银行和投机者等。

(4) 黄金市场是一个集中进行黄金买卖的交易中心。虽然随着国际金本位制度的消亡及信用货币制度的建立，黄金已退出货币流通领域，但由于黄金保值、清偿功能的延续，黄金在实质上仍然保留着货币的作用，国际黄金市场仍然属于国际金融市场的一部分。黄金市场主要由黄金现货市场和黄金期货市场组成。伦敦-苏黎世黄金集团构成了世界著名的黄金现货市场；纽约-中国香港黄金集团构成了世界著名的黄金期货市场，两大集团密切合作，共同操纵世界黄金市场。目前，黄金市场还是国际金融市场的组成部分，但作用已经大大下降了。

7.1.4　国际金融市场的作用

(1) 促进社会资源在世界范围内的合理配置，深化国际分工。

一些借贷资本过剩的国家通过国际金融市场把过剩资本借给资本短缺的国家。国际金融市场成为资本再分配的重要渠道。在现代经济生活中，资本的流动往往与产品甚至产业的流动相联系，因此，所谓资本的再分配实质上也就是生产资源的再配置。国际资本从过剩的国家或地区流向短缺的国家或地区，客观上使那里有待开发的资源得到充分利用，提高了国际资本的使用效益，促进了国际分工的进一步深化。

(2) 推动各国经济进一步国际化。

二战后跨国公司的迅猛发展与扩大是全球经济发展的一大趋势，跨国公司的发展需要国际金融支持。首先，由于跨国公司的业务是国际性的，它们随时掌握并可动用的流动资金包括多个国家的货币，要适应这些资金频繁调动的要求，客观上就要求有一个管制较松的，甚至是不受管制的国际化的金融市场。其次，跨国公司作为庞大的生产经营企业，在其资本循环和周转过程中，必然会周期性地形成数量巨大的暂时闲置资金。这些资金也需要有一个灵活而又能够获利的储存市场。此外，一些跨国公司或为了生产周转，或为了扩大生产规模，开设新的分公司，需要大量的资金。因此，跨国公司又需要一个容易筹措资金的货币市场和资本市场。国际金融市场的产生与发展，正顺应了世界经济的发展趋势和客观要求，极大地推动了跨国公司和各国经济国际化的发展。

(3) 调节各国国际收支，促进国际贸易发展。

二战后各个国家的政府越来越多地依靠国际金融市场来平衡其国际收支。国际金融市场是在各国国际收支逆差和顺差之间，调节外汇资金余缺，平抑国际收支差额，实现国际收支均衡的重要中介。例如，通过国际金融市场上的石油美元再循环，即石油输出国经常账户收支盈余资金通过国际信贷返回石油输入国，来缓解各国国际收支的严重失衡。

(4) 方便国际债权债务结算。

国际金融市场中的借贷市场是同债权债务密切相关的，也是同国际间的结算和支付分不开的。借款人总是为了一定的支付目的而借款，而且绝大多数都是用于支付国际间的购买或债务。作为国际金融市场构成的主体，货币经营业(银行等金融机构)则成为这一过程中的资金调度和债权债务结算中心，方便了国际债权债务的结算。

(5) 有利于发展中国家的经济建设。

国际金融市场是一些资本短缺国家筹集资金的重要渠道。它们通过大量借入外国资金，支持、发展本国生产，增加出口贸易，提高国民生产总值，缩短与发达国家之间的差距。

特别提示

必须指出，国际金融市场通过金融资本的国际化活动虽然极大地推动了世界各国，特别是资本主义各国生产、贸易的发展和海外市场的扩散，但是，在它发挥这一作用的同时，反过来又进一步加剧了国际垄断集团之间的竞争，并且出现了新的矛盾。同时，国际金融市场也为货币投机活动创造了条件。规模巨大的国际游资的频繁移动，进一步加剧了世界经济的动荡，助长了各国的通货膨胀。正因为如此，近年来西方各国在进一步推行金融自由化的同时，也出现了一种对国际金融市场加强监管的倾向。

7.2 传统的国际金融市场

7.2.1 国际货币市场

国际货币市场是融通 1 年或 1 年以下短期资金的市场。由于其融资工具的流动性强，并往往被作为货币的替代品用于支付和结算，具有货币性的特点，因而成为国际货币市场。通过国际货币市场，资金盈余者可以在短期内充分利用资金并获得最大收益，资金短缺者能够补充临时性资金流动性不足。

根据不同的借贷方式，国际货币市场可以分为银行短期信贷市场、短期证券市场和票据贴现市场。

1. 银行短期信贷市场

银行短期信贷市场包括了银行对工商企业等客户提供 1 年或 1 年以内短期贷款的市场和银行同业之间拆借的市场。前者主要是为了解决企业客户短期性的、临时性的流动资金需要，后者主要解决银行平衡资金头寸、调节资金余缺的需要。

1) 银行与银行之间的短期信贷

银行与银行之间的短期信贷也称银行同业拆借，这类业务在整个短期信贷市场业务中占据主体地位。

银行同业拆借业务的运作有以下特点：

(1) 银行同业拆借金额一般都比较大。

(2) 银行同业拆借手续简便，主要以信用为基础。借款人无须交纳抵押品，借贷双方也不用签订贷款协议，通过电话或电传就能达成交易。因此，借款人的资信状况对信贷条件(如贷款、期限和利率等)有很大影响。

(3) 银行同业拆借交易除了一部分在银行之间直接进行之外，另一部分通过货币经纪人进行。

(4) 银行同业拆借的期限长短不一。常见的有日拆、1 星期、1 个月、3 个月和 6 个月等期限，最长不超过 1 年期，但是对于维持银行资金周转和市场正常运作意义重大。

(5) 拆借利率随市场的变化而变化。

知识拓展

银行同业之间的短期资金借贷利率成为同业拆放利率，它有两个利率：拆进利率和拆出利率。拆进利率表示银行愿意借款的利率；拆出利率表示银行愿意贷款的利率。一家银行的拆进(借款)实际上也是另一家银行的拆出(贷款)。同一家银行的拆进和拆出利率相比较，拆进利率永远小于拆出利率，其差额就是银行的收益。在美国市场上，一般拆进利率在前，拆出利率在后，如“5.25—5.50”。在英国市场上，一般是拆出利率在前，拆进利率在后，如“5.50—5.25”。两种情况都表示“我借款 5.25，贷款 5.50”。

同业拆放中大量使用的利率是伦敦同业拆借利率，简称 LIBOR，它是国际金融市场中大多数浮动利率的基础利率，即在 LIBOR 基础上加上一定点数作为实际支付的利率。作为银行从市场上筹集资金进行转贷的融资成本，使用最多的是 3 个月和 6 个月的 LIBOR 或者美国优惠利率(prime rate)。近年来由于国际金融中心的扩大，经常使用的银行同业拆放利率还有中国香港银行同业拆放利率(HIBOR)、新加坡银行同业拆放利率(SIBOR)。

2) 银行对非银行客户的短期信贷

银行对非银行客户的短期信贷，是指银行对工商企业、跨国公司等客户之间的短期资金存放活动所形成的市场。商业银行一方面吸收客户的闲散资金，另一方面对其提供短期放款，以满足客户在经营过程中临时性、周转性的资金需求，贷款利率一般在银行同业拆放利率基础上再加上一定幅度。短期信贷不限定用途，可由借款人自行安排。这部分业务在短期信贷市场不占主要地位。但是一般要注意工商企业的借款用途、财务状况和按时归还情况。

2. 短期证券市场

短期证券市场是进行短期信用工具交易的市场。期限不超过 1 年，包括国库券、可转让大额定期存单、商业票据和银行承兑汇票。

1) 国库券

国库券是指由国家政府为满足财政需要而发行的短期债券，也可称为短期公债。期限通常有 91 天(3 个月)和 182 天(6 个月)两种，而以 3 个月为多。国库券的面值是到期收取的货币金额，发行时则采取折价的方式，折价多少主要取决于当时的市场利率水平。国库券面值与购买时支付的价格之间的差额，就是国库券购买者到期获得的实际收益。在目前各类短期金融工具中，国库券的数量也是最大的。例如，在美国货币市场上，美国联邦政府发行的国库券约占美国各类短期债务额的 80%；在加拿大的货币市场上，国库券占政府全部债务的 25%左右。由于这些国家政府发行的国库券信用最高、流动性最好，因而交易量也非常大，它们都具有国际金融工具的性质。特别是美国联邦政府发行的国库券，不仅是美国人的投资对象，而且也吸引了外国政府、跨国公司和银行或个人前去投资。

2) 可转让大额定期存单

可转让大额定期存单是商业银行发行的，记载一定金额、期限和利率并可流通转让的存款凭证。

存单的特点如下：

(1) 金额固定，面额大，标准定额一般为 100 万美元或 100 万美元以上。

(2) 不记名，不能提前支付，但可以在二级市场上自由出售。

(3) 存单的期限固定，分为 1 个月、2 个月、3 个月、4 个月、5 个月、6 个月几种，最长为 1 年。一般为 3 个月左右，这样对投资者的资金周转比较方便。

(4) 存单的利率有固定利率和浮动利率两种。固定利率存单到期按票面金额和约定利率支付利息。浮动利率存单则以 LIBOR 为基础，加上一定的附加利率。

由于以上特点，投资可转让大额定期存单不仅可以获得定期利息，又可以随时转让变现，很受投资者欢迎。目前，在西方国家，存单是银行和非银行金融机构获得短期资金来源的重要渠道，也是金融机构和跨国公司等进行短期投资的理想方式。

3) 商业票据

商业票据也称公司票据，是信用良好的工商企业为筹措短期资金而发行的凭信用且有固定到期日的短期借款票据。期限一般为 30 天到 1 年不等，以 30～60 天居多。这种票据由发行人担保，可以转让；多数没有票面利率，但其利率一般都会高于同期政府国库券利率，以贴现的方式出售。票据的发行公司资信要经过严格考核，信誉高的大公司可以直接向一般公众发售商业票据，并直接进入流通；但多数商业票据的发行还是通过大银行或证券公司等中介机构，采用间接发行的方式出售。

4) 银行承兑票据

银行承兑票据是由企业签发的、由银行承兑的保证到期付款的商业汇票。它在企业商业信用基础上加入了银行信用，因此流动性较强，即可背书转让，也可以拿到银行贴现。在主要西方国家的货币市场上，银行承兑票据的面额一般没有限制，其持有人可在到期之前到承兑银行处办理贴现，或者在二级市场上进行转售，交易价格按面值打折，其中的差额为持票人的收益。银行承兑票据的期限一般为 30～180 天，最长达 270 天。

3. 票据贴现市场

贴现市场是办理票据贴现进行短期资金融通的市场。所谓贴现是指票据持票人把未到期的信用票据转让于银行或贴现公司，并按贴现率扣除自贴现日至票据到期日的利息，以提前换取现金的行为。贴现对于持票人来说，相当于是提前取得尚未到期的票款，对贴现公司等金融机构来说，则相当于为持票人提供了一笔贷款。贴现市场主要由工商企业、商业银行或其他金融机构和中央银行组成。贴现的票据可以是国库券、商业票据和银行票据，贴现利率一般高于银行贷款利率。贴现市场主要发挥提供短期资金市场融通、便利银行调节头寸余缺、平稳市场银根的作用。

7.2.2 国际资本市场

传统的国际资本市场是指资金借贷期限在 1 年以上的中长期资金市场。国际资本市场从融通资金的方式看，具体分为中长期信贷市场和国际证券市场。

1. 中长期信贷市场

中长期信贷市场是跨国银行、国际金融组织、政府机构向客户提供中长期贷款的市场，通常 1～5 年称为中期，5 年以上称为长期。有些长期贷款(如政府贷款和国际金融组织贷款)的期限可以达到 40 年。

1) 政府贷款

政府贷款是指一国政府利用财政资金向另一国政府提供的优惠贷款，是国际官方援助的组成部分。政府贷款期限较长，一般为 20～50 年，而且大都包含 5～10 年的宽限期；政府贷款的利率一般比较低，有一定的捐赠成分；大多附加各种限制条件，如只能限于采购贷款国的机器设备等资本性产品。

知识拓展

政府贷款是发展两国双边关系的一种形式，但又受政治关系的影响，为了减少摩擦，协调一致，经济合作与发展组织(以下简称经合组织)制订了“君子协定”，规定了对不同国家贷款的最低优惠程度，以便使政府贷款真正成为对借款国的援助，而不是竞争的手段。

2) 中长期银行贷款

中长期银行贷款是一国银行单独或几国银行联合向另一国企业发放的期限在 1 年以上的商业贷款。

中长期银行贷款具有以下特点：

(1) 资金使用比较自由，借取方便，不受贷款银行的限制，借款人可根据自己的实际需要自由使用。

(2) 资金供应充分，贷款金额较大。

(3) 贷款方式灵活多样，手续简便易行；贷款期限可长可短，金额可大可小，也可以选择多种贷款币种；贷款不需政府有关部门批准，手续简便易行。

(4) 贷款条件较为苛刻。由于资金周转期限长，风险大，银行在考虑贷款时，除了审核贷款者的用途外，还要着重分析其偿还债务的能力，并要求借款人所属国家的官方机构提供担保，贷款人除收取利息外，还要收取管理费、代理费等费用。

银行中长期贷款主要分为银团贷款和双边贷款。银团贷款又称辛迪加贷款，是由一家或几家银行牵头，多家商业银行联合的某个项目或企业提供一笔金额较大的中长期贷款。辛迪加贷款具有以下特点：

(1) 贷款数额大。每笔金额一般为1亿～5 亿美元，有时甚至高达数十亿美元。

(2) 贷款银行多。参加贷款的银行一般都在两家以上，多者可达数十家。由主牵头行、副主牵头行、参与银行共同组成银行集团，由参加银团的每家银行分别承担一定金额的贷款。以分散大额贷款的风险。

(3) 贷款成本高。银团贷款利率通常是按 LIBOR 加一定的百分点。此外，由于涉及多家银行，还要支付承担费、代理费、管理费、杂费等各项费用。

(4) 贷款期限长。期限一般为 5～10 年，也有超过 10 年的。

(5) 贷款有明确用途。通常都是针对某个具体项目提供的贷款，资金用途明确。

知识拓展

承担费是针对用款期开始后还没有提款金额部分计算的费用，一般从贷款协议签字生效 1 个月或 3 个月开始计收，一直算到实际用款时为止。承担费一般与利息同时支付，费率通常为 0.125%～0.25%。管理费也称佣金，是借款人支付给贷款银行为其筹措资金的费用。费率按贷款总额的一定百分比计算，一般为 0.25%～0.5%。通常在贷款中，借款人需要支付给牵头银行管理费，作为成功组织贷款的额外报偿。代理费是国际银团贷款中由借款人付费代理行的费用，用于通信、邮政、办公等方面的支出及支付给代理行的报酬。费率由双方协商确定，按固定金额每年支付一次。

双边贷款是一国银行向另一国的政府、银行、企业等借款者发放的贷款。双边贷款信用规模受限于单个银行的贷款限度，期限较短，一般为 3～5 年；借款方可以自由支配贷款用途而没有限制，利率水平比较低，只有 LIBOR 加上附加利率再加上承担费，借款人借贷成本相对较小。借贷双方须签订贷款协议，有时还需借款人所属国家的政府或官方机构担保。

2. 国际证券市场

国际证券市场是有价证券的跨国发行、买卖和转让的场所。广义地说，证券市场在结构上分为一级市场和二级市场。一级市场也称发行市场或初级市场，二级市场也称流通市场。

狭义地说，证券市场是指证券的流通市场。从证券交易种类看，国际证券市场又可分为国际债券市场和国际股票市场。

证券发行市场(一级市场)：在初级市场上，新证券的发行和分销主要通过投资银行来进行。投资银行的主要业务之一就是经营证券发行和分销，即收购新发行的证券而转售于一般投资者。有时也收购已发行的证券再予以转售。其利润来自证券的收购价与转售价之间的差额。

新证券的发行方式有两种，一种是私下发行(即私募发行)方式，一种是公开发行(即公募发行)方式。私下发行是指直接售给有限的特定投资者。公开发行往往由投资银行牵头组成销售集团向公众销售。

证券流通市场(二级市场)：证券在初级市场售出后进入二级市场进行交易或买卖的市场。证券交易以场所划分，可分为场内交易和场外交易。场内交易是指在一定的场所、一定的时间、按一定规则买卖上市的证券交易；场外交易是指在证券交易所外进行的证券交易，它没有中心交易场所，交易以双方议价方式进行。

1) 国际债券市场

国际债券是由一国政府、公司企业、银行及其他金融机构及国际金融组织在国际金融市场上以外国货币面值或境外货币为面值发行的债券。债券的期限一般在 1 年以上，是中长期的融资工具。国际债券的特点如下：第一，有还本付息的期限，即债券上要明确规定偿还债务的时间；第二，具有流通性，即它能在金融市场上买卖，并能随时转换为货币；第三，具有安全性，这种安全性相对于股票而言较高，且流动性越强的债券安全性也越高；第四，债券在内容上有特定的要求，即债券应在票面上注明发行者的名称、金额、发行日期、债券期限、利息支付时间与形式等。

在国际债券市场上，交易的债券种类主要有欧洲债券和外国债券。

欧洲债券是指一国债券发行者在别国市场上发行的以市场所在国以外的货币为面值的债券，即发行者、面值货币和发行地点分别属于不同的国家，如日本投资者在美国市场上发行的欧元债券就称为欧洲债券。

欧洲债券具有以下特点：①基本不受任何一国金融法令和税收条例等的限制；②发行前不需要在市场所在国提前注册，也没有披露信息资料的要求，发行手续简便，自由灵活；③多数的欧洲债券不记名，具有充分的流通性；④通常同时在几个国家的资本市场发行。欧洲债券的发行人、发行地点和计值货币分别属于不同的国家，主要计价货币为美元、英镑、欧元和日元等可自由兑换货币。

外国债券是指债券发行者在别国市场上发行的以市场所在国货币为面值的债券，即面值货币和发行地点属于同一国家，如日本筹资者在美国市场上发行的美元债券就称为外国债券。外国债券主要由市场所在国居民购买，由市场所在国的证券机构发行和担保。发行外国证券必须事先得到发行地所在国政府证券监督机构的批准，并受该国金融法令的制约。某些国家的外国债券市场规模很大，筹资者很多，因此就有了国际统称。例如，外国人在美国发行的美元债券称为“扬基债券”，外国人在日本发行的日元债券称为“武士债券”，外国人在英国发行的英镑债券称为“猛犬债券”。

知识拓展

随着国际债券市场的发展，市场上又出现了一些新型的债券类型：

(1) 可转换债券，通常是具有固定利率的，发行时就与发行者有关联的某种股票的购买许可证连带发行，或者附带有可转换条款。

(2) 选择债券，债券持有人有权按自己的意愿，在指定时期内以事先约定的汇率将债券的面值货币转换成其他货币，但利率不变。

(3) 浮动利率债券，在债券有效期内，定期(一般是 6 个月)按照短期存款利率的变化进行调整。

(4) 零息债券，没有票面利率，到期一次还本，它的收益通常不是来自利息，而是债券的增值。

(5) 双重货币债券，以一种货币作为面值货币，而另一种货币作为还本付息时所使用的货币。

为便于投资者对投资收益和风险进行衡量，以加强对债券的经营管理，对即将发行的债券进行资信等级评定十分必要。于是，在国际资本市场出现了一些专门的评级机构。目前，国际公认的债券评级机构有美国的穆迪投资服务公司、标准普尔公司，加拿大的债务级别服务公司、英国的艾克斯特尔统计服务公司，日本的公社债研究所等。资信评级机构的评级结果较具权威性，直接影响到发行人的筹资成本：信用等级高，则发行人筹资成本降低；反之，则筹资成本上升。表 7-1 是穆迪投资服务公司和标准普尔公司的债券信用评定等级。

表 7-1　债券评级标准等级

分类 等级	穆迪等级	标准普尔等级	说明
投资级	Aaa	AAA	最高信用、最低风险
	Aa	AA	高信用级
	A	A	中高信用级
	Baa	BBB	中信用级
投机级	Ba	BB	中低信用级
	B	B	低信用高风险级
	Caa	CCC	可能出现违约拖欠
	Ca	CC	违约可能性很大
	C	C	无偿还能力

20 世纪 80 年代以来，受融资证券化趋势的影响，国际债券市场有了大的发展。目前全球有五大国际债券中心，即伦敦、纽约、法兰克福、苏黎世和东京，其中苏黎世是全球最大的外国债券市场。由于瑞士联邦具有政治稳定、无外汇管制及资本流动自由的优势，苏黎世债券市场的外国债券发行额在国际上一直处于遥遥领先的地位。

2) 国际股票市场

股票市场是股票发行和交易的市场。国际股票市场是在世界范围内发行并交易股票的市场。股票是股份公司发给股东的、作为其入股凭证并以此取得股息和红利的有价证券。国际股票是企业在国外发行并交易的股票，并且其发行和交易不是只发生在一国内，通常是跨国进行的。当今世界上一些发达国家和新兴的工业化国家及地区都有规模不等的国际股票市场，如纽约、伦敦、法兰克福、东京和中国香港的股票市场。这些股票市场不仅为所在国的企业提供了筹集资金的渠道，也成为跨国公司和外国企业扩大资金来源的重要渠道。

在国际股票市场上，股票的发行和交易是分别通过一级市场和二级市场实现的。一级市场即股票的发行市场，一般没有固定的场所，只是通过承销机构将新发行的股票买下(即包销)再转卖给投资者。二级市场是指对已发行的股票进行转让交易的市场，它包括有形市场和无形市场两部分。前者是指证券交易所，是一个有组织、有固定交易场所的市场；后者是指场外交易市场，是在证券交易所之外由电子化、网络化的证券自动报价系统组成的市场，如纳斯达克股票市场。

小资料

纳斯达克股票市场，即美国的全国证券交易商自动报价协会 (National Association of Securities Dealers Automated Quotations System，NASDAQ)，成立于 1971 年，它是由互相连接的 6 000 多家证券投资机构组成。NASDAQ 通过其遍布全国各地的计算机终端网，可以迅速准确地报出所有从事场外交易的证券机构的股票价格。

国际上的股票交易形式主要有以下几种。

1) 股票现货交易

现货交易又称即期交易，指股票买卖双方成交后，按照当时的成交价格交易清算。现货交易又可分为即时交易和当日交易。即时交易指股票交易达成后，马上进行交割。当日交易指买卖成交后，于成交当日办理交割。

2) 股票期货交易

期货交易指的是交易双方按一定价格签订合同成交，在一定时间后交割清算。交易双方在成交时必须签订合同，规定成交股票的种类、数量、价格和履约时间等。这里的订约时间为成交时间，履约时间为交割时间，成交时间与交割时间之间有一段时间间隔，使得履约时股票的价格可能与订约时不同。投机者可以利用这种价格差异进行投机。股票期货合约在未到期之前可以自由让渡转卖，一旦到期则必须履约。期货交易一般不是为了到期履约交割，而是利用期间股价的变动为转售合约本身谋利。

3) 股票期权交易

期权交易又称选择权交易，期权的购买者付出一定费用后，取得在约定时间内是否按协定价格买进或卖出某种股票的权利。期权合同有两种基本类型：一是买入期权，也称看涨期权，指期权的购买者有权在期权到期日或到期日之前，按协定的价格买进股票；二是卖出期权，又称看跌期权，指期权的购买者有权在期权到期日或到期日之前，按协定的价格卖出股票。期权的购买者为了获得按协定价格买入或卖出股票的权利，必须支付一定的费用，称为期权费。无论最终是否履行合同，期权费都不能退回。

7.2.3 国际黄金市场

1. 黄金市场的概念和分类

黄金市场是世界各国集中进行黄金买卖的交易场所，是国际金融市场的一个重要组成部分。

按影响程度不同划分，黄金市场可分为主导性黄金市场和区域性黄金市场。主导性黄金市场在国际黄金交易中发挥主导作用，其价格的形成、交易规则的制定及交易量的变化等市场行为可以直接影响其他黄金市场，如伦敦、苏黎世、纽约和香港等地的黄金市场。而区域性黄金市场的交易规模小，并且集中在本地区，对其他黄金市场影响不大。

按照管制程度的不同划分，黄金市场可分为自由交易黄金市场和限制交易黄金市场。自由交易黄金市场是指黄金可以自由输出入，居民和非居民均可自由买卖黄金的市场，如苏黎世黄金市场。限制交易黄金市场是指对黄金的输出入或市场的交易主体实行某种限制的市场，如 1979 年 10 月英国取消全部外汇管制前的伦敦黄金市场。

按照交易形式的不同划分，黄金市场可分为有形黄金市场和无形黄金市场。有形黄金市场是指有固定交易场所的黄金市场，又可以分为美式和亚式黄金市场两种类型。无形黄金市场是指无固定交易场所，黄金买卖是通过现代化通信工具联系成交的，以伦敦、苏黎世黄金市场为代表，又称为欧式黄金市场。

知识拓展

美式黄金市场建立在典型的商品期货市场的基础之上，黄金交易是在商品交易所内进行的，其交易类似于该市场上进行交易的其他商品，以美国纽约和芝加哥的黄金市场为代表。亚式黄金市场一般设有专门的黄金交易场所，同时进行黄金的现货和期货交易，以中国香港金银贸易场所和新加坡黄金交易所等为代表。

2. 国际黄金市场的交易对象和交易方式

1) 交易对象

(1) 各种成色和重量的金块。私人或企业集团开采出来的未经加工的黄金，其成色与重量各不相同。

(2) 大金锭。一般是重量为 400 盎司、成色为 99.5%的金锭。由于黄金的成色与重量并非肉眼所能鉴别，因此进入世界黄金市场的大金锭必须有国际公认的鉴定机构的印记。

(3) 金条和金币。金条一般是成色和重量不等的长形条块，其售价要高于大金锭。金币有旧金币和新金币两种。旧金币可供量有限，其价值远高于本身所含黄金的实际价值。新金币价格的涨落直接依存于黄金市场黄金价格的变动。

(4) 黄金券。是黄金的凭证，持有人可随时向发行银行兑换黄金或与其等价的货币。其面额有多种，最小的 0.5 盎司，有编号和姓名，不得私自转让，遗失可以挂失。

2) 交易方式

黄金市场的交易方式主要有 3 种：现货交易、期货交易和期权交易。

现货交易是指交易双方成交后于两个营业日内进行交割的一种交易方式。欧式市场，如伦敦、苏黎世等黄金交易市场都以现货交易为主。

期货交易是指交易双方签订黄金买卖合同并交付保证金后，在未来指定日期办理交割的一种交易方式。美式市场，如纽约、芝加哥等是以期货交易为主的。

期权交易是指黄金交易双方签订期权合同，买方付出一定的期权费或保险费，获得在合同规定的日期或期限内按照协定价格买进或卖出一定数量黄金的权利，同时可以在市场价格不利时放弃这种合同权利，而买方收取期权费或保险费在合同期限内应买方要求承担相应义务的一种交易方式。

3. 黄金市场的黄金供给与需求

1) 黄金的供给

(1) 世界生产的黄金。目前，世界上主要的产金大国有南非、俄罗斯、加拿大、中国、美国、澳大利亚和巴西等。南非是世界最大的产金国，最高年产量超过 1 000 吨。近年来，西方国家的黄金产量增长也很快，可以满足世界黄金市场60%的需求。

(2) 各国中央银行抛售的黄金。因为储备黄金不能产生利息，所以自20世纪70年代后期实行黄金非货币化后，各国央行开始减少官方储备中的黄金储备，抛售一部分黄金。另外，为了干预外汇市场，各国央行也经常会在黄金市场抛售黄金换取外汇。

(3) 商业集团和私人等抛售的黄金。出于保值或投机的目的，一些集体或个人会储藏一定数量的黄金。当黄金价变动到一定价位时，这些集团或个人便会将储藏的黄金出售，以实现保值或投机的目的。

(4) 国际经济及金融组织出售的黄金。在实施黄金非货币化以前，国际货币基金组织要求会员国用黄金缴纳本国认缴份额的25%，这样国际货币基金组织就持有大量黄金；实行黄金非货币化后，国际货币基金组织将持有的黄金转到市场出售，成为黄金供应的又一个来源。

2) 黄金的需求

(1) 工业用金。黄金在工业上用途非常广泛。其广泛应用在工艺首饰、通信设备、计算机、航空等领域。随着科学技术的发展和人民生活水平的提高，工业用金的需求也在不断增加。近年来，工业用金的需求量占黄金需求量的80%，其中以工艺首饰业为最。

(2) 官方储备。由于黄金有一定的保值功能，虽然在官方储备中黄金已退居二线，但还是需要保存一定量的储备，这就形成各国政府的购买需求。

(3) 私人储藏。黄金虽不再作为货币材料，不能直接支付，但仍是财富的象征，是个人或集团的投资对象。近年来，私人储藏需求占黄金总需求的15%。

4. 黄金市场价格变动及其影响因素

1) 二战后黄金价格变动的总体过程

二战后黄金价格的变动大体经历了3个时期：

第一时期是维持黄金官价时期(1945年—1968年3月)。从布雷顿森林体系建立到黄金总库解散前，黄金价格一直维持在每盎司黄金兑35美元的官价水平上。

第二时期是双价制时期(1968年3月—1971年8月)。1968年3月美元爆发第二次危机，美国被迫实行黄金双价制，即美国对外国中央银行仍按官价兑换黄金，自由市场的金价则根据市场供求情况任其波动，不再按官价干预黄金市场的买卖。

第三时期是市场价格完全自由波动时期(1971年8月以后)。由于美元危机频繁爆发，迫使美国于1971年8月宣布美元第一次贬值，美国不得不停止外国中央银行按官价兑换黄金。从此，黄金价格进入完全自由波动时期。1980年1月金价曾攀升到每盎司850美元，1987年年底每盎司503美元，1989年6月末每盎司371美元，1999年7月间每盎司260美元左右。

2) 影响黄金价格变动的因素

(1) 世界政治经济形势。任何政治、经济的大动荡都会在国际黄金市场的金价上反映出来。在经济危机和衰退时期，利润率会降到最低，人们纷纷抛售纸币去抢购黄金，以求保值。这时对黄金的需求就会增加，从而刺激黄金价格上涨。反之，在经济复苏和增长时期，人们愿意把黄金抛出，换成纸币进行投资，以获得更多的利润。这时人们对黄金需求就会减少，黄金价格便会呈现疲软局面。

(2) 黄金市场的供求关系。黄金供求数量的变化，对国际黄金市场价格的涨跌有直接影响。在需求量较大、供不应求的时期，金价就会上涨，反之则会下跌。

(3) 通货膨胀。如果一国通货膨胀不断加剧，货币贬值，人们就会对纸币失去信心，认为持有黄金更稳妥、更安全，对黄金的需求就会增加；在通货膨胀率较低的时期，人们将资金投入证券市场或存入银行，以获得更高的收益，这时会抑制金价的上涨。

(4) 利率变化。如果利率提高，交易成本上升，投机者风险增加，就会减少黄金投机交易，使交易量减少；如果利率降低，黄金投机交易成本下降，交易量就会放大。

(5) 市场投机活动。投机者根据国内形势，利用黄金市场上的金价波动与黄金期货市场的交易体制，大量“卖空”或“买空”黄金，人为地制造黄金供求假象。

5. 世界主要黄金市场

1) 伦敦黄金市场

伦敦黄金市场历史悠久。现在，伦敦黄金市场仍然是世界上最大的黄金市场。其他黄金市场所采取的交易方式、交易系统基本上由伦敦黄金市场确定。

伦敦黄金市场的主要特点：

(1) 以黄金现货交易为主。伦敦黄金期货市场1982年4月才开业。

(2) 交易量巨大，主要是批发业务，是世界上唯一可以成吨买卖黄金的市场，金商主要充当经纪人。

(3) 实行每日两次定价制度，主要由伦敦四大金商定出价格。伦敦四大金商主要是指洛希尔国际投资银行、加拿大丰业银行、德意志银行、美国汇丰银行。四大金商控制了伦敦市场的大宗黄金交易。由四大金商定出的黄金价格会迅速影响纽约黄金市场和中国香港黄金市场的市场交易。

2) 苏黎世黄金市场

苏黎世黄金市场是在二战后逐步发展起来的世界性黄金市场。

苏黎世黄金市场的特点：

(1) 黄金交易以现货交易为主。

(2) 主要从事金币交易，是西方最重要的金币市场。

(3) 黄金市场与银行业务联系紧密，主要由瑞士三大银行，即瑞士银行、瑞士联合银行和瑞士信贷银行从事黄金交易。瑞士是西方著名的资金庇护所，每逢发生世界政治经济局势动荡，各地大量游资纷纷涌向瑞士购买黄金保值或从事投机交易活动。

3) 纽约、芝加哥黄金市场

纽约和芝加哥黄金市场是20世纪70年代中期才发展起来的，历史虽然较短，但发展很快。美国黄金市场的特点是以期货交易为主。目前，纽约商品交易所和芝加哥商业交易所已成为世界黄金期货交易中心。每年约有2/3的黄金期货契约在纽约成交，但交易水分很大，大部分属于买空卖空的投机交易。由于美国黄金期货交易量巨大，期货价格对黄金现货价格产生很大影响，使伦敦黄金市场的每日定价制的权威在一定程度上受到影响。除了黄金期货交易之外，黄金期权交易也是美国黄金市场的主要交易方式。黄金期权交易由于其较大的灵活性和选择性，而使其具有较大吸引力。

4) 中国香港黄金市场

中国香港黄金市场已有70多年的历史。1974年香港取消《禁止黄金进出口条例》后，便迅速地发展成一个国际性黄金市场。伦敦的四大金商、瑞士的三大银行及日本、美国、德国的金融机构都参与了香港的黄金交易。香港市场黄金大多来自欧洲，主要销往东南亚。香港的黄金市场主要由3部分组成。

(1) 香港金银贸易场，这可以看作主体市场，由华资金商占优势，有固定的买卖场所，以港元计价。这个市场有正式会员 195 家。

(2) 本地伦敦金市，以外资金商占主体，没有固定交易场所，是一个无形市场，以伦敦经营方式交易，通过电信成交。

(3) 黄金期货市场，这是一个正规的市场，按纽约、芝加哥方式交易，以美元计价。香港黄金期货交易业务增长迅速，在世界黄金市场交易中的地位日趋重要。

这 3 个市场关系密切，成交额最高的是香港金银贸易场，影响最大的是本地伦敦金市。香港黄金市场交易量大，黄金的进口和转口均很活跃。

7.3 欧洲货币市场

欧洲货币市场是当代国际金融市场的核心和主题，是经营欧洲货币借贷业务的市场。它是 20 世纪 50 年代末期国际金融领域中的一个新生事物，它的出现标志着国际金融市场发展进入了一个新的历史阶段。

7.3.1 欧洲货币市场的相关概念

1. 欧洲货币的概念

欧洲货币是指在货币发行国国境之外存放、投资和借贷的货币，也称为境外货币，不受货币发行国法律制约的货币。

特别提示

这里的“欧洲”，不是一个具体的地理区域概念，而是“非国内的”、“离岸的”、“化外的”或“境外的”等含义。

例如，欧洲美元是指存放在美国境外各银行和非银行金融机构的美元，或从这些机构借得的美元贷款，以及以其他各种形式散布在美国境外的美元。这些美元与美国国内的美元是同一货币，价值相同，只是流通的地域和账务处理方式不同而已。但欧洲美元可以不像美国国内的美元那样，受到美国法律的制约，因而其各种运动更为灵活。

2. 欧洲银行的概念

欧洲银行泛指所有经营欧洲货币业务的银行或非银行金融机构的国际业务部门，而不是指欧洲人开办的银行或设在欧洲的银行。

3. 欧洲货币市场的概念

欧洲货币市场就是指经营欧洲美元和其他各种欧洲货币存放、借贷和投资业务的市场。由于经营标的是各种离岸货币，这一市场也被称为离岸货币市场，是当今国际金融市场的核心。

知识拓展

离岸货币市场发展至今形成 3 种类型：伦敦型、纽约型和避税港型。其各自的主要特点如下：①伦敦型，对参与者经营范围管理比较宽松，对经营业务有严格的申请程序，传统的在岸和离岸的国际金融业务可以同时或交织开展。②纽约型，业务范围包括欧洲货币和本币美元的境外业务，但在管理上要求将境内美元与境外美元严格分开，交易仅限于获准的机构与非居民之间进行。③避税港型，大多设在一些基本上没有金融管制的岛国，服务对象为非居民。欧洲银行只是在那里开设离岸货币账户，进行转账以实现资金调拨，并选送管理和享受免税优惠，资金的实际提供和运用并不在那里进行。

7.3.2　欧洲货币市场的形成与发展

1. 欧洲货币市场的形成

一般认为，欧洲货币市场是 1957 年开始在伦敦出现的。从这一年起伦敦银行开始系统地经营美元存款和放款业务。最初促成这一市场形成的直接因素主要有两点：一是 20 世纪 50 年代初，美国在侵朝战争时冻结了中国在美国的全部资产。苏联和东欧各国为避免被冻结，纷纷将在美国存放的资产转到欧洲，形成欧洲美元的最早来源。二是 1957 年发生英镑危机，英格兰银行为了保卫英镑，把利率提高到 7%，同时加强外汇管制，禁止伦敦商业银行把英镑借给英镑区以外的国家。这一政策实施的结果，势必大大缩小伦敦商业银行的业务范围，减少它们的盈利。于是，这些银行为了谋利，就开始系统地吸收美元存款，并将其贷放出去。这样，一个在美国境外的美元借贷市场就在伦敦出现了。

欧洲货币市场形成的原因如下。

(1) 欧洲国家具有形成欧洲货币市场的基本条件：①对外币存款没有准备金要求；②对非居民的外币交易没有外汇管制；③宽松的税收制度；④发达的基础设施等。这些条件在欧洲货币市场都具备。

(2) 美国政府的货币政策刺激了欧洲货币市场的发展。20 世纪 60 年代，美国政府为了扭转日益恶化的国际收支状况，一直推行限制资本外流的政策。由此产生了两个重要影响：一是迫使美国的和外国的跨国公司在筹集所需资金时越来越依赖欧洲货币市场；二是美国银行为了既逃避国内的限制，又不至于失掉从国际信贷业务中获利的机会，不得不在国外，主要是伦敦及其他一些国际金融中心大量建立分支机构。这样它们就将大部分国际金融业务从美国转移到了境外金融中心，大大新增了欧洲货币市场的业务量。

(3) 二战后美元危机为欧洲货币市场的产生与发展提供了有利条件。20 世纪 60 年代中期，美元危机频繁，于是抛售美元、抢购黄金和其他硬货币的风潮经常发生。各国中央银行为了避免外汇风险，改为持有多种储备货币，联邦德国马克、瑞士法郎、荷兰盾、日元等，分别在欧洲进行交易，欧洲美元市场逐渐扩大为国际性的欧洲货币市场。

2. 欧洲货币市场的发展

欧洲货币市场诞生后，欧洲货币市场取得迅速发展，经历了 3 个发展阶段。

第一阶段是 20 世纪 50～70 年代初期，是形成及初步发展阶段。这一阶段的主要特点是欧洲银行高利率吸收大量存款。布雷顿森林体系由于内外种种原因逐渐走向崩溃是这一阶段的大背景。美国政府一系列金融政策的失误则是促使布雷顿森林体系崩溃和欧洲货币市场发展的重要原因。长期以来美国银行存款利率低于西欧国家，导致众多客户将资金转存于西欧国家。美国银行由于存款剧减，被迫从欧洲货币市场拆入或告贷，此举不仅未能扭转美元外流趋势，而且提高了美国银行经营成本。1963 年 7 月美国实行“利息平衡税”，规定其居民购买外国债券收益高于本国证券收益部分应作为税款无偿交给美国政府。这就迫使外国筹资者转向欧洲货币市场，美国工商企业和银行将其海外收益留存境外，而不再调回国内；美国 1965 年 1 月的“自动限制贷款计划”和 1968 年 1 月加强对外直接投资的限制都直接加速了美元的外流。这一阶段欧洲货币市场的存款规模，1957 年为 10 亿美元，1963 年达 200 亿美元，1973 年为 3 100 亿美元，年均增长率前 6 年达 60%以上。

第二阶段是 20 世纪 70 年代初期～80 年代初期，是欧洲货币市场迅速发展阶段。这一阶段的特点是欧洲银行的存贷款余额大幅度增加。1974—1980 年欧洲货币市场存款额增至 15 150 亿美元，年均增长率为 30.3%。净存款额由 1 600 亿美元增至 7 550 亿美元，年均增长率为 29.5%，虽然相对速度不如前一阶段，但由于基数大，绝对数额还是急剧膨胀。这一期间，美国对外贸易出现共计 1 850 亿美元逆差；石油输出国组织成员国国际收支顺差 3 660 亿美元，其中 1 300 多亿美元投放在欧洲货币市场；非产油发展中国家外贸逆差 3 472 亿美元，被迫向欧洲货币市场告贷。在国际资金充裕和发展中国家普遍利用外资发展本国经济的情况下，银行竞相以优惠条件提供贷款资金。发展中国家外债总额由 1973 年的 1.421 亿美元增至 1974 年的 1.846 亿美元，1980 年达 6 500 亿美元，年均增长率为 23.3%。1974 年 1 月美国政府被迫取消“利息平衡税”，允许银行跨国经营，从而不仅促进了新加坡、中国香港等一批新兴的国际金融市场的形成，而且使伦敦等传统国际金融市场的地位得到巩固，欧洲货币市场扩展到东亚、东南亚、中东和拉丁美洲，形成全球网络。

第三阶段是 20 世纪 80 年代后，美、日等国相继开设欧洲货币市场，形成全球欧洲货币市场网络。20 世纪 70 年代末～80 年代初西方主要国家先后陷入严重的经济滞胀的背景下，美国实行高利率从而维持了美元高汇率，引发了国际金融市场剧烈动荡。其中最突出的表现是以拉美国家为代表的发展中国家重债务国延续十年的债务危机，世界贸易在 80 年代前半期持续倒退和徘徊。但是，欧洲货币市场则在调整中继续发展，欧洲银行信贷额由 1981 年的 1 333.5 亿美元逐年下降为 1986 年的 1 090.2 亿美元和 1987 年的 1 153 亿美元，1994 年回升到 1 396 亿美元。同期欧洲债券发行额则基本上保持上升趋势，从 316 亿美元增加到 1 405 亿美元，1994 年达到 3 857 亿美元。在这一阶段，欧洲债券逐渐地取代了欧洲银行成为国际融资的主要形式。1981 年美国开辟了纽约金融业自由区，允许境外机构在美国本土经营欧洲美元业务。到 1986 年已有 400 多家外国和美国银行开展这一业务，1989 年资产总额达 2 971 亿美元。1986 年 12 月日本在东京建立离岸金融市场，到 1989 年已有 200 多家金融机构在此开业，资产总额达 4 618 亿美元。在这一阶段，欧洲货币市场得到进一步加强，内部结构也有了大变化。

7.3.3 欧洲货币市场的特点

1. 经营自由

这种自由的经营环境表现在：经营活动不受当地政府金融政策、法令的管辖和外汇管制约束；借款条件灵活，不限制用途；允许免交存款准备金；非居民可以自由进行外币资金交易、自由转移资金。因此，欧洲货币市场与传统的国际金融市场相比，资金调拨比较方便自由。

2. 资金规模大、币种多

欧洲货币市场上，无论是短期信贷，还是中长期信贷，信贷额一般都很大，通常最小的交易额也达 100 万美元，大的甚至高达几十亿美元。同时因为欧洲货币市场的资金来自世界各地，币种不限于欧洲美元，还扩展到欧元、日元和加拿大元等其他国家货币，能够满足不同类型的国家及其银行、企业对于各种不同期限和不同用途的资金需要。

3. 有独特的利率体系与灵活的经营方式

欧洲货币市场的利率一方面与各发行国国内利率有密切联系，另一方面又不受法定准备金和存款利率最高额限制。它以 LIBOR 为基础，存款利率略高于货币发行国国内的存款利率，贷款利率略低于货币发行国国内的贷款利率，存贷利率差有时甚至低于 0.125%。因此，欧洲货币市场对资金的供给者和需求者都比较有吸引力。同时，竞争还使欧洲信贷日趋灵活，借款期限可长可短，存款一天也付利息，借贷货币可自由选择，借贷方式日益多样化。

4. 银行同业间的交易占主导

现在欧洲货币市场上银行间的相互存款已占到整个欧洲银行外币负债总额的 75%，欧洲货币市场可以说是一个银行间的市场。之所以如此，一方面是由于这一市场上的交易额特别大，存贷利差很小，当银行接受顾客存款后，须立即将其贷出或转存，以避免损失。另一方面，该市场上银行多，银行间存款也就多。此外，欧洲货币市场上没有作为“最后贷款人”的中央银行，在此情况下，各银行之间的相互存款有利于其经营风险的克服。

5. 国际金融体系的脆弱性和风险性加大

金融创新使金融业务操作便利、速度快捷、交割灵活、成交额大，从而对投机产生了巨大的诱惑力，使金融衍生工具在金融市场上的运行不仅仅为了避险，一定程度上也成了投机性交易的金融工具。而现在国际金融监管体制的完善还相对落后于金融衍生工具的出现，因此欧洲货币市场上金融衍生工具如果过度使用，容易带来巨大的金融风险。

7.3.4　欧洲货币市场的构成

欧洲货币市场主要由欧洲短期信贷市场、欧洲中长期信贷市场和欧洲债券市场组成。

1. 欧洲短期信贷市场

该市场主要进行 1 年以内的短期资金拆放，最短的为日拆。但随着国际金融业务的不断拓展，有的期限也延至 1～5 年。该市场借贷业务主要靠信用，无须担保，一般通过电话或电传即可成交，成交额以百万或千万美元以上为单位。

这个市场资金的主要来源包括：①吸收的存款；②一些国家政府和中央银行为获得利息收入或保持储备货币的多样化，投放在欧洲货币市场的外汇储备和外汇资金；③国际清算银行将接受的各国中央银行存款投入欧洲货币市场；④欧洲票据，该票据可以以新换旧，流动发行，可以获得持续的资金来源；⑤在欧洲货币市场或主要离岸金融中心的本国银行和外国银行的分支行，当其自身资金不能满足需要时，从总行或分行临时调拨的资金；⑥派生存款。许多国家的中央银行把他们的美元等外汇储备直接或间接存入欧洲货币市场，经过欧洲银行的反复存贷，便产生出大量的派生存款。

欧洲短期信贷市场的主要应用包括：①一些国家政府为弥补国际收支逆差，从欧洲货币市场上借贷资金；②跨国公司在从事全球性业务和大型投资项目时，需要从欧洲货币市场借入巨额资金；③商业银行对资金的需求；④发展中国家、国际组织等有时需要从欧洲货币市场借入资金，用以解决本国经济发展和组织活动所需；⑤投机者在短期市场进行投机。

欧洲货币短期信贷市场的业务有 4 个特点：

(1) 期限短，一般多为 3 个月以内。

(2) 批发性质，一般借贷额都比较大，有的年份有 1 亿美元甚至更大的交易。

(3) 灵活方便，即在借款期限、借款货币种类和借款地点等方面都有较大的选择余地。这也是欧洲货币市场对借款人的最大吸引力之一。

(4) 利率由双方具体商定，一般低于各国专业银行对国内大客户的优惠放款利率，但比 LIBOR 为高，由经营欧洲货币业务的大银行于每个营业日按 LIBOR 商定公布。

2. 欧洲中长期信贷市场

这个市场与欧洲货币债券市场合称为欧洲资本市场。该市场信贷期限都在 1 年以上。这个市场的筹资者主要是世界各地私营或国有企业、社会团体、政府及国际性机构。资金绝大部分来自短期存款，少部分来自长期存款。

该市场贷款额多在 1 亿美元以上，往往由几家或十几家不同国家的银行组成银团，通过一家或几家信誉卓著的大银行牵头贷款，即辛迪加贷款。由于这类贷款期限较长，数额大，贷款人与借款人都不愿承担利率变动的风险，因此，该种贷款利率多为浮动利率，并根据市场利率变化每 3 个月或半年调整一次。利率一般以 LIBOR 为基础，再根据贷款金额大小、时间长短及借款人的资信，再加上不同幅度的附加利息(一般为 0.25%～0.5%)。同时，借贷双方都需签订合同，有的合同还需经借款方的官方机构或政府方面担保来承担和分散风险。

欧洲货币中长期信贷市场的业务也有 4 个特点：

(1) 期限长，数额大，一般为 1～3 年，有的是 5 年或更长，最长的可达 10 年以上。

(2) 以辛迪加贷款为主，分散了提供中长期贷款的风险。

(3) 资金使用自由方便，它在贷款资金用途上不受贷款银行的限制，由借款人自由安排使用，并且对贷款人和借款人都非常方便。

(4) 必须签订贷款协定，有的还须政府担保，协定主要包括币种、期限、数量、利率、货币选择权条款、违约和保证条款等。

3. 欧洲债券市场

欧洲债券市场是指发行欧洲货币债券进行筹资而形成的一种长期资金市场。它是国际中长期资金市场的重要组成部分，也是欧洲货币市场的重要组成部分。欧洲货币债券是一种新型的国际债券，它是一种境外债券，以第三国货币为面值，像欧洲货币不在该种货币发行国内交易一样，也不在该货币国家债券市场上发行。

欧洲货币债券市场产生于 20 世纪 60 年代初，1961 年 2 月 1 日在卢森堡发行了第一笔欧洲货币，1963 年正式形成市场。70 年代后，各国对中长期资金的需求日益增加，以债券形式出现的借贷活动迅速发展。

目前，欧洲债券市场上的债券种类主要有 5 种：

(1) 普通固定利率债券，指利率固定、期限固定、不可转换的欧洲债券。这种债券在利率相对稳定的条件下比较通行，目前仍是第一大欧洲债券品种。

(2) 浮动利率债券，这种债券利率在偿还期内是不固定的，可以调整，多为半年调整一次，以 6 个月期的 LIBOR 或美国商业银行优惠放款利率为准，加上一定的附加利息。

(3) 可转换债券，购买者可按发行时规定的兑换价格，把它换成相应数量的股票。

(4) 授权证债券，购买者可获得一种权利，并据此按协定条件购买某些其他资产，类似对有关资产的买入期权。

(5) 合成债券，它具有固定利率债券和利率互换合同的特点。

欧洲债券市场具有以下特点：

(1) 债券的发行者、债券面值和债券发行地点分属于不同的国家。例如，A 国的机构在 B 国和 C 国的债券市场上以 D 国货币为面值发行的债券，即为欧洲债券。这个债券的主要发行人是各国政府、大跨国公司或大商业银行。

(2) 债券发行方式以辛迪加为主。债券的发行方式一般是由一家大专业银行或大商业银行或投资银行牵头，联合十几家或数十家不同国家的大银行代为发行。债券上市后，大部分债券由这些银行买进，然后转到销售证券的二级市场或本国市场卖出。

(3) 高度自由。债券发行一般不需经过有关国家政府的批准，不受各国金融法规的约束，它可以同时在几个国家发行，多数国家对发行期限和数量没有限制，也不需要办理发行前的注册和信息披露手续，所以比较自由灵活。

(4) 不影响发行地国家的货币流通。发行债券所筹措的是欧洲货币资金，而非发行地国家的货币资金，故对债券发行地国家的货币资金流动影响不大。

(5) 货币选择性强。发行欧洲债券，既可在世界范围内筹资，同时也可安排在许多国家出售，而且还可以任意选择发行市场和债券面值货币，筹资潜力很大。例如，借款人可以根据各种货币的汇率、利率和其他需要，选择发行欧洲美元、英镑、日元等任何一种或几种货币的债券，投资者亦可选择购买任何一种债券。

(6) 债券的发行条件比较优惠。其利息通常免除所得税。此外，它不记名的发行方式还可使投资者逃避国内所得税。因此，该债券对投资者极具吸引力，也使筹资者得以以较低的利息成本筹到资金。

(7) 安全性较高，流动性强。欧洲债券市场的主要借款人是跨国公司、各国政府和国际组织。这些借款机构资信较高，故对投资者来说比较安全。同时该市场是一个有效的和极富有活力的二级市场，持券人可转让债券取得现金。

(8) 市场反应灵敏，交易成本低。欧洲债券市场能够准确、迅速、及时地提供国际资本市场现时的资金供求和利率汇率的动向，缩小债券交割时间，减少交割手续。世界各地的交易者可据此快速进行交易，极大地降低了交易成本。

(9) 金融创新持续不断。欧洲债券市场是最具有活力的市场之一，它可以根据供求情况，不断推出新的或组合产品，并以此把国际股票市场、票据市场、外汇市场和黄金市场紧密地联系在一起，有力地推动了国际金融一体化与世界经济一体化。

7.3.5　欧洲货币市场的作用

1. 积极作用

欧洲货币市场的出现和发展对战后世界经济和国际金融具有广泛而深刻的积极作用和影响。主要表现在以下方面。

1) 推动了国际金融市场一体化的发展

欧洲货币市场的出现，打破了传统国际金融市场的国界限制。通过众多离岸金融市场的 24 小时不间断的业务活动，形成了一个全球性的金融市场，使各国之间的金融联系大大增强。

2) 对于促进一些国家经济的发展具有一定的作用

20 世纪 60～70 年代，许多美国跨国公司在欧洲的投资资金就是依靠欧洲货币市场筹集的。可以说，欧洲货币市场的产生更进一步促进了资本主义的生产国际化、市场国际化和资本国际化的发展。60～70 年代初是日本、联邦德国、意大利等国经济迅速发展时期，国内缺乏足够的流动资金，它们曾通过欧洲货币市场借取欧洲美元，极大地促进了生产的发展。一些发展中国家，特别是南美诸国，也曾利用欧洲货币市场资金大量从西方工业化国家进口生产技术和设备，推动了本国经济的迅速发展。

3) 促进了国际贸易的发展

欧洲货币市场为国际贸易筹资进一步提供了方便，在一定程度上满足了对国际清偿能力日益增长的需要，并且部分地解决了某些国家国际支付中外汇不足的困难。例如，一些非产油国由于要大量进口石油，就从欧洲货币市场借入石油美元，弥补国际清偿力的不足，促进国际贸易的发展。

4) 缓和了国际收支困难

欧洲货币市场为资金的流动提供了便利，国际储备有余的国家与国际储备短缺的国家，互通有无，进行调剂，国际收支困难得以缓和。特别是 1990 年第三次石油危机之后，欧洲货币市场为石油进口国解决国际收支逆差问题起到了积极的作用，使这些国家避免了国际收支危机。

小资料

石油危机是世界经济或各国经济受到石油价格变化影响所产生的经济危机。1960 年 12 月，石油输出国组织成立，主要成员包括伊朗、伊拉克、科威特、沙特阿拉伯和南美洲的委内瑞拉等国，而石油输出国组织也成为世界上控制石油价格的关键组织。迄今公认的 3 次石油危机，分别发生在 1973 年、1979 年和 1990 年。

当然，欧洲货币市场是在国际经济关系发展极不平衡的矛盾中产生和发展起来的，它本身又具有强烈的竞争性和投机性。因此，在发挥积极作用的同时，也会给世界经济带来一定的消极的破坏性影响。

2. 消极作用

1) 国际金融交易日益与实际经济相脱节，加大了金融风险

据统计，目前全世界金融交易量大约是商品和服务交易总量的 2.5 倍，在巨额的国际资本流动中只有 10%与实体经济交易和投资有关。全球性金融衍生品市场的迅猛发展也滋生了过度投机和经济泡沫，使实体交易量、金融衍生品交易量形成倒金字塔，增加了国际金融市场的脆弱性，加大了金融风险。

2) 国际金融市场一体化使金融风险扩展

在国际金融市场一体化进程中，金融风险随市场的扩大而增加。金融业各机构之间、金融机构和其他部门之间及国内市场和国际市场之间相互依赖，任何一个地方出现问题，风险都具有连续反应和波及整个系统的蔓延效应，一国的金融风险或危机会迅速传播到世界各地，从而使来自国际金融市场的风险对各国金融业形成较大的冲击。

3) 巨额的国际资本流动增大了国际金融市场的风险

国际资本流动在 20 世纪 90 年代的增长十分迅速，直接投资和证券投资取代了商业银行

贷款成为国际资本流动的主流。从国际货币基金组织有关统计数据看出，新兴市场资料流入的超常增长始于 1990 年，至 90 年代中期，发展中国家占全球外国直接投资的比重达 40%，占全球证券资产流入的 30%。资本的流入一方面可以促进经济增长和生活水平提高，但国际资本流动的易变性极易对外汇市场和证券市场造成冲击。

4) 欧洲货币市场的存在容易削弱各国政策的效力

由于欧洲货币市场上的借贷十分自由，各种机构都很容易在这个市场上取得资金，这就使各国货币政策难以顺利实施。例如，当国内为抑制通货膨胀而采取紧缩银根的政策时，国内银行和企业却可以很方便地从欧洲货币市场获得低利率的资金，这就使紧缩银根的政策难以达到预期的效果。

本 章 小 结

国际金融市场有广义和狭义之分。广义的国际金融市场是指进行各种国际资金融通和国际货币交易活动的有关领域和场所，包括资本市场、货币市场、外汇市场和黄金市场。狭义的国际金融市场是指在国际间经营借贷资本活动的场所，也称为国际资金市场，特指国际货币市场和国际资本市场。

国际货币市场是指开展期限在 1 年内的短期国际融资业务的市场。根据不同的借贷方式，国际货币市场可以分为银行短期信贷市场、短期证券市场和票据贴现市场；国际资本市场是指资金借贷期限在 1 年以上的中长期资金市场；从融通资金的方式看，具体分为中长期信贷市场和证券市场。

欧洲货币市场就是指货币在发行国境外进行存放、借贷和投资业务的市场。其特点为市场经营自由；资金规模大、币种多；具有独特的利率体系与灵活的经营方式；银行同业间的交易占主导；金融市场风险性加大等。欧洲货币市场主要由欧洲短期信贷市场、欧洲中长期信贷市场和欧洲债券市场组成。

职业能力训练

一、填空题

1. 根据功能不同，国际金融市场可分为(　　　　)、(　　　　)、(　　　　)和(　　　　)。
2. 根据不同的借贷方式，国际货币市场可以分为(　　　　)、(　　　　)和(　　　　)。
3. 在国际债券市场上，交易的债券种类主要有(　　　　)和(　　　　)。
4. 在国际股票市场上，股票的发行和交易是分别通过(　　　　)和(　　　　)实现的。
5. 国际上的股票交易主要有(　　　　)、(　　　　)和(　　　　)。
6. (　　　　)就是指货币在发行国境外进行存放、借贷和投资业务的市场。

二、不定项选择题

1. 所谓外国债券是本国发行人在国外债券市场发行的以(　　)计值的债券。

　A. 本国货币　　　　B. 外国货币

　C. 股票　　　　　　D. 有价证券

2. 下列提法中不正确的是(　　)。
   A. 欧洲货币市场是当前世界最大的国际资金融通市场
   B. 欧洲债券市场是欧洲货币市场的一种长期借贷形式
   C. 欧洲美元可以在美国国内流通
   D. 短期信贷市场是欧洲货币市场的主要资金运用方式之一
3. 国际货币市场由(　　)组成。
   A. 银行短期信贷市场　　　　B. 银行中长期信贷市场
   C. 贴现市场　　　　　　　　D. 短期证券市场
4. 欧洲货币市场的特点有(　　)。
   A. 自由的经营环境和方便的调拨选择
   B. 独特的利率体系和较少的税费负担
   C. 可选的货币多样和广泛的资金来源
   D. 可选的货币单一和较少的资金来源
5. 欧洲货币市场由(　　)构成。
   A. 欧洲短期资金信贷市场　　B. 欧洲中长期资金信贷市场
   C. 欧洲股票市场　　　　　　D. 欧洲债券市场

三、判断题

1. 货币市场和资本市场的划分是以资金的用途为标准的。(　　)
2. 欧洲货币市场主要指中长期的资本市场。(　　)
3. 欧洲债券是外国债券的一种。(　　)
4. 欧洲货币就是欧洲各国货币的统称。(　　)
5. 欧洲货币市场是真正意义上的国际金融市场。(　　)

四、简答题

1. 什么是国际金融市场？其作用是什么？
2. 什么是国际货币市场？什么是国际资本市场?两者主要区别是什么？
3. 简述欧洲货币市场形成的原因和特点。
4. 影响黄金价格变动的因素有哪些？

五、案例分析题

隔夜存款零利率引致亏损风险　欧洲货币市场基金频现暂停申购

继欧洲央行(European Central Bank)2012 年 7 月的降息行为发生之后，摩根大通公司、高盛集团和贝莱德公司随即宣布，暂停旗下欧洲货币市场基金的申购业务，但投资者仍可自由赎回。

摩根大通公司在通告中表示，隔夜存款利率下调至零之后，继续申购欧洲货币基金会给投资者带来损失，为避免稀释当前投资者的收益，摩根大通公司在欧洲的 5 家欧元货币基金均将停止申购。几乎同时，美国最大的资产管理公司贝莱德公司同样宣布关闭其在欧洲的两家货币基金。

紧接着，高盛集团同样也关闭了其在欧的一家货币市场基金，其发言人表示："欧洲市场环境在利率低至零的情况下是不合规则的，对投资者而言，收益可能会非常低，甚至是负收益。”

货币市场基金的收益与银行利率存在很大的相关性，因为很多货币市场基金为保持本金安全和高流动性，主要投资于国库券、银行背书的商业汇票、银行定存、大额可转让存单等，而这些正是受存款利率影响极大的投资产品。

一位业内人士称：“一旦隔夜存款利率降至零，投资者投资货币市场基金实际上是赔钱的，而要保持其一份基金 1 美元的价值，在投资收益减少甚至为负的情况下，如果保持基金对新投资者开放，不可避免地会稀释当前的投资者的收益水平，而且基金管理者要保持投资者收益为正，或许面临降低管理费用的困境。而一旦跌破 1 美元，又会引发市场恐慌，因为只有金融市场非常危险的情况下才会出现这种情况。”

自欧洲、美国及日本央行在本轮金融危机期间先后将利率下调至接近零的水平以来，上述货币市场基金和其他基金的投资者都难以获得回报，关闭基金也是这些基金管理者困难时刻使用的方式。

2008 年 12 月，当美联储将联邦存款利率调低至 0～0.25%之后，美国基金界也曾有过类似经历：2009 年和 2010 年，美国一些政府债券货币市场基金就曾经暂停申购，其中包括世界上最大的共同基金先锋集团旗下的两只总价值高达 180 亿美元的基金(先锋旗舰政府债券货币市场基金和先锋联邦货币市场基金)。

货币市场基金运行状况对金融市场的重要性在于其预示性，一旦跌破一美元就表明出现严重的金融危机，进而导致投资者疯狂撤资，这也是雷曼兄弟公司 2008 年倒闭的一个直接原因。

【案例思考】货币市场基金的投资对象有哪些？欧洲货币市场的特点及作用各是什么？

第 8 章 国际货币体系

知识目标

- 了解国际货币体系的演变过程；理解金本位制度、布雷顿森林体系、牙买加体系的主要特点，掌握金本位制度、布雷顿森林体系、牙买加体系和欧洲货币体系的内容。

能力目标

- 能够结合国际货币体系的进程及其特点，对当前的世界经济现状进行分析。

引例

国际货币体系变革艰难前行

国际货币体系历来是大国博弈的“必争之地”。谁控制了世界货币这一制高点，谁就可能掌握世界。现行国际货币体系的缺陷在当前的欧洲债务危机中暴露得一览无余。第一，布雷顿森林体系的崩溃没有动摇美元的国际货币霸主地位，正是借着美元的霸主地位和华尔街对全球金融的控制力，美国的次贷危机演变成全球金融海啸，全世界为华尔街和美国的错误买单。第二，对问题国家、问题资产的投机性抛售使得危机不断被放大，在这背后是跨境资本的无序流动及资本在不同货币之间的频繁转移。事实上，跨境资本流动也是20世纪80年代以来发展中国家金融危机的重要因素，有时是导火索，有时直接是根源。现在发达国家自己也感受到了切肤之痛。第三，汇率的易变性在危机中更为明显，汇率大起大落跌宕起伏，时常脱离经济基本面，成为实体经济冲击的来源之一。不仅仅发展中国家在管理汇率，日本、瑞士等发达国家也纷纷拿起汇率干预的武器。

二十国集团(G20)戛纳峰会可能成为国际货币体系改革的一个新起点。首先，要承认对跨境资本流动进行管理的必要性，明确资本流动是双刃剑，逆转“资本自由流动就是好的”这种先入为主的观念。其次，应支持调整特别提款权的篮子货币构成和扩展特别提款权的使用范围。作为非主权国家发行的一种虚拟货币，特别提款权的推广有助于约束国际货币发行国的行为。再次，应进一步强化国际货币基金组织在全球宏观治理中的作用，尤其是对所有会员国的监督及监督的有效性。

国际货币体系改革不可能一蹴而就，多国达成共识也并不意味着就有改革的意愿，因为国际货币体系的重要性决定了改革的难度。国际货币体系是历次G20峰会的不可或缺的议题。虽然在过去几年里也取得了一些进展，如增加新兴市场国家在国际金融机构的份额以反映新的经济格局，改进国际金融机构的治理和管理结构以提高新兴市场国家的话语权，但美国在国际货币基金组织的一票否决权依然难以撼动。实质的变革更落后于改革的计划。由于一些国家拖而不决，2010年关于国际货币基金组织的份额和治理改革措施至今还未能落实。1999年欧元启动被视为制衡美元霸权的重要工具，但这种挑战的潜力也还未成为现实，并且随着欧洲债务危机的到来，更是难上加难。

(资料来源：丁志杰．国际货币体系变革艰难前行[N]人民日报．海外版，2011-11-4(01).)

【思考】国际货币体系能不能一成不变？它的改革方向是什么？对国际经济格局有什么样的影响？

8.1　国际货币制度概述

在世界上，不同的国家有不同的货币和货币制度。随着世界经济一体化，各个国家的金融制度安排既是自身利益的体现，又会影响到其他国家的经济。如果没有“世界中央银行”和统一的世界货币，那么，在经济学上，由于不同国家的金融制度安排所形成的成本，负外部性会放大，并有可能危及全球金融市场及所有国家。因此，必须建立“游戏规则”即国际货币制度，通过国际间的政策协调以减少这种负外部效应，实现利益与成本的平衡。

8.1.1 国际货币制度的概念

国际货币制度又称国际货币体系(international monetary system)，是指各国关于货币在国际间的支付、结算、汇兑和转移所确定的规则、措施及相应的组织机构的总称。它是规范国家间货币行为的准则，是世界各国开展对外金融活动的依据。

小资料

从历史发展的进程看，国际货币制度的形成有两种方式：一种是通过惯例逐渐演变而来的。例如，国际金本位货币制度就是这样形成的。到19世纪80年代，世界上大多数国家都实行了以黄金作为本位货币的制度。虽然当时没有一部条例或法规标志着国际金本位制度开始实行，但是实行金本位制度的国家一致遵循着相应的各项规则，这意味着国际金本位制度的形成。另一种是通过有约束力的法律条文建立起来的货币制度。它是由某一国或几国先拿出草案，再由其他成员国一起协商以达成共识，最后形成书面文件。例如，布雷顿森林货币体系和现行的牙买加体系就是通过这种途径建立起来的货币体系。

国际货币制度是国际货币关系的集中反映，它构成整个国际金融活动的框架，各国之间的货币金融交往都要受到国际货币制度的约束。由于国际货币制度的参加国在政治中都是独立的，是一个主权实体，都有自己的利益考虑，所以国际货币制度是很多国家博弈的结果。

8.1.2 国际货币制度的类型与内容

1. 国际货币制度的类型

一般来说，划分国际货币制度类型的标准是汇率、国际储备形式和历史演进顺序。

以汇率作为标准，国际货币制度可以分为固定汇率制度、管理浮动汇率制度和自由浮动汇率制度。

小资料

固定汇率制度是指汇率的制定以货币的含金量为基础，形成汇率之间的固定比值。这种制度下的汇率或是由黄金的输入输出予以调节，或是在货币当局调控之下，在法定幅度内进行波动，因而具有相对稳定性。

管理浮动汇率制度是指一国货币当局按照本国经济利益的需要，不时地干预外汇市场，以使本国货币汇率升降朝有利于本国的方向发展的汇率制度。

自由浮动汇率制度是指完全由市场供求因素决定货币汇率的制度，与受官方管制的管理浮动汇率制度或爬行钉住汇率制度不同。

以国际储备形式为标准，国际货币制度可分为以下几种。

(1) 纯商品本位制度(19世纪——战前)，它以商品充当国际储备。典型的如金本位制度。

(2) 混合本位制度(1944—1973年)，它以黄金和某一国通货及国际信用工具共同作为国际储备。

(3) 纯信用本位制度(1976至今)，它以某一国或几国通货创造出信用，得到其他各国认可的信用工具来充当国际储备。

以历史演进顺序为标准，国际货币制度可分为以下几种。

(1) 国际金本位制度。它是19世纪初～20世纪上半期资本主义国家普遍实行的一种货币体系，由黄金来执行世界货币的职能。

(2) 布雷顿森林体系。它是二战后以美元为中心的国际货币体系，建立了美元和黄金挂钩和固定汇率制度，结束了混乱的国际金融秩序，为国际贸易的扩大和世界经济增长创造了有利的外部条件。

(3) 牙买加货币体系。它是1976年国际货币基金组织国际货币制度临时委员会在牙买加国际货币基金组织理事会通过《国际货币基金组织协定第二次修正案》，从而形成了国际货币关系的新格局。其主要内容是承认世界各国实行浮动汇率的合法化；增加会员国的基金份额；降低黄金在国际货币体系中的作用；规定特别提款权作为主要国际储备资产；扩大对发展中国家的资金融通。

2. 国际货币制度的内容

1) 确定关键货币或国际货币

关键货币是在国际货币体系中充当基础性价值换算工具的货币，是国际货币体系的基础。只有确定了关键货币，才能确定各国货币之间的换算率、汇率的调整方案及国际储备构成等如黄金、美元。

知识拓展

关键货币是一国所有外币中最为重要的货币，成为关键货币需要具体下列3个条件:

(1) 是国际上普遍接受的货币。

(2) 是本国家在国际收支中使用最多的货币。

(3) 是在本国外汇储备中比重最多的一种货币。

2) 确定汇率与制度安排

各国货币的比价即汇率，这是由国际交往而产生的国际支付的需要。由于汇率变动可直接地影响到各国之间经济利益的再分配，因此，形成一种较为稳定的、为各国共同遵守的国际间汇率安排，成为国际金融体系所要解决的核心问题。一国货币与其他货币之间的汇率如何决定与维持，一国货币能否成为自由兑换货币，是采取固定汇率制度，还是采取浮动汇率制度，或是采取其他汇率制度等，都是国际金融体系的主要内容。

3) 确定国际收支及其调节机制

国际收支及其调节机制是国际货币体系面对的重要问题。如果某国家国际收支不平衡或者调节机制不灵，会使整个国家的金融体系失去运行的基础。有效地帮助与促进国际收支出现严重失衡的国家通过各种措施进行调节，使其在国际范围能公平地承担国际收支调节的责任和义务，是国际货币体系的关键内容。一国的国际收支失衡，在有些情况下就需要根据国际协定，通过国际金融组织、外国政府贷款，或通过各国政府协调政策，干预市场达到国际收支平衡。

小资料

20世纪90年代以来，随着许多国家金融市场的迅速对外开放，国际资本大量向发展中国家流动。但是，由于这些国家内部存在银行业体系不健全、金融监管不得力、汇率制度僵硬、汇率水平不合理、出口产品单一而缺乏竞争力、经常项目逆差加剧、外债使用不当、期限结构不合理等诸多隐患，其调节国际收支的能力十分有限，极易受到来自国际游资的外部冲击。90年代在发展中国家先后发生的墨西哥金融危机和东南亚金融危机，引起了国际货币基金组织和国际金融界的广泛关注。

针对1994年12月19日开始的墨西哥金融危机，国际货币基金组织专门建立了紧急贷款机制，拉丁美洲国家也积极参与了援助行动中。经多方共同努力，墨西哥金融危机逐步缓解与平息。

对于1997年2月的东南亚金融危机，国际金融机构和一些国家向东南亚“受灾国”提供了大量的援助，并附加对这些国家经济、金融体制改革要求的条款。一些国际性商业银行也相应放宽了对这些国家的还款要求。1997年7月14日，国际货币基金组织向菲律宾提供了近11亿美元的财政援助。8月11日，国际货币基金组织和一些亚洲国家对泰国提供了总额为160亿美元的贷款。12月3日，国际货币基金组织宣布一项总额达570亿美元的援助韩国一揽子贷款计划。印度尼西亚也与国际货币基金组织达成金额为230亿美元的援助协议。进入1998年，东南亚金融危机已经相对有所缓解。

4) 确定国际储备资产

为保证国际支付的需要，各国必须保持一定的国际储备，保存一定数量的、为各国所接受的国际储备资产，这是构成国际货币体系的一项主要内容。一战以前，很多国家的国际储备资产是黄金；但一战以后，黄金与外汇储备尤其是美元在资产储备中起着同样的作用。2010年9月世界各国黄金储备排名见表8-1。

表8-1　2010年9月世界各国黄金储备排名表

排名	国家(组织)	数量/吨	黄金储备占外汇储备比例
1	美国	8 133.50	72.10%
2	德国	3 402.50	67.40%
3	国际货币基金组织	2 907.00	
4	意大利	2 451.80	66.20%
5	法国	2 435.40	65.70%
6	中国	1 054.10	1.50%
7	瑞士	1 040.10	15.10%
8	日本	765.20	2.70%
9	俄罗斯	726.00	5.70%
10	荷兰	612.55	5.80%

5) 国际间金融事务的协调与管理

各国实行的金融货币政策会对相互交往的国家乃至整个世界经济产生影响，因此如何协调各国与国际金融活动有关的金融货币政策，通过国际金融机构制定若干为各成员国所认同与遵守的规则、惯例和制度，也构成了国际金融体系的重要内容。

8.2　国际金本位制度

历史上第一个国际货币体系是国际金本位制度，始于1879年，在这一年，所有的主要工业国家和其他绝大多数中小国家都已经事实上采用了金本位制度，这种制度一直持续到1914年一战的爆发。战争使欧洲各国不再允许本国货币自由兑换其他国家的货币，也不允许用本国货币自由兑换黄金，直至1937年，所有国家都放弃了金本位制度。

8.2.1 国际金本位制度的形成

金本位制度是指以一定成色及重量的黄金作为本位货币的一种制度，黄金是金本位货币体系的基础。

小资料

本位货币是指以国家规定的货币金属按照国家法律规定的货币单位铸成的一国货币制度的基础货币。

17～18世纪，西方主要资本主义国家实行的是采用黄金和白银作为货币的金银复本位制度。随着1816年英国颁布了《金本位制度法案》，正式实施金本位制度，联邦德国、法国、瑞士、意大利、比利时、美国等国家也纷纷宣布实行金本位制度。19世纪80年代，世界上的主要资本主义国家都先后在国内实行了金本位制度(见表8-2)，这样国际金本位制度就形成了。国际金本位制度就是以各国普遍采用金本位制度为基础的国际货币体系，是历史上第一个国际货币体系。

表8-2 主要国家实行金本位制度的年份

国别	年份	国别	年份	国别	年份
英国	1816	挪威	1873	芬兰	1874
加拿大	1867	比利时	1874	荷兰	1875
德国	1871	瑞士	1874	美国	1879
瑞典	1873	意大利	1874	日本	1897
丹麦	1873	法国	1874	俄国	1898

小资料

所谓金银复本位制度，是指以金、银两种特定铸币同时充作本位币，并规定其币值对比的一种货币制度。但是随着银产量的大幅增加及白银价格的持续下跌，劣币(白银)驱除良币(黄金)的现象日益凸现，以致金银复本位制度难以维持下去。

在金本位制度下，流通中的货币除金币外，常常还存在着可兑换为黄金的银行券及少量其他金属辅币。但只有金币才能完全执行货币的全部职能，即价值尺度、流通手段、贮藏手段、支付手段和世界货币。

8.2.2 国际金本位制度的内容和特点

1. 国际金币本位制度的主要内容

(1) 用黄金来规定货币所代表的价值，每一种货币都有法定的含金量，各国货币按其所含黄金的重量而有一定的比价。

(2) 金币可以自由铸造，任何人都可按法定的含金量，自由地将金块交给国家造币厂铸造成金币，或以金币向造币厂换回相当的金块。

(3) 金币是无限法偿的货币，具有无限制支付手段的权利。

(4) 各国的货币储备是黄金，国际间结算也使用黄金，黄金可以自由输出或输入。

2. 国际金本位制度的特点

(1) 黄金充当了国际货币，是国际货币制度的基础。其典型的特征是金币可以自由铸造、自由兑换，以及黄金自由进出口。由于金币可以自由铸造和熔化，金币的面值与黄金含量就能够保持一致，金币就能自发地调节货币流通量，因而保证了各国物价水平的相对稳定。由于金币可以自由兑换，各种金属辅币和银行券就能够稳定地代表一定数量的黄金进行流通，从而保持币值的稳定；由于黄金可以自由进出口，就能够保持各国货币汇率的稳定。

(2) 各国货币之间的比价由它们各自的含金量比例决定。因为金铸币本位条件下金币的自由交换、自由铸造和黄金的自由输出入将保证使外汇市场上汇率的波动维持在由金平价和黄金运输费用所决定的黄金输送点以内。

例如，美国在 1879 年采用金本位制度后，规定 1 美元的含金量为 23.22 克纯金，同期的 1 英镑含金量为 113.001 5 克纯金，因此美元与英镑的汇率为 1 英镑＝4.866 5 美元；同理，1 美元＝5.183 法国法郎；1 美元＝4.198 德国马克等。所以在金本位制度期间各国货币的汇率都是比较稳定的。

(3) 国际金本位制度可以自动调节国际收支。因为金本位制度下黄金自由输出入和自由兑换的规则，使国际收支自动调节机制得以形成，并能保证国际收支失衡能够自动纠正和汇率的稳定。当一国发生严重逆差时，调节过程如图 8.1 所示。

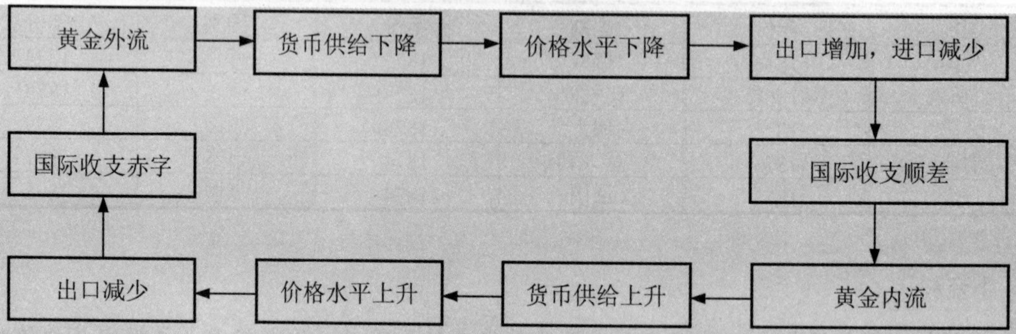

图 8.1 国际金本位制度自动调节国际收支示意

3. 国际金本位制度的缺陷

(1) 黄金供应和储备的有限性限制了货币供应，难以适应经济增长和科学技术革命的需要。在这种情况下，黄金开始紧缺，很多国家不得不发行大量的钞票，这些钞票破坏了银行券与黄金的自由兑换，从而导致国际金本位制度的物质基础大大削弱了。

(2) 黄金分布非常不平衡。较发达的国家通过贸易顺差的持续积累和其他特权，到 1913 年，英国、美国、法国、德国、俄国 5 个国家的黄金存量达到了世界黄金存量的 2/3，这就使其他国家的金本位制度难以继续维持。

8.2.3 国际金本位制度的类型

一战爆发后，西方各国因战争影响使经济陷入困境，纷纷放弃金币本位制度，并采取严厉的资本管制措施，阻止黄金货币外流。战争结束后，为避免战争期间滥发不能兑换黄金的纸币所带来的通货膨胀压力，相继恢复金本位制度，但是由于战争期间各国通货膨胀情况差异很大，主要国家货币之间的汇率大大偏离铸币平价及购买力平价的水平，以纸币面值自由兑换足额黄金已不可能。除美国还能实行完整的金币本位制度外，英国和法国开始实行金块本位制度，而联邦德国、意大利、奥地利和丹麦等三十几个国家实行金汇兑本位制度。

1. 金币本位制度

金币本位制度又称为纯粹的金本位制度，是金本位货币制度的最原始最早的形式，1880—1914年尤为盛行。自由铸造、自由兑换及黄金自由输出入是该货币制度的三大特点。在该制度下，各国政府可以自由铸造黄金、自由兑换黄金，并且黄金可以自由输出入。政府以法律形式规定本国货币的含金量，不同国家间的货币含金量的对比即为两国货币的汇率基础。国有黄金的自由输出或输入国境，对汇率起到自动调节作用，汇率的波动幅度不大。

2. 金块本位制度

金块本位制度又称为金条本位制度，它实际上是一种以金块办理国际结算的金本位制度。在该制度下，各个国家把黄金作为国家储备，在实际的流通中黄金与各种货币的兑换不实行自由兑换，如果某国有需要，可以按规定的限制数量以纸币向本国中央银行兑换金块。可见，这种货币制度实际上是一种附有限制条件的金本位制。

例如，英国在1925年规定，每次兑换的最低限额为400盎司的金块，价格为1 700英镑。

小资料

由于英国是金本位制度时期世界上最发达的居于霸主地位的经济大国，英国伦敦既是世界贸易的中心，又是世界金融中心，英镑可以自由兑换黄金，并成为各国广为使用的国际结算货币和国际储备货币，因此这一时期也被称为英镑本位制度时期。

3. 金汇兑本位制度

这是一种本国货币与一个实行金币本位制度或金块本位制度的国家货币保持一个固定的比价，并允许本国货币无限制地兑换外汇从而来保持本国货币汇率稳定的金本位货币制度。在金汇兑本位制度下，国家不用规定货币的含金量，金币也不再流通，只流通银行券。本国的银行券不能兑换黄金，只能兑换实行金币本位制度或金块本位制度国家的货币，利用这些外汇在国外兑换成黄金，从而进行国家储备。

3种金本位制度的特点见表8-3。

表8-3 3种金本位制度的特点

金币本位制度	金块本位制度	金汇兑本位制度
以一定量的黄金为货币单位铸造金币，作为本位币； 金币可以自由铸造，自由熔化，具有无限法偿能力，同时限制其他铸币的铸造和偿付能力； 辅币和银行券可以自由兑换金币或等量黄金； 黄金可以自由出入国境； 以黄金为唯一准备金	市场不再流通和使用金币，而是流通纸币； 国家储存金块，作为储备； 不许自由铸造金币，但仍以法律规定纸币的含金量； 纸币不能自由兑换金币，但在国际支付或工业用金时，可按规定的限制数量用纸币向央行兑换金块	对货币只规定法定含金量，禁止金币的铸造和流通； 国内实行纸币流通，纸币只能兑换外汇，外汇可以在国外兑换黄金； 本国货币与某一实行金块本位制度或金币本位制度国家的货币保持固定汇价

一战结束以后，世界黄金存量绝对不足和相对不均，以及严重的通货膨胀和纸币贬值，致使大多数国家放弃了金币本位制度，改为实施金块本位制度，或金汇兑本位制度，但这仍然不能有效地提升市场信心。随着世界经济环境的变化，世界各国越来越重视内部经济的均衡，放任国际收支的失衡，不愿遵守游戏规则，甚至采取以邻为壑的政策。当20世纪30年代席卷西方世界的大危机来临时，各国便纷纷放弃了不同形式的金本位制度，导致国际金本位制度的彻底崩溃。

8.3 布雷顿森林体系

1944年7月1～22日，二战中的44个同盟国的300多位代表出席了在美国新罕布什尔州的一个旅游胜地——布雷顿森林召开的联合和联盟国家国际货币金融会议(简称布雷顿森林会议)。会议通过了《国际货币基金协定》和《国际复兴开发银行协定》，总称布雷顿森林协议，即布雷顿森林体系。

8.3.1 布雷顿森林体系的建立

二战使西方国家之间的力量对比发生了巨大变化，德、意、日是战败国，国民经济受到严重破坏。英、法虽然是战胜国，但工农业也受到战争的重创。美国由于远离战场，经济并未受到影响，反而因为战争更加强大，已经取代英国成为世界头号经济强国。当时的美国，黄金储备从1938年的145.1亿美元增加到1945年的200.8亿美元，约占世界黄金储备的2/3，工业制成品占据世界市场总量的1/2，对外贸易占据世界总量的1/3，并成为世界上最大的债权国。这些都为日后美国在新的国际货币体系中的主导地位、美元的霸主地位提供了有利条件。

二战结束前夕，美国和英国政府都在着手研究战后国际货币体系的重建问题，并提出了各自的重建方案。美国时任财政部长助理哈里·怀特提出了国际稳定基金方案，亦称“怀特计划”；同时英国著名经济学家梅纳德·凯恩斯提出了国际清算联盟方案，又称“凯恩斯计划”。这两个不同的方案意在争夺国际金融领域的主导权，鉴于美国在政治上和经济上的实力，美国的“怀特计划”对布雷顿森林体系的形成发挥了主导作用，形成了一个美国居于统治地位的新的国际货币体系。

1. “怀特计划”

(1) 建立一个国际基金组织。基金规模至少为50亿美元，由各成员国以黄金、本国货币或政府债券的形式缴纳资金。各成员国即该基金组织的会员，各会员按照组织规定的份额缴纳资金，而份额的确定是由成员国的国民收入，黄金、外汇储备量，经常账户支出，经常账户收入的波动性和经常账户收入占国民收入的比重计算而来。

(2) 各成员国在基金组织中的发言权和投票权同期缴纳的基金份额成正比。

(3) 基金组织发行一种叫“尤尼塔”(Unita，由英语“单位”一词变化而来)的国际货币作为计价单位。1“尤尼塔”等于10美元或含纯金137格令(1格令＝0.064 8克纯金)。

(4) 稳定货币汇率。成员国货币都要与“尤尼塔”保持固定比价，并应该努力维持这一平价关系，不经成员国3/4的投票通过，会员货币不得贬值。“尤尼塔”可以兑换成黄金，也可以在成员国之间相互转移。

(5) 基金组织的主要任务是稳定汇率，并对成员国提供短期信贷，以解决国际收支不平衡问题。

(6) 取消外汇管制、双边结算和复汇率等歧视性措施。

(7) 基金组织的办事机构设立在拥有份额最多的国家。

美国在二战后一枝独秀，经济金融实力雄厚，国际收支大量顺差，在“怀特计划”中更侧重世界性通货膨胀和对外支付问题。所以“怀特计划”希望通过基金组织使成员国的货币“钉住”美元，还想实现取消外汇管制和各国对国际资金转移的限制。

2. “凯恩斯计划”

“凯恩斯计划”与“怀特计划”有明显的不同，凯恩斯考虑到当时的英国黄金储备已枯竭，从英国的立场出发而反对以黄金作为主要储备资产，所提出的计划主要有以下内容。

(1) 成立一个名为“国际清算联盟”的世界性中央银行；成员国中央银行在国际清算联盟开设往来账户，各国官方对外债权债务通过该账户进行清算。

(2) 由国际清算联盟发行不可兑现的货币“班柯”(Bancor)作为结算单位。所谓不可兑现就是指用黄金可以换取“班柯”，但不可以用“班柯”换取黄金。各成员国规定本国货币与班柯的汇率平价。

(3) 各国在国际清算联盟中所承担的份额以战前 3 年的平均进出口贸易额的 75%计算，但成员国不需缴纳黄金或现款，而只在国际清算联盟开设往来账户。

(4) 当某一成员国国际收支有顺差时，就将顺差实现的收入存入该账户，发生逆差时，则按规定的份额申请透支，透支额为 300 亿美元，或用自己账户中的余额支付。

(5) 国际清算联盟总部设在伦敦和纽约，理事会会议在英、美两国轮流举行。

英国的经济实力在二战后大为减弱，国际收支巨额逆差，黄金储备严重不足，因而英国既想夺回昔日的全球霸主地位，但又无力承担相应的责任，并希望成员国共同承担维持国际收支平衡和稳定汇率的责任。所以“凯恩斯计划”试图弱化黄金的国际地位，“班柯”虽以黄金定值，但不能兑换黄金，最终用“班柯”取代黄金；在国际收支的调节上规定无论国际收支顺差国还是逆差国，都应该共同承担调节国际收支的责任等。

最后，由于美国当时已经在世界政治、经济和军事等方面处于绝对的优势，最后通过激烈交锋的结果是“怀特计划”占据上风，1944 年 7 月的布雷顿森林会议通过了以“怀特计划”为基础的方案，形成了《国际货币基金协定》和《国际复兴开发银行协定》两个文件，新的国际货币体系——布雷顿森林体系由此诞生。

8.3.2 布雷顿森林体系的内容

布雷顿森林体系的主要内容可以概括为如下 4 个方面。

(1) 建立一个永久性的国际金融机构，即国际货币基金组织。因为布雷顿森林体系是通过国际间的合作建立的，所以它需要一个机构来协调各国的政策。国际货币基金组织是布雷顿森林体系正常运转的核心机构，它为国际间政策协调提供了适当的场所，还对各会员国的汇率政策进行监督，为会员国提供短期融通资金，从而成为战后国际货币体系的核心。

(2) 实行以黄金—美元为基础的、可调整的固定汇率制度。

① 实行双挂钩。所谓双挂钩，即美元与黄金挂钩，各国货币与美元挂钩。首先，经各国

政府确认，一盎司黄金等于 35 美元，每 1 美元的含金量为 0.888 671 克黄金。各国政府可随时用美元向美国政府按这一比价兑换黄金，但其他国家的货币不能兑换黄金。其次，各国货币则与美元保持可调整的固定比价。即各国政府规定各自货币的含金量，通过含金量的比例确定同美元的法定汇率，一经国际货币基金组织的确认，便不能再更改了。

例如，1946 年 12 月 18 日，1 荷兰盾的含金量定为 0.334 987 克，1 美元的含金量为 0.888 671 克，官方汇率为 1 美元＝0.888 671/0.334 987＝2.652 85 荷兰盾。

② 实行可以调整的固定汇率，称为可调整的钉住汇率(adjustable peg)。各国货币对美元的波动幅度为平均上下各 1%，各国当局有义务在外汇市场上进行干涉以保持汇率的稳定。只有当一国国际收支发生“根本性不平衡”时，才允许升值或贬值。平价的变动要得到国际货币基金组织的同意。但在实践中，平价变动若小于 10%，一般可自行决定。只有当平价变动大于 10%时，才需国际货币基金组织的批准。由于各国货币均与美元保持可调整的固定比价，因此，各国货币相互之间实际上也保持着可调整的固定比价，整个货币体系就成为一个固定汇率的货币体系。例如，1946—1988 年德国马克与美元的汇率见表 8-4。

表 8-4　1946—1998 年德国马克与美元的汇率

时间	汇率(marks＝$1 US)
1948 年 6 月 21 日	3.33
1949 年 9 月 18 日	4.20
1961 年 3 月 6 日	411
1969 年 10 月 29 日	3.67
1998 年 12 月 30 日	1.673

(3) 取消对经常账户交易的外汇管制，但是对国际资金流动进行限制。

在 20 世纪 30 年代国际金本位制度崩溃后，各国都采取了严厉的外汇管制措施，这使国际间经济交流受到严重损害。为了改变这一状况，布雷顿森林体系要求各国尽快放开对经常账户交易的管理。但是，鉴于两次大战间国际资金流动的投机色彩特别浓厚，给国际货币体系的稳定带来了非常大的冲击，因此布雷顿森林体系允许对国际资金流动进行控制，各国均严格限制资金的国际流动。

(4) 国际货币基金组织向国际收支逆差国提供短期资金融资通，帮助其调整国际收支失衡。

会员国在发生国际收支逆差时，可以用其在国际货币基金组织缴纳的份额进行一定数额的外汇贷款。贷款只限于会员国用于弥补经常项目收支而发生的国际收支暂时不平衡。另外当某一会员国发生国际收支不平衡时，还可以改变平价，即与美元的对价，但这需要 85%投票权通过。

小资料

在持续的经济压力之下，1949 年 9 月 19 日，英国政府决定对英镑贬值 30%，从 4.03 美元到 2.8 美元，这种变化促使其他的国家也对美元贬值，包括澳大利亚、丹麦、爱尔兰、埃及、印度、以色列、新西兰、挪威和南非。

20 世纪 60 年代中期，英镑面临重新估值的压力，因为对美元的汇率被认为过高。1966 年夏天，货币市场上英镑开始下跌，威尔逊政府严格控制兑换。其中的一条规定是，旅游人员禁止携带超过50英镑离开英国，直到1970年这些限制措施开始放松。1967年11月18日英镑贬值14.3%至每英镑兑换2.41美元。

8.3.3　布雷顿森林体系的特点

1. 制度内容上的特点

(1) 货币比价上的特点。二战后的国际货币制度不是按各国的铸币平价来确定汇率，而是根据各国货币法定金平价的对比，普遍地与美元建立固定比例关系。

(2) 汇率调节机制不同。二战前，黄金输送点是根据汇率波动的界限自动地调节汇率。二战后，人为地规定汇率波动的幅度，汇率的波动是在国际货币基金组织的监督下，由各国干预外汇市场来调节。

(3) 货币兑换的程度不同。国际金本位制度下，各国货币自由兑换，对国际支付一般不采取限制措施。在布雷顿森林体系下，许多国家不能实现货币的自由兑换，对外支付受到一定的限制。当然，国际货币基金组织规定，一般不得对经常项目的支付进行限制，并规定在条件具备时，取消限制，实行货币自由兑换。

(4) 国际储备上的特点。金本位制度下，国际储备资产主要是黄金。二战后的国际储备资产则是黄金、可兑换货币和特别提款权，其中黄金与美元并重。在外汇储备上，战前除英镑外，还有美元与法国法郎。而战后的国际货币制度几乎包括资本主义世界所有国家和地区的货币，而美元则是最主要的外汇储备。

(5) 国际结算原则上的差异。国际金本位制度下，各国实行自由的多边结算。战后的国际货币制度，尚有不少国家实行外汇管制，采用贸易和支付的双边安排。

(6) 黄金流动与兑换上的差异。国际金本位度下，黄金的流动是完全自由的；而布雷顿体系下，黄金的流动一般要受到一定的限制。战前英、美、法三国都允许居民兑换黄金；而实行金汇兑本位制度的国家也允许居民用外汇(英镑、法郎或美元)向英、美、法三国兑换黄金；战后美国只同意外国政府在一定条件下用美元向美国兑换黄金，而不允许外国居民用美元向美国兑换黄金——这是一种大大削弱了的金汇兑本位制制度。

2. 体制上的特点

(1) 建立了永久性的国际金融机构。二战前的国际货币制度并没有一个统一的国际组织进行组织和监督。而布雷顿森林体系则建立了国际货币基金组织、国际复兴开发银行等永久性国际金融机构。通过国际金融机构的组织、协调和监督，保证统一的国际金汇兑本位制度各项原则、措施的推行。

(2) 签订了有一定约束力的《国际货币基金协定》。金本位制度对汇率制度、黄金输出入没有统一的协定，货币区也只是在规定的地区实施宗主国、联系国的法令。战后的《国际货币基金协定》乃是一种国际协议，对会员国政府具有一定的约束力。它的统一性在于把几乎所有的资本主义国家都囊括在国际金汇兑本位制度之下；它的严整性在于对维持货币制度运转的有关问题做了全面规定，并要求各国遵守。

(3) 根据《国际货币基金协定》，建立了现代国际货币管理所必需的各项制度，如国际收支调节制度、国际信贷监督制度、国际金融统计制度、国际汇率制度、国际储备制度、国际清算制度等。

8.3.4 布雷顿森林体系的崩溃

由于布雷顿森林体系实行双挂钩制度，要维持这个体系，保持“双挂钩”原则的实现，必须具备两项基本条件。

第一，美国国际收支保持顺差，美元对外价值稳定。这是以美元为中心的国际货币体系建立的基础。为了保持美元对外价值的稳定，美国应在控制国内通货膨胀的前提下，在国际收支方面保持顺差；否则，若美国国际收支出现巨额逆差，会引起美元大量外流，导致美元贬值成为抛售的对象，从而使美元丧失在国际货币中的核心地位，造成国际金融市场动荡与混乱，而危及国际货币体系的基础。

第二，美国应具有充足的黄金储备，以维持黄金的官价水平。在布雷顿森林体系下，美国政府承担外国官方机构按官价用美元兑换黄金的义务。因此，只有美国黄金储备充足，才能维护美元的信誉，平抑黄金价格；反之，若黄金储备不足，则不能保证以官价用美元兑换黄金，会引起美元的信用危机，最终会导致抛售美元而抢购黄金，动摇以美元为中心的国际货币体系的基础。

在布雷顿森林体系的早期，各国都需要从战争废墟中恢复经济，迫切需要美元，此时美国通过国际收支逆差所输出的美元数量有限，因此世界上面临着“美元荒”的局面。随着美国国际收支的持续逆差，各国手中持有的美元数量激增，“美元荒”演变为“美元灾”，人们对美元的信心日益丧失。当人们对美元与黄金之间的可兑换性产生怀疑时，就会抛售美元，抢购美国的黄金和经济处于上升阶段的国家的硬通货(如德国马克)，这便爆发了美元危机。

小资料

美元危机的程度同流出美国的美元数额有关。流出的美元超过美国黄金储备的余额，称为“悬突额”(overhang)，悬突额是衡量和预测美元危机的一项很好的指标。1962—1972 年美元悬突额见表 8-5。

表 8-5 1962—1972 年美元输出的增加和美国黄金储备的下降

单位：亿美元

年份 \ 指标	黄金储备	美元输出	美元悬突额
1962	160.0	115.3	−44.7
1963	156.0	131.6	−24.4
1964	154.7	160.8	+6.1
1965	140.7	172.7	+32.0
1966	132.4	209.6	+77.2
1967	120.7	233.2	+112.5
1968	108.9	264.5	+155.6
1969	118.6	376.6	+258.0
1970	110.7	312.7	+202.0
1971	102.1	269.1	+167.0
1972	96.6	344.3	+247.7

当布雷顿森林体系刚建立不久，并且正在给世界经济带来繁荣的时候，有人竟神奇地预言了它的“死期”，从而给全世界出了一个难题。这个人就是美国耶鲁大学教授、著名国际金融专家罗伯特·特里芬。

小资料

1960 年，美国经济学家罗伯特·特里芬在其《黄金与美元危机——自由兑换的未来》一书中提出：“由于美元与黄金挂钩，而其他国家的货币与美元挂钩，美元虽然取得了国际核心货币的地位，但是各国为了发展国际贸易，必须用美元作为结算与储备货币，这样就会导致流出美国的货币在海外不断沉淀，对美国来说就会发生长期贸易逆差；而美元作为国际货币核心的前提是必须保持美元币值稳定与坚挺，这又要求美国必须是一个长期贸易顺差国。这两个要求互相矛盾，因此是一个悖论。”这一内在矛盾称为“特里芬难题(Triffin Dilemma)”。

大规模的美元危机最早爆发于 1960 年，其后在 1968 年、1971 年、1973 年多次爆发。每次美元危机爆发的原因是相似的，即由于美国的黄金储备不足以偿付外债，导致人们对美元与黄金之间的可兑换性产生怀疑，由此引起大量投机性资金在外汇市场上抛出美元，酿成风暴。在每次美元危机爆发后，美国与其他国家也都采取了互相提供贷款、限制黄金兑换、美元贬值等一系列协调措施，但这都不能从根本上改变“特里芬难题”所揭示的布雷顿森林体系在实现内外均衡的制度安排上的缺陷。最终，当 1973 年 2 月外汇市场再度爆发美元危机时，布雷顿森林体系彻底崩溃了。

小资料

1. 第一次美元危机

1960 年 10 月，爆发了第一次美元危机。当时美国的对外短期负债已达 210 亿美元，而黄金储备只有 178 亿美元，人们担心美元能否按照法定的 35 美元兑换 1 盎司黄金。于是在国际金融市场上人们开始大量抛售美元抢购黄金，从而引起了黄金价格的上升，当时的金价涨到 1 盎司 41.5 美元。

2. 第二次美元危机

1968 年 3 月，美国出现了“黄金双价制”，实际上也是美元的第二次危机。此次危机说明了美元已变相贬值，同时意味着布雷顿森林体系已发生了动摇。由于当时美元对内不断贬值，美国和其他西方主要工业国已无力维持美元与黄金的固定比价，于是美国不得不实行“黄金双价制”，也就是黄金官价用于各国中央银行用美元向美国兑换黄金，市场金价则由供求关系所决定。

3. 第三次美元危机

1971 年夏，爆发了第三次的美元危机。1971 年美国出现了全面贸易收支逆差，黄金储备已不及其对外短期负债的 1/5，国际金融市场又一次掀起抛售美元、抢购黄金和联邦德国马克等西欧货币的浪潮。此次美元危机形成的主要原因在于，面对各国中央银行挤兑黄金的压力，美国尼克松政府被迫于当年 8 月 15 日宣布实行“新经济政策”。“新经济政策”的主要内容除对内采取冻结物价和工资，削减政府开支外，对外采取了两大措施：停止美元兑换黄金和征收 10%的进口附加税。美元与黄金可兑换性的终止，意味着布雷顿森林体系失去了支柱，表示布雷顿森林体系的核心已经瓦解了。

4. 第四次美元危机

1972 年，国际金融市场上再次爆发了美元危机。当时美国国际收支状况继续恶化，人们对美元的信用彻底地失去了信心。美国政府于 1973 年 2 月被迫宣布战后美元第二次贬值，美元对黄金贬值 10%同时伦敦黄金价格一度涨到每盎司 96 美元。在这种情况下，西方国家经过磋商达成协议：取消本币对美元的固定比价，宣布实行浮动汇率制度。至此，以黄金为基础、以美元为中心的可调整的固定汇率制度彻底解体，布雷顿森林体系完全崩溃。

8.4 牙买加体系

8.4.1 牙买加体系的建立

布雷顿森林体系崩溃以后，国际金融秩序反复动荡，国际社会迫切需要建立一种新的国际金融体系。各个国家纷纷提出了许多改革主张，如恢复金本位制度、恢复美元本位制度等，但均未能取得实质性进展。国际货币基金组织于 1972 年 7 月成立了一个专门委员会，具体研究国际货币制度的改革问题，由 11 个主要工业国家和 9 个发展中国家共同组成。委员会于 1974 年 6 月提出一份《国际货币体系改革纲要》，对黄金、汇率、储备资产、国际收支的调节等问题提出了一些原则性的建议，为以后的货币改革奠定了基础。直至 1976 年 1 月，国际货币基金组织理事会国际货币制度临时委员会在牙买加首都金斯敦举行会议，讨论《国际货币基金协定》的条款，经过激烈的争论，最终各方通过妥协就一些基本问题达成共识，签订达成了《牙买加协定》，同年 4 月，国际货币基金组织理事会通过了《国际货币基金协定第二修正案》，从而形成了新的国际货币体系——牙买加体系。

8.4.2 牙买加体系的内容

从某种意义上说，牙买加体系是对布雷顿森林体系的一些变通，对布雷顿森林体系进行了扬弃。一方面，它继承了布雷顿森林体系下的国际货币基金组织，并且国际货币基金组织在牙买加体系中起到了举足轻重的作用；另一方面，它也放弃了布雷顿森林体系下的“双挂钩制度”。《牙买加协定》的主要内容如下。

1. 承认浮动汇率制度的合法化

《牙买加协定》承认固定汇率制度与浮动汇率制度并存的局面，允许会员国可自由选择汇率制度；但各会员国的汇率制度应受到国际货币基金组织的严格监督，会员国采取什么样的汇率政策，必须事先取得国际货币基金组织的同意；国际货币基金组织同时协调会员国的经济政策，促进金融稳定，缩小汇率波动范围，防止损害别国利益的货币贬值政策。协议中还规定当国际经济条件具备，经总投票权的 85%通过，国际货币基金组织可以决定恢复固定汇率制度。

小资料

据国际货币基金组织统计，截至 1997 年 3 月 31 日，181 个会员国实行了 9 种汇率安排。这 9 种汇率安排可以归纳为以下三大类。

(1) 可调整的钉住汇率安排(66 种货币)，分别钉住美元(21 种货币)、法国法郎(14 种货币)、其他货币(9 种货币)、特别提款权(2 种货币)和货币篮子(20 种货币)。

(2) 有限的浮动汇率安排(16 种货币)，其中包括随单一货币(美元)的浮动(4 种货币)和欧洲货币体系下的联合浮动(12 种货币)两种形式。

(3) 更灵活的浮动汇率安排(99 种货币)，分为管理浮动安排(48 种货币)和独立浮动安排(51 种货币)两个子类。

2. 减弱与消除黄金的货币功能

《牙买加协定》规定：废除黄金条款，取消黄金官价，会员国中央银行可按市价自由进行黄金交易；黄金不再作为各国货币定值的标准；取消会员国必须用黄金缴付其份额 25%的义务和会员国与国际货币基金组织之间须用黄金清算债权债务的规定；国际货币基金组织逐步处理其持有的黄金。

小资料

国际货币基金组织将其持有的黄金总额的 1/6(约 2 500 万盎司)按市场价格出售，其超过官价的部分成立信托基金，用于对发展中国家的援助，另外还有 1/6 按官价归还各会员国，剩余部分约 1 亿盎司，根据总投票投 85%作出具体处理决定。

3. 扩大特别提款权的作用

未来的国际货币体系应以特别提款权为主要储备资产，并作为各国货币定值的基础；会员国可用特别提款权来进行借贷并履行对国际货币基金组织的义务和偿还国际货币基金组织的贷款。

4. 增加国际货币基金组织的份额

从原有的 295 亿特别提款权扩大到 390 亿特别提款权，增加了 33.6%。另外，在增加总份额的同时，各会员国的份额比例也有所调整，石油输出国的份额由 5%提高到 10%，联邦德国、日本及某些发展中国家的份额比例有所扩大，美国的份额比例略有减少。1981—1998 年特别提款权份额变化见表 8-6。

表 8-6 1981—1998 年特别提款权份额变化

时期	美元	德国马克	法国法郎	日元	英镑
1981—1985 年	0.54(42%)	0.46(19%)	0.74(13%)	34.0(13%)	0.071 0(13%)
1986—1990 年	0.452(42%)	0.527(19%)	1.020(12%)	33.4(15%)	0.089 3(12%)
1991—1995 年	0.572(40%)	0.453(21%)	0.800(11%)	31.8(17%)	0.081 2(11%)
1996—1998 年	0.582(39%)	0.446(21%)	0.813(11%)	27.2(18%)	0.105 0(11%)

5. 扩大对发展中国家的资金融通

除国际货币基金组织用出售黄金所得收益建立信托基金(trust fund)，向最穷困的发展中国家以优惠条件提供贷款外，《牙买加协定》还扩大了信用贷款的限额，由占会员国份额的 100%增加到 145%，出口波动补偿贷款的份额从 50%扩大到 75%。

小资料

信用贷款又称普通信用贷款，是国际货币基金组织最基本的一种贷款，用于解决会员国一般国际收支逆差的短期资金需要。它规定，会员国取得普通贷款累积最高额度为其所缴份额的125%。贷款的期限为3～5年。

出口波动补偿贷款(compensatory financing facility)：初级产品出口国家如果由于出口收入下降而发生国际收支困难时，在原有的普通贷款外，可申请此项专用贷款。

8.4.3 对牙买加体系的评价

1. 牙买加体系的积极作用

(1) 储备结构多元化解决了储备货币供不应求的矛盾。牙买加体系为国际金融市场提供了多种清偿货币，在一定程度上解决了布雷顿森林体系下国际储备结构单一，以美元为中心，为国际清偿带来的麻烦的问题。在牙买加体系下，虽然美元仍是各国外汇储备的核心，但国际储备已经呈现多元化的局面，美元贬值不再会对各国货币的稳定性造成影响，美元垄断外汇储备的情形已经消失了。

(2) 多样化的汇率安排为各国维持经济发展与稳定提供了稳定性与独立性。牙买加体系主张汇率制度的多样化，承认了浮动汇率的合法化。以往的固定汇率制度方便生产与核算，可以减少本国企业的汇率风险；在浮动汇率制度下，可以为一国的国内经济政策提供较大的活动空间与独立性。而各国可根据自身的经济实力、开放程度、经济结构等一系列相关因素权衡使用不同的汇率制度。

(3) 灵活的汇率体系使国际收支的调节更为灵活有效。牙买加体系下，一国一方面可以运用国内经济政策，从而消除国际收支不平衡。例如，在资本项目逆差的情况下，可提高利率，减少货币发行，以此吸引外资流入，弥补缺口。另一方面运用汇率政策，在经常项目顺差时，本币币值上升会削弱进出口商品的竞争力，从而减少经常项目的顺差。

(4) 加强国际协调。

这主要体现在：①以国际货币基金组织为桥梁，各国政府通过磋商，就国际金融问题达成共识与谅解，共同维护国际金融形势的稳定与繁荣；②新兴的七国首脑会议通过协调与磋商对一些基本问题达成共识，多次共同对国际金融市场进行干预，促进了国际金融市场的稳定与发展。

2. 牙买加体系的缺陷

(1) 在多元化国际储备制度下，缺乏统一的稳定的货币标准。这就有可能造成国际金融市场的不稳定。

(2) 浮动汇率制度造成汇率体系不稳定。浮动汇率制度决定了汇率的不变变动，其消极的影响就是增加了一国的外汇风险，容易造成一国的货币危机。

(3) 国际收支调节机制还并不健全，牙买加体系并没有从根本上消除全球性的国际收支失衡问题。

8.5　欧洲货币体系

二战以后，西欧 6 国为了摆脱美国的控制以壮大自己的实力，开始逐步推进经济与政治一体化进程。1957 年 3 月，西欧 6 国于罗马签订了《欧洲共同体条约》，宣布了欧洲共同体(以下简称欧共体，1993 年更名为欧洲联盟)的成立。欧洲货币体系是欧洲共同体国家为了加强经济政治合作而采取的一处货币联合。目的是在经济一体发展的要求下，调节共同体的货币流通，保证成员国的倾向稳定和国际金融合作。

8.5.1　欧洲货币体系的建立

随着美元危机的不断爆发，西欧很多持有大量美元储备的欧共体国家的货币金融体系受到剧烈的冲击，它们意识到建立属于自己稳定的货币区对国家政治和经济发展的重要性。于是，欧共体于 1969 年 12 月的海牙首脑会议上决定筹建欧洲经济和货币联盟，并于 1971 年 2 月 9 日正式宣告建立欧洲经济和货币联盟。欧共体的专家们撰写了欧洲经济与货币联盟初步计划，即《魏纳尔报告》。该报告为欧洲经济货币联盟的实现规划了一个 10 年的过渡期，分 3 个阶段实现联盟的目标，见表 8-7。

表 8-7　《魏纳尔报告》的 3 个阶段安排

阶段	时间	计划安排
第一阶段	1971—1973 年	缩小会员国间汇率的波动幅度，协调各国的货币经济政策
第二阶段	1974—1976 年	集中会员国部分外汇，建立欧洲货币储备基金
第三阶段	1977—1980 年	欧共体内部商品、资本、劳务流动不受限制，汇率完全稳定，向统一货币过渡，欧洲货币储备基金向中央银行发展

1971 年 3 月达成协议，决定正式实施货币联盟计划。1972 年年初，欧共体部长理事会才着手推行货币联盟措施。1978 年 4 月，在哥本哈根召开的欧共体首脑会议上，提出了建立欧洲货币体系的提议。同年 12 月 5 日，欧共体各国首脑在布鲁塞尔达成协议，决定于 1979 年 1 月 1 日建立欧洲货币体系，后因联邦德国和法国在农产品贸易补偿制度上发生争执，延迟到同年 3 月 13 日才正式成立。

小资料

欧洲货币体系成员国最初包括联邦德国、法国、意大利、荷兰、比利时、卢森堡、丹麦、爱尔兰 8 国，后来还有其他国家参加。1989 年 6 月，西班牙宣布加入欧洲货币体系，1990 年 10 月，英国宣布加入，使欧洲货币体系的成员国扩大到 10 个。

8.5.2　欧洲货币体系的内容

1. 创建欧洲货币单位

欧洲货币单位(european currency unit，ECU)是一种没有现钞，没有中央银行而又具有多种货币功能的特殊货币，是欧洲货币体系的核心，是欧共体国家共同用于内部计价结算的一种货币单位，于 1979 年 3 月 13 日使用。它由后来的 12 个成员国的货币组成货币篮子，每种货币在欧洲货币单位中占有的比重，是根据各国在共同体内贸易额和国民生产总值中所占份额加权计算的，每 5 年调整 1 次，但如果其中任何一种货币比重的变化超过 25%时，则可随时对权数进行调整。

小资料

欧洲货币单位的创设和发行，是通过一种特殊的程序进行的。在欧洲货币体系成立之初，各个成员国将其 20%的黄金储备和 20%的美元储备提供给欧共体于 1973 年 4 月设立的“欧洲货币合作基金”，然后由该基金以互换的形式向成员国发行相应数量的欧洲货币单位。其中，黄金是按前 6 个月的平均市场价格或按前一个营业日的两笔定价的平均价格计算，美元储备则按市场汇率定值。

欧洲货币单位的作用主要表现在：第一，作为成员国货币之间中心汇率的计算标准，成员国在确定货币汇率时，以欧洲货币单位为依据，其货币与欧洲货币单位保持固定比价，再据此中心汇率套算与其他成员国货币的比价；第二，作为决定成员国货币汇率偏离中心汇率的“指示器”；第三，进行干预活动和信贷业务的计算标准；第四，作为成员国货币当局的储备资产和中央银行之间的结算工具。

在国际金融市场上，由于欧洲货币单位由多种货币构成，各种货币间汇价的波动在货币篮子内有互相抵消的倾向，使得这种合成货币具有相对的内在稳定性，因而吸引了越来越多的投资者。不仅形成了一个较为发达的银行同业欧洲货币单位市场，欧洲货币单位还被用作债券、存款证及票据的计价单位。欧洲货币单位成为欧洲统一货币的雏形，成为实现欧洲统一大市场的关键因素。

2. 稳定汇率

成员国货币之间实行固定汇率制度，成员国以外的其他国家货币实行浮动汇率制度。欧洲货币体系建立了双重汇率稳定机制。

(1) 平价网体系(grid parity system)。规定各成员国相互间货币的中心汇率，各国汇率的浮动幅度不能超过中心汇率上下各 2.25%(意大利里拉浮动幅度可扩大到各 6%)，超过上下限，有关国家要采取措施进行干预。

(2) 货币篮体系(basket parity system)。规定各国货币与欧洲货币单位的中心汇率和围绕该中心汇率波动的界限。在货币对欧洲货币单位的中心汇率波动幅度达到最大允许界限的 75%时，就应该采取干预措施。差异界限的公式为

差异界限＝成员国货币汇率波动界限×75%×(1－成员国货币在欧洲货币单位中的比重)

例如，法国法郎在欧洲货币单位中所占比重为 19.20%，那么法国法郎的差异界限为

$$15\%\times75\%\times(1-19.20\%)+9.09\%=0.181\ 8$$

3. 建立欧洲货币基金

为了保证欧洲货币体系的正常运转，成员国各自提取本国黄金外汇储备的 20%建立欧洲货币基金(european monetary fund，EMF)，再加上与此等值的本国货币合计约 540 亿欧洲货币单位组成庞大的货币基金，用于必要时干预外汇市场，稳定成员国汇率；对成员国提供信贷，解决国际收支逆差所造成的困难。欧洲货币基金的建立，有助于支持欧洲货币体系的正常活

动。欧洲货币体系对保持大多数成员国货币之间的稳定，促进欧共体对外贸易的发展，及西欧各国加强联合、发展经济都起了一定的作用，将来有希望成为西欧真正的货币联盟。

8.5.3 欧洲货币一体化

1. 欧洲货币一体化的概念

欧洲货币一体化是指欧共体各成员国在货币金融领域进行合作，协调货币金融关系，最终建立一个统一的货币体系。1999 年 1 月 1 日，欧洲货币一体化结出硕果，推出了统一的货币——欧元。

小资料

欧洲货币一体化的 3 个典型象征：

(1) 汇率的统一，即货币联盟成员国之间实行固定汇率制度，对外则实行统一的浮动汇率制度。

(2) 货币的统一，即货币联盟发行单一的共同货币。

(3) 机构的统一，即建立统一的中央货币机构，发行共同的货币。

2. 欧洲经济货币同盟和《马约》

1989 年 6 月，以时任欧共体委员会主席雅克·德洛尔为首的委员会向马德峰会提交了与魏尔纳计划相似的德洛尔计划。该计划规定，从 1990 年起，分 3 阶段，用 20 年的时间，完成欧洲经济货币同盟的组建，真正实现欧洲货币的一体化。

1991 年 12 月，欧共体在荷兰马斯特里赫特峰会上签署了《关于欧洲经济货币联盟的马斯特里赫特条约》(以下简称《马约》)。《马约》目标是最迟在 1999 年 1 月 1 日前建立欧洲经济货币联盟，将在联盟内实现货币的统一、中央银行的统一及货币汇率政策的统一。欧共体各成员国议会于 1993 年 10 月底通过了《马约》，1993 年 11 月 1 日，欧共体更名为欧洲联盟。1995 年芬兰、奥地利、瑞典加入欧盟，欧盟成员国增至 15 个。同年的《马德里决议》将单一货币的名称正式定为欧元(EUR)。欧洲货币一体化自此开始进入了稳定的发展阶段。

欧洲一体化进程表见表 8-8。

表 8-8 欧洲一体化进程表

阶段	时间	主要目标
第一阶段(准备阶段)	1996—1998 年年底	确定首批有资格参加欧洲经济与货币同盟的国家，决定发行欧元的合法机构，筹建欧洲中央银行
第二阶段(过渡阶段)	1999 年 1 月 1 日～2002 年 1 月 1 日	欧元一经启动，便锁定各参加国货币之间的汇率。各国货币仅在本国境内是合法支付手段。在此阶段，没有有形的欧元流通，但新的政府公债可以用欧元发行。另外，将由欧洲中央银行制定统一的货币政策
第三阶段(正式流通)	2002 年 1 月 1 日起	欧元开始正式流通。欧洲中央银行将发行统一货币的硬币和纸钞，有形的欧元问世，并且各参加国原有的货币退出流通，欧元将成为欧洲货币联盟内唯一的法定货币

小资料

1998年5月2日，欧盟15国在布鲁塞尔召开特别首脑会议，决定接受欧盟委员会和欧洲货币局的推荐，确认比利时、德国、西班牙、法国、爱尔兰、意大利、卢森堡、荷兰、奥地利、葡萄牙和芬兰等符合《马约》条件的11个国家为欧元创始国，首批加入欧洲单一货币体系。同时决定在原有的欧洲货币局基础上成立欧洲中央银行，由荷兰人杜伊森贝赫出任欧洲中央银行行长。

8.5.4 欧元对国际货币体系的影响

1999年1月1日，欧元准时启动，欧洲中央银行开始投入运作并对欧盟实施统一的货币政策。欧元与成员国货币的兑换率锁定，欧洲货币单位以1∶1的比例转换为欧元；欧元可以信用卡、支票等非现金交易的方式流通；同时人们有权选择是否使用欧元，各成员国的货币也可同时流通。从2002年1月1日起，欧元硬币和纸币开始在欧盟全境流通，成员国和欧洲中央银行将逐步收回各国的货币，人们必须使用和接受欧元。至2002年7月1日，欧盟各成员国货币完全退出流通，欧洲货币一体化宣告完成，同时区域化货币——欧元产生。

1. 对国际结算货币的影响

作为国际流通和交易货币，欧元有很好的流动性和实用性，可减少汇率风险，有利于降低换汇和结算成本，节省外汇对冲的费用。欧元的出现打破了美元一统天下的局面，世界商业交易与金融交易所使用的货币一部分将从美元转到欧元上来。

2. 对国际储备货币结构的影响

长期以来各国的储备货币主要是美元，但是欧元作为国际结算货币的出现，将推动对欧元外汇需求的增加，引发各国外汇储备货币的调整。为降低储备货币和资产的汇率风险，各国(尤其是与欧盟成员国有密切贸易和债务关系联系的国家)将根据双边贸易和债务量来增加其欧元储备。2010年和2011年全球外汇货币构成见表8-9。

表8-9 全球外汇货币构成表

单位：万美元

年份/项目	2010年				2011年		
	一季度	二季度	三季度	四季度	一季度	二季度	三季度
总额	828 834 700	841 785 200	898 738 800	925 945 600	970 112 600	1 008 190 600	1 017 666 600
已分配	463 556 800	475 380 300	507 705 900	512 307 000	530 475 000	546 772 200	544 565 900
美元	286 342 500	297 450 600	312 705 600	316 270 000	323 073 500	329 835 500	336 044 800
英镑	19 965 800	19 868 800	20 627 700	20 292 600	21 744 300	22 663 600	21 115 900
日元	13 921 600	15 265 100	17 845 400	19 146 700	19 926 300	20 991 100	20 599 700
瑞士法郎	550 000	523 300	515 400	518 800	544 700	688 700	641 400
欧元	126 119 200	124 404 500	134 796 700	132 976 300	139 812 400	145 876 100	140 079 600
其他	16 657 700	17 868 100	21 215 000	23 102 700	25 373 700	26 717 000	26 084 600
未分配	365 278 000	366 404 900	391 033 000	413 638 500	439 637 600	461 418 500	473 100

注：①已分配：货币构成已确认的外汇储备；②未分配：外汇储备总额与已确认部分差额。

小资料

通常情况下，世界各国对国际储备货币的选择主要取决于以下几个原因：一是储备货币发行国的经济实力，储备货币发行国的经济实力越强，人们对该国的信心就越强，因而越有可能采用这种货币；二是储备货币币值的稳定性，一种国际储备货币的币值越稳定，保留这种货币的贬值风险就越小；三是储备货币发行国进出口数额和对外资金流通数量，储备货币发行国的进出口数额和对外资金流通数量越大，各国为了进行贸易结算和资金借贷需要持有该国的货币就越多，因而就越有可能选择该国货币。

3. 对国际汇率制度改革的影响

欧元作为欧洲单一货币，可以作为许多国家汇率政策中的钉住货币或参考货币。同时，欧元是区域货币一体化的产物，它的形成在很大程度上体现了对固定汇率的回归。欧元广泛作为被钉住货币，可以使许多国家在汇率制度和汇率安排上减轻对美元的依赖。所有这些变化不可避免地将对未来国际汇率制度的改革产生深刻影响。

4. 对区域货币合作的影响

欧元不仅对欧盟的经济一体化进程产生了积极影响，还通过其榜样的力量推动了东亚、拉丁美洲、非洲等地区货币合作的加强。这从一个侧面可以看到欧元启动及其正常运行，对于正在酝酿的国际货币体系改革起到了促进作用，有利于推动国际货币的多元化。

小资料

日本为了加速日元国际化步伐，提出建立美欧日三极货币框架的倡议；面对欧盟的迅速发展，美国在建立北美自由贸易区的基础上，又提出了“美洲倡议”，将目光转向中、南美洲，试图建立泛美洲经济联合关系；拉美(特别是南方共同市场)、东南亚国家联盟、东亚、东非甚至北美，都纷纷提出加强地区货币合作，推动地区货币一体化，探索建立新的汇率机制。

本章小结

国际货币体系是国际货币运行的统一规则，其主要是对于关键货币、汇率制度、国际储备货币、国际收支调节政策及其协调等以法律或条文形式进行明确。

国际货币体系按阶段划分，可分为国际金本位制度、布雷顿森林体系、牙买加体系及其他国际货币体系。国际金本位制度是以黄金作为国际本位货币的国际货币制度，可分为金币本位制度、金块本位制度和金汇兑本位制度。布雷顿森林体系是以美元为中心的国际货币制度，其内容主要是美元与黄金的“双挂钩”、可调整的固定汇率制度及建立国际金融机构。牙买加体系是国际社会现行的国际货币制度，其主要内容是黄金与美元不再挂钩，国际储备货币多样化，承认浮动汇率的合法化，而且还强化了特别提款权在国际债务清偿中的作用。欧洲货币体系是欧洲建立经济同盟的体现，它主要内容是建立欧盟统一的货币——欧元，建立汇率稳定机制，成立欧洲货币合作基金。随着经济全球化、一体化的深入，现行的货币体系的矛盾日益凸显，近年来多次爆发的国际金融危机更是说明牙买加体系的问题严重性。随着国际区域货币的创立和发展中国家的崛起，未来国际货币体系还将继续变革。

职业能力训练

一、填空题

1．划分国际货币制度类型的标准是汇率、国际储备形式和历史演进顺序。按历史演进顺序可以分为(　　　　)、(　　　　)和(　　　　)。

2．金本位制度是指以一定成色及重量的(　　　　)作为本位货币的一种制度，(　　　　)是金本位货币体系的基础。

3. 布雷顿森林体系实行“双挂钩”，即(　　　　)与(　　　　)挂钩，各国货币与(　　　　)挂钩。

4．(　　　　)货币体系承认固定汇率制度与浮动汇率制度并存的局面，允许成员国自由选择汇率制度。

5．欧洲货币体系创设的单一货币是(　　　　)。

二、不定项选择题

1．从国际货币体系的历史演进看，历史上第一种类型的国际货币体系是(　　)。

A．国际金本位制度　　B．布雷顿森林体系

C．牙买加体系　　D．金汇兑本位制度

2．国际货币制度的内容一般包括(　　)。

A．国际储备资产的确定　　B．货币比价的确定

C．汇率制度的确定　　D．国际支付原则的确定

E．黄金外汇能否自由流动

3．二战后，国际上建立了以(　　)为核心的布雷顿森林体系。

A．英镑　　B．美元

C．外汇　　D．黄金

4．布雷顿体系的基本内容是(　　)。

A．美元与黄金为挂钩　　B．各国货币与美元挂钩

C．实行可调整的固定汇率　　D．利率上下浮动不超过10%

5．布雷顿森林体系实现“双挂钩”需具备的基本条件包括(　　)。

A．推行固定汇率制度　　B．规定货币含金量

C．美国有充足的黄金储备　　D．建立多边结算体系

E．美国国际收支平衡

6．金本位制度的特征有(　　)。

A．自由铸造　　B．自由熔化

C．自由输出入　　D．自由兑换

7．金汇兑本位制度的内容不包括(　　)。

A．货币单位规定含金量　　B．金币可以在国内流通

C．银行券可兑换外汇　　　　D．本位货币与金本位制国家货币保持固定比价

8．布雷顿森林体系崩溃的原因有(　　)。

A．美国的黄金储备大幅减少　　　　B．出现了特别提款权

C．美国出现经济逆差　　　　D．很多发达国家开始采用浮动汇率制度

9．以下关于牙买加体系说法不正确的有(　　)。

A．以管理浮动汇率制度为中心的多种汇率制度并存

B．外汇管制进一步加强　　　　C．国际收支调节与汇率体系不适应

D．国际收支调节手段多样化　　　　E．汇率体系稳定

F．国际储备中的外汇种类单一

10．黄金作为各国货币定值标准的国际货币体系有(　　)。

A．金币本位制度　　　　B．信用本位制度

C．金汇兑本位制度　　　　D．牙买加体系

E．布雷顿森林体系

三、判断题

1．在金汇兑本位制度下，本位货币具有无限法偿能力，仍能兑换黄金。(　　)

2．在金本位制度下，金铸币有法定含金量。(　　)

3．布雷顿森林体系崩溃的原因是美国偶然发生的经济危机。(　　)

4．在布雷顿森林体系下，汇率决定于各国政府的铸币平价。(　　)

5．在布雷顿森林体系下，银行券可自由兑换金币。(　　)

6．国际金本位货币是世界范围内的本位货币，关键货币是在国际金融中起重要作用的货币，因此，二者没有区别。(　　)

7．在国际金本位制度下，国家的货币发行无须有黄金储备。(　　)

8．布雷顿森林体系是以“凯恩斯计划”为基础的国际货币体系。(　　)

9．《牙买加协定》承认浮动汇率制度的合法化。(　　)

10．2002年1月1日起，欧元纸币和硬币开始全境流通，欧洲中央银行和成员国将逐步回收各国的纸币和硬币，人们必须接受欧元。(　　)

四、简答题

1．什么是国际货币体系？包括哪些类型？

2．金本位制度的内容和特点是什么？

3．牙买加体系的主要内容和作用有哪些？

4．布雷顿森林体系的主要内容和特征有哪些？

5．如何看待欧元？

五、案例分析题

案例一

对现行货币体系的思索

美国次级债引发的金融危机不断蔓延，使全球经济社会再次进行反思：什么样的国际货币体系才能保持全球金融市场的稳定、促进世界经济平稳快速发展？

诺贝尔经济学奖得主蒙代尔在“全球智库峰会”上提出，1998年的亚洲金融危机和这次由美国银行系统引发的全球金融危机，背后都是系统性问题，都涉及国际货币系统的问题。

中国国际经济交流中心常务副理事长郑新立认为，这次全球金融危机根源在于国际金融体系建立在一种主权货币作为主要储备货币的基础上，而这种货币的发行、运行又不受监管，必然带来问题。这个问题如果不解决，必将还会有下一次金融危机。对现行的国际货币体系和金融体系进行思考后，全国社会保障基金理事会理事长戴相龙表示，现行的国际金融体系还是对国际金融市场发挥过重要的作用，但是现在它存在了明显的不适应，主要包括：第一，国际金融组织的代表性不足，只有几个组织说得算；第二，美元作为本国货币，又是国际货币，双重职能矛盾越来越深，越来越明显；第三，仅由一个国家来监管跨国金融产品也不适应现在的国际金融形势，暴露出很多弊端。基于这些方面的原因，再加上美国内外政策的失误，形成了美国金融危机，引发了全球金融危机。全球资产缩水将近50万亿美元，经济增长率降到负增长的2%左右。戴相龙认为，现行货币体系的不合理是形成金融风险的最重要的原因，这个问题不解决，金融风险很难解决。

亲历过亚洲金融危机的联合国贸易和发展会议秘书长素帕猜·巴尼巴滴在峰会上一针见血地指出，在亚洲发生危机时，叫亚洲金融危机，而美国发生危机时，却被称为国际金融危机。其实没有什么差异，病根都是过度支出、过度流动性、过度自由化和投机。十多年过去了，人们没有吸取教训。

中国国际经济交流中心理事长曾培炎认为，现行国际货币体系框架难以在短期内有大的变动，“你的货币”容易成为“我的问题”。在这种情况下，应当设计出一种机制，保持储备货币币值稳定，加强对主要储备货币发行国金融风险必要的监督，对财政赤字和经常项目赤字占GDP的比重有所约束，促其币值稳定。

中国人民银行行长助理郭庆平在峰会上表示，目前国际货币体系需要反思，如何约束美元，如何对国际金融进行监管，都值得我们思考。现行的国际货币体系和金融体系需要改革，使其能够适应未来国际经济和金融不断发展的需要，实现各国在国际货币和金融事务中权利和义务的均衡。

“应对国际金融危机，需要全球性参与，共同制定新的全球金融体系架构。”素帕猜呼吁，金融体系改革不能再依赖某个国家的力量，而是要共同参与。

郑新立表示，国际金融体系的稳定需要创造一个多元化的国际金融体系，只靠美元一种货币是难以保持稳定的。靠美元、欧元两种货币，也是难以保持稳定的。“没有三足鼎立的国际货币体系，实现国际金融稳定是不可能的”。据他分析，3种货币之间可以互相竞争，哪一种货币可以升值、风险小，大家都投资这种货币，这样形成一种既协调又竞争的局面，有可能实现国际金融体系的稳定。

曾培炎也认为，国际货币体系应当向稳定、可预期、多元化方向改革。为维护区域金融稳定，提倡加强区域货币合作，充分发挥双边货币互换协议的作用，扩大互换额度和签约国范围。在东亚地区，应当加快清迈倡议多边化进程，建成区域外汇储备库，增强这一地区抵御金融风险的能力。

但是，国际货币体系不是会议制度决定的，是经济实力的结果，是金融市场认定的结果。所以，戴相龙认为，美元的主导地位不会很快削弱，但也会出现货币多元化的趋势。经过十多年或更长时间的努力，可能会形成一个以美元、欧元、人民币及其他货币为主的国际货币体系。但这个国际货币体系有一个特点，是以地区经济为依托的，以13国甚至20国来协调的体系。

【案例思考】当前国际货币体系属于布雷顿森林体系还是牙买加体系？其主要内容是什么？牙买加体系有哪些内在缺陷？你对当前国际货币体系的改革有何思考？

案例二

欧债危机与国际货币体系

2008 年 10 月金融危机爆发之际，冰岛由于国家债务严重超负荷陷入国家破产状态，之后欧元区成员国由于各自负债比例过高，相继成为继冰岛国家破产之后的“多米诺骨牌”中的一张，希腊、爱尔兰、葡萄牙、西班牙等国相继陷入国债危机中。2009 年 10 月 20 日浮出水面的希腊债务危机为欧元危机正式拉开了序幕。

2009 年 10 月 20 日，希腊政府宣布当年财政赤字占 GDP 的比例将超过 12%，远高于欧盟设定的 3%的上限。随后，全球三大评级公司相继下调希腊主权信用评级，欧洲主权债务危机率先在希腊爆发。4 月 27 日，国际评级机构标准普尔公司把希腊信用评级从 BBB＋下调为 BB＋，使之成为名副其实的垃圾级。同日，同样存在严重债务问题的葡萄牙也遭降级。西班牙的信用评级第二天也被下调。

5 月 25 日，意大利政府出台 250 亿欧元财政紧缩计划。

5 月 27 日，西班牙议会批准 150 亿欧元财政紧缩计划。

6 月 7 日，受欧洲主权债务危机拖累，欧元对美元汇率一度跌破 1∶1.19，创下自 2006 年 3 月以来的最低水平。

6 月 16 日，法国政府宣布退休制度改革计划，将退休年龄逐步从 60 岁提高到 62 岁，以减轻财政负担，这在法国国内接连引发强烈抗议。

7 月 7 日，德国政府出台 4 年期的财政紧缩计划，共开源节流 800 亿欧元。

7 月 13 日，国际信用评级机构穆迪把葡萄牙的信用评级降至 A_1。

11 月 21 日，爱尔兰政府正式请求欧盟和国际货币基金组织提供救助，欧元区主权债务危机掀起第二波高潮。

2010 年 12 月 16 日，在比利时首都布鲁塞尔，欧盟成员国领导人出席欧盟峰会，就如何修改《里斯本条约》以建立欧元区永久性危机应对机制达成一致。

2011 年 3 月 12 日，欧元区 17 国领导人在布鲁塞尔非正式峰会上讨论应对主权债务危机的综合方案并提出“欧元公约”建议。“欧元公约”是促进欧元区国家经济趋同的经济改革建议，其核心是经济治理改革，促进成员国经济更加融合。

2011 年 3 月 21 日，欧盟成员国财政部长在布鲁塞尔召开特别会议，专门讨论欧元区永久性救助机制的细节并达成一致。根据会上达成的协议，名为“欧洲稳定机制”的欧元区永久性救助机制将是一个由欧元区国家依据国际法、通过缔结条约成立的政府间组织，总部设在卢森堡。欧盟领导人在 24 日召开的春季会议上通过了这套全面应对方案。这套内容庞杂的全面应对方案既包括了扩大现有救助机制的规模和用途、为希腊等国接受救助减负和开展新一轮银行压力测试等短期措施，也包括了深化经济治理改革、建立欧元区永久性救助机制和增强欧元区国家经济竞争力，促进经济趋同等长效举措。

【案例思考】你如何看待欧洲债务危机对欧元的影响？欧元区的债务危机对国际货币体系会有什么样的影响？

第 9 章 国际金融组织

知识目标

- 了解国际金融组织形成的原因；重点掌握各国际金融组织的宗旨、组织结构及其业务活动。

能力目标

- 能够掌握各国际金融组织与我国经济发展的关系。

引例

国际货币基金组织和世界银行的作用

正当国际货币基金组织和世界银行在华盛顿召开每年一度的春季会议时，美国财政部长提摩西·盖特纳说，国际货币基金组织和世界银行对“迎接当今和未来的挑战是必不可少的”。盖特纳在2011年4月16日向国际货币基金组织和世界银行集团发展委员会(Group Development Committee)宣读的一份声明中说，这两个组织在“在多种不同环境中的重要作用——从孱弱国家到全球金融危机，从安全到气候变化，以及现在支持中东和北非发生的历史性转变——凸显了为什么这些发展银行值得我们给予强有力的支持”。公报强调了委员会继续致力于在全球“确保可持续、平衡和包容性的增长”。

国际货币基金组织第一执行副董事约翰·利普斯基强调了这一点。他着重指出，可持续的、快速和包容性的增长是发展中经济体低收入群体摆脱贫困的唯一出路，具有非常重要的意义。他表示国际货币基金组织将“继续与我们发展中国家的会员国合作，帮助制定合适的宏观经济政策，并与世界银行在中东和北非“为在更大程度上实现包容性、可持续增长和在私营部门主导下创造就业机会打下基础”，并通过促进强大的公民社会和良好、负责任和透明的治理支持民主化进程”。“银行的合作伙伴一道，促进有助于包容性和可持续增长的结构改革”。前世界银行行长罗伯特·佐利克呼吁国际社会协同努力，在2015年最后期限之前，使孱弱国家取得更多的进展。

盖特纳敦促国际货币基金组织和世界银行将重点放在中东和北非，为在更大程度上实现包容性、可持续增长和私营部门主导下创造就业打下基础。他表示国际社会依靠这两个组织领导迎接其他全球性挑战，如抗击气候变化和改善国际安全。他表示，由于国内资源的制约，没有任何其他机构能如此有效地利用我们有限的资源，在实地为我们的国家利益和全球利益服务并产生如此积极的影响。

【思考】国际金融组织对世界经济政治有什么影响？对中国的发展又有什么作用？

二战后，国际金融中一个重要的新现象是涌现了一系列国际金融组织。这些国际金融组织对国际货币制度与世界经济的发展都有深远的积极影响。

9.1 国际货币基金组织

国际货币基金组织是战后维持国际经济金融秩序的三大支柱之一。截至2012年4月，其会员国家及地区已达188个，仅次于联合国。

9.1.1 国际货币基金组织的建立及宗旨

1. 国际货币基金组织的建立

国际货币基金组织成立于1945年12月27日。国际金本位制度崩溃之后，国际货币体系长期混乱，对世界及各国的经济都产生了不良的后果，建立新的国际货币制度成为日益紧迫的问题。于是，二战期间，英美两国政府就开始筹划战后的国际金融货币制度工作。1943年，英美两国先后公布了国际货币问题的“凯恩斯计划”和“怀特计划”，接着于1944年2月，又发表关于建立国际货币基金的专家联合声明。1944年7月，英美等国利用参加筹建联合国会议和机构的机会，在美国的新罕布什尔州的布雷顿森林召开了具有历史意义的联合国货币与金融会议，并通过决议成立“国际货币基金组织”作为国际性的常设金融机构。1945年12月27日，代表该基金初始份额80%的29国政府，在华盛顿签署了《国际货币基金协定》，自此，国际货币基金组织宣告正式成立。

1946年3月，国际货币基金组织在美国佐治亚州萨凡纳召开首次理事会创立大会，选举了首届执行董事，并决定总部设在华盛顿。同年5月，国际货币基金组织召开第一届执行董事会，会上选出比利时人戈特为总裁兼执行董事会主席。同年9～10月，国际货币基金组织和世界银行理事会第一届年会于华盛顿召开。12月，国际货币基金组织公布当时32个会员国的货币对黄金和美元的平价。1947年3月，国际货币基金组织宣布开始办理外汇交易业务，同年11月15日，成为联合国的一个专门机构。国际货币基金组织成立之初有创始国39个，目前拥有180多个会员国，遍布世界各地，现已成为有巨大影响力的全球性国际金融组织。

小资料

中国是国际货币基金组织的创始国之一，但在1980以前，中国在国际货币基金组织的席位一直被台湾当局占据。1971年我国恢复了在联合国的合法席位，在联合国各专门机构的合法席位也相继得到恢复。经积极交涉，1980年4月17日，国际货币基金组织执行董事会通过决议，恢复了中国的合法席位，之后，我国在国际货币基金组织的份额由原来的5.5亿特别提款权增加到1983年23.9亿特别提款权。1991年，该组织在北京设立常驻代表处。1992年在第九次份额改革中，我国的份额再增至33.852亿特别提款权，占基金总份额的2.35%，位列第11位。2001年2月5日，国际货币基金组织理事会通过决议将我国的份额增加至63.692亿特别提款权(约合83亿美元)，我国在国际货币基金组织的份额也从第11位上升到第八位。在2006年9月的国际货币基金组织新加坡年会上，中国在国际货币基金组织的份额上升至3.72%，位居第六。2010年的G20财长和央行行长会议就国际货币基金组织份额改革达成“历史性协议”。根据会议公报，中国的份额将由目前的3.65%升至6.19%，超越德、法、英，位列美国和日本之后。

2011年，国际货币基金组织总裁拉加德宣布任命中国人民银行副行长朱民出任该组织副总裁。3月任命中国籍雇员林建海担任该组织秘书长，这是又一中国人在国际货币基金组织中担任要职。从更长期看，中国及发展中国家在未来全球经济治理结构中的地位将会继续上升，全球经济治理格局将日趋多极化。

2. 国际货币基金组织的宗旨

根据《国际货币基金协定》第一条的规定，国际货币基金组织有6条宗旨：

(1) 设立一个永久性的对国际货币问题进行磋商与合作的常设机构，促进国际货币合作。

(2) 促进各国货币汇率的稳定，在会员国之间保持有秩序的稳定的汇率安排。

(3) 促进国际贸易的不断发展，提高各会员国的就业和居民的收入水平，并开发会员国的生产性资源，以此作为组织制定经济政策的主要目标。

(4) 帮助会员国建立经常性交易的多边支付制度，消除妨碍世界贸易支付的外汇管制。

(5) 在一定条件下，向会员国提供必要的资金融通支持，帮助其解决国际收支不平衡。

(6) 根据上述宗旨，缩短会员国国际收支不平衡的时间，减轻不平衡的程度。

从上述宗旨中可以看出，国际货币基金组织的基本职能是向会员国提供短期信贷，消除“竞争性货币贬值”与“消除阻碍国际贸易发展的外汇管制”。

9.1.2　国际货币基金组织的组织机构

国际货币基金组织的组织结构由理事会(board of governors)、执行董事会(executive board)、两个委员会、总裁(managing director)和常设职能部门等组成。

1. 理事会

理事会是国际货币基金组织的最高决策机构，每年秋季举行定期会议，由会员国各派一名由该会员国的财政部长或中央银行行长担任的一名理事、一名副理事组成。理事会的主要职权是批准接纳新的会员国和决定会员国退出国际货币基金组织；批准国际货币基金组织的份额规模与特别提款权的分配；批准会员国货币平价的普遍调查；讨论有关国际货币制度的重大问题。各国的投票表决权由其所缴的基金份额决定。

2. 执行董事会

执行董事会是负责处理国际货币基金组织日常业务工作的常设机构。执行董事会的职权主要是接受理事会委托处理各种政策和行政事务；向理事会提交年度报告；对会员国经济及有关国际金融方面的问题进行研究。其成员由 24 名执行董事组成，其中 8 名由美国、英国、法国、德国、日本、俄罗斯、中国、沙特阿拉伯指派，其余 16 名执行董事由其他成员分别组成 16 个选区选举产生。

3. 两个委员会

在执行董事会与理事会之间还有两个机构：一是世界银行和国际货币基金组织理事会关于实际资源向发展中国家转移的联合部长级委员会，简称发展委员会(development committee)；二是国际货币基金组织理事会关于国际货币制度的临时委员会，简称临时委员会(interim committee)。由于两个委员会的成员大都来自会员国的重要国家而且政治级别高，所以此会议通过的决议往往就是理事会的决议。两个委员会每年都会开会 2～4 次，讨论国际开发援助及国际货币体系等重大问题。

4. 总裁

总裁是国际货币基金组织的最高行政长官，由执行董事会推选，负责管理国际货币基金组织的日常事务，任期 5 年。总裁可以出席理事会和执行董事会，但一般情况下没有投票权，只有在执行董事会表决双方票数相等时，才可以投出决定性的一票。

5. 常设职能部门

国际货币基金组织设有 16 个职能部门，负责经营业务活动。此外，国际货币基金组织还有欧洲办事处(设在巴黎)和日内瓦办事处两个永久性的海外业务机构。

国际货币基金组织的组织机构如图 9.1 所示。

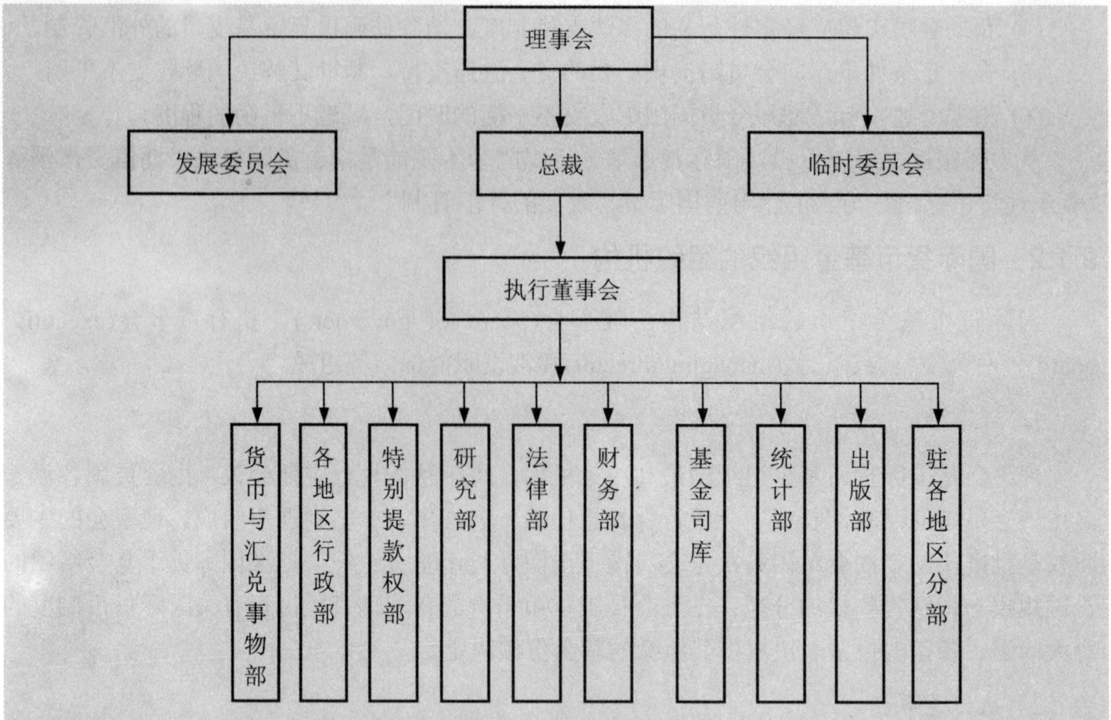

图 9.1　国际货币基金组织的组织机构

9.1.3　国际货币基金组织的资金来源

国际货币基金组织为贯彻实行其宗旨，必须有资金来源。它的资金来源主要有以下几种。

1．份额

国际货币基金组织的资金，主要来自于会员国缴纳的份额。25%的份额由特别提款权或主要通用货币如美元、欧元、英镑等缴纳，其余 75%的份额由会员国的本国货币缴纳。截至 2010 年年底，国际货币基金组织的总份额达到 4 768 亿特别提款权，约合 7 557 亿美元。会员国缴纳份额的大小，主要是综合考虑会员国的国民收入、经常账户的波动性、黄金外汇储备等因素，最后由国际货币基金组织同会员国磋商确定。

会员国缴纳的份额大小对会员国主要有 3 方面影响：一是决定会员国投票权的大小，二者成正比关系，每个国际货币基金组织会员国都有 250 票基本投票权，另外，每缴纳 10 万美元份额增加 1 票；二是决定会员国从国际货币基金组织贷款的最高限额，贷款累计不超过其份额的 3 倍；三是决定了特别提款权的数量，特别提款权的分配一般按会员国在国际货币基金组织中的份额相对比例进行分配。国际货币基金组织 24 位执行董事所在国家的份额与投票权见表 9-1。

表 9-1　国际货币基金组织 24 位执行董事所在国家的份额与投票权(截至 2010 年 10 月 1 日)

国家	份额		投票权		国家	份额		投票权	
	特别提款权/百万	比例	数量	比例		特别提款权/百万	比例	数量	比例
美国	3 714 900.3	17.09%	371 743	16.74%	印度	415 800.2	1.91%	41 832	1.88%
日本	1 331 200.8	5.12%	133 378	6.01%	瑞士	345 800.5	1.59%	34 835	1.57%

续表

国家	份额		投票权		国家	份额		投票权	
	特别提款权/百万	比例	数量	比例		特别提款权/百万	比例	数量	比例
德国	1 300 800.2	5.98%	130 332	5.87%	西班牙	304 800.9	1.40%	30 739	1.38%
法国	1 073 800.5	4.94%	1.763 5	4.85%	巴西	303 600.1	1.40%	30 611	1.38%
英国	1 073 800.5	4.94%	1.763 5	4.85%	韩国	292 700.3	1.35%	29 523	1.33%
中国	809 000.1	3.72%	81 151	3.65%	阿根廷	211 700.1	0.97%	21 421	0.96%
意大利	705 500.5	3.24%	70 805	3.19%	丹麦	164 200.8	0.76%	16 678	0.75%
沙特	698 500.5	3.21%	70 105	3.16%	伊朗	149 700.2	0.69%	15 222	0.69%
加拿大	636 900.2	2.93%	63 942	2.88%	泰国	108 100.9	0.50%	11 069	0.50%
俄罗斯	594 500.4	2.73%	59 704	2.69%	埃及	94 300.7	0.43%	9 687	0.44%
荷兰	516 200.4	2.37%	51 874	2.34%	塞拉利昂	10 300.7	0.05%	1 287	0.06%
比利时	460 500.2	2.12%	46 302	2.08%	卢旺达	8 000.1	0.04%	1 051	0.05%

知识拓展

根据《国际货币基金协定》，最重大事项需要经过85%以上的特别多数票决定。截至2010年10月，目前票数最多的仍是美国，其拥有371 743票，占总票数的16.74%，这显示美国在国际货币基金组织的重大决定事项上拥有一票否决权。

2. 借款

借款是国际货币基金组织作为对会员国提供资金融通的另一个主要来源。这些借款的来源主要是国际货币基金组织的会员国。主要形式：①借款总安排，1962年与“七国集团”签订，总额60亿美元，以应付成员国临时性困难；②补充资金贷款借款安排，1979年与13个会员国签订；③扩大资金贷款借款安排，1981年5月与一些官方机构签订。此外，国际货币基金组织还与其会员国签订双边借款协议，以扩大资金来源。

3. 信托基金

1976年1月，国际货币基金组织决定将其所持有的黄金的1/6即2 500万盎司，分4年按市价出售，以所得收益中的一部分(即市价超过黄金官价1盎司=35美元的部分，共46亿美元)，作为建立信托基金的一个资金来源，用以向最贫穷的会员国提供优惠贷款。

9.1.4　国际货币基金组织的职能

1. 监督职能

该职能是指国际货币基金组织对国际货币体系及会员国的宏观经济和金融政策进行监督，具体的监督范围包括汇率、货币和财政政策、金融部门问题等。监督主要有两种形式。

(1) 个别国家的监督。主要是检查国际货币基金组织各会员国的汇率政策是否符合国际货币基金组织的规定，是否对于国内及国际经济发展有危害。

(2) 多边监督。主要是通过对发达国家的国内经济状况和国际收支进行评估分析，判断出这些国家的汇率体系和经济政策对世界经济稳定发展的影响。

为了保证有秩序的汇兑安排和汇率体系的稳定，自《国际货币基金协定》赋予国际货币基金组织监督职能以来，监督形式和重点都随着时间的推移发生了多次调整与变化。20 世纪 70 年代，监督的重点为传统的宏观经济政策，包括汇率、货币和财政政策；80 年代，债务危机使得结构性政策的监督显得尤为重要；90 年代初，东欧和苏联经济体制的转轨使其监督重点转向法律和机构改革；90 年代末以来，东亚金融危机的爆发使金融部门改革和金融法律变革成为监督所关注的焦点。

小资料

为了能够履行监督会员国的责任，了解会员国的经济发展状况和政策措施，迅速处理会员国申请贷款的要求，国际货币基金组织按《国际货币基金协定》规定，每年原则上应与会员国进行一次磋商，对会员国的经济、金融形势和政策作出评价。这种磋商在国际货币基金组织专家小组与会员国政府官员之间进行。其过程是专家小组首先了解有关的统计资料，如贸易收支、物价水平、失业率、利率、货币供应量等，然后与政府高层官员讨论经济政策的效果及欲进行的调整措施，预测国内外经济发展的前景。讨论后，专家小组写出报告，供执行董事会磋商、讨论与分析会员国经济时使用，并发表在一年两期的《世界经济展望》和年度报告《国际资本市场》刊物上。

近几年，国际货币基金组织不断扩大监管活动范围，关注会员国经济数据的质量和这些数据的适时公布情况，关注会员国金融制度的效率和能力及私人资本的稳定性，并通过对可能出现的问题提出警告来防止会员国和某一地区金融和经济危机的发生。

例如，国际货币基金组织在 2011 年 4 月发表的《世界经济展望》报告中对中国经济面临的中期风险发出了异常严厉的警告，报告中称中国内地和香港特别行政区的信贷膨胀和资产价格涨势令人不安，或将出现泡沫破裂，给地区经济带来巨大冲击。国际货币基金组织还在报告中呼吁中国及其他快速发展的亚洲经济体上调利率以缓解经济过热的压力，同时再次呼吁中国增强人民币汇率弹性。

2. 金融援助职能

该职能是指国际货币基金组织向国际收支存在潜在问题和实际不平衡的会员国提供资金融通，为其提供贷款，以使其恢复本币币值的稳定，完成国际储备的重建，能够进行进口的外汇支付，从而使其恢复经济增长。

1) 国际货币基金组织贷款的特点

(1) 贷款对象限为会员国政府，国际货币基金组织只同会员国的财政部、中央银行及类似的财政金融机构往来。

(2) 贷款用途只限于解决短期性的国际收支不平衡，用于贸易和非贸易的经常项目的支付。

(3) 贷款期限限于短期，属短期贷款。

(4) 贷款额度是按各会员国的份额及规定的各类贷款的最高可贷比例，确定其最高贷款总额。

(5) 贷款方式是根据经磋商同意的计划，由借款会员国使用本国货币向国际货币基金组织购买其他会员国的等值货币或特别提款权，并用特别提款权或本国货币进行偿付。

小资料

在国际货币基金组织成立最初的 20 年，其 50%以上的贷款都发放给了发达国家。而从

20世纪70年代后，发展中国家逐渐成为国际货币基金组织的主要贷款对象。70年代的石油危机和80年代的债务危机使许多低收入和中低收入国家纷纷向国际货币基金组织求助。90年代，中东欧国家转轨及新兴市场国家危机使国际货币基金组织的援助需求进一步上升。2004年全球经济状况转好，很多国家开始向国际货币基金组织还款，国际货币基金组织贷款存量也随之下降。

2) 国际货币基金组织贷款的分类

国际货币基金组织的贷款分3类。

第一类贷款资金来自国际货币基金组织自身的资金，包括普通贷款、补偿与应急贷款、中期贷款和缓冲库存贷款。这部分贷款除所缴份额的25%即储备部分贷款不收利息外，其他各项贷款利率均为6%左右，另加收0.5%的手续费。

第二类贷款资金来源于国际货币基金组织的借款，包括补充贷款和临时信用贷款。这部分贷款的利率即为国际货币基金组织的借款成本，另加0.2%～0.325%的加息率和0.5%的手续费。

第三类贷款是国际货币基金组织的优惠贷款，包括信托基金贷款、结构调整贷款和扩大的结构调整贷款。

第一、第二类贷款统称为普通资金贷款，国际货币基金组织对非工业会员国提供的大多数贷款都属于这种贷款。

知识拓展

国际货币基金组织的贷款类型包括以下几种。

(1) 普通贷款，是国际货币基金组织最基本的贷款，主要用于弥补会员国国际收支的逆差，其期限一般不超过5年。贷款分为储备部分贷款和信用部分贷款，贷款最高额度为会员国所缴份额的125%。储备部分贷款占会员国份额的25%，信用部分贷款占会员国缴纳份额的100%。

(2) 补偿与应急贷款，是会员国在执行国际货币基金组织支持的经济调整计划中，如遇出口收入减少、进口价格升高及国际金融市场利率变化等突发性、临时性的经济问题而造成一国经常项目收支不能达到预期调整目标时，可以申请的贷款。该贷款最高限额为会员国所缴份额的95%，如果会员国只具备申请应急融资的条件，最高贷款额只能为会员国所缴份额的30%；如果会员国只具备申请补偿性融资的条件，则最高限度为会员国所缴份额的65%。

(3) 中期贷款，是用于会员国因在贸易、生产等方面存在结构性问题而经济需要长期调整的一项专用贷款。其最高贷款额度为借款会员国所缴份额份额的140%，此项贷款有3年的备用期，拨款后第4年开始偿还，10年内还清。

(4) 缓冲库存贷款，是一种为稳定初级产品物价，协助这些产品的出口国维持一定库存量而发放的贷款。贷款的额度最高为会员国所缴份额的50%，期限一般为3～5年。

(5) 补充贷款，是为了解决会员国持续的、大量的国际收支逆差的一项贷款。最高借款额为会员国所缴份额的140%，贷款期限一般3年半至7年。

(6) 临时性信用贷款，是根据需要临时设置的贷款。例如，1974年设置的石油贷款(oil facility)，是专门为满足因中东战争而引发石油涨价从而导致国际收支失衡的资金需要而设立的一种临时性贷款。

(7) 信托基金贷款，是用于援助低收入的发展中国家的一项贷款。此项贷款现已结束。

(8) 结构调整贷款，是用于帮助低收入发展中国家通过宏观经济政策调整，解决国际收支长期不平衡的问题的一项贷款。贷款最高限额为会员国所缴份额的70%。贷款条件非常优惠，年利率为0.5%～1%，期限一般为10年，且还有5年的还款宽限期。

例如，2012年3月，国际货币基金组织发表声明说，国际货币基金组织批准总额为280亿欧元(1欧元约合1.3美元)、期限为4年的中期贷款以援助希腊贷款支持希腊政府经济改革，并留在欧元区经过执行董事会批准，约16.5亿欧元贷款将立即发放。

3. 技术援助职能

该职能是指国际货币基金组织为其会员国在宏观经济和金融政策及结构改革方面提供专业化的管理知识、技术支持和咨询服务。国际货币基金组织的技术援助中，80%以上是向低收入和中低收入国家提供的，涵盖以下4个领域：

(1) 货币和金融政策，包括货币政策工具、银行系统监管和重组、外部管理和操作、支付系统清算和中央银行机构发展。

(2) 财政政策及其管理，包括税收和关税政策及其管理。

(3) 统计数据的汇编、管理、分发及完善。

(4) 经济和金融方面的立法。

国际货币基金组织分别在太平洋地区、加勒比、东非、西非、非洲中部和中东设有6个地区技术援助中心。这些中心一般从捐助国、国际机构和地区开发银行获得大部分资助，此外，国际货币基金组织还设立专题信托基金来补充技术援助中心的工作。

国际货币基金组织3种主要职能对比见表9-2。

表9-2 国际货币基金组织的3种主要职能

	监督职能	金融援助职能	技术援助职能
职责	监督国际货币体系；监测会员国的经济和金融政策	对存在实际或潜在国际收支问题的会员国提供贷款援助	为会员国提供专业知识、技术支持与咨询服务
范围	汇率、货币和财政政策；金融部门问题；结构性问题等	国际储备的重建；本币币值的稳定；进口支付；经济增长的恢复	货币和金融政策；财政政策和管理；统计数据的汇编、管理等；经济和金融立法
工具	双边监督；地区监督；多边监督	备用信贷协议；中期贷款；补充储备融资；出口波动补偿信贷；紧急援助；减贫与增长贷款；外生冲击贷款	地区技术援助中心；专题信托基金
特点	监督重点不断变化	临时性且要求偿还；附加条件；贷款有限额；需支付利息	主要向低收入和中低收入国家提供；得到会员国的捐助

例如，国际货币基金组织在2008年向匈牙利提供其需要的技术援助，帮助其改善宏观经济和财政政策，加强财政地位，缩小经常账户逆差并且实施了谨慎的货币和汇率政策。

9.2 世界银行集团

世界银行集团(World Bank Group)是若干全球性金融机构的总称，包括世界银行本身即国际复兴开发银行(International Bank for Reconstruction and Development，IBRD)、国际开发协会(International Development Association，IDA)、国际金融公司(International Finance Corporation，IFC)、国际复兴开发银行多边投资担保机构(Multinational lnvestment Guarantee Agency，MIGA)和解决投资纠纷国际中心(International Center for Settlement of lnvestment of Investment Disputes，ICSID)5 个机构。世界银行集团总部设在华盛顿，主要职能是促进会员国经济长期发展，协调南北关系和稳定世界经济秩序等。

9.2.1　国际复兴开发银行

国际复兴开发银行即世界银行，于 1945 年 12 月成立，1946 年 6 月开始营业，1947 年 11 月成为联合国的一个专门机构。凡加入国际复兴开发银行的国家必须是国际货币基金组织的会员国。

1. 国际复兴开发银行的宗旨和职能

根据 1944 年 7 月布雷顿森林会议通过的《国际复兴开发银行协定》第一条规定，国际复兴开发银行的宗旨如下：

(1) 通过对生产企业的投资，鼓励不发达国家对资源的开发利用，从而促进其会员国的经济发展。

(2) 鼓励国际投资，通过帮助会员国提高生产能力，促进会员国国际贸易的发展，从而实现国际收支的平衡。

(3) 鼓励私人对外投资，通过参加私人贷款或担保的方式，在会员国不能在合理条件下获得私人资本时，可运用该行资金来补充私人投资的不足。

(4) 在提供贷款保证时，应与其他方面的国际贷款配合。

世界银行与国际货币基金组织二者对世界经济的发展起着相互配合和补充的作用。国际货币基金组织的主要任务是向会员国提供解决国际收支不平衡所带来的短期外汇资金缺乏问题，而世界银行则主要是通过向各会员国提供发展经济的中长期贷款，促进会员国经济的复兴和发展。

2. 国际复兴开发银行的资金来源

(1) 会员国缴纳的股金。凡是会员国均要认购银行的股份，认购额由申请国与世界银行协商并经世界银行董事会批准。一般来说，一国认购股份的多少根据该国的经济实力，同时参照该国在国际货币基金组织缴纳的份额大小而定。

小资料

世界银行的重要事项都需会员国投票决定，投票权的大小与会员国认购的股本成正比，与国际货币基金组织的有关投票权的规定相同。世界银行每一会员国拥有 250 票基本投票权，每认购 10 万美元的股本即增加一票。美国认购的股份最多，有投票权 226 178 票，占总投票数的 17.37%，对世界银行事务与重要贷款项目的决定起着重要作用。我国认购的股金为 42.2 亿美元，有投票权 35 221 票，占总投票数的 2.71%。2010 年 4 月 25 日，世界银行发展委员会春季会议通过了发达国家向发展中国家转移投票权的改革方案，这次改革使中国在世界银行的投票权从 2.77%提高到 4.42%，成为世界银行第三大股东国，仅次于美国和日本。

(2) 业务净收益。国际复兴开发银行将一部分净收益以赠款形式划给国际开发协会，剩余的资金都可以作为发放贷款的资金来源。

(3) 通过发行债券取得资金。国际复兴开发银行主要是通过国际债券市场从美国或其他西方经济发达国家借款，因为这些货币币值较稳，可以在一定程度上减少汇率与利率的风险。

(4) 债权转让。国际复兴开发银行也会把一部分贷出款项的债权有偿地转让给商业银行等私人投资者，以提前收回资金，并作为发放贷款的一个资金来源。

3. 国际复兴开发银行的组织机构

国际复兴开发银行是具有股份性质的一个金融机构，设有理事会、执行董事会、行长及具体办事机构。

(1) 理事会，是国际复兴开发银行的最高权力机构，它由每一会员国委派理事和副理事各一名组成。理事会的主要职权包括批准接纳新会员国，增加或减少银行资本；停止会员国资格，决定银行净收藏的分配，以及其他重大问题。理事会每年举行一次，一般与国际货币基金组织的理事会联合举行。

(2) 执行董事会，由 21 名执行董事组成，其中 5 人由持股金最多的美国、日本、英国、德国和法国委派。另外 16 人由其他会员国的理事按地区分组选举。我国和沙特阿拉伯幸免可自行单独选举一位执行董事。执行董事会主要职权包括负责银行的日常业务，行使理事会授予的职权。

(3) 银行政策管理机构，由行长、若干副行长、局长、处长及工作人员组成。该行历届行长一般由美国总统提名，均为美国人。行长同时兼任国际开发协会会长、国际金融公司主席，国际复兴开发银行多边投资担保机构主席等职。

小资料

中国经济学家林毅夫在 2008 年被任命为世界银行副行长兼首席经济学家。这是世界银行首次任命发展中国家人士出任这一重要职位。

4. 国际复兴开发银行的贷款业务

(1) 贷款条件：

① 只向会员国政府、中央银行担保的公私机构提供贷款。

② 贷款的国家确定不能以合理的条件从其他方面取得贷款时，才会考虑发放贷款或提供保证。

③ 贷款一般要与国际复兴开发银行审定、批准的特定项目相结合。

④ 贷款必须专款专用，并接受国际复兴开发银行在项目实施过程中的监督。

⑤ 贷款的期限一般为 10 年，最长可达 30 年。

⑥ 贷款使用不同的货币，主要是根据承担贷款项目的供应商支付的货币来考虑。

(2) 贷款种类。主要有 3 类：项目贷款与非项目贷款、“第三窗口”贷款、技术援助贷款。

知识拓展

世界银行的贷款包括以下几类。

(1) 项目贷款。这是世界银行传统的贷款业务，也是最重要的业务。世界银行贷款中约有

90%属此类贷款。该贷款属于世界银行的一般性贷款，主要用于会员国的基础设施建设。

(2) 非项目贷款。这是一种不与具体工程和项目相联系的，而是与会员国进口物资、设备及应付突发事件、调整经济结构等相关的专门贷款。

(3) 技术援助贷款。它包括两类：一是与项目结合的技术援助贷款，如对项目的可行性研究、规划、实施，项目机构的组织管理及人员培训等方面提供的贷款；二是不与特定项目相联系的技术援助贷款，亦称“独立”技术援助贷款，主要用于资助为经济结构调整和人力资源开发而提供的专家服务。

(4) 联合贷款。这是一种由世界银行牵头，联合其他贷款机构一起向借款国提供的项目融资。该贷款设立于20世纪70年代中期，主要有两种形式：一是世界银行与有关国家政府确定贷款项目后，即与其他贷款者签订联合贷款协议，而后它们各自按通常的贷款条件分别与借款国签订协议，各自提供融资；二是世界银行与其他借款者按商定的比例出资，由前者按贷款程序和商品、劳务的采购原则与借款国签订协议，提供融资。

(5) “第三窗口”贷款，亦称中间性贷款，是指在世界银行和国际开发协会提供的两项贷款(世界银行的一般性贷款和国际开发协会的优惠贷款)之外的另一种贷款。该贷款条件介于上述两种贷款之间，即比世界银行贷款条件宽，但不如国际开发协会贷款条件优惠，期限可长达25年，主要贷放给低收入的发展中国家。

(6) 调整贷款。包括结构调整贷款和部门调整贷款。结构调整贷款的目的在于：通过1～3年的时间促进借款国宏观或部门经济范围内政策的变化和机构的改革，有效地利用资源，5～10年内实现持久的国际收支平衡，维持经济的增长。结构调整问题主要是宏观经济问题和影响若干部门的重要部门问题，包括贸易政策(如关税改革、出口刺激、进口自由化)、资金流通(如国家预算、利率、债务管理等)、资源有效利用(如公共投资计划、定价、刺激措施等)及整个经济和特定部门的机构改革等。部门调整贷款的目的在于支持特定部门全面的政策改变与机构改革。

(3) 贷款方式。国际复兴开发银行的贷款方式包括单独性贷款和联合贷款。联合贷款主要是为了解决资金供给不足与会员国需求不断增加的矛盾。

(4) 贷款程序。国际复兴开发银行发放贷款必须用于指定的项目，做到专款专用，并在使用过程中进行全方位的监督。会员国从申请到按项目进度使用贷款，都有严格的程序，主要是以下几个方面：

① 提出计划，确定项目。为保证贷出的款项能得到偿还，国际复兴开发银行要对借款国的经济情况与技术管理水平进行全面调查。

② 专家审查。

③ 审议通过，签订贷款契约。

④ 工程项目招标，按工程进度发放贷款，并进行监督。

例如，国际复兴开发银行执行董事会于2010年6月17日会议通过我国利用贷款1亿美元的新疆吐鲁番地区坎儿井保护及节水灌溉工程项目，确定的该项目贷款号为7934-CN。根据世界银行的项目前期管理程序，该项目包括项目列入3年滚动规划方案、项目认定、项目评估、项目谈判及世界银行董事会讨论通过等一系列过程。上述通过日期标志项目由前期准备阶段正式进入到项目的实施阶段，包括项目招投标、开立专用账户并开始项目的提款报账。

该项目主要在我国吐鲁番地区开展水资源的综合管理，并利用工程措施来提高水利用效率。项目包括盆地内的洪灾风险防范、减少地下水超采、增加工业供水量、提高灌溉农业水生产力等 5 个子项目：①基于 ET 的吐鲁番流域综合管理；②增加上游蓄水能力；③农业节水灌溉；④修复一条坎儿井系统；⑤机构能力建设和项目管理。

9.2.2 国际开发协会

国际开发协会成立于 1960 年，是为了促进最贫穷国家经济发展的国际金融组织。截至 2012 年 11 月有 172 个会员国，凡国际复兴开发银行会员国均可加入该协会。

1. 国际开发协会的宗旨

国际开发协会的宗旨是，为促进最贫穷国家的经济发展和提高居民生活水平，对世界欠发达国家提供比国际复兴开发银行条件宽、负担轻、期限长并可用部分当地货币偿还的生产性贷款。

2. 国际开发协会的资金来源

(1) 会员国认缴的股本。国际开发协会的会员国分为两个类别：一是西方发达国家和南非、科威特，这些国家所缴股本可以全部供国际开发协会借款，它们认缴的股本必须以可自由兑换的货币缴付；二是亚、非、拉发展国家，这些国家的认缴股本在未征得会员国同意前，国际开发协会不得使用，它们认缴股本的 10%必须以可自由兑换货币进行缴付，其余 90%可以用本国货币缴付。

(2) 世界银行从净收益中的拨款。

(3) 经济发达会员国提供的补充资金。1965 年以来，美国、英国、德国、日本、法国等国已经多次为国际开发协会补充资金。

(4) 协会业务经营的净收益。

(5) 其他捐款。

小资料

1980 年，中国恢复了在世界银行集团的合法席位，同时成为国际开发协会的会员国。截至 1997 年 7 月，协会共向中国提供了 102 亿美元的软贷款。从 1999 年 7 月起，国际开发协会停止对中国提供贷款。

2007 年中国首次对世界银行捐款，意味着中国在对外援助方面，与国际社会的其他国家开始协调互动。

3. 国际开发协会的业务活动

国际开发协会最主要的业务活动是向欠发达的发展中国家的公共工程和发展项目，提供比世界银行贷款条件更优惠的长期贷款，有如下特点。

(1) 期限长。最初可长达 50 年，宽限期 10 年。1987 年国际开发协会执行董事会通过协议，将贷款划分为两类：一是联合国确定为最不发达的国家申请的贷款，信贷期限为 40 年，包含10年宽限期；二是经济状况稍好一些的国家申请的贷款，信贷期限为35年，也含10年宽限期。

(2) 免收利息。即对已拨付的贷款余额免收利息，只收取0.75%的手续费。

(3) 信贷偿还压力小。第一类国家在宽限期过后的两个10年每年还本2%，以后20年每年还本4%；第二类国家在第二个10年每年还本2.5%，其后15年每年还本5%。由于国际开发协会的贷款基本上都是免息的，故称为软贷款，而条件较为严格的世界银行贷款，则称为硬贷款。

4. 国际开发协会的贷款条件

(1) 借款国人均国民生产总值须低于635美元。

(2) 借款国无法按借款信誉从传统渠道获得资金。

(3) 所选定的贷款项目必须既能提高借款国的劳动生产率，又具有较高的投资收益率。

(4) 贷款对象为会员国政府或私人企业(实际上都是贷给会员国政府)。

小资料

国际开发协会主要向最贫困国家提供资金支持，是世界上最大的多边优惠贷款机构。2011财年(2010年7月～2011年6月)，该机构承诺资金达163亿美元，包括134.5亿美元的信贷和28.2亿美元的赠款。非洲获得承诺资金所占份额最大，达到70亿美元。

该机构的资金主要来自出资国政府的捐款，2012—2014财年，增资规模相当于493亿美元，有52个捐款国捐助。这些捐款国政府和借款国的代表每3年要召开一次会议，来审议国际开发协会的工作重点和政策，确定未来3个财年的贷款项目所需的新增资金规模。

9.2.3 国际金融公司

国际金融公司成立于1956年，截至2012年，共有184个会员国，属于世界银行的私营部门机构。其宗旨是，通过向发展中国家的私人企业提供股本投资和无须政府担保的贷款，从而促进国际私人资本向发展中国家流动，鼓励会员国发展对环境有益的可持续性项目建立。

国际金融公司的资金来源主要是会员国缴纳的股金，除此之外还有向世界银行和国际资金市场借入的资金、国际金融公司积累的利润及转售债权与股本的收入等。

国际金融公司贷款的方式为以入股方式向私人企业项目进行投资；直接向私人生产性企业提供贷款。国际金融公司在进行贷款与投资时，为弥补它的资金不足，有时会联合其他资本共同进行，共担风险，按投资比例分享利润。贷款规模一般较小，每笔不超过400万美元；期限一般为7～15年；还款时须用原借款货币偿还；贷款的利率会考虑借入资金的成本，所以一般高于国际复兴开发银行，并尽最大可能和当时的市场利率水平一致。

小资料

中国目前是国际金融公司投资规模第四大的国家。从1985年批准第一个项目起，至2010年6月30日止，国际金融公司在中国共投资了193个项目，并为这些项目提供了47.3亿美元的资金，其中，37亿美元为自有资金，7.54亿美元来自银团中的其他银行，2.49亿美元为国际金融公司所提供的担保。2010年国际金融公司在中国部分投资项目见表9-3。

表 9-3　2010 年国际金融公司在中国部分投资项目一览表

单位：万美元

项目名称	行业	国际金融公司贷款	国际金融公司股本	国际金融公司总投资
中国风电集团	基础设施建设	4 500.00	1 000.00	5 500.00
西王糖业控股有限公司	食品与农业		500.00	500.00
杭州联合银行	金融市场	30		30
亚洲水务基金	金融市场		1 000.00	1 000.00
中国农信项目管理公司	金融市场		500.80	500.80
西安宝多营养食品公司	食品与农业	400.00		400.00
中国乳业集团	食品与农业	1 100.00		1 100.00

9.2.4　国际复兴开发银行多边投资担保机构

国际复兴开发银行多边投资担保机构，成立于 1988 年 4 月，一直致力于通过担保活动来促进会员国相互间进行以生产为目的的投资，特别是向发展中国家的投资。它有自己的法律和业务人员，是一个独立于世界银行的实体机构。其业务活动包括两个方面，一是对一些特殊风险提供担保，二是提供技术援助。

国际复兴开发银行多边投资担保机构主要对以下 4 类非商业性风险提供担保：

(1) 由于投资所在国政府的法律或行动而造成投资者丧失其投资的所有权、控制权的风险。

(2) 由于投资所在国政府对货币兑换和转移的限制而造成的风险。

(3) 在投资者无法进入主管法庭，或这类法庭不合理地拖延或无法实施这一项已作出的对它有利的判决时，政府撤销与投资者订立的合同而造成的风险。

(4) 武装冲突和国内动乱而造成的风险。

国际复兴开发银行多边投资担保机构向会员国提供技术援助服务，主要是通过对投资促进活动的直接支持(如组织投资会议、初级培训课程、战略研讨会)、传播投资机会的信息(如开发一个投资机会全球电子信息交换与通信网络)和促进投资机构的能力建设。通过这些方式，国际复兴开发银行多边投资担保机构可以帮助发展中国家最大限度地提高吸引外国直接投资。

小资料

1980 年恢复在世界银行合法席位后，我国与世界银行的合作首先从资金合作开始。至 20 世纪 90 年代初，世界银行贷款资金是我国引进外资的主要渠道之一，有些年份世界银行贷款额相当于当年我国利用外商直接投资额的 50%以上。30 年来，我国引进世界银行贷款承诺额累计超过 478 亿美元，贷款规模在世界银行会员国中位居前列，支持建设了 326 个项目，覆盖我国几乎所有省、自治区、直辖市。在积极引进资金的同时，针对我国当时技术缺乏、设备落后的局面，还引进了大量国际先进技术与设备，提高了我国的生产技术水平，有效地促进了经济发展。截至 2010 年 6 月 30 日，世界银行对华贷款承诺总额约 478 亿美元(其中国际复兴开发银行约 378 亿美元，国际开发协会约 100 亿美元)，共支持建设了 326 个项目。按照国际复兴开发银行贷款承诺额计算，中国是世界银行第四大借款国，排在巴西、墨西哥和印度之后。

国际金融公司贷款从1985年批准第一个项目起，截至2010年6月30日，共支持了中国193个私营部门项目，主要涉及农业、金融、能源、环境、基础设施等领域，贷 款和投资额约47.3亿美元，其中贷款20.5亿美元，股本投资16.8亿美元，银团贷款7.5 亿美元，担保2.5亿美元。按贷款和投资总额计算，中国是国际金融公司第四大投资国，排在印度、巴西和俄罗斯之后。截至2010年6月30日，国际复兴开发银行多边投资担保机构共支持了中国 38 个担保项目，主要涉及制造业和基础设施两个领域，累计担保金额5.348 6亿美元。

9.3　区域性国际金融机构

9.3.1　国际清算银行

1. 国际清算银行的建立与宗旨

国际清算银行(Bank for International Settlement，BIS)成立于1930年，是世界上最早的国际金融组织。该组织是一战结束后，为了处理德国战争赔款问题，根据海牙国际协定组建的，二战后，它成为国际上重要的结算机构。

国际清算银行的宗旨是为促进各国中央银行之间的合作，为国际金融业务提供便利，并接受委托或作为代理人办理国际清算业务等。国际清算银行不是政府间的金融决策机构，亦非发展援助机构，实际上是西方中央银行的银行。现成员国已发展至50多个，遍布世界五大洲，总部设在瑞士巴塞尔，在中国香港和墨西哥城设有两个办事处。

知识拓展

中国人民银行于1984年与国际清算银行建立了业务联系。1996年9月，国际清算银行董事会通过决议接纳中国人民银行为其成员，并于1996年11月认缴了3 000股的股本，实缴金额为3 879万美元。2001年3月12日，国际清算银行成立了亚洲顾问委员会，由该行亚太地区成员央行行长出任成员。该委员会的主要作用是在国际清算银行亚太地区成员与董事会及管理层之间建立一种渠道，就亚洲中央银行感兴趣及关心的事务进行沟通。2005年中国人民银行周小川行长出任亚洲顾问委员会主席，任期两年。2006年7月，国际清算银行增选中国人民银行行长周小川、墨西哥中央银行行长奥迪斯和欧洲中央银行行长特里谢为该行董事会董事，任期3年。这是该行第一次从发展中国家的中央银行吸收新董事。

目前，中国人民银行参与国际清算银行活动的主要形式为出席每两个月召开一次的成员中央银行行长和高级官员会议，讨论当前经济金融形势、世界经济及金融市场前景，并就与中央银行相关的专题和热点问题交换意见和经验；参加国际清算银行为中央银行高级官员定期或不定期组织的各种其他类型的会议；以及参与国际清算银行主办的有关研究项目。

2. 国际清算银行的组织机构与资金来源

国际清算银行是股份制形式的金融组织，其组织机构由股东大会(年会)、董事会和经理部组成。股东大会是最高权力机构，由认缴该行股份的各国中央银行代表组成，股东投票权的多少由其持有的股份决定。董事会由13人组成，董事长(兼行长)由其选举产生。董事会每月开一次会，审查银行日常业务。董事会也是主要的政策制定者。经理部有总经理和副总经理，下设 4 个业务机构，即银行部、货币经济部、秘书处和法律处，如图 9.2 所示。

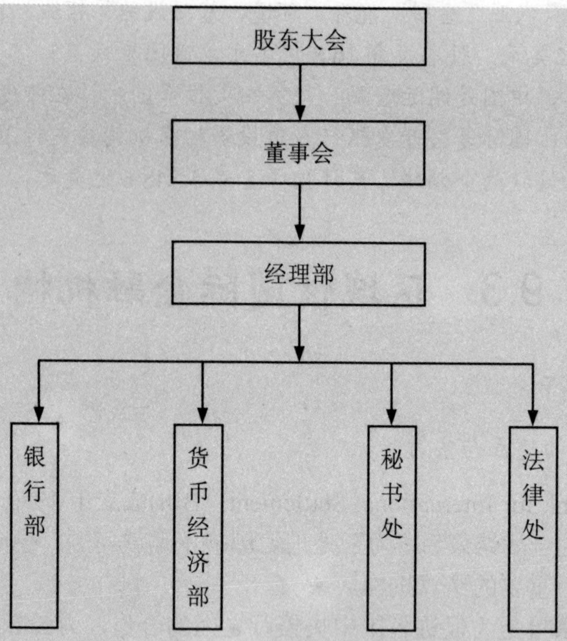

图 9.2　国际清算银行组织机构

国际清算银行的资金主要来源于 3 个方面：

(1) 成员国缴纳的股金。银行刚建立时，法定资本为 5 亿金法郎，1969 年增至 15 亿金法郎，分为 60 万股，每股 2 500 金法郎。该行目前股份 80%为各国中央银行持有，其余 20%为私人持有。

(2) 吸收存款。国际清算银行吸收各国中央银行存款，国际清算银行的货币存款中有 67%是美元存款，21%是欧元存款，5%是英镑存款。

(3) 发行货币市场融资工具。第一种为回购协议，这类融资工具期限最短，一般是隔夜回购。另外一种是固定利率投资工具，期限为 1 周到 1 年不等。最后一种是中期融资工具，期限较长，但总体比重未超过银行负债的 10%。

(4) 储备基金。是国际清算银行将历年的运营收入转化为利润而积累形成的资金，能反映出其自有资金的积累能力。

(5) 共同储备资金是由十国集团的中央银行向国际清算银行提供的特别危险应急基金。

知识拓展

十国集团是指七国集团加上另外四个国家——比利时、荷兰、瑞典和瑞士。该集团虽然有 11 个成员国，但仍称为 G10，其主要目标是协调各国的货币与财政政策，以促进世界经济体系的稳定。七国集团是主要工业国家会晤和讨论政策的论坛，成员国包括加拿大、法国、德国、意大利、日本、英国和美国。

3. 国际清算银行的主要业务

(1) 处理国际清算事务。二战后，国际清算银行先后成为欧洲经济合作组织、欧洲支付同盟、欧洲煤钢联营、黄金总库、欧洲货币合作基金等国际机构的金融业务代理人，承担着大量的国际结算业务。

(2) 办理或代理有关银行业务。第二次世界大战后，国际清算银行业务不断拓展，目前可从事的业务主要有接受成员国中央银行的黄金或货币存款，买卖黄金和货币，买卖可供上市的证券，向成员国中央银行贷款或存款，也可与商业银行和国际机构进行类似业务，但不得向政府提供贷款或以其名义开设往来账户。目前，世界上很多中央银行在国际清算银行存有黄金和硬通货，并获取相应的利息。

(3) 定期举办中央银行行长会议。国际清算银行于每月的第一个周末在巴塞尔举行西方主要国家中央银行的行长会议，商讨有关国际金融问题，协调有关国家的金融政策，促进各国中央银行的合作。

知识拓展

根据国际清算银行章程规定，其有权进行下列业务活动：

(1) 既可为自己，又可为中央银行购买、出售、交换和储存黄金。

(2) 为各成员国中央银行提供贷款和接受他们的贷款。

(3) 既可靠自己，也可以靠各成员国中央银行收受展品出售(外汇和有价证券除外)。

(4) 为各成员国中央银行办理和重办期票，收买或出售期票以及其他优等短期债券。

(5) 接受各成员国中央银行往来资金和存款。

(6) 作为被委托人接受政府的存款或根据董事会的决议，接受其他资金。

(7) 对任何一个企业有监督权。

(8) 对由于低偿还银行的债务而归于银行的不动产，在没有更合适的价格被变卖之前，掌管这些不动产。

9.3.2 亚洲开发银行

1. 亚洲开发银行的建立与宗旨

亚洲开发银行(Asian Development Bank，ADB)于1966年11月根据联合国亚洲及太平洋经济社会委员会会议的协议成立。它是面向亚太地区的区域性政府间的金融开发机构。其总部设在菲律宾首都马尼拉，目前有成员67个，其中48个来自亚太地区，另外19个来自全球其他地区。

小资料

成为亚洲开发银行成员国的条件：

(1) 联合国亚洲及太平洋地区经济与社会委员会的会员。

(2) 其他的区域内国家及属于联合国或其专门机构成员的区域外发达国家。

任何达到这些标准并且希望加入亚洲开发银行的国家均可提出成员资格申请，由现有成员体共同作出决定。

亚洲开发银行的宗旨是向成员国或地区提供贷款与技术援助，帮助发展中成员体减少贫困，以促进亚太地区的经济发展，提高人民的生活水平。

2. 亚洲开发银行的组织机构

亚洲开发银行也是股份制企业性质的金融机构，凡成员国均须认缴该行的股本。其最高权力与决策机构是理事会。每个成员国均可提名一名理事、一名副理事。亚洲开发银行每年在一个成员国召开年会，理事会年会期间举行。理事会的执行机构为董事会，由理事会选举12名执行董事组成，主要负责日常事务。行长由理事会选举产生，任期5年，可连任，对理事会负责，是亚洲开发银行合法代表及最高行政负责人。

3. 亚洲开发银行的资金来源

因为拥有3A信用评级，亚洲开发银行可通过在世界资本市场上发行债券来筹集资金。同时，还可充分利用成员体的捐赠及留存的贷款业务收益。这构成了亚洲开发银行的普通资金源，其向发展中成员体发放贷款的74.1%来源于此。

(1) 普通资金(ordinary capital)。它是亚洲开发银行业务活动的主要资金来源，这是亚洲开发银行贷款业务的储备金，通过从世界资本市场借款加以补充。普通资金源贷款以接近市场的条件向较富裕的借款成员体发放。

(2) 特别基金(special funds)。这部分资金由成员国认缴股本以外的捐赠及认缴股本中提取10%的资金组成。主要用于向成员国提供贷款或无偿技术援助。目前该行设立了3项特别基金：

① 亚洲开发基金，由亚洲开发银行的捐助成员体提供，亚洲开发基金以极低的利率发放贷款，并提供赠款，帮助亚行最贫困的借款成员体减少贫困。

② 技术援助，帮助各成员体确定并设计项目，完善制度，制定发展战略或鼓励区域合作。技术援助可以由赠款资助，或在极个别情况下由亚洲开发银行总预算提供贷款，或由亚洲开发银行捐资国提供一些专项资金。

亚洲开发银行部分成员体的股本和投票权见表9-4。

表9-4　亚行部分成员体的股本和投票权情况表(截至2008年12月31日)

成员体	加入年份	认缴股本		投票权		
		股份数量	比例	投票权数量	比例	区域/非区域
阿富汗	1966	1 195	0.034%	14 427	0.325%	0.500
澳大利亚	1966	204 740	5 773%	217 972	4.917%	7.560
孟加拉国	1973	36 128	10.019%	49 360	1.114%	1.712
中国	1986	228 000	6.429%	241 232	5.442%	8.367
中国香港	1969	19 270	0.543%	32 502	0.733%	1.127
印度	1966	224 010	6.317%	237.242	5.352%	8.229
日本	1966	552 210	15.571%	565 442	12.756%	19.612
韩国	1966	178 246	5.026%	191 478	4.320%	6.641
泰国	1966	48 174	1.358%	64 406	1.385%	2.130

4. 亚洲开发银行的主要业务

1) 提供贷款

如果按贷款方式划分，亚洲开发银行的贷款可分为项目贷款、规划贷款、部门贷款、开发金融贷款、综合项目贷款及特别项目贷款等。其中，项目贷款是亚洲开发银行传统的也是主要的贷款形式，该贷款是为成员国发展规划的具体项目提供融资，这些项目需经济效益良好，有利于借款成员国的经济发展，且借款国有较好的信誉，贷款周期与世界银行相似。

2) 联合融资

联合融资是指亚洲开发银行与一个或一个以上的区外金融机构或国际机构，共同为成员国某一开发项目提供融资。该项业务始办于1970年，做法上与世界银行的联合贷款相似，目前主要有平行融资、共同融资、伞形或后备融资、窗口融资、参与性融资等类型。

3) 股权投资

亚洲开发银行于1983年起开办此项投资新业务，目的是为私营企业利用国内外投资起到媒介和促进的作用。它通过购买私人企业股票或私人金融机构股票等方式，对发展中国家私人企业进行投资。

4) 技术援助

技术援助是亚洲开发银行以贷款、赠款或联合融资方式提供，向成员国进行项目的不同阶段提供援助。

例如，在筹备、执行等阶段提供技术援助，其目的是提高成员国开发和完成项目的能力。目前，亚洲开发银行的技术援助分为项目准备技术援助、项目执行技术援助、咨询性技术援助、区域活动技术援助。

小资料

2008年，亚洲开发银行为86个项目提供了105亿美元贷款，大部分贷款投向了公共部门；用于项目准备与执行、支持咨询及区域活动的技术援助资金达2.745亿美元；赠款总额达8.114亿美元。在过去的40年中，亚洲开发银行为农业与自然资源、能源、金融、工业与非燃料矿物、社会基础设施、交通与通信等行业的众多项目提供了支持。一半以上的援助投向了基础设施建设——公路、机场、发电厂、水务及公共卫生设施。这些基础设施为商业与经济增长奠定了基础，并使贫困人口获得了基本的公共服务。

自2000年以来，亚洲开发基金已经帮助修建了38 000所学校，修建或改造了6 700处医疗设施。该基金还资助安装安全水管接头20多万个，灌溉耕地30多万公顷；新建和修复道路42 000千米。

当灾难袭来时，亚洲开发银行能够迅速提供帮助。对地震、山体滑坡等自然灾害及冲突之后的重建工作，亚洲开发银行总是能够及时提供援助。

对发展中成员体的援助主要是为私营部门的发展创造适宜环境。亚洲开发银行还直接提供资金以帮助私营部门项目的投资者和贷款人。

9.3.3 非洲开发银行

1. 非洲开发银行的建立与宗旨

非洲开发银行(African Development Bank，ADB)是于1964年成立的地区性国际开发银行，是非洲最大的地区性政府间开发金融机构，共有53个非洲国家及24个非非洲区国家为其会员。总部设在科特迪瓦的经济中心阿比让。2002年，因科特迪瓦政局不稳，其总部临时搬迁至突尼斯至今。其宗旨是通过提供投资和贷款，利用非洲大陆的人力和资源，促进会员国经济发展和社会进步，优先向有利于地区的经济合作和扩大会员国间贸易的项目提供资金和技术援助，帮助会员国研究、制定、协调和执行经济发展计划，以逐步实现非洲经济一体化。

小资料

非洲开发银行区外成员包括美国、英国、加拿大、法国、德国、意大利、中国、日本、印度、韩国等国家。截至2006年年底，非洲开发银行共向地区会员国累计拨付贷款159.3亿UA(UA为非洲开发银行记账单位，与特别提款权等值)，约合243亿美元。

2. 非洲开发银行的资金来源

(1) 普通资金来源：

① 核定资本认缴额，最初为2.5亿非洲开发银行记账单位，每记账单位价值0.888 671克纯金。

② 依据该行待缴资本发放贷款或提供担保所获的收入。

③ 自行筹措资金。

④ 用实收资本或筹措资金发放贷款所获的还款资金。

⑤ 不构成该行特别资金来源的其他资金和收入。

小资料

非洲开发银行资金来源主要来自会员国的认缴，截至2006年年底，非洲开发银行核定资本相当于329亿美元，实收资本相当于325.6亿美元。其中非洲国家的资本额占2/3。中国于1985年加入非洲开发银行，截至2007年年底，中国在非洲开发银行持股24 230股，占非洲开发银行总股份的1.117%。中国与加拿大、西班牙、韩国、科威特同属加拿大选区。加入以来，中国共参加了8次非洲开发银行基金增资。此外，中国还参与了非洲开发银行基金，落实多边减债动议捐资。1996年，中国与非洲开发银行签订了200万美元的双边技术合作协定，为非洲国家咨询和培训项目提供支持。

(2) 特别资金来源：

① 捐赠的特别资金和受托管理资金。

② 为特别资金筹措的专款。

③ 从任意会员国筹借的该国货币贷款，用途是从贷款国购买商品与劳务，以完成另一会员国境内的工程项目。

④ 用特别基金发放贷款或提供担保所获偿还资金。

⑤ 用上述任何一项特别基金或资金从事营业活动获得的收入。

⑥ 可用作特别基金的其他资金来源。

小资料

截至2007年年底，非洲开发银行基金共进行了10次增资。2008—2010年，非洲开发银行基金进行了第11次增资。英国、日本、美国、法国、德国和加拿大为该基金主要捐资国。

3. 非洲开发银行的组织机构

非洲开发银行最高权力机构为理事会，由各会员国委派理事和副理事各1名组成。理事一般由各国财政部或经济部部长担任，理事会每年举行一次。理事会的执行机构为董事会，共9名成员，由理事会选举，任期3年。董事会每月举行1次会议。经常性业务工作由银行行长负责。行长由董事会选举，任期5年，在董事会指导下开展工作。另设副行长1名，协助行长工作。

小资料

为满足非洲开发银行贷款资金的需要，非洲开发银行还设立了以下合办机构：

(1) 非洲投资与开发国际金融公司，1970年11月设立，总公司设在瑞士日内瓦。目的是促进非洲企业生产力的发展。股东是国际金融公司及美国和欧洲、亚洲各国约100家金融和工商业机构。法定资本5 000万美元，认缴资本1 259万美元。

(2) 非洲开发基金，1972年在经济合作与发展组织援助下设立。由该行和22个非洲以外的工业发达国家出资。其宗旨与职能是协助非洲开发银行对非洲29个最贫穷的国家贷款，重点是农业、乡村开发、卫生、教育事业等。此项基金对非洲国家提供长达50年的无息贷款(包括10年宽限期)，只收取少量手续费。其业务由非洲开发银行管理，其资金来源于各会员国认缴的股本。

(3) 尼日利亚信托基金，成立于1976年，由该行和尼日利亚政府共同建立。主要目的是与其他基金合作，向会员国有关项目提供贷款。期限25年，包括最长为5年的宽限期。

(4) 非洲再保险公司，1976年2月建立，1977年1月开始营业。其宗旨是加速发展非洲保险业。总公司设在拉各斯。法定资本1500万美元，该行出资10%。

4. 非洲开发银行的主要业务

非洲开发银行的主要业务包括向会员国提供贷款(包括普通贷款和特别贷款)，以发展公用事业、农业、工业项目及交通运输项目。普通贷款业务包括用该行普通资本基金提供的贷款和担保贷款业务；特别贷款业务是用该行规定专门用途的“特别基金”开展的贷款业务。后一类贷款的条件非常优惠，不计利息，贷款期限最长可达50年，主要用于大型工程项目建设。此外，银行还为开发规划或项目建设的筹资和实施提供技术援助。

例如，2010年非洲开发银行决定向安哥拉提供700万美元赠款，用于支持安哥拉的社会经济发展项目，决定继续重点支持安哥拉农业、渔业和教育等领域的发展。非洲开发银行自1986年以来已对安哥拉提供总值为4.87亿美元的赠款援助，其中自2000年以来共向安哥拉提供1.2亿美元援助，用于支持安哥拉的8个社会经济发展项目。

9.3.4 泛美开发银行

1. 泛美开发银行的建立与宗旨

泛美开发银行成立于1959年，总部设在美国首都华盛顿，是世界上历史最久、规模最大的地区性政府间开发金融机构。该行的创始成员国包括20个拉美国家和美国。其宗旨是集中美洲内外的资金，向成员国政府及公私团体的经济、社会发展项目提供贷款，或对成员国提供技术援助，以促进拉丁美洲国家的经济和社会发展。

小资料

2009年1月12日，中国正式加入泛美开发银行集团，成为该集团的第48个成员国，该集团成员国分为3类，一是区内出资国：美国和加拿大。二是区内借款成员国，共26个。其中，阿根廷、巴西、墨西哥和委内瑞拉是主要股东。三是区外成员国，共 20 个。2009 年 1 月 12 日，中国正式加入泛美开发银行。

2. 泛美开发银行的资金来源

泛美开发银行的主要资金来源是各成员国认缴的股本和银行借款。泛美开发银行最初的法定资本为 10 亿美元，包括普通资本 8.5 亿美元和特种业务基金 1.5 亿美元。随着成员国不断增加，法定资本又分成由美洲国家认缴的普通资本、由美洲和美洲以外的国家共同认缴的区际资本和特种业务基金。众多区内外国家如德国、英国、瑞士、加拿大、委内瑞拉、阿根廷等也向该行提供资金。

3. 泛美开发银行的组织机构

(1) 理事会，是银行最高权力机构，主要讨论决定银行的重大方针政策问题，每年召开一次会议。由所有成员国各委派 1 名理事和候补理事组成，任期 5 年。

(2) 执行董事会，主要负责银行日常业务活动。由 11 名执行董事组成，其中拉美国家 7 名，美洲以外国家 2 名，美国和加拿大各 1 名。

(3) 行长和行政副行长，负责主持银行的业务工作。银行行长同时也是执行董事会主席，任期 5 年。执行理事会根据行长推荐，选派银行副行长，协助行长工作。

小资料

泛美开发银行理事会和执行董事会的投票权分为两种：一是基本投票权，每个成员国有 135 票；二是按认缴资本额分配。美国认缴资本最多，投票权也是最多，其次是阿根廷和巴西。

泛美开发银行在美洲各国设有办事机构，代表银行同当地官方和借款者处理有关事务，并对银行资助的建设项目进行监督；在巴黎、伦敦也设立了办事机构，以便同区外成员国和金融市场保持经常联系。

4. 泛美开发银行的主要业务

泛美开发银行的贷款分为普通业务贷款和特种业务基金贷款。

(1) 普通业务贷款对象是政府和公、私机构的经济项目，期限一般为 10～25 年，还款时须用所贷货币偿还。

(2) 特种业务基金贷款主要用于条件较宽、利率较低、期限较长的贷款，期限多为 10～30 年，可全部或部分用本国货币偿还。

另外，由美国政府提供资金形成的社会进步信托基金贷款，主要用于资助拉美国家的社会发展和低收入地区的住房建筑、卫生设施、土地整治和乡村开发、高等教育和训练等方面。

例如，为帮助拉美国家应对全球性金融危机，泛美开发银行 2008 年总计向拉美和加勒比地区批准贷款 122 亿美元，在拉美地区的批准贷款数额与 2007 年相比增加了 25%，创其历史最高纪录。

9.3.5 欧洲投资银行

1. 欧洲投资银行的建立与宗旨

欧洲投资银行(European Investment Bank，EIB)是欧共体(欧盟的前身)成员国合资经营的金融机构，成立于1958年1月，总行设在卢森堡。该行的宗旨是利用国际资本市场和共同体内部资金，促进共同体的平衡和稳定发展。为此，该行的主要贷款对象是成员国不发达地区的经济开发项目。从1964年起，贷款对象扩大到与欧共体有较密切联系或有合作协定的共同体外的国家。

2. 欧洲投资银行的组织机构

(1) 理事会，它是银行的最高权力机构，负责制定银行信贷及其他业务的一般方针政策。其设主席1人，成员由12个成员国的财政部长构成。

(2) 董事会，主要负责制定银行日常业务的经营方针，保证银行的经营活动正常运行。由理事会根据成员国政府和欧共体委员会的提名所任命的董事和候补董事组成。

(3) 管理委员会，为常设执行机构，负责主持银行日常业务。委员会成员都是各国的经济金融专家，其设行长1人，副行长4人，理事和副理事若干人。

(4) 审查委员会，负责审查该行的业务情况。其设主席 1人，委员若干人。

小资料

欧洲投资银行的分支机构有设在罗马的意大利部和设在伦敦的联络处，它们主要为在意大利和英国兴建的工程项目提供信贷。还有设在布鲁尔的代表处，主要与欧共体其他机构进行联络。

3. 欧洲投资银行的资金来源

(1) 成员国认缴的股本金，初创时法定资本金为10亿欧洲记账单位。

(2) 借款，通过发行债券在国际金融市场上筹资，是该行主要的资金来源。

4. 欧洲投资银行的业务活动

(1) 对工业、能源和基础设施等方面促进地区平衡发展的投资项目，提供贷款或贷款担保。

(2) 促进成员国或共同体感兴趣的事业的发展。

(3) 促进企业现代化。其中，提供贷款是该行的主要业务，包括两种形式：一是普通贷款，即运用法定资本和借入资金办理的贷款，主要向成员国政府和私人企业发放，贷款期限可达20年；二是特别贷款，即向成员国以外的国家和地区提供的优惠贷款，主要根据共同体的援助计划，向同欧洲保持较密切联系的非洲国家及其他发展中国家提供，贷款收取较低利息或不计利息。

知识拓展

1991年12月，欧共体马斯特里赫特首脑会议通过《马约》。1993年11月1日，《马约》正式生效，欧盟正式诞生。欧盟是由欧共体发展而来的，是一个集政治实体和经济实体于一身、在世界上具有重要影响的区域一体化组织，总部设在比利时首都布鲁塞尔。欧洲投资银行是属于欧盟的银行，是唯一一家能代表欧盟成员国利益的银行。欧洲投资银行是全球金额最大的多边借款和贷款机构，对能够和欧盟政策一致、可靠并且可持续的投资项目提供资金和专业支持。欧洲投资银行是唯一以欧洲政策为导向的银行，其大部分的业务重心在欧盟，但也有在世界范围内进行投资。2011年，欧洲投资银行资助了在70个国家的454个项目。

本 章 小 结

目前全球的国际金融机构可以分为 3 种类型：①全球性的，如国际货币基金组织和世界银行；②半区域内的，如国际清算银行、亚洲开发银行、泛美开发银行、非洲开发银行等，它们的成员主要在区域内，但也有区域外的成员参加；③区域性的，如欧洲投资银行等。本章分别介绍了国际货币基金组织、世界银行、国际清算银行、亚洲开发银行、泛美开发银行、非洲开发银行、欧洲投资银行的宗旨、组织机构、资金来源及主要业务活动。这些金融组织在促进会员国取消外汇管制、限制会员国进行竞争性货币贬值、支持会员国稳定货币汇率和解决国际收支困难、缓解债务危机与金融危机、促进发展中国家经济发展等方面，这些国际金融组织都起了重要的作用。

职业能力训练

一、填空题

1．国际货币基金组织的资金来源主要有(　　　　)、(　　　　)和(　　　　)。

2．国际货币基金组织的职能主要是(　　　　)、(　　　　)和(　　　　)。

3．世界银行集团是若干全球性金融机构的总称。包括世界银行本身即(　　　　)、(　　　　)、(　　　　)、(　　　　)和解决投资纠纷国际中心 5 个机构。

4．国际金融公司的资金来源，除了会员国缴纳的股金外，还有向(　　　　)、国际资金市场借入的资金、国际金融公司积累的(　　　　)和转售债权与股本的收入等。

5. 国际清算银行是(　　　　)形式的金融组织，其组织机构由股东大会(年会)、(　　　　)和经理部组成。

二、不定项选择题

1．国际货币基金组织的最高决策机构是(　　)。
A．理事会　　B．执行理事会　　C．董事会　　D．执行董事会

2．国际货币基金组织的资金来源包括(　　)。
A．借款　　B．股本金　　C．信托基金
D．份额　　E．黄金

3．国际货币基金组织最基本的一种贷款是(　　)。
A．中期贷款　　B．项目贷款　　C．普通贷款　　D．信托基金贷款

4．国际复兴开发银行最主要的贷款是(　　)。
A．项目贷款　　B．非项目贷款
C．第三窗口贷款　　D．技术援助贷款

5．国际开发协会的资金来源主要包括(　　)。
A．会员国认缴的股本　　B．会员国提供的补充资金
C．世界银行认购的股本　　D．协会本身业务经营净收入
E．世界银行拨款

6．国际复兴开发银行的资金来源有(　　)。
A．会员国缴纳的股金
B．发行债券取得借款
C．信贷基金
D．债权转让
E．业务净收益

7．国际开发协会贷款与世界银行贷款的主要区别在于(　　)。
A．世界银行对成员发放贷款，协会只对低收入发展中国家发放贷款
B．世界银行贷款利率高，协会贷款利率低
C．世界银行贷款条件较严，协会贷款是优惠贷款
D．世界银行贷款期限较短，协会贷款期限较长

8．亚洲开发银行的资金来源包括(　　)。
A．普通资金
B．普通储备金
C．日本特别基金
D．技术援助特别基金
E．亚洲开发基金

9．亚洲开发银行的主要业务活动包括(　　)。
A．贷款
B．信贷基金业务
C．咨询服务
D．技术援助
E．投资担保

10．二战后建立的全球性金融组织是(　　)。
A．国际货币基金组织
B．泛美开发银行
C．世界银行
D．欧洲投资银行
E．亚洲开发银行

三、判断题

1．凡加入世界银行的国家必须是国际货币基金组织的会员国。(　　)

2．世界银行只向会员国政府、中央银行担保的公私机构提供贷款。(　　)

3．国际开发协会的宗旨是对欠发达国家提供比世界银行条件宽、期限较短、负担较重并可用部分当地货币偿还的生产性贷款。(　　)

4．多边投资担保机构是世界银行下属的一个实体，它没有自己的业务和法律人员。(　　)

5．亚洲开发银行成立时有31个会员国，目前有会员67个，全部来自亚太地区。(　　)

6．国际金融公司的宗旨是帮助世界上不发达地区的会员国，促进其经济发展，提高该国人民生活水平。(　　)

7．普通资金是亚洲开发银行开展业务的最主要的资金来源。(　　)

8．世界银行是中央银行的中央银行。(　　)

9．国际清算银行股本金的股权和代表权属于有关国家的中央银行。(　　)

10．国际开发协会的贷款只提供给高收入的国家。(　　)

四、简答题

1．国际货币金融机构的分类有哪些？

2．国际货币基金组织的贷款有什么特点？

3．世界银行的资金来源主要有哪些？其贷款有何特点？

4．既然有了国际货币基金组织，为什么还要成立世界银行？二者的定位有何不同？

5．亚洲开发银行的宗旨是什么？

6．列举3个区域性国际金融机构，并说明其宗旨。

五、案例分析题

希腊与国际货币基金组织

2010年5月2日，希腊总理帕潘德里欧举行内阁特别会议，宣布希腊已经同欧盟和国际货币基金组织的代表完成了有关救助机制的谈判，并就救助方案达成协议。同日，欧元集团主席、卢森堡首相容克召集欧元区16国财长在布鲁塞尔举行特别会议，原则同意启动欧盟和国际货币基金组织援助希腊机制。

为获得巨额救助资金，从财政危机泥潭中脱身，希腊同欧盟和国际货币基金组织达成协议，不得不接受更严厉条件，进一步采取紧缩措施。帕潘德里欧在由电视转播的内阁会议上说："现在我们达成了协议。这是一个前所未有的救助计划，希腊民众也要付出前所未有的努力。"

希腊目前深陷公共财政危机，债务总额达3 000亿欧元，相当于其2010年GDP的133%，财政赤字达到其GDP的13.6%，均远远超出欧盟《稳定与增长公约》规定。根据达成的协议，希腊政府必须在2014年之前将财政赤字压缩到欧盟规定的3%以内。据报道，这一救助方案将动用的资金总额达1 200亿欧元之巨，超过此前欧元区国家商定的450亿欧元规模。

希腊财长帕帕康斯坦季努同日公布了救助方案细节。根据这一方案，未来3年希腊政府必须将财政预算再削减300亿欧元。节支方面，将压缩公务员及退休人员的补贴和奖金，公务员奖金最高将砍掉8%。增收方面就是将增值税从目前的21%提高到23%，烟酒、燃油税上调10%。

但是，希腊劳工组织反对政府的紧缩政策。5月1日，在首都雅典，成千上万的民众上街游行，反对政府的紧缩措施。他们认为，这些措施会损害劳动者利益，会让国家进一步陷入衰退。帕潘德里欧呼吁民众理解政府的紧缩计划。他强调，国家要么破产，要么被拯救。

欧盟委员会主席巴罗佐2日发表声明表示，这一援助计划对希腊回归增长之路和维护欧元区的稳定是"决定性的"，尽管希腊进行调整将是一个艰难的改革过程。

有16个成员国的欧元区自成立以来已运转11年，这还是第一次对一个成员国展开救助行动。欧元区成员国希望救助希腊方案出台有助于平息金融市场动荡。

欧元区成员国领导人还将于5月10日举行一次特别会议，对启动救助希腊的方案作出最终决定。

【案例思考】国际货币基金组织是如何形成的？国际货币基金组织的宗旨是什么？说明国际货币基金组织的作用的贷款种类。

职业能力训练答案

第1章

一、填空题

1．动态外汇、静态外汇
2．汇价
3．直接标价法、间接标价法、美元标价法
4．基本汇率、套算汇率
5．本币、外币
6．铸币平价
7．黄金平价
8．固定汇率制度、浮动汇率制度

二、不定项选择题

1．B　2．ACD　3．A　4．ABCD　5．ABCD　6．ACD　7．ACD　8．BCD　9．B

三、判断题

1．√　2．×　3．√　4．×　5．×　6．√

四、简答题

1．影响汇率变动的因素是多方面的，有经济因素、政策因素、政治因素及其他因素等。这些因素之间既相互联系又相互制约，随着国际经济、政治形势的变化，这些因素所处的地位可以相互转化，且相同因素在不同的国家或地区、不同的时间所起的作用也各不相同。经济因素具体包括国际收支、通货膨胀率、利率和经济增长率；政策因素包括财政与货币政策、汇率政策和政府干预；其他因素包括有政治、军事等突发事件，心理预期因素和外汇投机者恶性炒作。总之，影响汇率变动的因素既多样又复杂，影响汇率的各种因素之间，存在着相互关联、相互制约，乃至相互抵消的关系，形成了一个复杂的影响外汇市场汇率波动的系统，因此，不能用单纯一种因素来说明汇率的全部变动。

2．对国内经济的影响表现在物价(汇率变动对国内经济的直接影响集中表现在对物价的影响上)、国民收入与就业及国内利率水平上。对外经济的影响体现在对外贸易、非贸易收支、资本流动和国际储备上。

3．因为外国现钞存放在本国银行没有意义，需要送到外国银行生息，运到各发行国去，才能充当流通或支付手段。因为外币现钞不能在其发行国以外流通，银行买入外币现钞后，一般要积累到一定数额后才能将其运送并存入外国银行调拨使用，这就涉及运输费、保管费、包装费、保险费、利息损失等，且要承担一定风险，所以银行在买入现钞时要考虑这些成本。而当银行购入现汇以后，通过航邮划账，可很快地存入外国银行，开始生息和随时调拨使用。因此，银行在收兑外币现钞时的汇率(即买价)，要稍低于外汇汇率。

五、计算题(以下汇率为教学参考用汇率)

1．(1) 1.533 5　　(2) 1.526 2　　(3) 1.519 0　　(4) 1.513 5

2．同边相乘：

EUR1＝JPY77.546×1.273 5/77.946×1.279 0

＝JPY98.755/99.693

3．1 000 万÷6.760 0＝147.93 万(美元)

4．200 万×1.687 5＝337.5 万(加拿大元)

5．450 万×1.614 0＝726.3 万(美元)

6．① 7.25×10 万×(1＋10%)＝79.75 万(港币)

② 79.75 万÷7.4＝10.78 万(美元)，11 万－10.78 万＝0.22 万(美元)，减少了 0.22 万美元

③ 79.75 万÷7＝11.39 万(美元)，11.39 万－11 万＝0.39 万(美元)，增加了 0.39 万美元

7．买入价 1.485 9，卖出价 1.492 4，贴水。GBP1＝AUD1.485 9/1.492 4

8．GBP1＝AUD(1.557 0÷0.937 5)/(1.558 0÷0.936 5)＝AUD1.660 8/36

9．30 000÷6.332 5＝4 737(美元)

不合理，至少应报 4 737×6.932 5＝32 839(元)。

10．GBP1＝FRF7.32/0.29＝FRF25.241

0.005 2×7.32＝0.038 1

上限：25.241＋0.005 2×7.32＝25.279

下限：25.241－0.005 2×7.32＝25.203　　黄金输出点

法郎升值，英国进口商会选用黄金结算货款。

11．(1) 10 000÷12.162＝822(英镑)

(2) GBP/HKD＝(12.162＋0.040 0)/(12.185＋0.050 0)＝12.202/12.235

10 000÷12.202＝820(英镑)

12．(1) CAD1＝JPY(86.450÷1.046 5)/(86.865÷1.045 5)＝JPY82.609/83.085

(2) GBP1＝JPY(86.450×1.555 0)/(86.865×1.557 0)＝JPY134.43/135.25

(3) SEK1＝JPY(86.450÷7.156 0)/(86.865÷7.155 0)＝JPY12.081/12.140

六、案例分析题

人民币的升值对抑制通货膨胀是有一定作用的，一是人民币升值能限制出口、扩大进口，使得更多的产品在国内市场上销售，已满足国内的过度需求，从而抑制通货膨胀；二是随着我国对外开放程度的提高，国际大宗商品价格的上涨加大了我国输入性通胀的压力，而人民币升值对进口产品价格上涨也起到了减缓的作用。但是，由于导致通胀的因素很多，汇率因素对抑制通胀的贡献度有多大，还要看汇率同其他因素的力量对比关系。

第 2 章

一、填空题

1．外汇银行、外汇经纪人、中央银行、一般客户

2．当日交割、明日交割、标准日交割

3．短期市场利率

4. 卖空、买空
5. 即期对远期掉期、即期对即期掉期、远期对远期掉期
6. 是否在套利的同时做一笔远期外汇交易
7. 货币互换交易、利率互换交易

二、不定项选择题

1. D　2. A　3. AB　4. ABC　5. AC　6. BD　7. CD　8. ABD

三、判断题

1. ×　　2. ×　　3. √　　4. ×　　5. √　　6. ×　　7. √

四、简答题

1. 外汇交易的规则：标价方法要统一、简化报价、交易单位为100万单位、恪守信用、交易术语要规范。外汇交易的程序：选择交易对手、自报家门、询价、报价、成交、确认、交割。

2. 货币汇率的法定升值或贬值，市场投机力量的强弱，国际政治、经济局势的变化及各国采取的财政金融政策等因素都会影响远期汇率的升水、贴水。远期汇率的决定因素有3个：即期汇率、买入货币与卖出货币间的利率差和远期期限的长短。但在正常情况市场条件下，远期汇率升水、贴水主要取决于两种货币的短期市场利率。利率较高的货币远期汇率表现为贴水；利率较低的货币远期汇率表现为升水。

3. 首先是统一标价方法，即将三地汇率换算成同一种标价方法，或都是直接标价法，或都是间接标价法。其次是将三地汇率左右两边分别予以连乘，若其乘积等于 1，则说明三地汇率处于均衡状态，套汇无利可图；若其乘积不等于 1，则表明三地汇率存在差价，套汇有利可图。最后是选择套汇的路线，从乘积小的一边作为起点进行套汇。

4. 外汇期权交易、期货交易和远期外汇交易都是买卖双方事先签订合约而不进行即期交割的外汇交易，相同之处表现在：它们的交易对象都是合约而不是实物，交易功能都是为交易者提供避险保值和投机。但是它们之间也有很多不同之处，如交易方式中，远期外汇交易通过电话或电报，期权交易和期货交易则是公开竞价方式；交易性质上，远期外汇和期货交易是双方都有按合约规定进行交割的义务，期权交易是买方享有是否履约的权利，卖方有满足买方要求的义务；交割日上，远期外汇交易双方协定，期权交易和期货交易是标准化的；合同金额上，远期外汇交易没有固定的金额，期权交易和期货交易是标准化的；交易币种上，远期外汇交易无限制，期权交易和期货交易是少数几种货币；报价方式上，远期外汇交易按买卖需要报价，期权交易和期货交易是美元报价；保证金上，远期外汇交易是否交保证金要视银行与客户的关系决定，期权交易买方需支付权利金，卖方须交付保证金，期货交易买卖双方均需缴存保证金；参与者上，远期外汇交易是大公司、大银行，期权交易和期货交易是会员。

五、计算题

1. 加商为锁定成本，买入3个月期100亿日元期汇，汇率为CAD1＝JPY82.589/82.667，100亿÷82.589＝1.21亿(加拿大元)。

2．1 500 万÷88×(1＋0.072÷2)×87.3＝1 541.64 万(日元)

1 541.64－1500×(1＋0.04÷2)＝11.64 万(日元)

3．贴水＝117.50×(10%－7%)×3÷12＝0.881 3

EUR1＝JPY117.50－0.881 3＝JPY116.62

4．117.35 万÷87.15＝1.346 5 万(美元)

收益＝1.346 5－1.003 5＝3 430(美元)

5．在巴黎市场上卖出加拿大元，100×7.585 0＝758.5 万(港币)

在加拿大市场上买入加拿大元，758.5÷7.584 0＝100.013 2 万(加拿大元)

获利＝100.013 2 万－100 万＝132 万(加拿大元)

6．3 个月远期汇率为 USD1＝CHF0.997 8/1.001 5，客户应将瑞士法郎换成美元，获取高利率收益，同时防止美元贬值，做一笔卖出 3 个月期美元的远期外汇交易。

100 万÷1.006 5×(1＋3.5%)＝102.83 万(美元)，102.83×0.997 8＝102.6 万(瑞士法郎)

不套利：100 万×(1＋2%)＝102 万(瑞士法郎)

获利＝102.6 万－102 万＝0.6 万(瑞士法郎)

7．USD/AUD＝1.065 5/65→AUD/USD＝0.937 6/85，应买入 1 个月期澳大利亚元期货，卖出 1 个月远期澳大利亚元，到期后交割时每 1 澳大利亚元净盈利＝0.937 6－0.89＝0.047 6(美元)。

USD/AUD＝1.180 5/15→AUD/USD＝0.846 4/71，应买入 1 个月期远期澳大利亚元，卖出 1 个月澳大利来元期货，到期后交割时每 1 澳大利亚元净盈利＝0.89－0.8471＝0.042 9(美元)。

8．期权费＝2×125 000×0.05＝12 500(美元)

行使期权：2×125 000×0.993 0－12 500＝235 750(美元)

不行使期权：2×125 000×0.995 5-12 500＝236 375(美元)

不行使期权将多获 236 375－235 750＝625(美元)

平衡点为 0.943 0 美元。

9．该银行应买入 6 个月期远期 500 万美元，卖出 12 个月期远期 500 万美元。

500 万÷1.553 0＝321.96 万(英镑)，500 万÷1.556 0＝321.34 万(英镑)

掉期成本＝321.34 万－321.96 万＝－0.62 万(英镑)

10．第二个汇率变为 JPY＝GBP(1÷130.58)/(1÷130.27)

左边＝1，右边＝1.047 3

GBP→USD→JPY→GBP

200 万英镑→200 万×1.563 0×87.50÷130.58＝209.46 万(英镑)

JPY→GBP→USD→JPY

500 万日元→500 万÷130.58×1.563 0×87.50＝523.65 万(日元)

11．

日期＼交易	现货市场	期货市场
1 月 9 日	100 万÷1.008 8＝99.13 万(美元)	卖出 8 份 3 月期瑞士法郎期货合约到期交割 99.5 万美元
3 月 9 日	100 万÷1.016 0＝98.43 万(美元)	买入 8 份 3 月期瑞士法郎期货合约到期交割 98.1 万美元
	－7 000 美元	＋14 000 美元
		盈利 7 000 美元

12．当 EUR1＝USD1.4 时，应执行期权：

50 万×(1.29＋0.05)＝67 万(美元)，50×1.4＝70 万(美元)

当 EUR1＝USD1.2 时，不执行期权：

50×(1.2＋0.05)＝62.5 万(美元)，50×1.29＝64.5 万(美元)

13.

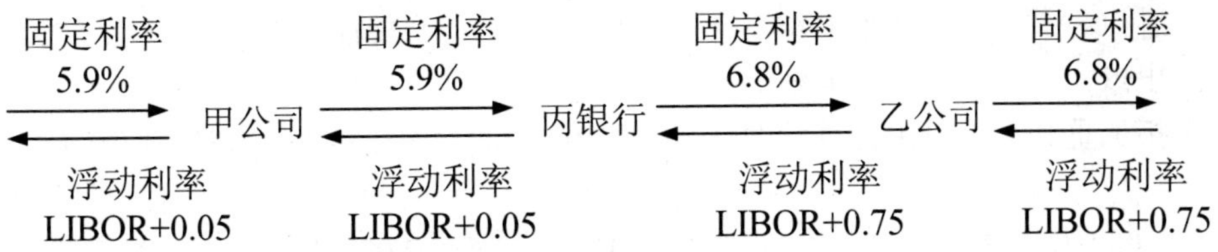

六、案例分析题

伦敦、纽约、东京和中国香港外汇市场。外汇市场由外汇银行、外汇经纪人、中央银行和一般客户等构成。

第 3 章

一、填空题

1．时间风险、价值风险

2．交易风险、会计风险、经济风险

3．本币、外币、时间

4．内部管理、外部管理

二、不定项选择

1．ACE　2．CDE　3．BCDE　4．AC

三、判断题

1．×　　2．×　　3．√　　4．×　　5．√

四、简答题

1．银行经营外汇业务的风险主要有外汇买卖风险、外汇信用风险、外汇借贷风险、国家风险及人为风险等类型。

2．货币选择法，提前、延期法，平衡法、组对法，价格调整法，易货贸易法。

3．在应收外汇账款的情况下，公司为防止外汇风险，首先借入一笔与应收外汇相同数额的外币，将外汇风险的时间结构转移到现在办汇日，时间风险消除。通过即期合同将借入的外币卖给银行换回本币，外币与本币价值波动风险也消除了，虽有一定费用支出，但可将换得的本币存入银行或投资，以投资收益冲抵一部分采取防险措施的费用支出。有应付外汇账款的情况下，公司为防止外汇风险，先向银行借入一笔本币，然后向银行购买外汇，消除了价值风险，接着将买入的现汇投放到国际货币市场，时间与应付外汇账款的期限相同，又改变了外汇风险的时间风险。

五、计算题

1．受险头寸 40 万英镑。

4 月 2 日卖出 40 万英镑，40 万×1.575 5＝63.02 万(瑞士法郎)。

5 月 6 日卖出 40 万英镑，40 万×1.567 2＝62.688 万(瑞士法郎)。

蒙受了 0.332 万瑞士法郎的损失。

2.

	母公司与加拿大子公司	母公司与澳大利亚子公司
进口	推迟结汇	提前结汇
出口	提前结汇	推迟结汇

3．负担加重。企业以美元表示的债务负担为 1 000 万÷7.944 2＝125.88 万(美元)。交易风险。

4．2 000 万÷(3×8.927 4)＋2 000 万÷(3×8.354 6)＋2 000 万÷(3×7.437 7)

＝244.11 万(澳大利亚元)

2 000 万÷9.247 1＝216.28 万(澳大利亚元)

244.11 万－216.28 万＝27.83 万(澳大利亚元)

5．(1) 期汇：USD1＝CHF(1.324 0－0.065 0)＝CHF1.259 0

期汇交易可收货款：

500 万×1.259 0 ＝629.5 万(瑞士法郎)

(2) BSI 法：

① 向银行借款 500 万美元，6 个月期。500 万×(1＋10%×6÷12)＝525 万(美元)

② 同银行签订即期合同换成瑞士法郎。500 万×1.324 0＝662 万(瑞士法郎)

③ 将瑞士法郎进行投资。662 万×(1＋9.5%×6÷12)＝693.445 万(瑞士法郎)

收回的 500 万美元应收款作为本金还给银行，利息 25 万(美元)，

25 万×1.249 0＝31.225 万(瑞士法郎)，剩 693.445 万－31.225＝662.22 万(瑞士法郎)。

BSI 做法最有利，相比多得 662.22 万－629.5 万＝32.72 万(瑞士法郎)。

6．(1) 按市场汇价：100 万×1.267 0＝126.70 万(澳大利亚元)

按期权协定价格：100 万×1.366 0＝136.60 万(澳大利亚元)

136.60 万－100 万×0.03－136.6 万×0.5‰＝133.53 万(澳大利亚元)

133.53 万－126.70 万＝6.83 万(澳大利亚元)　　执行期权有利

(2) 按市场汇价：100 万×1.386 0＝138.60 万(澳大利亚元)

按期权协定价格：100×1.366 0＝136.60 万(澳大利亚元)

136.60 万－100 万×0.03－136.6 万×0.5‰＝133.53 万(澳大利亚元)

138.60 万－133.53 万＝5.07 万(澳大利亚元)　　不执行期权有利

六、阅读分析题

汇率风险、国家风险。针对所经营的业务采取内部和外汇管理措施共同防范外汇风险。

第 4 章

一、填空题

1．所有的对外经济贸易

2．居民原则、公民原则

3．经常项目、资本和金融项目、储备资产项目、错误与遗漏项目

4．复式记账原理、借、贷

5．贸易

6. 自主性交易、补偿性交易
7. 内外均衡
8. 利率机制、收入机制、价格机制、外汇机制
9. 外汇缓冲
10. 外汇管制、贸易管制

二、不定项选择题

1. B 2. BCD 3. D 4. AC 5. ABCD 6. A 7. D 8. C

三、判断题

1. × 2. √ 3. × 4. × 5. √ 6. × 7. × 8. √ 9. × 10. ×

四、简答题

1. (1) 国际收支是一个流量概念。
(2) 国际收支所反映的内容必须是国际间的经济贸易。
(3) 国际收支所记录的经济交易必须是一国的居民与非居民之间发生的。
(4) 国际收支是一个事后概念。
(5) 国际收支是一个历史的、发展的概念。
2. 经常项目、资本和金融项目、储备资产项目、错误与遗漏项目。

3. 透过资本和金融项目余额，可以了解一个国家资本市场的开放程度和金融市场的发达程度，为一国货币政策和汇率政策的调整提供有益的借鉴。资本市场越开放、金融市场越发达的国家，其资本和金融项目的流量总额就越大。由于各国在经济发展程度、金融市场成熟度、货币价值稳定程度等方面存在较大差异，资本和金融项目差额往往会产生较大的波动。

4. 价格机制是指一个国家国际收支失衡时，通过相对价格水平的变动对国际收支进行的调节。当一个国家国际收支出现逆差的时候，意味着对外支出大于收入，货币外流。对外币需求的增加使本国货币的汇率下降，由此引起本国出口商品价格相对下降、进口商品价格相对上升，从而出口增加、进口减少，国际收支得到改善；当一个国家国际收支出现顺差的时候，意味着资金流入大于支出，国内货币市场供给增多，容易引起国内通货膨胀、利率下降、投资与消费相应上升。本国出口商品价格随之上升，出口减少、进口增加，国际收支逐渐得到改善。

5. 当采取贴现政策时，由于向中央银行借款和贴现不是商业银行筹措资金的唯一渠道，使这种政策发挥作用的程度受到限制；当采用改变存款准备金率时，有些国家受制于金融体系无法约束全部商业银行，存款准备金率的调整就不能影响这些银行可贷放的资金；采用公开市场业务，要求中央银行拥有足够数量和种类的有价证券并具有发达的金融市场，这往往限制了发展中国家对这一政策工具的使用。

五、计算题

(1) 借：本国在外国银行的存款	1 100 000	
贷：商品出口		1 100 000
(2) 借：服务进口	400 000	
贷：在外国银行的存款		400 000
(3) 借：商品进口	10 100 000	

贷：外国对某国的直接投资 10 100 000

(4) 借：经常转移 1 200 000

贷：官方储备 500 000

商品出口 700 000

(5) 借：商品出口 500 000

官方储备 300 000

对外长期投资 800 000

贷：海外投资利润收入 1 600 000

(6) 借：证券投资 500 000

贷：在外国银行的存款 500 000

某国一段时期的国际收支平衡表

单位：万美元

项目	借方(－)	贷方(＋)	差额
1. 经常项目	1 220	340	－880
商品贸易	1 060(1 010＋50)	180(110＋70)	－880
服务贸易	40		－40
收入		160	＋160
经常转移	120		－120
2. 资本和金融项目	270	1 150	＋880
直接投资	80	1 010	＋930
证券投资	50		－50
其他投资	110	90(40＋50)	－20
3. 储备资产	30	50	＋20

六、案例分析题

双顺差是指国际收支的经常项目与资本和金融项目都为顺差。顺差对我国的影响：①持续顺差会导致一个国家的货币升值出口竞争能力削弱。②持续顺差加重了一个国家的通货膨胀。③持续的顺差容易增加国际贸易摩擦，不利于国际经济关系大发展。④持续的顺差对于资源型的发展中国家来说还会影响该国家经济的可持续发展。

第5章

一、填空题

1．国际清偿力
2．金本位制度
3．记账单位、普通提款权
4．稳定、可靠
5．数量
6．实行外汇管制
7．12
8．布雷顿森林体系、牙买加体系
9．国际信贷

10．多样化

二、不定项选择题

1．ABC　2．A　3．BCD　4．B　5．ABCD　6．A　7．BD　8．A

三、判断题

1．×　2．√　3．×　4．√　5．×　6．√　7．×　8．×　9．√　10．×

四、简答题

1．黄金储备、外汇储备、在国际货币基金组织的储备头寸和特别提款权。

2．(1) 价值不稳定。当储备货币贬值时，易使储备国遭受损失。

(2) 使用容易受到储备货币发行国的限制。外汇储备主要存放在外国银行，在国际关系紧张时，往往会被敌对国家冻结银行账户。

(3) 供应缺乏约束和保障。当外汇储备供应少时，很多国家被迫实行外汇管制或采取其他不利于国际经济贸易发展的措施；当外汇储备供应多时，会增加世界性通货膨胀的压力。

3．(1) 偿还时间不同。普通提款权必须在3～5年偿还，而特别提款权归会员国无条件所有。

(2) 使用范围不同。特别提款权仅限于会员国官方转账时使用，任何私人和企业不得持有和使用。

(3) 解决问题不同。特别提款权限于解决国际收支不平衡问题，不能用于日常的贸易活动，更不能用于兑换黄金。

(4) 内在价值不同。特别提款权是一种凭信用发行的资产，本身不具有内在的价值。

4．就安全性和盈利性而言，资金的安全离不开资金的盈利。资金的安全是相对的，风险则是绝对的，特别是当今国际金融市场风云变化的情况下，资金的风险是不可避免的。要保证资金的完好无损，资金必须要盈利，只有盈利才是弥补资金风险损失的真正来源。由此可见，对国际储备的管理来说，在保证流动性和安全性的前提下，又要尽可能追求盈利性。如果这3个原则之间相互矛盾，只能作出妥协，储备资产的流动性应放在首位。

5．演变过程：

第一阶段：1981—1984年9月，国家外汇库存大幅增长。20世纪80年代起，我国为了推进改革开放的进程，实行了大量削减进口，努力增加出口的政策，经济大幅增长。1984年9月，国家外汇储备创出了166.74亿美元的历史新高。

第二阶段：1984年10月—1989年，外汇储备出现了危机。由于经济发展过热、外汇管理政策失误、管理体制的弊端等原因，1984年年末—1986年，我国的外汇储备出现大幅度的下降，1987年开始趋于平稳。

第三阶段：1990—1991年，国家外汇库存又开始了大幅增长。从1987年开始，国家采取了鼓励出口和控制进口的一系列措施，1991年年底，我国的外汇储备达到了426.65亿美元。

第四阶段：1992—1993年，外汇储备显著回落。其中一个最重要的原因是统计口径的调整，从1992年以后，我国的外汇储备只包括国家外汇库存。其次，由于国内通货膨胀和经济结构的调整，影响了出口增长，使得外汇储备出现回落的趋势。

第五阶段：1994—1997年，我国的外汇储备首次突破千亿美元。1994年年初，我国外汇体制进行了重大改革：取消了企业外汇留成，实行了银行结售汇制度，实现了汇率并轨，建立了银行间统一的外汇市场。外汇储备随之大幅增长。1996 年 11 月，我国的外汇储备首次突破 1 000 亿美元。

第六阶段：1998—2000 年，受亚洲金融危机的影响，加之出口增长缓慢，我国外汇储备进入了一个缓慢增长期。

第七阶段：2001 年以来，受中国加入世界贸易组织的影响，我国外汇储备增速开始加快。2001 年突破了 2 000 亿美元大关，2006 年 2 月我国外汇储备超过日本成为全球第一外汇储备国。2006 年 10 月突破 1 万亿美元，2009 年 6 月底突破 2 万亿美元。2010 年我国外汇储备额达到 28 473 亿美元，同比增长 18.7%。

五、案例分析题

1. 外汇储备是指一国货币当局持有的对外流动性资产，包括现钞、国外银行存款、国外有价证券等。外汇储备在国际储备资产中使用的频率最高、规模最大，是各国国际储备的主要构成部分。

保持充足的国际储备特别是外汇储备对维护一国货币或区域性货币的汇率，稳定外汇和货币市场具有重要的作用。

2. 一个经济基础较薄弱、市场管理水平较低，而又正在不断加大开放力度的国家和地区，必须要保持较多的外汇储备，以备不测，捍卫已取得的经济发展成果。

第 6 章

一、填空题

1. 现金结算、非现金结算、电子结算
2. 电汇、信汇、票汇、电汇
3. 付款交单、承兑交单
4. 信用证
5. 第一性的或首要的

二、不定项选择题

1. A　2. D　3. ABC　4. A　5. C　6. B　7. B　8. CD　9. BCD　10. ABCD

三、判断题

1. √　2. ×　3. ×　4. √　5. ×　6. ×

四、简答题

1. 汇票是由出票人签发的、委托付款人在见票时或者在指定日期无条件支付确定的金额给收款人或者持票人的票据。汇票关系中有 3 个基本当事人：出票人、付款人和收款人。

2. 即期付款交单：凭即期汇票付款或者简单地凭付款而交出单据。办理此类业务时，出口商必须在托收申请书中指示托收行在进口方付清款项后才能向其交单。远期付款交单：是指出口人发货后开具远期汇票连同货运单据，通过银行向进口人提示，进口人审核无误后即在汇票上进行承兑，其于汇票到期日付清货款后银行再交出货运单据。承兑交单：凭远期汇票的承兑而交出单据，即代收行向进口商提示远期汇票和单据，进口商承兑后代收行留下已承兑的汇票，将代表货物所有权的全套单据交给进口方，待汇票到期日再付款。

3．信用证是银行有条件的付款承诺，是指开证银行根据开证申请人的请求和指示，向受益人开立的有一定金额、并在一定期限内凭规定的单据承诺付款的书面文件。当事人：开证申请人、受益人、开证银行、议付银行、通知银行、保兑银行和偿付银行。

五、案例分析题

1．可以。因为信用证条款上写的是“最迟装运日期6月30日，分数批装运”，我方的装运符合信用证条款要求。信用证是自足文件，不依附于贸易合同存在。

2．在国际贸易中，汇付方式通常用于货到付款、赊销、预付货款及随订单付现等业务。货到付款是指出口商在没有收到货款以前，先交出单据或货物，然后由进口商主动汇付货款的方法，因此，除非进口商的信誉可靠，出口商一般不宜轻易采用此种方式。而预付货款是指进口商先将货款汇付给出口商，出口商收到货款后再发货的方法。这对出口商较为有利，但其只意味着进口方预先履行付款义务，并不等于货物的所有权是在付款时转移，在CIF等装运港交货的条件下，出口方在没有交出装运单据以前，货物的所有权仍归其所有。由此可见，预付货款对出口方来说有预先得到一笔资金的明显好处。在本案中，宁波公司对外推销货物在新加坡市场的销售情况日趋看好，逐渐成为抢手货，可坚持使用汇付中的预付货款方法作为结算方式。

第7章

一、填空题

1．货币市场、资本市场、外汇市场、黄金市场
2．银行短期信贷市场、短期证券市场、票据贴现市场
3．欧洲债券、外国债券
4．一级市场、二级市场
5．股票现货交易、股票期货交易、股票期权交易
6．欧洲货币市场

二、不定项选择

1．B　2．C　3．ACD　4．ABC　5．ABD

三、判断题

1．√　2．×　3．×　4．×　5．√

四、简答题

1．国际金融市场有广义和狭义之分。广义的国际金融市场是指进行各种国际资金融通和国际货币交易活动的有关领域和场所。这些业务包括长、短期资金的借贷，外汇与黄金的买卖等，分别形成了资本市场、货币市场、外汇市场和黄金市场。狭义的国际金融市场是指在国际间经营借贷资本活动的场所，是国际借贷资本移动的中介，也称为国际资金市场。

作用：①促进社会资源在世界范围内的合理配置，深化国际分工；②推动各国经济进一步国际化；③调节各国国际收支，促进国际贸易发展；④方便国际债权债务结算；⑤有利于发展中国家的经济建设。

2．国际货币市场是融通1年或1年以下的短期资金市场。由于其融资工具的流动性强，

并往往被作为货币的替代品用于支付和结算，具有货币性的特点，因而成为国际货币市场。国际资本市场是指资金借贷期限在1年以上的中长期资金市场。

3．形成的原因：①欧洲国家具有形成欧洲货币市场的基本条件；②美国政府的货币政策刺激了欧洲货币市场的发展；③战后美元危机为欧洲货币市场的产生与发展提供了有利条件。

特点：经营自由；资金规模大、币种多；有独特的利率体系与灵活的经营方式；银行同业间的交易占主导；国际金融体系的脆弱性和风险性加大。

4．①世界政治经济形势；②黄金市场的供求关系；③通货膨胀；④利率变化；⑤市场投机活动。

五、案例分析题

货币市场基金主要投资于国库券、银行背书的商业汇票、银行定存、大额可转让存单等。

特点：①经营自由；②资金规模大、币种多；③有独特的利率体系与灵活的经营方式；④银行同业间的交易占主导；⑤国际金融体系的脆弱性和风险性加大。

积极作用：①推动了国际金融市场一体化的发展；②促进一些国家经济的发展；③促进了国际贸易的发展；④缓和了国际收支困难。

消极作用：①国际金融交易日益与实际经济相脱节，加大了金融风险；②国际金融市场一体化使金融风险扩展；③巨额的国际资本流动增大了国际金融市场的风险；④欧洲货币市场的存在容易削弱各国政策的效力。

第8章

一、填空题

1．国际金本位制度、布雷顿森林体系、牙买加体系
2．黄金、黄金
3．美元、黄金、美元
4．牙买加
5．欧元

二、不定项选择题

1. A　2. ABCD　3. B　4. ABCD　5. CE　6. ACD　7. B　8. AC　9. BEF　10. AC

三、判断题

1. ×　2. √　3. ×　4. ×　5. ×　6. ×　7. ×　8. ×　9. √　10. √

四、简答题

1．国际货币体系是指各国关于货币在国际间的支付、结算、汇兑和转移所确定的规则、措施及相应的组织机构的总称。它是规范国家间货币行为的准则，是世界各国开展对外金融活动的依据。

一般来说，划分国际货币制度类型的标准是汇率、国际储备形式和历史演进顺序。

以汇率作为标准可以分为固定汇率制度、管理浮动汇率制度和自由浮动汇率制度。

以国际货币形式为标准可分为纯商品本位制度、纯信用本位制度、混合本位制度。

以历史顺序可分为国际金本位制度、布雷顿森林体系、牙买加货币体系。

2. 主要内容：

(1) 用黄金来规定货币所代表的价值，每一货币都有法定的含金量，各国货币按其所含黄金的重量而有一定的比价。

(2) 金币可以自由铸造，任何人都可按法定的含金量，自由地将金块交给国家造币厂铸造成金币，或以金币向造币厂换回相当的金块。

(3) 金币是无限法偿的货币，具有无限制支付手段的权利。

(4) 各国的货币储备是黄金，国际间结算也使用黄金，黄金可以自由输出或输入。

特点：

(1) 黄金充当了国际货币，是国际货币制度的基础。

(2) 各国货币之间的比价由它们各自的含金量比例决定。

(3) 国际金本位可以自动调节国际收支。

3. 主要内容：

(1) 承认浮动汇率制度的合法化。

(2) 减弱与消除黄金的货币功能。

(3) 扩大特别提款权的作用。

(4) 增加在国际货币基金组织的份额。

(5) 扩大对发展中国家的资金融通。

作用：

(1) 储备结构多元化解决了储备货币供不应求的矛盾。

(2) 多样化的汇率安排为各国维持经济发展与稳定提供了稳定性与独立性。

(3) 灵活的汇率体系使国际收支的调节更为灵活有效。

(4) 加强国际协调。

4. 主要内容:

(1) 建立一个永久性的国际金融机构。

(2) 实行以黄金—美元为基础的、可调整的固定汇率制度。

(3) 取消对经常账户交易的外汇管制，但是对国际资金流动进行限制。

(4) 国际货币基金组织向国际收支逆差国提供短期资金融资通，帮助其调整国际收支失衡。

特点：

(1) 制度内容上的特点。①货币比价上的特点；②汇率调节机制不同；③货币兑换的程度不同；④国际储备上的特点；⑤国际结算原则上的差异；⑥黄金流动与兑换上的差异。

(2) 体制上的特点。①建立了永久性的国际金融机构；②签订了有一定约束力的《国际货币基金协定》；③根据《国际货币基金协定》，建立了现代国际货币管理所必需的各项制度。

5. 欧元对国际结算货币、对国际储备货币结构、对国际汇率制度改革、对区域货币合作都有深刻的影响。

作为国际流通和交易货币，欧元有很好的流动性和实用性，可减少汇率风险，有利于降低换汇和结算成本，节省外汇对冲的费用；欧元作为国际结算货币的出现，将推动对欧元外汇需求的增加，引发各国外汇储备货币的调整；欧元作为欧洲单一货币，可以作为许多国家汇率政策中的钉住货币或参考货币；欧元不仅对欧盟的经济一体化进程产生了积极影响，还通过其榜样的力量推动了东亚、拉美、非洲等地区货币合作的加强。

五、案例分析题

1. 当前国际货币体系属于牙买加体系。牙买加体系的主要内容是承认浮动汇率制度的合法化，减弱与消除黄金的货币功能，扩大特别提款权的作用，增加国际货币基金基金组织的份额；扩大对发展中国家的资金融通。

牙买加体系的缺陷：

第一，在多元化国际储备制度下，缺乏统一的稳定的货币标准。这就就可能造成国际金融市场的不稳定；

第二，浮动汇率造成汇率体系不稳定。浮动汇率制度决定了汇率的不变变动，其消极的影响就是增加了一国的外汇风险，容易造成一国的货币危机。

第三，国际收支调节机制还并不健全，牙买加体系并没有从根本上消除全球性的国际收支失衡问题。

可以从国际储备货币多元化，区域货币等角度回答。

2. 可以从欧盟属性、欧元未来、欧盟未来发展等角度谈。

可以从国际货币体系改革应该反映债权国的利益，国际金融组织的治理结构将会朝有利于发展中国家的方向发展角度谈。

第9章

一、填空题

1. 份额、借款、信托基金

2. 监督职能、金融援助职能、技术援助职能

3. 国际复兴开发银行、国际开发协会、国际金融公司、多边投资担保机构

4. 世界银行、利润

5. 股份制、董事会

二、不定项选择题

1. A 2. ACD 3. C 4. ABCD 5. ABDE 6. ABDE 7. ABCD 8. ADE 9. AD 10. AC

三、判断题

1. √ 2. √ 3. × 4. × 5. × 6. × 7. √ 8. × 9. × 10. ×

四、简答题

1. 目前全球的国际金融机构可以分为3种类型：①全球性的，如国际货币基金组织和世界银行；②半区域内的，如国际清算银行、亚洲开发银行、泛美开发银行、非洲开发银行等，它们的成员主要在区域内，但也有区域外的成员参加；③区域性的，如欧洲投资银行等。

2. 第一，贷款对象限为会员国政府，国际货币基金组织只同会员国的财政部、中央银行及类似的财政金融机构往来；

第二，贷款用途只限于解决短期性的国际收支不平衡，用于贸易和非贸易的经常项目的支付；

第三，贷款期限限于短期，属短期贷款；

第四，贷款额度是按各会员国的份额及规定的各类贷款的最高可贷比例，确定其最高贷款总额；

第五，贷款方式是根据经磋商同意的计划，由借款会员国使用本国货币向国际货币基金组织购买其他会员国的等值货币(或特别提款权)，偿还时用特别提款权或国际货币基金组织指定的货币买回过去借用时使用的本国货币(一般称为购回)。

3. 资金来源：①会员国缴纳的股金；②通过发行债券取得借款；③业务净收益；④债权转让。

贷款条件：

第一，国际复兴开发银行只向会员国政府、中央银行担保的公私机构提供贷款；

第二，贷款一般与国际复兴开发银行审定、批准的特定项目相结合；

第三，贷款的国家确定不能以合理的条件从其他方面取得贷款时，国际复兴开发银行才考虑发放贷款，参加贷款，或提供保证；

第四，贷款必须专款专用，并受国际复兴开发银行的监督；

第五，贷款的期限一般为数年，最长可达 30 年；

第六，贷款使用不同的货币，对承担贷款项目的承包商或物资供应商，一般用该承包商、供应商所在国的货币支付；如由借款国承包商供应本地物资，则用借款国货币支付；如本地供应商购买进口物资，则用出口国的货币进行支付。

4. 世界银行与国际货币基金组织两者起着相互配合的作用。国际货币基金组织的主要任务是会成员国提供解决国际收支暂时不平衡的短期外汇资金，世界银行则主要负责经济的复兴和发展，向各成员国提供发展经济的中长期贷款，促进发展中国家经济和社会发展。

5. 亚洲开发银行的宗旨是向成员国或地区提供贷款与技术援助，帮助发展中成员体减少贫困，以促进亚太地区的经济发展，提高人民的生活水平。

6. 欧洲投资银行，其宗旨是利用国际资本市场和欧共体内部资金，促进欧共体的平衡和稳定发展。

泛美开发银行，其宗旨是集中美洲内外的资金，向成员国政府及公私团体的经济、社会发展项目提供贷款，或对成员国提供技术援助，以促进拉丁美洲国家的经济和社会发展。

非洲开发银行，其宗旨是通过提供投资和贷款，利用非洲大陆的人力和资源，促进会员国经济发展和社会进步，优先向有利于地区的经济合作和扩大会员国间的贸易项目提供资金和技术援助，帮助会员国研究、制定、协调和执行经济发展计划，以逐步实现非洲经济一体化。

五、案例分析题

1. 1944 年 7 月，44 国参加了在美国布雷顿森林举行的联合和联盟国家国际货币金融会议，通过了以“怀特计划”为基础的《国际货币基金协定》，成立了国际货币基金组织。

国际货币基金组织的宗旨：

(1) 建立常设机构组织有关国际货币问题的磋商以促进国际货币合作。

(2) 促进国际贸易的扩大和平衡发展，并借此提高就业和实际收入水平，扩大会员国资源开发能力。

(3) 促进汇率稳定，在会员国之间维持有秩序的汇率安排，避免竞争性的货币贬值。

(4) 协助会员国建立针对经常项目的多边支付制度，消除妨碍国际贸易发展的外汇管制。

(5) 在有适当保证的条件下向会员国提供临时性资金，使它们树立起调节国际收支逆差的信心，并避免采取有损于本国或世界经济繁荣的调节措施。

(6) 缩短会员国国际收支失衡的时间并减轻其不平衡的程度。

国际货币基金组织的作用：

(1) 通过发行特别提款权来调节国际储备资产的供应和分配。

(2) 通过汇率监督促进汇率稳定。

(3) 协调各国的国际收支调节活动。

(4) 限制外汇管制，以促进自由多边贸易结算。

(5) 促进国际货币制度改革。

(6) 向会员国提供技术援助。

(7) 收集和交换货币金融情报。

国际货币基金组织主要的日常业务活动是向出现国际收支逆差的会员国提供贷款。

国际货币基金组织的贷款种类包括普通贷款、中期贷款、补偿贷款、缓冲库存贷款和一些临时贷款。

参考文献

[1] 谭中明．国际金融学[M]．南京：江苏大学出版社，2011.

[2] 魏秀敏．国际金融实务[M]．北京：对外经济贸易大学出版社，2010.

[3] 徐荣贞．国际金融与结算[M]．北京：中国金融出版社，2005.

[4] 陈秀梅．国际金融实用教材[M]．天津：南开大学出版社，2008.

[5] 王文青．国际金融理论与实务[M]．成都：西南财经大学出版社，2010.

[6] 滕昕．国际金融[M]．西安：西安电子科技大学出版社，2011.

[7] 贺瑛．国际金融概论[M]．上海：上海财经大学出版社，2005.

[8] 黄志强．国际金融实务[M]．北京：高等教育出版社，2009.

[9] 张新亚．国际金融[M]．北京：冶金工业出版社，2009.

[10] 王丹．国际金融理论与实务[M]．北京：清华大学出版社，2008.

[11] 郭晓晶．国际金融[M]．北京：清华大学出版社，2005.

[12] 孙连铮．国际金融[M]．北京：高等教育出版社，2004.

[13] 刘玉操．国际金融实务[M]．长春：东北财经大学出版社，2001.

[14] 蒋志芬．国际金融概论[M]．北京：中国金融出版社，2002.

[15] 戴国强．货币金融学[M]．上海：上海财经大学出版社，2006.

[16] 王玉珍．国际金融[M]．北京：北京工业大学出版社，2005.

[17] 纪红坤．国际金融理论与实务[M]．北京：经济日报出版社，2009.

[18] 牛晓健．国际金融学[M]．上海：立信会计出版社，2007.

[19] 裴平．国际金融学[M]．3 版．南京：南京大学出版社，2006.

[20] 大卫·福克兹-兰道，等．国际资本市场：发展、前景及关键性政策问题[M]．北京：中国金融出版社，1996.

[21] 姜波克，杨长江．国际金融学[M]．北京：高等教育出版社，2004.

[22] 朱孟楠．国际金融学[M]．厦门：厦门大学出版社，1999.

[23] 刘明康．2001—2002 国际金融报告[M]．北京：经济科学出版社，2002.

[24] 姜波克．国际金融新编[M]．上海：复旦大学出版社，2001.

[25] 葛华勇．国际货币基金组织导读[M]．北京：中国金融出版社，2002.

[26] 陈岱孙，厉以宁．国际金融学说史[M]．北京：中国金融出版社，1997.

[27] 戴国强．货币金融学[M]．上海：上海财经大学出版社，2006.

[28] 国际货币基金组织：www.imf.org.

[29] 世界银行：www.worldbank.org.

[30] 国际开发协会：www.worldbank.org/ida.

[31] http://forex.cngold.org/rmbsz/c1226099.html.

[32] http://baike.baidu.com/view/1074331.htm.

[33] http://www.yn.xinhuanet.com/newscenter/2011-04/30/conten_22657153.htm.

[34] http:news.163.com/10/0707/07/6AVL8LTS000146BD.html.

[35] 欧阳洁．浮动幅度扩大有助人民币国际化[N]．人民日报，2012-4-15(2).

[36] 包兴安．人民币升值对抑通胀贡献度有多大[N]．证券日报，2011-4-29(A2).

[37] http://finance.people.com.cn/GB/17656862.html.

[38] http://www.sgtv.cc/culture.

[39] 丁志杰．国际货币体系变革艰难前行[N]．人民日报．海外版，2011-11-4(01).

北京大学出版社高职高专财经类规划教材书目

财务会计系列

序号	书　名	标准书号	主　编	定价	出版年月
1	统计学基础	978-7-81117-756-5	阮红伟	30	201101 第 2 次印刷
2	统计学原理	978-7-81117-825-8	廖江平	25	201111 第 3 次印刷
3	统计学原理	978-7-301-21924-9	吴思莹	36	201301
4	统计学原理与实务	978-7-5038-4836-0	姜长文	26	201007 第 5 次印刷
5	实用统计基础与案例	978-7-301-20409-2	黄彬红	35	201204
6	经济学基础	978-7-301-21034-5	陈守强	34	201301
7	经济法实用教程	978-7-81117-675-9	胡卫东	39	201111 第 3 次印刷
8	经济法原理与实务	978-7-5038-4846-9	孙晓平	38	200905 第 3 次印刷
9	财经法规	978-7-81117-885-2	李　萍	35	201202 第 2 次印刷
10	会计基本技能	978-7-5655-0067-1	高东升	26	201211 第 3 次印刷
11	会计基础实训	978-7-301-19964-0	刘春才	29	201201
12	会计基础实务	978-7-301-21145-8	刘素菊等	27	201208
13	企业会计基础	978-7-301-20460-3	徐炳炎	33	201204
14	基础会计	978-7-5655-0062-6	常　美	28	201008
15	基础会计教程	978-7-81117-753-4	侯　颖	30	200907
16	基础会计教程与实训	978-7-5038-4845-2	李　洁	28	201008 第 5 次印刷
17	基础会计教程与实训（第 2 版）	978-7-301-16075-6	李　洁	30	201109
18	基础会计实训教程	978-7-5038-5017-2	王桂梅	20	201106 第 3 次印刷
19	基础会计原理与实务	978-7-5038-4849-0	侯旭华	28	200908 第 3 次印刷
20	财务管理	978-7-5655-0328-3	翟其红	29	201107
21	财务活动管理	978-7-5655-0162-3	石兰东	26	201101
22	财务管理教程与实训	978-7-5038-4837-7	张　红	37	200911 第 3 次印刷
23	财务会计	978-7-5655-0117-3	张双兰	40	201101
24	财务会计（第 2 版）	978-7-81117-975-6	李　哲	32	201003
25	财务会计	978-7-301-20951-6	张严心等	32	201208
26	财务会计实用教程	978-7-5038-5027-1	丁增稳	36	200805
27	财务会计实务		管玲芳	33（估）	201302
28	财务管理	978-7-301-17843-0	林　琳	35	201108
29	Excel 财务管理应用	978-7-5655-0358-0	陈立稳	33	201108
30	中小企业财务管理教程	978-7-301-19936-7	周　兵	28	201201
31	财务管理实务教程		包忠明	30	201303
32	成本会计	978-7-5655-0130-2	陈东领	25	201101
33	成本会计	978-7-81117-592-9	李桂梅	28	201207 第 3 次印刷
34	成本会计实训教程	978-7-81117-542-4	贺英莲	23	201101 第 3 次印刷
35	成本费用核算	978-7-5655-0165-4	王　磊	27	201211 第 2 次印刷
36	成本会计	978-7-301-19409-6	徐亚明	24	201211 第 2 次印刷
37	成本会计实务	978-7-301-19308-2	王书果	36	201108
38	成本会计	978-7-301-21561-6	潘素琼	27	201301
39	审计业务操作	978-7-5655-0171-5	涂申清	30	201101
40	审计业务操作全程实训教程	978-7-5655-0259-0	涂申清	26	201204 第 2 次印刷
41	审计学原理与实务	978-7-5038-4843-8	马西牛	32	201007 第 2 次印刷
42	税务会计实用教程	978-7-5038-4848-3	李克桥	37	200808 第 2 次印刷
43	涉税业务核算	978-7-301-18287-1	周常青	29	201101
44	企业纳税实务	978-7-5655-0188-3	司宇佳	25	201101
45	企业纳税与筹划实务	978-7-301-20193-0	郭武燕	38	201203
46	纳税申报与筹划	978-7-301-20921-9	李英艳等	38	201207
47	企业纳税计算与申报	978-7-301-21327-8	傅凤阳	30	201210

序号	书　名	标准书号	主　编	定价	出版年月
48	会计电算化实用教程	978-7-5038-4853-7	张耀武	28	200802
49	会计电算化实用教程（第 2 版）	978-7-301-09400-6	刘东辉	20	200806
50	电算会计综合实习	978-7-301-21096-3	陈立稳等	38	201208
51	会计电算化项目教程		亓文会	33（估）	201301
52	会计英语	978-7-5038-5012-7	杨　洪	28	200908 第 2 次印刷
53	财经英语阅读	978-7-81117-952-1	朱　琳	29	201101 第 2 次印刷
54	行业特殊业务核算	978-7-301-18204-8	余　浩	30	201101
55	预算会计	978-7-301-20440-5	冯　萍	39	201205

经济贸易系列

序号	书　名	标准书号	主　编	定价	出版年月
1	资产评估	978-7-81117-645-2	董亚红	40	201107 第 2 次印刷
2	国际结算	978-7-81117-842-5	黎国英	25	201207 第 2 次印刷
3	国际结算	978-7-5038-4844-5	徐新伟	32	200907 第 2 次印刷
4	国际贸易结算	978-7-301-20980-6	罗俊勤	31	201207
5	货币银行学	978-7-5038-4838-4	曹　艺	28	201206 第 4 次印刷
6	货币银行学	978-7-301-21181-6	王　菲等	37	201209
7	国际金融基础与实务	978-7-5038-4839-1	冷丽莲	33	200708
8	国际金融	978-7-301-21097-0	张艳清	26	201208
9	国际金融实务	978-7-301-21813-6	付玉丹	36	201301
10	国际贸易概论	978-7-81117-841-8	黎国英	28	201204 第 4 次印刷
11	国际贸易理论与实务	978-7-5038-4852-0	程敏然	40	200708
12	国际贸易实务	978-7-301-19393-8	李湘滇	34	201108
13	国际贸易实务操作	978-7-301-19962-6	王言炉	37	201201
14	国际贸易实务	978-7-301-20929-5	夏新燕	30	201208
15	国际贸易实务	978-7-301-20192-3	刘　慧等	25	201203
16	国际贸易实务	978-7-301-16838-7	尚　洁等	26	201208
17	国际商务谈判	978-7-81117-532-5	卞桂英	33	201001 第 2 次印刷
18	国际商务谈判（第 2 版）	978-7-301-19705-9	刘金波	35	201112
19	国际商法实用教程	978-7-5655-0060-2	聂红梅	35	201204 第 2 次印刷
20	进出口贸易实务	978-7-5038-4842-1	周学明	30	200805 第 2 次印刷
21	金融英语	978-7-81117-537-0	刘　娣	24	201009 第 3 次印刷
22	财政基础与实务	978-7-5038-4840-7	才凤玲	34	201001 第 2 次印刷
23	财政与金融	978-7-5038-4856-8	谢利人	37	200808 第 2 次印刷
24	外贸单证	978-7-301-17417-3	程文吉	28	201109
25	新编外贸单证实务	978-7-301-21048-2	柳国华	30	201208
26	国际商务单证	978-7-301-20974-5	刘　慧等	29	201207
27	商务英语学习情境教程	978-7-301-18626-8	孙晓娟	27	201109
28	国际投资	978-7-301-21041-3	高田歌	33	201208
29	商业银行会计实务	978-7-301-21132-8	王启姣	35	201208
30	商业银行经营管理	978-7-301-21294-3	胡良琼等	27	201209
31	保险实务	978-7-301-20952-3	朱丽莎	30	201208
32	国际市场营销项目教程	978-7-301-21724-5	李湘滇	38	201301
33	报关实务		董章清等	33（估）	201301
34	报关与报检实务		农晓丹	33（估）	201301
35	报检报关业务：认知与操作	978-7-301-21886-0	姜　维	38	201301
36	外贸英语函电	978-7-301-21847-1	倪　华	28	201301

营销管理系列

序号	书　名	标准书号	主　编	定价	出版年月
1	电子商务实用教程	978-7-301-18513-1	卢忠敏	33	201211 第 2 次印刷

序号	书　名	标准书号	主　编	定价	出版年月
2	网络营销理论与实务	978-7-5655-0039-8	宋沛军	32	201112 第 2 次印刷
3	电子商务项目式教程	978-7-301-20976-9	胡　雷	25	201208
4	电子商务英语	978-7-301-17603-0	陈晓鸣	22	201111 第 2 次印刷
5	市场营销学	978-7-5038-4859-9	李世宗	28	200807 第 2 次印刷
6	市场营销	978-7-81117-957-6	钟立群	33	201207 第 2 次印刷
7	市场调查与预测	978-7-5655-0252-1	徐　林	27	201105
8	市场调查与预测	978-7-301-19904-6	熊衍红	31	201112
9	市场营销理论与实训	978-7-5655-0316-0	路　娟	27	201107
10	市场营销项目驱动教程	978-7-301-20750-5	肖　飞	34	201206
11	市场调查与预测情景教程	978-7-301-21510-4	王生云	36	201301
12	市场调研案例教程	978-7-81117-570-7	周宏敏	25	201101 第 2 次印刷
13	营销策划技术	978-7-81117-541-7	方志坚	26	201012 第 2 次印刷
14	营销策划	978-7-301-20608-9	许建民	37	201205
15	现代推销技术	978-7-301-20088-9	尤凤翔等	32	201202
16	推销与洽谈	978-7-301-21278-3	岳贤平	25	201009
17	商务沟通实务	978-7-301-18312-0	郑兰先	31	201112 第 2 次印刷
18	商务礼仪	978-7-5655-0176-0	金丽娟	29	201207 第 2 次印刷
19	商务礼仪	978-7-81117-831-9	李　巍	33	201205 第 3 次印刷
20	现代商务礼仪	978-7-81117-855-5	覃常员	24	201206 第 3 次印刷
21	商务谈判	978-7-5038-4850-6	范银萍	32	200908 第 2 次印刷
22	商务谈判	978-7-301-20543-3	尤凤翔等	26	201205
23	职场沟通实务	978-7-301-16175-3	吕宏程	30	201208
24	管理学基础	978-7-81117-974-3	李蔚田	34	201204 第 3 次印刷
25	管理学原理	978-7-5038-4841-4	季　辉	26	201007 第 3 次印刷
26	管理学原理与应用	978-7-5655-0065-7	秦　虹	27	201207 第 2 次印刷
27	管理学实务教程	978-7-301-21324-7	杨清华	33	201301
28	企业管理	978-7-5038-4858-2	张　亚	34	201007 第 3 次印刷
29	现代企业管理	978-7-81117-806-7	于翠华	38	200908
30	现代企业管理	978-7-301-19687-8	刘　磊	32	201204 第 2 次印刷
31	通用管理实务	978-7-81117-829-6	叶　萍	39	201101 第 2 次印刷
32	中小企业管理	978-7-81117-529-5	吕宏程	35	201108 第 4 次印刷
33	中小企业管理（第 2 版）	978-7-301-21124-3	吕宏程	39	201208
34	企业管理实务	978-7-301-20657-7	关善勇	28	201205
35	连锁经营与管理	978-7-5655-0019-0	宋之苓	37	201208 第 3 次印刷
36	企业经营管理模拟训练（含记录手册）	978-7-301-21033-8	叶　萍等	29	201208
37	企业经营 ERP 沙盘实训教程	978-7-301-21723-8	葛颖波	29	201301
38	管理信息系统	978-7-81117-802-9	刘　宇	30	200907
39	现代公共关系原理与实务	978-7-5038-4835-3	张美清	25	201003 第 2 次印刷
40	公共关系实务	978-7-301-20096-4	李　东等	32	201202
41	人力资源管理	978-7-5038-4851-3	李蔚田	40	200802
42	人力资源管理实务	978-7-301-19096-8	赵国忻	30	201107
43	消费心理学	978-7-81117-661-2	臧良运	31	201205 第 5 次印刷
44	消费心理与行为分析	978-7-301-19887-2	王水清	30	201112
45	广告原理与实务	978-7-5038-4847-6	郑小兰	32	201007 第 2 次印刷
46	零售学	978-7-81117-759-6	陈文汉	33	201111 第 2 次印刷
47	商品学概论	978-7-5038-4855-1	方凤玲	20	201008 第 3 次印刷
48	秘书理论与实务	978-7-81117-590-5	赵志强	26	200812
49	广告实务	978-7-301-21207-3	夏美英	29	201209
50	营销渠道开发与管理	978-7-301-21214-1	王水清	34	201209
51	商务统计实务	978-7-301-21293-6	陈晔武	29	201209

序号	书　名	标准书号	主　编	定价	出版年月
52	秘书与人力资源管理	978-7-301-21298-1	肖云林等	25	201209

物流管理系列

序号	书　名	标准书号	编著者	定价	出版时间
1	现代物流概论	978-7-81117-803-6	傅莉萍	40	201010 第 2 次印刷
2	现代物流管理	978-7-301-17374-9	申纲领	30	201205 第 2 次印刷
3	现代物流管理	978-7-5038-4854-4	沈　默	37	200908 第 3 第印刷
4	现代物流概论	978-7-301-20922-6	钮立新	38	201207
5	企业物流管理	978-7-81117-804-3	傅莉萍	32	201208 第 3 次印刷
6	物流专业英语	978-7-5655-0210-1	仲　颖	24	201205 第 2 次印刷
7	现代生产运作管理实务	978-7-301-17980-2	李陶然	39	201211 第 2 次印刷
8	物流案例与实训	978-7-301-17521-7	申纲领	28	201201 第 2 次印刷
9	物流市场调研	978-7-81117-805-0	覃　逢	22	201102 第 2 次印刷
10	物流营销管理	978-7-81117-949-1	李小叶	36	201205 第 2 次印刷
11	采购管理实务	978-7-301-17917-8	李方峻	28	201205 第 2 次印刷
12	采购实务	978-7-301-19314-3	罗振华	33	201108
13	供应链管理	978-7-301-20639-3	杨　华	33	201205
14	采购与供应链管理实务	978-7-301-19968-8	熊　伟	36	201201
15	采购作业与管理实务		李陶然	33（估）	201212
16	仓储管理技术	978-7-301-17522-4	王　冬	26	201007
17	仓储管理实务	978-7-301-18612-1	李怀湘	30	201209 第 2 次印刷
18	仓储与配送管理	978-7-81117-995-8	吉　亮	38	201207 第 3 次印刷
19	仓储与配送管理实训教程	978-7-81117-886-9	杨叶勇	24	201209 第 2 次印刷
20	仓储与配送管理实务	978-7-5038-4857-5	郭曙光	44	201009 第 2 次印刷
21	仓储与配送管理实务	978-7-301-20182-4	李陶然	35	201203
22	仓储与配送管理项目式教程	978-7-301-20656-0	王　瑜	38	201205
23	仓储配送技术与实务		张建奇	33（估）	201301
24	物流运输管理	978-7-301-17506-4	申纲领	29	201109 第 2 次印刷
25	物流运输实务	978-7-301-20286-9	黄　河	40	201203
26	运输管理项目式教程	978-7-301-19323-5	钮立新	30	201108
27	物流信息系统	978-7-81117-827-2	傅莉萍	40	201205 第 2 次印刷
28	物流信息系统案例与实训	978-7-81117-830-2	傅莉萍	26	200908
29	物流信息技术与应用	978-7-301-17212-4	谢金龙	30	201211 第 3 次印刷
30	物流成本管理	978-7-301-20891-5	傅莉萍	28	201207
31	第三方物流综合运营	978-7-301-21213-4	施学良	32	201209
32	物流市场营销	978-7-301-21249-3	张　勤	36	201209
33	国际货运代理实务		张建奇	34（估）	201301
34	物流经济地理		葛颖波	33（估）	201301
35	运输组织与管理项目式教程	978-7-301-21946-1	苏玲利	26	201301

相关教学资源如电子课件、电子教材、习题答案等可以登录 www.pup6.com 下载或在线阅读。

扑六知识网(www.pup6.com)有海量的相关教学资源和电子教材供阅读及下载(包括北京大学出版社第六事业部的相关资源)，同时欢迎您将教学课件、视频、教案、素材、习题、试卷、辅导材料、课改成果、设计作品、论文等教学资源上传到 pup6.com，与全国高校师生分享您的教学成就与经验，并可自由设定价格，知识也能创造财富。具体情况请登录网站查询。

如您需要免费纸质样书用于教学，欢迎登陆第六事业部门户网(www.pup6.cn)填表申请，并欢迎在线登记选题以到北京大学出版社来出版您的大作，也可下载相关表格填写后发到我们的邮箱，我们将及时与您取得联系并做好全方位的服务。

扑六知识网将打造成全国最大的教育资源共享平台，欢迎您的加入——让知识有价值，让教学无界限，让学习更轻松。

联系方式：010-62750667，sywat716@126.com（经管），lihui851085153@163.com（物流），linzhangbo@126.com，欢迎来电来信咨询。